Manual de Introdução à Proteção de Dados Pessoais

Manual de Introdução à Proteção de Dados Pessoais

2023

Graça Canto Moniz

ALMEDINA

MANUAL DE INTRODUÇÃO
À PROTEÇÃO DE DADOS PESSOAIS

AUTORA
Graça Canto Moniz

EDITOR
EDIÇÕES ALMEDINA, S.A.
Avenida Emídio Navarro, 81, 3D
3000-151 Coimbra
Tel.: 239 851 904 · Fax: 239 851 901
www.almedina.net · editora@almedina.net

DESIGN DE CAPA
EDIÇÕES ALMEDINA, S.A.

PRÉ-IMPRESSÃO
EDIÇÕES ALMEDINA, S.A.

IMPRESSÃO E ACABAMENTO
ACD Print, S.A.

Fevereiro, 2023

ISBN
978-989-40-1048-7

DEPÓSITO LEGAL
511013/23

ALMEDINA | GRUPOALMEDINA

NOTA PRÉVIA

Este livro é o resultado de apontamentos desenvolvidos que comecei a escrever para os vários cursos e programas de proteção de dados pessoais que coordenei e nos quais participo desde 2017. Entre 2019 e 2022 esses apontamentos foram desenvolvidos para servir de suporte à disciplina de *Data Protection and Management Law,* da qual fui regente na *Nova School of Law* e, mais recentemente, são os elementos de apoio aos estudantes de Mestrado em Direito Público da disciplina Direito da Proteção de Dados Pessoais, também da minha responsabilidade, na Faculdade de Direito da Universidade Lusófona.

Trata-se de um texto didático com a profundidade que me parece ser adequada para quem procura uma "porta de entrada", uma introdução, ao universo complexo e em constante evolução do regime geral de proteção de dados pessoais da União Europeia. Para explicar e compreender essa complexidade, o diálogo com a sua aplicação prática, em especial com as decisões judiciais e com as deliberações das autoridades de controlo, é particularmente relevante. Por este motivo, optei por dar importância a essas fontes ao longo de todo o texto, com especial destaque para o capítulo das obrigações onde incluí, em relação a cada uma, exemplos de decisões de autoridades de controlo e de decisões judiciais.

I. INTRODUÇÃO AO REGIME GERAL DE PROTEÇÃO DE DADOS PESSOAIS

Este livro é uma introdução ao regime geral de proteção de dados pessoais da União Europeia. Este regime é *geral* por se distinguir dos blocos normativos aplicáveis aos tratamentos de dados pessoais realizados em determinados setores, como é o caso da Diretiva *e-Privacy*[1]. Assim, o objeto principal do regime aqui estudado é o conjunto de normas que regula os tratamentos de dados pessoais de acordo com o Regulamento (UE) 2016/679 do Parlamento Europeu e do Conselho de 27 de abril de 2016, relativo à proteção das pessoas singulares no que diz respeito ao tratamento de dados pessoais e à livre circulação desses dados (RGPD).

Começo por explicar, de forma breve, a evolução deste regime e os seus objetivos ou dimensões (1.1.), seguindo-se uma apreciação da sua natureza (1.2.) e, por fim, analiso três elementos do seu âmbito de aplicação (1.3.): subjetivo, objetivo e geográfico.

1.1. Evolução e objetivos

O regime estudado é o resultado de uma reforma legislativa iniciada em 2009, pela Comissão Europeia, que culminou, em 2012, com a apresentação de uma primeira proposta de revisão da Diretiva 95/46/CE do Par-

[1] Diretiva 2002/58/CE do PE e do Conselho, de 12 de julho de 2002, relativa ao tratamento de dados pessoais e à proteção da privacidade no setor das comunicações eletrónicas.

lamento Europeu e do Conselho, de 24 de outubro de 1995, relativa à proteção das pessoas singulares no que diz respeito ao tratamento de dados pessoais e à livre circulação desses dados através de um Regulamento[2].

Contudo, esta reforma não nasceu num vazio. Por isso, importa começar por contextualizar o bloco normativo estudado, em particular a sua evolução (1.1.1.) que, por já ter sido bastante estudada pela doutrina[3] será brevemente analisada de seguida. Depois, esta explicação é útil para compreender e enquadrar os dois objetivos ou dimensões deste regime (1.1.2.).

1.1.1. Evolução

Na *origem* do regime geral da proteção de dados pessoais encontra-se uma série de catalisadores dos quais destaco a necessidade de prevenir os riscos para os direitos fundamentais provocados pelos tratamentos de dados pessoais resultantes dos avanços tecnológicos[4]. No plano externo, esses catalisadores fizeram soar o alerta de instituições internacionais que adotaram textos como a Convenção n.º 108 do Conselho da Europa e as Diretrizes da OCDE[5], ambos na década de 80, mas recentemente revistos[6]. São estas as duas grandes referências externas do regime estudado.

[2] Foi em 2012 que a Comissão Europeia apresentou a primeira versão do que viria a ser o RGPD. Por esta razão optei por designar este processo legislativo "reforma de 2012". Antecede-lhe um longo processo de consulta pública, decorrido entre junho e dezembro de 2009, cuja informação e documentação se encontra disponível em https://ec.europa.eu/home-affairs/what-is-new/public-consultation/2009/consulting_0003_en, acesso no dia 19 de agosto de 2022.

[3] António Barreto Menezes Cordeiro, *Direito da Proteção de Dados à Luz do RGPD e da Lei n.º 58/2019* (Coimbra: Almedina, 2020), 53; Alexandre Sousa Pinheiro, *Privacy e proteção de dados pessoais: a construção dogmática do direito à identidade informacional,* (Coimbra: Almedina, 2015); Gloria Fuster, *The Emergence of Personal Data Protection as a Fundamental Right of the EU,* (Dordrecht: Springer, 2014).

[4] Fuster, *The Emergence,* 75; Hielke Hijmans, *The European Union as a Constitutional guardian of internet privacy and data protection. The Story of Art. 16.º TFUE* (Dordrecht: Springer, 2017) 54; Lee Bygrave, *Data Protection Law. Approaching Its Rationale, Logic and Limits* (The Hague: Wolters Kluwer, 2003) 93.

[5] OCDE, *Guidelines on the protection of Privacy and Transborder Flows of Personal Data,* de 29 de setembro de 1980, acesso a 19 de julho de 2022, http://www.oecd.org/sti/ieconomy/oecd-guidelinesontheprotectionofprivacyandtransborderflowsofpersonaldata.htm.

[6] O Protocolo para alterar a Convenção n.º 108 do CdE, para a proteção dos indivíduos em relação ao tratamento de dados pessoais automatizado, de 28 de janeiro de 1981, foi adotado no dia 18 de maio de 2018, tal como o respetivo relatório explicativo, acesso a 19 de julho de

No plano interno há que distinguir vários níveis de análise: o direito derivado, o direito primário e a jurisprudência do TJUE.

1.1.1.1. *Direito derivado*

No plano interno, ao nível do direito derivado, o RGPD foi antecedido pela Diretiva 95/46/CE. Mas o que explica a adoção desta Diretiva? A década de 70 foi marcada pelo surgimento das primeiras legislações nacionais de proteção de dados pessoais[7]. Esta tendência preocupou a Comissão Europeia, que percebeu que os Estados-Membros estavam na eminência de adotar soluções legislativas divergentes[8]. No Parlamento Europeu, entre 1975 e 1982, apresentaram-se várias resoluções que suportavam os receios da Comissão e apelavam à criação de um mercado comum de proteção de dados pessoais, de modo a garantir a livre circulação de informação na UE, invocando, para fundamentar a respetiva competência, o artigo 100.º dos Tratados (hoje o artigo 114.º do Tratado de Funcionamento da União Europeia[9]) e o imperativo de aproximar legislações nacionais[10].

Estes receios ganharam vida quando algumas autoridades de controlo restingiram os fluxos de dados pessoais entre Estados-Membros, fluxos esses essenciais para empresas estabelecidas em mais do que um daqueles Estados. Por exemplo, em 1989 a autoridade de controlo francesa (CNIL) bloqueou a transmissão dos dados pessoais de um colaborador do escritório da *Fiat*, em Paris, para o escritório de Turim, em Itália, invocando lacunas no direito de proteção de dados pessoais italiano[11]. Tornava-se

2022, https://www.coe.int/en/web/data-protection/convention108/modernisation. Por seu turno, a reforma das Diretrizes da OCDE terminou em 2013, acesso a 19 de julho de 2022, http://www.oecd.org/sti/ieconomy/privacy.htm.

[7] Em 1970 no Estado Alemão de Hesse, em 1973 na Suécia, em 1977 e 78, respetivamente, na Alemanha e em França, v. Sousa Pinheiro, *Privacy e proteção,* 657 e ss. e Fuster, *The Emergence,* 19.

[8] Comissão Europeia, "Community policy on data processing", novembro de 1973, 13.

[9] Cuja epígrafe é "a aproximação de legislações".

[10] Sobre estas resoluções, v. Fuster, *The Emergence,* 115.

[11] CNIL, "Délibération n.º 89/78 du 11 juillet 1989", *Dixième Rapport au Président de la République et au Parlement,* 1989, p. 32 e ss. Mas há outros exemplos: na década de 70 a autoridade nacional Sueca recusou a transmissão de dados pessoais para o Reino Unido em vários momentos; em 1980 a Áustria adotou legislação que exigia a autorização prévia do Comissário Austríaco de Proteção de Dados antes da transmissão de dados para certos Estados-Membros, uma vez que a legislação de proteção de dados desses países não abrangia aquele

evidente que a livre circulação de dados pessoais, essencial para um mercado que se pretendia sem fronteiras, requeria um ato legislativo da UE no sentido de harmonizar legislações e remover obstáculos à sua circulação[12]. Por conseguinte, em 1990, a Comissão Europeia apresentou uma proposta de Diretiva[13] ("proposta original"), alterada em 1992[14] ("proposta alterada"), inspirada na Convenção n.º 108, na legislação federal alemã e francesa[15].

Passados vários anos de vigência da Diretiva 95/46/CE, a Comissão Europeia, em duas Comunicações, anuncia a reforma que está na origem do RGPD[16]. Entre os catalisadores desta iniciativa encontra-se, *inter alia*, a necessidade de prevenir uma fragmentação na execução da proteção de dados pessoais na União e, por outro lado, um imperativo de repensar a proteção das pessoas singulares em face de novos e constantes avanços tecnológicos.

1.1.1.2. *Direito primário*

Ao nível do *direito primário*, a proteção de dados pessoais ocupa, desde o Tratado de Lisboa, uma posição de relevo, tanto na Carta dos Direitos Fundamentais da União Europeia (CDFUE) como no Tratado sobre o Funcionamento da União Europeia (TFUE). No primeiro caso, o artigo 8.º da Carta estabelece, no número 1, a natureza fundamental e universal do direito à proteção de dados pessoais[17], o número 2 enumera um conjunto de condições do tratamento de dados pessoais e de direitos dos titulares[18] e, por fim, o número 3 impõe a constituição de uma autoridade independente[19].

tipo de dados, v. Christopher Kuner, *Transborder Data Flows and Data Privacy Law* (Oxford: Oxford University Press, 2013) 40 e Jon Bing, *Transnational Data Flows and the Scandinavian Data Protection Legislation*, Stockholm Institute for Scandinavian Law (1980) 73.

[12] Fuster, *The Emergence*, 126.

[13] Proposta de diretiva do Conselho relativa à proteção das pessoas no que diz respeito ao tratamento dos dados pessoais, 24 de setembro de 1990.

[14] Proposta alterada de diretiva do Conselho relativa à proteção das pessoas singulares no que diz respeito ao tratamento de dados pessoais e à sua livre circulação, 18 de outubro de 1992.

[15] Fuster, *The Emergence*, 126.

[16] Comissão Europeia, "Proteção da privacidade num mundo interligado. Um quadro europeu de proteção de dados para o século XXI", 25 de janeiro de 2012 e "Uma abordagem global da proteção de dados pessoais na União Europeia", 4 de novembro de 2010.

[17] "Todas as pessoas têm direito à proteção dos dados pessoais de carácter pessoal que lhes digam respeito".

[18] "Esses dados devem ser objeto de um tratamento leal, para fins específicos e com o consentimento da pessoa interessada ou com outro fundamento legítimo previsto por lei. Todas

No segundo caso, o artigo 16.º do TFUE repete no número 1[20] o disposto no artigo 8.º, n.º 1, da Carta e, no número 2 consagra um dever de legislar impondo que as normas adotadas sejam controladas por uma autoridade independente[21].

1.1.1.3. *O papel do TJUE*

A jurisprudência do TJUE tem vindo a contribuir de forma significativa para a evolução deste regime. Estes contributos, traduzidos numa acusação de "ativismo judicial"[22], fazem-se sentir em várias decisões[23] e amparam-se no *objetivo* da proteção de dados pessoais de garantir uma tutela eficaz às pessoas singulares. Esta interpretação teleológica encontra-se bem patente no caso *Google Spain*, quando o tribunal afasta interpretações restritivas dos conceitos de proteção de dados[24] justificando-se no "objetivo da Diretiva 95/46 de assegurar uma proteção eficaz e completa das liberdades e dos direitos fundamentais das pessoas singulares, nomeadamente do direito à vida privada, no que diz respeito ao tratamento de dados pessoais"[25]. A este

as pessoas têm o direito de aceder aos dados coligidos que lhes digam respeito e de obter a respetiva retificação".

19 "O cumprimento destas regras fica sujeito a fiscalização por parte de uma autoridade de controlo independente".

20 "Todas as pessoas têm direito à proteção dos dados pessoais de carácter pessoal que lhes digam respeito".

21 "O Parlamento Europeu e o Conselho, deliberando de acordo com o processo legislativo ordinário, estabelecem as normas relativas à proteção das pessoas singulares no que diz respeito ao tratamento de dados pessoais pelas instituições, órgãos e organismos da União, bem como pelos Estados-Membros no exercício de atividades relativas à aplicação do direito da União, e à livre circulação desses dados. A observância dessas normas fica sujeita ao controlo de autoridades independentes".

22 O que, em bom rigor, não se verifica apenas no domínio da proteção de dados pessoais, v. Graça Canto Moniz, "Compreender o ativismo judicial do Tribunal de Justiça da União Europeia. A "Explicação" de Ronald Dworkin", *Themis*, XVIII, 32 (2017): 125.

23 Vinzenzo Zeno-Zencovich, "Data Protection as a Central Issue of ECJ Policies: from digital rights Ireland to data protection commissioner [Ireland]", *European Papers*, 1, 1 (April, 2016): 369.

24 Conceitos que, em si mesmos, já são amplos, v. Nadezdha Purtova, "The Law of Everything: Broad Concept of Personal Data and the Future of EU Data Protection Law", *Law, Innovation and Technology*, 10, 1 (2018): 40.

25 Acórdão *Google Spain*, C-131/12, 25 de junho de 2013, n.º 53. Desenvolvendo esta ideia v. Orla Lynskey, "Delivering Data Protection: The Next Chapter", *German Law Journal*, 21 (2020): 80.

propósito a doutrina refere que existe, em relação aos conceitos de proteção de dados pessoais, uma "proibição de interpretação restritiva"[26].

Num caso mais recente, de 2022, o tribunal parece seguir o mesmo caminho quando aponta a *eficácia* do regime previsto no artigo 9.º, n.º 1, do RGPD, para interpretar de forma ampla as categorias especiais de dados ali enunciadas[27]. Esta tendência deverá continuar na senda do entendimento consolidado na jurisprudência do TJUE, segundo o qual a interpretação de uma disposição de direito da União deve ter em conta o elemento literal, mas também o seu contexto e os objetivos prosseguidos pela regulamentação[28].

1.1.1.4. *A "europeização" da proteção de dados pessoais*

Esta evolução corresponde a um processo de "europeização" da proteção de dados pessoais. Tal fenómeno reflete o papel principal do Direito da União Europeia enquanto fonte do direito aplicável e desdobra-se, essencialmente, em dois vetores: (i) a sua influência na *homogeneização* dos regimes jurídicos aplicáveis nos Estados-Membros e (ii) a estruturação de um *sistema administrativo europeu* que conjuga degraus ou níveis de administração[29].

O regime em análise reúne estes dois elementos. Enquanto "política pública", ou melhor, competência atribuída à UE, a matéria da proteção de dados pessoais sofreu uma evolução patente no direito derivado e no direito originário. É um percurso pontuado pelos avanços genéticos da União e

[26] Filipa Calvão, "A proteção de dados pessoais na internet: desenvolvimentos recentes", *Revista de Direito Intelectual,* 2 (2015): 6791.

[27] Acórdão *OT,* C-184/20, 1 de agosto de 2022, n.º 127. O Advogado-Geral sugeriu este caminho referindo que o objetivo do RGPD é o de "garantir um nível elevado de proteção das liberdades e dos direitos fundamentais das pessoas singulares", v. Conclusões, 9 de dezembro de 2021, n.º 88.

[28] Acórdão *MA,* C-648/11, 6 de junho de 2013, n.º 50 e jurisprudência aí mencionada.

[29] Alexandre Dias Pereira, *Direitos de Autor e Liberdade de Informação* (Coimbra: Almedina, 2008) 344; Maria Eduarda Gonçalves, *Direito da Informação – Novos Direitos e Formas de Regulação na Sociedade da Informação* (Coimbra: Almedina, 2003) 30; Paulo Otero, *Legalidade e Administração Pública – O sentido da vinculação administrativa à juridicidade* (Coimbra: Almedina, 2003) 231; Pedro Gonçalves, "Direito Administrativo da Regulação", *Regulação, Electricidade e Telecomunicações* (Coimbra: Coimbra Editora, 2008): 31; Yves Poullet, "Vers la confiance: vues de Bruxelles: um droit européen de l'Internet? Quelques considérations sur la spécificité de l'approche réglementaire européenne du cyberspace" in *Le droit international de l'Internet,* org. Georges Chatillon (Bruxelles : Bruylant, 2002), 133.

pela dinâmica própria da sua vivência, destacando-se a harmonização de divergências nacionais entre Estados-Membros, o florescimento de uma economia de mercado e a consciencialização da necessidade de conferir maior centralidade aos direitos fundamentais no seio da União. Não obstante, a última etapa desta evolução, o RGPD, procura visivelmente harmonizar e homogeneizar a matéria da proteção de dados nos vários países da União. Por outro lado, em relação à construção de um sistema administrativo europeu, a transformação do Grupo de Trabalho do Artigo 29.º em Comité Europeu de Proteção de Dados é um indicador dessa ambição[30].

1.1.2. Objetivos

Aos olhos da Comissão Europeia, este regime consagra duas das mais antigas e importantes ambições do processo de integração europeia: (i) a realização do mercado interno, em especial a livre circulação de dados pessoais; e (ii) a proteção dos direitos fundamentais [31].

Assim, são estes os dois objetivos deste bloco normativo com correspondência nos artigos 1.º do RGPD e da Diretiva 95/46/CE[32]: um económico ou "integracionista" e o outro jusfundamental. Assim, o objetivo principal deste regime é o de encontrar "um modelo de equilíbrio entre a lógica de mercado e as preocupações com a cidadania"[33].

[30] Este Comité é estudado no capítulo III relativo aos Atores.

[31] Comissão Europeia, "Uma abordagem", 2.

[32] O artigo 1.º, n.º 1, da Diretiva dispunha que "Os Estados-membros assegurarão, em conformidade com a presente directiva, a proteção das liberdades e dos direitos fundamentais das pessoas singulares, nomeadamente do direito à vida privada, no que diz respeito ao tratamento de dados pessoais." (dimensão jusfundamental). Por seu turno, o número 2 referia que "os Estados-membros não podem restringir ou proibir a livre circulação de dados pessoais entre Estados-membros por razões relativas á proteção assegurada por força do n.º 1" (dimensão integracionista). Já o artigo 1.º, n.º 2, do RGPD enuncia que "O presente regulamento defende os direitos e as liberdades fundamentais das pessoas singulares, nomeadamente o seu direito à proteção dos dados pessoais" (dimensão jusfundamental). Por seu turno, o número 3 refere que "A livre circulação de dados pessoais no interior da União não é restringida nem proibida por motivos relacionados com a proteção das pessoas singulares no que respeita ao tratamento de dados pessoais" (dimensão integracionista).

[33] Jean Frayssinet, "L'Union Européenne et la protection des données personnelles circulent sur l'Internet", in *L'Union Européenne et Internet,* dir. Annie Blandin-Obernesse (Paris: Éditions Apogée, 2001), 125.

1.1.2.1. *Integracionista ou económico*

As descrições doutrinais da Diretiva 95/46/CE como uma ferramenta de neutralização da soberania nacional em favor da eficiência económica devem ser entendidas à luz do objetivo integracionista deste regime[34]. No RGPD, o propósito harmonizador ou "dimensão mercado único" foi declarado nas comunicações da Comissão que antecederam a sua adoção e encontra-se nos considerandos[35]. Além disso, está implícito em várias disposições. Por um lado, no artigo 51.º, n.º 2, nos termos do qual as autoridades de controlo devem contribuir para a "aplicação coerente" do RGPD e, por outro, em três mecanismos especificamente arquitetados para esse fim: o mecanismo *one-stop-shop*[36] ou sistema de balcão único, a cooperação entre autoridades de controlo[37] e o procedimento de controlo da coerência[38]. Adicionalmente, o artigo 92.º e os considerandos 167 a 169 atribuem poderes executivos à Comissão Europeia para orientar a aplicação de certas normas.

Este objetivo integracionista ou económico pode ser prejudicado, por exemplo, pela margem de manobra concedida ao direito nacional em certos domínios[39], pelas divergências interpretativas ainda existentes entre autoridades de controlo ou pela falta de recursos e meios de algumas

[34] Jean-Baptiste Thomas-Sertillanges e Elisabeth Quillatre, "Libre circulation des données à caractère personnel au sein du marché intérieur et de l'espace de Liberté Sécurité Justice: Vers une diversification des instruments de régulation", 400, *Petites Affiches* (2011): 3; Orla Lynskey, *The Foundations of EU Data Protection Law* (Oxford: Oxford University Press, 2015), 50.

[35] Comissão Europeia, "Proteção da privacidade" 8 e 9, e "Uma abordagem", 10; considerandos 7, 9 e 10 do RGPD.

[36] Para os casos de "tratamento transfronteiriço", definido nos termos do artigo 4.º, n.º 23, quando existe uma "autoridade de controlo principal", de acordo com o artigo 56.º. A ideia é que os responsáveis pelo tratamento tenham apenas uma única autoridade de controlo como interlocutor.

[37] Artigos 60.º e ss.

[38] Artigos 63.º e ss. Este mecanismo visa assegurar que as decisões de uma autoridade de controlo com impacto a nível europeu tenham em conta os pareceres emitidos pelas outras autoridades interessadas e sejam conformes com o DUE.

[39] SEPD, "Opinion of the European Data Protection Supervisor on the Data Protection Reform Package", 7 de março de 2012, 9. Apesar de incidir sobre a primeira proposta do RGPD da Comissão Europeia, muitos dos alertas ali lançados são válidos para a versão final do RGPD; é o caso do artigo 6.º, n.º 1, al. c) (a obrigação jurídica podendo resultar do direito nacional), do artigo 84.º (sobre as sanções), do artigo 23.º (limitações aos direitos do titular dos dados) e a maioria das normas do Capítulo IX. Criticando a margem de manobra conferida aos Estados-Membros e as dificuldades colocadas à harmonização pretendida, v. Christopher Kuner, "The European Commission's Proposed Data Protection Regulation:

autoridades. Por isso, concordo com aqueles que invocam Carnelutti para considerar que o RGPD tem "o corpo de um regulamento, mas a alma de uma diretiva"[40].

1.1.2.2. *Jusfundamental*

Compreende-se que à data de adoção da Diretiva 95/46/CE o relevo dos direitos fundamentais no projeto europeu fosse menor sobretudo tendo em atenção o pendor maioritariamente económico dos primeiros passos da integração europeia[41]. Em todo o caso, todos os intervenientes do processo legislativo de redação daquele diploma expressaram, desde o início, preocupações com os riscos para os direitos fundamentais oriundos dos novos tratamentos de dados pessoais desencadeados pelo desenvolvimento tecnológico. Em várias resoluções do Parlamento Europeu, entre 1975 e 1982[42], a preocupação é manifesta, bem como na Comunicação da Comissão Europeia anexa à primeira proposta de Diretiva. Esta constata que a legislação nacional em vigor nos Estados-Membros é deficiente e "não reflete o compromisso da Comunidade com a proteção dos direitos fundamentais"[43].

No passado, alguns autores enquadraram este bloco normativo numa tendência específica do Direito da União Europeia segundo a qual os direitos fundamentais seriam "trunfos" contra as liberdades do mercado interno[44]. Outros defendiam que este regime seria "consistente com uma conceção de privacidade informacional enquanto direito fundamental"[45].

A Copernican Revolution in European Data Protection Law", *Bloomberg BNA Privacy and Security Law Report,* 6 de fevereiro de 2012, 13 e Lynskey, *The Foundations,* 73.

[40] Pablo Mexía, "La singular naturaleza jurídica del reglamento general de protección de datos de la UE. Sus efectos en acervo nacional sobre protección de datos", in *Reglamento General De Protección De Datos. Hacia um nuevo modelo europeo de privacidade,* dir. José Piñar Mañas (Madrid: Reus, 2016): 34.

[41] Fuster, *The Emergence,* 126.

[42] A própria designação destas resoluções é esclarecedora: "Resolução sobre a proteção dos direitos do indivíduo em face dos desenvolvimentos tecnológicos no domínio da proteção de dados pessoais".

[43] Comissão Europeia, "Comunicação relativa à proteção das pessoas no que diz respeito ao tratamento dos dados pessoais na Comunidade e à segurança dos sistemas de informação, 24 de setembro de 1990, 15.

[44] Fuster, *The Emergence,* 135 e John Morijn, "Balancing Fundamental Rights and common market freedoms in Union Law: Schmidberger and Omega in the light of the European Constitution", 12, 1, *European Law Journal* (2006): 15.

[45] Pamela Samuelson, "Privacy as Intellectual Property", *SLR,* 52 (2000): 1125.

O TJUE declarou em 2003, no caso *Rundfunk*[46], que a Diretiva devia ser interpretada à luz dos direitos fundamentais. Porém, foi o Tratado de Lisboa que "constitucionalizou"[47] a proteção de dados pessoais e que, no seguimento de recomendações de várias entidades[48], firmou a dimensão jusfundamental deste regime, em especial os artigos 16.º do Tratado de Funcionamento da União Europeia e 8.º da Carta dos Direito Fundamentais. Redigidos em termos semelhantes, os dois artigos reconhecem que "todas as pessoas têm direito à proteção dos dados de caráter pessoal que lhes digam respeito".

1.2. Natureza

Estabelecer a natureza jurídica deste regime não é um exercício fácil. Desde logo é questionável a sua inserção nos tradicionais ramos do direito (1.2.1.). Porventura, uma perspetiva mais útil para compreender a substância desta matéria passa por equacionar a sua índole regulatória (1.2.2.), inclusive certas formas específicas de regulação, como a "corregulação" ou a "autorregulação publicamente regulada", bem como os indicadores de uma abordagem baseada no risco.

1.2.1. Direito público *versus* Direito privado

A complexidade do dia-a-dia dificulta a captura das situações da vida pelas "jaulas herméticas" a que os juristas gostam de recorrer para as arrumar. Com efeito, "[n]ão raras vezes, as situações jurídicas comungam elementos que carecem de uma aplicação de normas de Direito Privado e de outros

[46] "Cabe ainda acrescentar que as disposições da Diretiva 95/46, na medida em que regulam o tratamento de dados pessoais suscetíveis de pôr em causa as liberdades fundamentais e, em especial, o direito à vida privada, devem necessariamente ser interpretadas à luz dos direitos fundamentais (...)", Acórdão *Rundfunk*, C-465/00, 20 de maio de 2003, n.º 68.

[47] Lynskey, *The Foundations*, 87.

[48] Como, por exemplo, do G29, "Recommendation 4/99 on the inclusion of the fundamental right to data protection in the European catalogue of fundamental rights", 7 de setembro de 1999, 2 ou de um grupo de peritos num relatório para a Comissão Europeia, Expert Group on Fundamental Rights, "Affirming fundamental rights in the European Union: time to act", 1999, acesso no dia 10 de agosto de 2021, http://ftp.infoeuropa.eurocid.pt/database/000038001-000039000/000038827.pdf.

que antes exigem a intervenção do Direito Público"[49]. As situações jurídicas no âmbito do tratamento de dados pessoais exemplificam esta afirmação de Miguel Prata Roque: por um lado, não se "encaixam" na linguagem e nos modelos do Direito Público ou do Direito Privado, cuja distinção, em boa verdade, sempre foi aproximada[50]; por outro, refletem a "equivocidade" trazida pelo Direito da União Europeia que parte de uma "construção própria e original do direito, que não valoriza a distinção privado-público", "utiliza critérios autónomos para definição das *suas* categorias" e "coloca em causa a tradicional divisão entre direito público e privado"[51]. Como sintetiza Filipa Calvão, o objeto da proteção de dados pessoais "reclama uma especialização que as disciplinas tradicionais não são capazes de oferecer"[52].

Se o ponto de partida da matéria da proteção de dados, os seus alicerces, recolhe contributos da disciplina dos Direitos Fundamentais, do Direito Constitucional e do Direito da União Europeia, o seu núcleo central é de natureza juspublicista[53]. Em todo o caso, além dos elementos de Direito Administrativo mais evidentes, como as normas que regulam a organização e o funcionamento das autoridades de controlo, conferindo-lhes incumbências de fiscalização e supervisão (artigo 51.º e ss.), acham-se também neste regime elementos de Direito Privado, como o direito de indemnização (artigo 82.º do RGPD) ou o contrato com o subcontratante (artigo 28.º do RGPD) e, ainda, de Direito Processual Civil e Administrativo, como as regras do acesso dos titulares dos dados aos tribunais (artigo 78.º e ss. do RGPD)[54].

Não sendo possível isolar cada um destes elementos e erguer uma separação fictícia para efeitos de classificação rigorosa deste regime, tem-se entendido que o mesmo congrega entrelaçamentos entre os vários ramos

[49] Miguel Prata Roque, *A Dimensão Transnacional do Direito Administrativo* (Lisboa: AAFDL, 2014), 308.

[50] Roque, *A Dimensão,* 309; Simon Whitaker, "Consumer Law and the distinction between public law and private law", in *The Public Law/Private Law Divide – Une entente assez cordiale,* eds. Mark Freedland e Jean-Bernard Auby (Londres: Hart Publishing, 2006), 247; Pedro Gonçalves, *Entidades Privadas com Poderes Públicos* (Coimbra: Almedina, 2005), 271.

[51] Dulce Lopes, "Eficácia, Reconhecimento e Execução de Atos Administrativos Estrangeiros" (Tese, Faculdade de Direito da Universidade de Coimbra), 2018, 118.

[52] Filipa Calvão, *Direito da Proteção de Dados Pessoais* (Lisboa: Universidade Católica, 2018): 32.

[53] *Idem*, 33.

[54] Referindo também os vícios da vontade v. Menezes Cordeiro, *Direito da Proteção,* 30.

do direito, reunindo disposições e institutos dos mesmos, cuja identificação dependerá do caso concreto[55]. Este regime é, por isso, um exemplo do "fenómeno da interconexão, sobreposição ou mistura de normas de Direito Público e normas de Direito Privado" [56]. É que mesmo admitindo uma predominância do Direito Público, este não basta para compreender todas as questões jurídicas aqui abordadas[57].

Em suma, este bloco normativo encontra-se numa área de confluência, uma *no man's land*[58]. Carateriza-se pela interdisciplinaridade ao integrar normas de vários ramos do Direito, donde tão oportunos os apelos à sua "emancipação" científica[59]. Enfim, este é um "ramo jurídico eclético"[60].

1.2.2. A perspetiva da "regulação"

1.2.2.1. *Enquadramento*

O conceito de "regulação" fornece uma perspetiva mais proveitosa para compreender o regime estudado. Mas afinal do que se trata? Para Pedro Gonçalves trata-se, genericamente, de "um sistema de *influenciação,* de *orientação* e de *controlo* de processos e de comportamentos ou condutas de pessoas; esse sistema pode revelar-se de uma forma positiva (na feição de *comandos, diretrizes* ou *recomendações*) ou de uma forma negativa (na veste de *proibições, limitações* ou advertências) e utiliza, no seu *instrumentarium,* a edição de normas, bem como a adoção de medidas de implementação e de reação à infração daquilo que aquela normas estabelecem"[61].

[55] Christopher Kuner, "Data Protection Law and International Jurisdiction on the Internet (Part 1)", *International Journal of Law and Information Technology*, 18, 2 (2010): 176.
[56] Gonçalves, *Entidades Privadas,* 279.
[57] Calvão, *Direito,* 33.
[58] Frequente em domínios nos quais há uma prevalência de um dos ramos do direito, em termos de métodos e meios de ação que, todavia, devem ser compaginados com imperativos do outro, v. Pierre van Ommeslaghe, "Le Droit Public Existe-t-il?", *Revue de la faculté de droit et de criminologie de l'ULB,* 33 (2006): 62.
[59] Calvão, *Direito,* 33.
[60] Menezes Cordeiro, *Direito da Proteção,* 39.
[61] Pedro Gonçalves, "Regulação Administrativa e Contrato", *Estudos em Homenagem ao Prof. Doutor Sérvulo Correia,* II (Coimbra: Coimbra Editora, 2010) 987; Raquel Castro, *Constituição, Lei e Regulação dos Media* (Coimbra: Almedina, 2016) 31.

Por um lado, o desenvolvimento diferenciado deste tipo de normatividade deve-se a um conjunto variado de motivos, entre os quais destaco "os riscos apresentados por novos produtos e por novas tecnologias"[62]. Por outro lado, compreende-se à luz de um "Estado Regulador" ou "Estado-estratega", hipótese aplicável à UE[63], que prossegue uma *intervenção* externa (heterorregulação) sobre atividades privadas de natureza económica, comercial e financeira, tendo em vista "uma proteção ótima do '*interesse público*' através da imposição de limitações ao exercício da iniciativa privada"[64]. Essa intervenção define as condições normativas de funcionamento das atividades reguladas, no cumprimento de uma "função de orientação de sistema" e, além disso, prescreve um controlo da observância de tais condições e uma punição das infrações[65]. Ou seja, a "atuação reguladora" visa conformar, dirigir, orientar, sancionar, disciplinar ou simplesmente controlar a atividade regulada[66].

O *telos* da regulação é a realização de objetivos públicos e finalidades identificadas em sede político-legislativa para promover o bem-estar social. A atuação reguladora prossegue um interesse público relacionado com objetivos sociais, como a proteção dos indivíduos, defesa dos interesses ambientais, entre outros[67] – *regulação social* – ou estritamente econó-

[62] Eduardo Paz Ferreira e Luís Morais, "A Regulação sectorial da economia – introdução e perspetiva geral", in *Regulação em Portugal: Novos Tempos, Novo Modelo?*, ed. Eduardo Paz Ferreira *et alii* (Coimbra: Almedina, 2009), 7 e Maria Celeste Cardona, *Contributo para o conceito e a natureza das entidades administrativas independentes – As Autoridades Reguladoras* (Coimbra: Almedina, 2016) 664.

[63] Para alguns o protótipo de um novo Estado Regulador de nível supranacional, v. Marisa Apolinário, *O Estado Regulador: o novo papel do Estado* (Coimbra: Almedina, 2016) 242. Em estudos comparativos com os EUA a UE emerge como um "hiper-regulador", tendo mais apetência para aplicar soluções normativas "intervencionistas", v. Jonathan Wiener *et alii*, *The Reality of Precaution: Comparing Risk Regulation in the United States and Europe* (London: Routledge, 2010) e David Vogel, *The Politics of Precaution. Regulating Health, Safety, and Environmental Risks in Europe and the United States* (Princeton: Princeton University Press, 2010).

[64] Roque, *A Dimensão* 721.

[65] Gonçalves, "Direito Administrativo", 15, considerando o mercado como um "sistema".

[66] *Ibidem.*

[67] Busca determinados equilíbrios entre valores de mercado e outros valores correspondentes a interesses públicos, como a salvaguarda do pluralismo da informação ou outros interesses sociais de "primordial importância que transcendem, de algum modo, as puras condições de economicidade das atividades empresariais" v. Paz Ferreira e Morais, "A Regulação secto-

micos – *regulação económica*[68]. Para tanto, a iniciativa privada influenciada pela atuação reguladora não é configurada como um direito fundamental absoluto: o interesse público na prossecução e garantia de outros direitos fundamentais conflituantes com aquela pode "justificar um mero condicionamento ou até mesmo uma restrição da amplitude máxima do '*direito de iniciativa privada*', sem que tal implique uma violação do parâmetro normativo constitucional"[69].

As *formas* de regulação desdobram-se, quanto à *origem*, em "regulação de origem ou proveniência privada" e "regulação de origem ou proveniência pública"[70]. Esta é um produto do poder público (estadual ou supranacional), ora provindo de "instâncias integradas na Administração Pública", associadas à execução de uma função administrativa de regulação[71], ora de outros centros de criação de regulação pública, como o poder legislativo, correspondendo a atos legislativos[72]. Quanto aos *destinatários*, a regulação *setorial* – "atinge setores determinados da economia, pelo que *regulados* são apenas os operadores económicos que atuam nos setores atingidos (*v. g.* energia, comunicações, banca)"[73] – distancia-se da regulação *transversal*, "aplicável à generalidade dos agentes económicos"[74], cujo caso paradigmático é a regulação da concorrência.

rial", 23. Uma distinção aproximada é a de Vital Moreira, *Auto-Regulação Profissional e Administração Pública* (Coimbra: Almedina, 1997) 39.

[68] Orientada para a promoção de valores de mercado e de abertura de determinados setores económicos à concorrência, v. Paz Ferreira e Morais, "A Regulação sectorial", 23. Para Pedro Gonçalves, neste caso, a "satisfação do interesse público alcança-se, por forma indireta ou mediata, através do "correto desenvolvimento" das relações económicas e jurídicas (privadas) que se processam entre os vários atores do mercado, designadamente entre as empresas e os consumidores", v. Gonçalves, "Direito Administrativo", 66.

[69] Roque, *A Dimensão,* 720 e 721.

[70] Sem prejuízo de outros tipos de regulação de origem privada, que remeto para adiante, o instrumento mais conhecido é o contrato ou, *mutatis mutandis,* o negócio jurídico unilateral, cuja juridicidade nele expressa é desejada e produzida pelos próprios sujeitos da regulação v. Gonçalves, "Regulação Administrativa", 5.

[71] A "regulação" pode ser entendida enquanto missão da qual, no terreno, se ocupam as "entidades reguladoras" na sua atividade operacional, através do exercício de poderes sancionatórios, de supervisão e de regulamentação, v. Gonçalves, "Direito Administrativo", 20.

[72] Gonçalves, "Regulação Administrativa", 5.

[73] *Idem*, 16.

[74] *Idem*, 17.

1.2.2.2. *Caraterização*

Feita esta breve explicação sobre a regulação, julgo que mais do que caber (ou não) nas "jaulas herméticas" do Direito Público e/ou Direito Privado, o regime estudado compreende-se no quadro de uma atuação reguladora da UE[75]. Nessa medida, carateriza-se com os seguintes atributos: (i) regulação pública, no sentido em que é fruto do poder legislativo da União e exprime-se enquanto regulação administrativa nos atos praticados pelas autoridades de controlo, sejam ordens, proibições, punições, avisos, recomendações, entre outros[76]; (ii) intervenção externa nas atividades de tratamento de dados pessoais realizadas pelos utilizadores de dados pessoais[77], definindo as condições das mesmas e conformando-as com imposições sujeitas a fiscalização e punição por desrespeito[78]; (iii) regulação horizontal, uma vez que o tratamento de dados pessoais é uma atividade que perpassa a maioria

[75] Luiz Costa, "Privacy and the precautionary principle", *Computer Law & Security Review,* 28 (2012):14 e Lynskey, *The Foundations,* 76.

[76] Artigo 58.º, n.º 1 e 2 do RGPD.

[77] Esta expressão não tem acolhimento legal, mas encontra-se no Handbook on European data protection law (2018): 100, preparado pela Agência Europeia dos Direitos Fundamentais, pelo Tribunal Europeu dos Direitos do Homem, pela Autoridade Europeia de Proteção de Dados Pessoais e pelo Conselho da Europa.

[78] Como explica Filipa Calvão: "no que aos tratamentos de dados pessoais diz respeito, a função do Estado não se pode resumir simplesmente ao acompanhamento sucessivo das atividades privadas (ou públicas), quando das mesmas possa resultar a afetação de direitos, liberdades e garantias dos membros da comunidade estatal. Isto porque, ao contrário de outras atividades, que são livres (porventura só agora desreguladas), por o seu desenvolvimento não implicar risco ou ameaça de direitos e de interesses privados e públicos, as operações que incidam sobre dados pessoais, qualquer que seja a sua natureza, não são, não podem ser livres. Falamos de atividades que são suscetíveis de ter impacto na liberdade, na privacidade, na autodeterminação ou na identidade das pessoas. E um tal impacto e um tal risco de lesão de dimensões fundamentais da dignidade da pessoa humana não podem ser ignorados, muito menos incentivados. É esta a razão por que na União Europeia não se abandona a regulação pública dos tratamentos de dados pessoais, definindo-se no plano normativo condições ou requisitos para a sua realização. E por isso a passagem do foco da função administrativa para o controlo sucessivo não reflete uma conceção de que o tratamento de dados pessoais é livre, quanto ao *se* da sua realização, e que o controlo se limite apenas ao *como* da atividade", v. Filipa Calvão, "O modelo de supervisão de tratamento de dados pessoais na União Europeia: da atual Diretiva ao futuro Regulamento", *Forum da Proteção de Dados,* 1, (Julho, 2015): 40, acesso no dia 10 de agosto de 2022 em https://www.cnpd.pt/bin/revistaforum/forum2015_1/index.html#40.

dos agentes económicos e o próprio setor público; (iv) por fim, este regime reúne elementos da regulação de natureza económica e social[79].

Em relação aos elementos de natureza económica, veja-se, desde logo, o potencial de afirmação e estruturação do mercado interno da UE patente no objetivo integracionista ou económico. Adicionalmente, entre os objetivos da reforma que culminou com o RGPD, encontra-se a pretensão de estimular a confiança do titular dos dados pessoais enquanto consumidor da economia digital[80], uma premissa para o sucesso do mercado único digital que consta das prioridades da UE para os próximos anos[81]. É este binómio antitético que orienta este regime: por um lado, incentivar o desenvolvimento tecnológico e a digitalização da economia europeia e, por outro, precaver os riscos que esse processo coloca para os titulares dos dados pessoais[82].

Por fim, depois do que já foi dito, uma componente social fica clara: prevenir os riscos para o titular dos dados pessoais provocados pelos tratamentos[83]. A regulação prossegue interesses sociais de "primordial importância que transcendem, de algum modo, as puras condições de economicidade das atividades empresariais"[84]. No âmbito destes interesses sociais caberá a dimensão ou o objetivo jusfundamental deste regime.

[79] Lynskey, *The Foundations,* 9.

[80] Atente-se na redação dos considerandos 6 e 7 do RGPD a respeito da "rápida evolução tecnológica" e da "globalização" impondo "um quadro de proteção de dados sólido e mais coerente na União, apoiado por uma aplicação rigorosa das regras, pois é importante gerar a confiança necessária ao desenvolvimento da economia digital no conjunto do mercado interno. As pessoas singulares deverão poder controlar a utilização que é feita dos seus dados pessoais. Deverá ser reforçada a segurança jurídica e a segurança prática para as pessoas singulares, os operadores económicos e as autoridades públicas".

[81] Comissão Europeia, "Mercado Único Digital para a Europa: Comissão Europeia define 16 iniciativas para a sua concretização", 6 de maio de 2015, acesso no dia 10 de agosto de 2022 em http://europa.eu/rapid/press-release_IP-15-4919_pt.htm. A 12.º iniciativa ali enunciada é a revisão da Diretiva 95/46.

[82] Rolf Weber, "Transnational Data Privacy in the EU Digital Single Market", in *Trans-Atlantic data privacy as a challenge for democracy,* eds. Dan Svantesson e Dariusz Kloza (London: Intersentia, 2017) 5.

[83] Lynskey, *The Foundations,* 77. Desenvolvendo esta componente social ou estrutural v. Felix Bieker, *The Right to Data Protection: Individual and Structural Dimensions of Data Protection in EU Law,* (Dordrecht: Springer, 2022).

[84] Paz Ferreira e Morais, "A Regulação sectorial", 23 e Lynskey, *The Foundations,* 78.

1.2.2.3. *As tendências de "corregulação" e de "autorregulação publicamente regulada"*

a) Enquadramento

No universo da regulação há duas tendências que são também importantes para se compreender a natureza do regime estudado e, sobretudo, de algumas das suas disposições: a "corregulação" e a "autoregulação publicamente regulada".

No contexto específico da regulação de novas tecnologias destaca-se o conceito de "corregulação", que espelha uma interação entre a lei (*hard law*) e outros modos de intervenção (*soft law*). Este conceito nasce com o reconhecimento da importância e das vantagens de conciliar a dinâmica da regulação pública com diferentes modos de regulação privada, individual, comunitária, económica e técnica[85].

Paralelamente, no domínio do direito público, tem-se falado de uma postura do poder público, estadual e supraestadual, que, em vez de atuar diretamente, se mostra aberto a instrumentos de ativação do "potencial endógeno da sociedade" e do "património de conhecimentos, criatividade e da capacidade dos atores privados para resolver problemas"[86]. Certos domínios são permeados por uma estratégia de reforço da *responsabilidade* dos privados, no âmbito da sua esfera de atuação, reposicionando o seu papel na realização do bem comum, dando azo a uma nova forma regulatória: a "autorregulação privada publicamente regulada" ou "provocada, ativada ou induzida" pelo poder público[87]. Este conceito constitui um *tertium genus* da

[85] A regulação privada, neste sentido, tem origem em atores não estaduais e baseia-se em esquemas de *soft law* e não em mecanismos de direito privado, como o contrato, v. Lokke Moerel, "Export of the Rule of Law: Corporate Self-Regulation of Global Data Transfers", in *Law of the Future Series,* 1 (2012): 353; Gonçalves, *Direito,* 146 e ss.; Pereira, *Direitos,* 329; Thibault Verbiest e Etienne Wéry, *Le Droit de L'Internet et de la Société de l'Information* (Paris: Larcier, 2001), 523.

[86] Gonçalves, *Entidades Privadas,* 14.

[87] Pedro Gonçalves descreve um "novo cenário do Estado ativador" em que os privados assumem ou são convocados para desempenhar um novo papel, que partilham com o Estado, para realizar o interesse público: "Está aqui suposto, sim, o particular no seu estatuto de cidadão comprometido, empenhado e socialmente responsável (o "citoyen" e não o "bourgeois"), que procura e aceita contribuir para a realização do bem comum", podendo ser "induzido" ou obrigado a "assumir as suas responsabilidades próprias, quer na defesa dos seus direitos e interesses próprios, quer na proteção de interesses da coletividade", v. Gonçalves, *Entidades Privadas,* 15, 151, 161.

"ação privada desregulada" e da "direção e planificação do Estado", ou seja, a sua essência encontra-se na "associação ou combinação ou mistura entre a mera ação privada e a regulação pública ou estadual, remetendo-nos imediatamente para a ideia de Estado regulador"[88]. Há, por isso, uma continuidade entre a ação privada e a ação pública, espelhada na complementaridade entre ambas[89]. Uma tendência que poderá refletir essa continuidade são as chamadas *regulatory sandboxes*[90].

b) Exemplos

Creio que algumas disposições do RGPD são um reflexo destas tendências. Entre os seus propósitos encontra-se, desde logo, o incentivo das "iniciativas autorreguladoras" e dos "regimes de certificação"[91]. Isto tem levado alguns autores a registar "uma mudança significativa de regulação tipo comando-e-controlo para a inclusão de ferramentas de corregulação na legislação de proteção de dados pessoais"[92] ou o surgimento de "um sistema de autorregulação híbrido com arranjos públicos"[93].

Os indícios de "autorregulação privada publicamente regulada" e de "corregulação" sobressaem no reconhecimento de efeitos jurídicos aos códigos de conduta e a procedimentos de certificação voluntária, selos e marcas de proteção de dados[94]. A sua função é dupla: (i) na perspetiva do

[88] *Idem,* 171.

[89] Lopes, *Eficácia*, 124.

[90] Hilary Allen, "Regulatory Sanboxes", *George Washington Law Review,* 87 (2019) e Sofia Ranchordas, "Experimental Regulations and Regulatory Sanboxes: Law without Order?", University of Groningen Faculty of Law Research Paper No. 10/2021 (2021).

[91] Comissão Europeia, "Uma abordagem", 13.

[92] Alberto Gómez, "Los códigos de conducta en el reglamento general de protección de datos", in *Reglamento General De Protección De Datos. Hacia un nuevo modelo europeo de privacidad,* dir. José Piñar Mañas (Madrid: Reus, 2016) 389 e ss.; Carlos Sánchez e Miguel Gayo, "Certificación en protección de datos personales", in *Reglamento General De Protección De Datos. Hacia un nuevo modelo europeo de privacidad,* dir. José Piñar Mañas (Madrid: Reus, 2016) 413; Irene Kamara, "Co-regulation in EU personal data protection: the case of technical standards and the privacy by design standardisation 'mandate'", *European Journal of Law and Technology,* 8, 1: (2017).

[93] Moerel, "Export of the", 329.

[94] Artigos 40.º e 42.º do RGPD. O artigo 27.º da Diretiva 95/46 remetia para os Estados-Membros e para a Comissão Europeia a "promoção e elaboração de códigos de conduta" para facilitar o cumprimento das normas ali prescritas, tendo em atenção as "caraterísticas dos diferentes setores".

titular dos dados pessoais, pretende-se "reforçar a transparência", na medida em que estas soluções lhe permitem avaliar o nível de proteção proporcionado pelos produtos e serviços em causa; (ii) e, na perspetiva dos utilizadores de dados pessoais, estas soluções facilitam o cumprimento deste regime e adquirem relevo no momento da apreciação da respetiva responsabilidade[95]. Os artigos 24.º, n.º 3, 28.º, n.º 5, e o considerando 81 do RGPD determinam que a adesão àqueles instrumentos poderá indiciar a conformidade dos tratamentos de dados realizados. Do mesmo modo, nos termos do considerando 77, os códigos de conduta e as certificações aprovadas fornecem orientações sobre a execução de medidas e políticas adequadas à luz do RGPD. Por outro lado, de acordo com o artigo 83.º, n.º 2, alínea j), o cumprimento destes esquemas constitui um fator de mitigação na aplicação de coimas pela autoridade de controlo, como aliás sucedeu no passado[96].

Além destes indicadores, o artigo 21.º, n.º 5 dispõe que o direito de objeção por meios automatizados será exercido "utilizando especificações técnicas" e os artigos 24.º, 25.º e 32.º impõem a adoção de "medidas técnicas e organizativas adequadas" [97]. Em 2015, a Comissão, invocando *inter alia* o artigo 8.º da CDFUE e a Diretiva 95/46/CE, adotou uma Decisão de Implementação sobre a estandardização no campo da política de proteção de dados e segurança e endereçou à *European Standardisation Organisation* um pedido de colaboração, reconhecendo a importância deste tipo de iniciativas como complemento da sua ação regulatória[98]. Esta colaboração e a remissão legal para "normas técnicas" atestam a interdisciplinaridade da proteção de dados pessoais, que não depende apenas de soluções estritamente

[95] Considerando 100 do RGPD e Comissão Europeia, "Uma abordagem", 14.

[96] Kuan Hon, *Data Localization Laws and Policy. The EU data Protection International Transfers Restriction Through a Cloud Computing Lens* (London: Edward Elgar Publishing, 2017) 211. Algumas decisões das autoridades de controlo tomaram em conta certificações de segurança *standard* da indústria, obtidas pela Azure (Suécia), pela Google Apps (Noruega) e pela Moss (Noruega). Por seu turno, o G29 considerou que a "verificação ou certificação independente por um terceiro reputado pode ser uma forma credível" de demonstração de conformidade, v. G29, "Parecer 05/2012 relativo a computação em nuvem", 1 de julho de 2012, 22 e 27.

[97] Eric Lachaud, "The General Data Protection Regulation and the rise of certification as a regulatory instrument", *Computer Law & Security Review*, 34, 2 (2018): 244.

[98] Acesso no dia 10 de agosto de 2022 em http://ec.europa.eu/growth/tools-databases/mandates/index.cfm?fuseaction=refSearch.search#. Desenvolvendo estes instrumentos, v. Kamara, "Co-regulation in EU", 14.

jurídicas porquanto estas são complementadas por meios tecnológicos[99]. Por outro lado, esta constatação exemplifica a disrupção que afeta a ciência jurídica e que dá azo às transformações em direção ao "Direito 3.0", diagnosticadas por Roger Brownsword[100].

Contudo, noto que o RGPD não prevê um esquema de "autorregulação pura" ou de "regulação privada desregulada", em cujo âmbito são prestados, livremente e numa lógica de mercado, serviços de certificação. O que se pretende criar é um sistema de regulação (ainda) *público* na medida em que é organizado pela UE, pelas autoridades de controlo ou por uma entidade privada investida através de ato de delegação[101]. Esta opção foi motivada pelas lições de outros domínios, como, por exemplo, o da certificação de produtos. São lições que sugerem que a ausência de intervenção pública conduz a um nivelamento por baixo porquanto a concorrência entre fornecedores de serviços de certificação pode levar a uma redução dos preços e a uma certa flexibilidade ou relaxamento dos procedimentos[102].

Nesse sentido, o artigo 43.º, n.º 9, do RGPD remete para a Comissão Europeia a adoção de atos de execução "estabelecendo normas técnicas para os procedimentos de certificação e os selos e marcas em matéria de proteção de dados, e regras para promover e reconhecer esses procedimentos de certificação, selos e marcas"[103]. Do mesmo modo, segundo o artigo 40.º, n.º 5, a produção de efeitos dos códigos de conduta depende de um processo de apreciação, a cargo da autoridade de controlo, da sua conformidade com o interesse público. Por outro lado, ainda que a supervisão do seu cumprimento possa ser efetuada por um organismo distinto da autoridade de controlo, tal não prejudica as competências desta, que, aliás, o acredita[104]. Em sentido próximo, a competência para emitir a certificação é partilhada entre a autoridade de controlo e os organismos de certificação com base nos critérios aprovados pela primeira ou pelo CEPD[105].

[99] Calvão, *Direito,* 31 e Jane Winn, "Technical standards as data protection regulation", in *Reiventing Data Protection?* ed. Serge Gutwirth *et alii* (Dordrecht: Springer, 2009), 207.

[100] Roger Brownsword, *Law 3.0. Rules, Regulation and Technology,* (New York: Routledge, 2021) e, do mesmo autor, *Law, Technology and Society. Re-imagining the regulatory environment,* (New York: Routledge, 2019).

[101] Sobre estes sistemas v. Gonçalves, *Entidades Privadas,* 212.

[102] G29, "Parecer 3/2010 sobre o princípio da responsabilidade", 13 de julho de 2010, 19.

[103] Nos termos do procedimento previsto no artigo 93.º, n.º 2 do RGPD.

[104] Artigo 41.º, n.º 1 e 2 do RGPD.

[105] Estes organismos são entidades oficialmente habilitadas, reconhecidas ou acreditadas que prestam serviços privados de certificação sem exercerem funções ou poderes públicos,

Por conseguinte, a proteção de dados pessoais aproxima-se de um rumo, notado pela doutrina, de transformação das atuações administrativas em intervenções meramente "certificativas ou declarativas e não autorizativas", acompanhadas pela substituição de atos prévios autorizativos, procurando-se com esta tendência "a menor intervenção pública na economia e a expansão da iniciativa económica"[106]. Esta estratégia simplifica a atuação administrativa (que deixa de ser prévia e autorizativa) e agiliza as atuações dos privados, impondo-lhes responsabilidade[107]. Daí a centralidade do *princípio da responsabilidade* previsto nos artigos 5.º, n.º 2 e 24.º do RGPD e do papel do risco no processo de decisão sobre os tratamentos. É desse risco que cuido de seguida, remetendo para mais adiante a apreciação daquele princípio.

1.2.2.4. *O papel do risco*

a) Enquadramento

Um "risco" é um cenário que descreve um acontecimento e as respetivas consequências, estimado em termos de gravidade e probabilidade[108]. Por outro lado, "gerir um risco" implica uma ou várias atividades coordenada(s) com o intuito de o direcionar e controlar. Ao longo deste texto já referi os riscos dos tratamentos de dados pessoais surgidos com o desenvolvimento tecnológico. Mas, concretamente, que riscos são esses?

Falar de riscos implica também falar na sua prevenção: será que as atividades que implicam o tratamento de dados pessoais se enquadram na chamada *regulação preventiva*[109]? Ou seja, os tratamentos de dados pessoais são perspetivados pelo legislador enquanto atividade causadora de "risco" que

mas antes atividades privadas que, por terem relevância pública, ficam submetidas a regulação estadual, v. Gonçalves, *Entidades Privadas,* 213 e artigos 42.º, n.º 5 e 43.º do RGPD. O organismo nacional de acreditação é designado nos termos do Regulamento 765/2008 do PE e do Conselho, em conformidade com a norma EN-ISSO/IEC 17065/2012 e com os requisitos adicionais estabelecidos pela autoridade de controlo competente, v. artigos 43.º, n.º 1, al. b), 42.º, n.º 5 e 63.º do RGPD.

[106] Lopes, *Eficácia*, 268.

[107] *Ibidem.*

[108] G29, "Orientações relativas à Avaliação", 7.

[109] Christopher Hood, Henry Rothstein e Robert Baldwin, *The Governance of Risk: Understanding Risk Regulation Regimes* (Oxford: Oxford University Press, 2004) 3 e Vogel, *The Politics of Precaution,* 5.

convoca uma tutela antecipada apesar da incerteza quanto à consumação de danos e à verificação de uma lesão no titular dos dados? Parece que sim[110].

Em primeiro lugar, nas fontes internacionais deste regime e na legislação dos Estados-Membros que o antecedeu há evidências que suportam esta resposta[111]. Em segundo, pensando na estrutura da relação jusfundamental no âmbito dos tratamentos de dados pessoais, esta compõe-se, *inter alia*, por um "causador de riscos" a um bem jusfundamental. A pro-

[110] O que gerou críticas oriundas, sobretudo, dos EUA, v. Lucas Bergkamp, "The Privacy Fallacy: Adverse Effects of Europe's Data Protection in an Information-Driven Economy", *Computer Law & Security Review*, 18, 1 (2002): 41: "é notável que os Estados tenham adotado legislação sem qualquer evidência tangível de dano ou ameaça de dano, apenas com base numa vaga noção de direito fundamental e de riscos hipotéticos". Em sentido próximo, v. Neil Richards, "The Dangers of Surveillance", *Harvard Law Review*, 126 (2013): 1935.

[111] Entre os exemplos de instrumentos regulatórios, nacionais e internacionais, assentes na prevenção de riscos contam-se: (i) o pioneiro diploma do Länder de Hesse, cujo artigo 1.º, n.º 2, na sua versão de 1999, como nota Lee Bygrave, visava "salvaguardar a estrutura constitucional do Estado (...) contra todos os riscos implicados pelo tratamento automatizado de dados", v. Lee Bygrave, *Data Protection Law. Approaching Its Rationale, Logic and Limits* (Baltimore: Wolters Kluwer, 2003), 5; (ii) na versão original das Diretrizes da OCDE, de 1980, o art. 2.º determinava a sua aplicação a "dados pessoais que, pela forma como são tratados (...) colocam em perigo a privacidade e as liberdades individuais". Vários autores perspetivam os regimes de proteção de dados como uma resposta aos riscos dos desenvolvimentos tecnológicos em geral, Christopher Kuner *et alii*, "Risk Management in Data Protection", *International Data Privacy Law*, 5 (2015): 95; José Piñar Mañas, "Introducción. Hacia un nuevo modelo europeo de protección de datos", in *Reglamento General De Protección De Datos. Hacia un nuevo modelo europeo de privacidad*, dir. José Piñar Mañas (Madrid: Reus, 2016): 21; Costa, "Privacy and the precautionary",14; Maria Eduarda Gonçalves, "The EU data protection reform and the challenges of big data: remaining uncertainties and ways forward", *Information & Communications Technology Law*, 26, 2 (2017): 90; Maximilian von Grafenstein, *The Principle of Purpose Limitation in Data Protection Law*, (Baden Baden: Nomos, 2017) 79; Miguel Gayo, "Aproximación basada en el riesgo, evaluación de impacto relative a la protección de datos personales y consulta previa a la autoridad de control", in *Reglamento General De Protección De Datos. Hacia un nuevo modelo europeo de privacidad*, dir. José Piñar Mañas (Madrid: Reus, 2016): 351; Raphael Gellert, "Data protection: a risk regulation? Between the risk management of everything and the precautionary alternative", *International Data Privacy Law*, 5, 1 (2015): 3 e, do mesmo autor, "We Have Always Managed Risks in Data Protection Law: Understanding the Similarities and Differences Between the Rights-Based and the Risk-based Approaches to Data Protection", *European Data Protection Law Journal*, 4 (2016): 481; Viktor Mayer-Schonberger, "Generational Development of Data Protection in Europe", in *Technology and Privacy: The New Landscape*, eds. Philip Agre e Marc Rotenberg (Massachusetts: MIT Press, 1998) 225.

teção desse bem é concretizada através de regulação *preventiva* dos riscos gerados pelos tratamentos de dados pessoais, isto é, pela antecipação de danos em detrimento de raciocínios baseados na causalidade. Tipicamente, a *regulação do risco* é definida como "uma interferência pública no mercado ou em processos sociais para controlar consequências potencialmente adversas" e decompõe-se em três elementos[112]: (i) criação de padrões comportamentais (*standard-setting*) traduzida, *in casu*, na estatuição das condições para os tratamentos de dados; (ii) monitorização (*monitoring*) pela autoridade de controlo; e (iii) modificação e correção dos comportamentos (*behaviour-modification*) dos utilizadores de dados pessoais na economia digital[113].

Em terceiro lugar, no decurso da reforma de 2012, o G29 pronunciou-se favoravelmente à adoção de uma abordagem baseada no risco (*risk-based approach*) como forma de mitigar as imposições aos utilizadores de dados pessoais e delimitar a conformidade que é exigida com critérios de proporcionalidade: "o Grupo de Trabalho reconhece que algumas das normas do Regulamento podem comportar encargos em alguns responsáveis pelo tratamento que podem ser percebidos como desequilibrados e, por isso, em opiniões anteriores sugeriu que todas as obrigações sejam adaptadas ao responsável pelo tratamento e às operações de tratamento em causa. A conformidade não deve ser um exercício formalístico [*box-ticking exercise*] (...). Por conseguinte, o Grupo de Trabalho entende que os responsáveis pelo tratamento devem atuar em conformidade com a lei, mas isto pode ser feito de maneira gradual"[114]. Note-se que esta não é uma conceção nova porquanto na própria Diretiva 95/46/CE já se podiam encontrar (tímidos) reflexos deste tipo de abordagem[115].

[112] Hood, Rothstein e Baldwin, *The Governance*, 3.

[113] Ou *un cambio de actitud* na sugestão de Luis Álvarez, "La responsabilidad del responsable", in *Reglamento General De Protección De Datos. Hacia un nuevo modelo europeo de privacidad*, dir. José Piñar Mañas (Madrid: Reus, 2016) 293.

[114] G29, "Statement on the", 2.

[115] Em relação ao nível de segurança dos dados pessoais (considerando 46 e artigo 17.º, n.º 1), num reconhecimento de que certos tratamentos podem ocasionar riscos particulares e específicos para os direitos e liberdades das pessoas em causa, na exigência de controlo prévio (considerando 53 e 54 e artigo 20.º), nas derrogações e restrições aos direitos do titular dos dados (artigo 13.º, n.º 2 – a versão portuguesa fala em perigo, enquanto a inglesa refere o termo *risk*).

b) Os riscos do tratamento de dados pessoais

Este regime é, portanto, um exemplo de regulação *preventiva*. Contudo, falta identificar quais são, afinal, os riscos decorrentes do tratamento de dados pessoais. Naturalmente, não é fácil calcular o número exato que o legislador teve em mente quando refletiu sobre a massificação e ubiquidade dos tratamentos de dados pessoais, o aprofundamento do mercado único digital e novos tratamentos como, por exemplo, a definição de perfis[116] ou a computação em nuvem[117]. Por outro lado, a Diretiva 95/46/CE não categorizava ou elencava os riscos, o que deu espaço a várias críticas, gerou apelos a uma solução regulatória mais focada nos danos efetivamente causados pela utilização de dados pessoais e deu o mote a propostas de consagração expressa do *princípio da precaução* neste domínio[118].

Durante a reforma de 2012, o G29, na senda da OCDE, sugeriu uma conceção alargada de risco compreendendo *qualquer efeito adverso potencial ou efetivo,* incluindo efeitos sociais[119]. Na decisão *Digital Rights Ireland,* o

[116] Definida no artigo 4.º, n.º 4, como "qualquer forma de tratamento automatizado de dados pessoais que consista em utilizar esses dados pessoais para avaliar certos aspetos de uma pessoa singular, nomeadamente para analisar ou prever aspetos relacionados com o seu desempenho profissional, a sua situação económica, saúde, preferências pessoais, interesses, fiabilidade, comportamento, localização ou deslocações".

[117] Atilla Kiss e Gergely Szoke, "Evolution or revolution? Steps forward to a new generation of data protection regulation", in *Reforming the European Data Protection Law,* eds. Serge Gutwirth *et alii* (Dordrecht: Springer, 2015): 313; Catarina Sarmento e Castro, "A jurisprudência do Tribunal de Justiça da União Europeia, o Regulamento Geral sobre a proteção de dados pessoais e as novas perspetivas para o direito ao esquecimento na Europa", *Estudos em Homenagem ao Conselheiro Presidente Rui Moura Ramos,* 1 (2016): 1061.
1048. A computação em nuvem é "um tipo de computação em que são disponibilizadas, sob a forma de um serviço, capacidades escaláveis e elásticas de TI a vários clientes que utilizem tecnologias baseadas na Internet. Tipicamente, os serviços de computação em nuvem disponibilizam aplicações comuns em linha, a que os utilizadores têm acesso a partir de um navegador Web, enquanto o software e os dados são armazenados nos servidores. Neste sentido, a nuvem não é uma ilha, mas sim um conetor global das informações e utilizadores de todo o mundo", v. G29, "Parecer 1/2010 sobre os conceitos de "responsável pelo tratamento" e "subcontratante"", 16 de fevereiro de 2010, 10.

[118] Bergkamp, "The Privacy Fallacy", 31 e 42; Costa, "Privacy and the", 14; Lynskey, *The Foundations,* 81. Sobre este princípio na legislação de privacidade, v. Adam Thierer, "Privacy Law's Precautionary Principle Problem", *Maryland Law Review,* 66, 2 (2014): 468.

[119] G29, "Statement on the", 4. Sobre a OCDE, "Recommendation of the Council concerning guidelines governing the protection of privacy and transborder flows of personal data",

TJUE reconheceu os riscos da agregação de certos dados pessoais ("suscetíveis de permitir tirar conclusões muito precisas sobre a vida privada das pessoas cujos dados foram conservados"[120]) e da sua retenção ("gerar no espí_rito das pessoas em causa (...) a sensação de que a sua vida privada é constantemente vigiada"[121]).

Finalmente, devo ainda sublinhar que no RGPD a palavra "risco" aparece para cima de 70 vezes, *inter alia,* nas seguintes disposições[122]:

(i) Logo no Preâmbulo o legislador aflora a *perceção* social dos riscos, a "insegurança jurídica" e "um sentimento generalizado da opinião pública de que subsistem riscos significativos para a proteção das pessoas singulares, nomeadamente no que diz respeito às atividades por via eletrónica"[123];

(ii) O considerando 75 aflora o "risco para os direitos e liberdades das pessoas singulares" que "poderá resultar de operações de tratamento de dados pessoais suscetíveis de causar danos físicos, materiais ou imateriais", seguindo-se um elenco não exaustivo dos mesmos: a discriminação, usurpação ou roubo da identidade, perdas financeiras, prejuízos para a reputação, perdas de confidencialidade de dados pessoais protegidos por sigilo profissional, inversão não autorizada da pseudonimização, ou quaisquer outros prejuízos importantes de natureza económica ou social; uma privação dos direitos e liberdades do titular dos dados ou a impossibilidade de controlar os seus dados pessoais, entre outros riscos[124];

alterada em 11 de julho de 2013, p. 24: "'Risco' é um conceito amplo, incluindo um número muito alargado de possíveis danos para o indivíduo".

[120] Acórdão *Digital Rights Ireland,* C-293/12, 8 de abril de 2014, n.º 27.

[121] Acórdão *Digital Rights Ireland,* C-293/12, 8 de abril de 2014, n.º 37.

[122] Aflorando medidas de mitigação dos "riscos para os titulares dos dados" como a pseudonimização (considerando 28), a propósito do consentimento de crianças e da falta de consciências dos "riscos inerentes ao tratamento" (considerando 65) e do "risco de erros" e de "potenciais riscos para os interesses e direitos do titular dos dados" como "efeitos discriminatórios" associados à definição de perfis (considerando 71).

[123] Considerando 9 do RGPD. Sobre a ideia de perceção social do risco, v. Jorge Pereira da Silva, *Deveres* do Estado de Proteção de Direitos Fundamentais (Lisboa: Universidade Católica, 2015) 191.

[124] Estes danos são reiterados no considerando 85 do RGPD.

(iii) De harmonia com o considerando 76, a *probabilidade* e a *gravidade* destes riscos, sendo variáveis, devem ser avaliadas, de forma objetiva, tendo em conta os seguintes elementos: a natureza, o âmbito, o contexto e as finalidades do tratamento;

(iv) A obrigação, firmada no artigo 24.º, n.º 1, é medida em função do risco dos tratamentos de dados para os direitos e liberdades das pessoas singulares, daí que se confunda com uma obrigação de "gestão adequada dos riscos" [125];

(v) A obrigação de assegurar um "nível de segurança adequada ao risco" (artigo 32.º) e de notificar a autoridade de controlo em caso de violação de dados que "seja suscetível de resultar num risco para os direitos e liberdades das pessoas singulares (artigo 33.º); e

(vi) A obrigação de realizar avaliações de impacto (artigo 35.º) e de notificar o titular dos dados de uma violação (artigo 34.º) quando os tratamentos de dados "impliquem um elevado risco".

Três conclusões parecem ser incontornáveis: em primeiro lugar, este regime, em sintonia com o direito interno de alguns Estados-Membros[126], a opinião do G29[127] e a doutrina[128] não visa acautelar apenas danos materiais,

[125] G29, "Orientações relativas à Avaliação de Impacto sobre a Proteção de Dados (AIPD) e que determinam se o tratamento é suscetível de resultar num elevado risco para efeitos do Regulamento (EU) 2016/679", 4 de outubro de 2017, 7.

[126] Em especial no Reino Unido, na decisão *Google Inc. v. Vidal-Hall and others,* apresentada no Court of Appeal, cfr. Lynskey, *The Foundations,* 225. Acrescento que a proposta inicial não aludia expressamente aos danos imateriais ou morais, tendo sido incluído posteriormente, por sugestão da Alemanha, da Eslováquia e da Suécia, v. Council of the EU, "Note from Presidency to Working Party on Information Exchange and Data Protection", 16 de dezembro de 2013, 540 a 544, acesso a 10 de agosto de 2022 em http://www.consilium.europa.eu/en/meetings/mpo/2017/7/wp-on-information-exchange-and-data-protection-(258312)/.

[127] Num parecer de 1998 sobre transferências de dados pessoais afirma que "dano", na aceção da Diretiva 95/46, "inclui não apenas danos físicos e perdas financeiras, mas também qualquer prejuízo psicológico ou moral", v. G29, "Documento de Trabalho: Observações preliminares relativas ao uso de cláusulas contratuais no contexto da transferência de dados pessoais para países terceiros", 22 de abril de 1998, 14.

[128] Lynskey, *The Foundations,* 196: entre os danos intangíveis ou imateriais, a autora refere um sentimento de impotência do titular dos dados *vis-à-vis* o responsável pelo tratamento, a ero-

como propôs alguma doutrina norte-americana[129]. Em segundo lugar, a inspiração preventiva deste regime formula-se do seguinte modo: havendo uma dúvida sobre a lesividade das atividades de tratamento de dados pessoais para o titular dos dados, a incerteza joga a favor deste. Em consequência, cabe aos utilizadores de dados pessoais uma quota de responsabilidade na "domesticação dos riscos"[130]. Em terceiro lugar, a probabilidade e a gravidade do risco dos tratamentos são mensuráveis através de uma avaliação ou classificação distinguindo-se, desde logo, o risco residual – aquele que é tolerável e cuja prevenção é sempre contingente e na medida do possível – do "risco elevado"[131]. Para alguns autores esta avaliação é o principal desafio deste tipo de abordagem[132].

c) A hipótese (e as consequências) da precaução

A doutrina tem sublinhado a difusão do princípio da precaução para domínios que extravasam o dos riscos ambientais, em especial ao nível do Direito da União[133]. Contudo, não há uma referência expressa a este princípio no regime em estudo, contrariamente ao que acontece noutros domínios[134]. Se é verdade que o princípio da precaução é marcado por uma "babilónica desordem conceitual", o legislador é claro quanto à noção de risco abraçada

são da capacidade de autoapresentação, a inibição e o controlo de comportamentos individuais e a apreensão em relação a danos futuros.

[129] Eric Goldman, "Data Mining and Attention Consumption", in *Privacy and Technologies of Identity*, eds. Katherine Strandburg e Daniela Raicu (Dordrecht: Springer, 2005) 225; Ryan Calo, "The Boundaries of Privacy Harm", *Indiana Law Journal*, 86 (2011): 1153.

[130] A expressão é de Gomes, *Risco e Modificação*, 174.

[131] "O risco residual é o perigo desqualificado, o risco cuja potencialidade lesiva já não obriga à adoção de medidas preventivas, ou simplesmente o risco que, em nome do bom senso, deve ser tolerado pela comunidade", v. Carla Amado Gomes, *Risco e Modificação do Ato Autorizativo Concretizador de Deveres de Proteção do Ambiente*, (Coimbra: Coimbra Editora, 2007): 234 e 397; Calvão, *Direito*, 61, sugerindo um paralelismo com a avaliação de impacto ambiental. Apresentando um conjunto de critérios para o definir, G29, "Orientações relativas à...", 9.

[132] Grafenstein, *The Principle*, 90.

[133] Dando nota dessa tendência para "outros domínios jusfundamentais", v. Alexandra Aragão, "Aplicação nacional do princípio da precaução", *Colóquios 2011-2012*, Associação dos Magistrados da Jurisdição Administrativa e Fiscal de Portugal, 2013, 159 e ss. e Silva, *Deveres*, 184. Equacionando o princípio da precaução no direito da proteção de dados pessoais e sugerindo um paralelismo com o direito do ambiente, v. Calvão, *Direito*, 61.

[134] Alexandra Aragão, "Princípio da precaução: manual de instruções", *Revista do Cedoua*, 2, 11 (2008): 16.

nos considerandos 75 e 76, cuja própria probabilidade é "variável", o que implica um grau de incerteza elevado. Tal poderá indicar uma proximidade deste regime a certas conceções do princípio da precaução[135].

As consequências de uma opção regulatória assente na precaução podem ser várias. Desde logo, geram-se dúvidas como a insegurança jurídica e científica na aplicação da precaução e um indesejável "clima de suspeição crónica" que paira sobre a mesma[136]. Para Carla Amado Gomes, este princípio pode ser entendido numa aceção radical, "equívoca e perigosa": "legitimante de uma ação pública univocamente orientada para a preservação da segurança, com sacrifício inquestionado da liberdade"[137]. A autora assume uma "resistência à precaução", afirmando, entre outros aspetos, que "suprimir sistematicamente toda e qualquer possibilidade de risco é uma atitude que privilegia a segurança de forma desproporcionada em detrimento da liberdade, amputando a dignidade humana na sua vertente mais nobre"[138]. Outros autores são menos pessimistas e procuram combater os "mitos" em torno deste princípio[139].

Em segundo lugar, faz-se sentir o decréscimo de *determinabilidade* da legislação por força da sua impregnação por espaços em branco, assim deixados para posterior preenchimento à luz, por exemplo, de normas técnicas e de autorregulação[140]. Como admite Paulo Otero, "por paradoxal que

[135] Para Jorge Pereira da Silva o princípio da prevenção distingue-se do princípio da precaução por força dos pressupostos que acionam a sua aplicação: o primeiro mobilizado para situações de *perigo*, e o segundo para situações de *risco*. As primeiras correspondem a uma "incerteza *quanto à probabilidade* da lesão do bem jurídico constitucional ou legalmente protegido" e as situações de risco a "uma incerteza *quanto à própria existência da probabilidade* dessa lesão", v. Silva, *Deveres*, 170 e 181. Por seu turno, Carla Amado Gomes avança que "o risco é um perigo pressentido, mas não comprovado; o perigo é um risco de altíssima probabilidade. A fronteira entre os dois é, teoricamente, a da previsibilidade, que se debate com o ineliminável obstáculo da finitude do conhecimento humano", v. Gomes, *Risco e Modificação*, 226.

[136] Aragão, "Aplicação nacional", 26 e Gomes, *Risco e Modificação*, 244.

[137] *Ibidem*.

[138] *Ibidem*.

[139] Aragão, "Aplicação nacional", 23.

[140] Gomes, *Risco e Modificação*, 465 e Silva, *Deveres*, 563 e 573; João Loureiro, "Da sociedade técnica de massas à sociedade de risco – Prevenção, precaução e tecnociência: algumas questões juspublicistas", *Estudos em homenagem ao Prof. Doutor Rogério Soares* (Coimbra: Coimbra Editora, 2001) 852. Sobre democracia, lei e tecnologia, v. Luís Cabral Moncada, *Ensaio sobre a lei*, (Coimbra: Coimbra Editora, 2002) 155 e, especificamente sobre o RGPD, Dag Schartum, "Intelligible Data Protection Legislation", *Oslo Law Review*, 4, 1 (2017): 48.

possa ser (...) só uma intencional imperfeição ou incompletude de muitas das normas pode salvar as leis de uma vigência efémera em matéria de bem-estar e de prevenção de riscos"[141].

Convém ter presente que a regulação dos tratamentos de dados pessoais padece do mesmo "mal" que a regulação da tecnologia em geral: descrito sob várias formas – *challenge of regulatory connection*[142], *pacing problem*[143], *Collingridge dilemma*[144] – esse problema centra-se na rápida desatualização das soluções regulatórias em face da velocidade frenética da evolução tecnológica[145]. Daí a necessidade permanente, vertida no artigo 97.º do RGPD, de repensar e reconstruir as normas à luz dos novos tratamentos de dados pessoais e de reagir à medida dos estímulos das novas tecnologias[146]. Ou, como já foi dito, a proteção de dados pessoais é um "direito fundamental técnico" que requer atualização constante e, porventura, cada vez mais dependente, na sua efetivação, da própria tecnologia[147].

[141] Otero, *Legalidade,* 159.

[142] Roger Brownsword, *Rights, Regulation and the Technological Revolution* (Oxford: Oxford University Press, 2008) e, do mesmo autor, *Law and Technologies of the Twenty-Century: Text and materials* (Cambridge: Cambridge University Press, 2012).

[143] Braden Allenby, "Governance and Technology Systems: The Challenge of Emerging Technologies", in *The Growing Gap between Emerging Technologies and Legal-Ethical Oversight,* ed. Gary Marchant (Dordrecht: Springer, 2011).

[144] David Collingridge, *The Social Control Technology* (Londres: Pinter, 1980).

[145] Fred Cate *et alii,* "The (Data Privacy) Law Hasn't Even Checked in When Technology Takes Off", *International Data Privacy Law,* 4, 3 (2014): 175.

[146] Aquela disposição prevê que, até ao dia 25 de maio de 2020 e posteriormente, de quatro em quatro anos, a "Comissão apresente ao Parlamento Europeu e ao Conselho um relatório sobre a avaliação e revisão do presente regulamento". Em sentido próximo, v. Calvão, *Direito,* 50 e Castro, "A jurisprudência", 1059. Sobre a necessidade de atualização das soluções adotadas em matérias caraterizadas pela incerteza e mudança permanente, v. Loureiro, "Da sociedade", 52; Otero, *Legalidade,* 293, 764 e 893.

[147] Paul de Hert e Vagelis Papakonstantinou, "Google Spain: Addressing Critiques and Misunderstandings One Year Later", *Maastricht Journal of European and Comparative Law,* 22, 4 (2015): 630 e Paul de Hert, "The Right to Protection of Personal Data. Incapable of Autonomous Standing in the Basic EU Constituting Documents'", *Utrecht Journal of International and European Law,* 31 (2015): 4. Julgo que essa é uma das premissas de Sousa Pinheiro quando questiona se "a evolução tecnológica, e a consequente transformação das respostas jurídicas, não exige uma resposta distinta da fornecida pelo "direito à proteção de dados" nos moldes em que foi criado", v. Sousa Pinheiro, *Privacy e proteção,* 63. Exemplo da transformação das respostas do direito é o conceito de *privacy by design,* formalizado no artigo 25.º do RGPD. Afirmando a dependência da tecnologia para garantir uma tutela efetiva dos dados pessoais,

Em terceiro lugar, cabe indagar a *quem* compete avaliar e gerir os riscos associados ao tratamento de dados pessoais. O princípio da responsabilidade, estudado adiante, responderá a esta dúvida.

1.3. Âmbito de aplicação

Com base no âmbito de aplicação, vários autores distinguem dois tipos de regimes aplicáveis aos tratamentos de dados pessoais: um *alargado*, cujo expoente máximo é o da União Europeia, e outro *setorial*, exemplificado pelos EUA[148]. São sobretudo três os elementos que contribuem para o âmbito alargado do regime estudado: o *subjetivo* ajuda a compreender quem utiliza dados pessoais e, por essa razão, tem de respeitar as imposições deste regime (1.3.1.), o *objetivo*, relativo ao objeto ou matéria regulada (1.3.2.) e, por fim, um elemento *geográfico*, relacionado com a vocação extraterritorial deste bloco normativo (1.3.3.).

1.3.1. Subjetivo

1.3.1.1. *Entidades públicas, entidades privadas ou ambas?*

A discussão que antecedeu a adoção da Diretiva 95/46/CE foi marcada pela discórdia a propósito do seu âmbito de aplicação subjetivo. Inicialmente, quando a Comissão apresentou a proposta original[149], os setores público e privado apareciam regulados em capítulos distintos (Capítulo II para o setor público e Capítulo III para o privado). Esta solução não foi acolhida[150]

v. Woodrow Hartzog, *Privacy's Blueprint. The Battle to Control the Design of New Technologies,* (Harvard: Harvard University Press, 2018).

[148] Abraham Newman, *Protectors of Privacy. Regulating Personal Data in the Global Economy* (Cornell: Cornell University Press, 2008) 23; Marc Rotenberg, "Fair Information Practices And The Architecture of Privacy (What Larry Doesn't Get)", *Stanford Technology Law Review,* 34 (2001): 13; Olga Estadella-Yuste, "The Draft Directive of the European Community Regarding the Protection of Personal Data", *International and Comparative Law Quarterly,* 41, 4 (outubro, 1992): 170; Lynskey, *The Foundations,* 15. Entre nós, comparando os dois regimes, v. Moreira, *A Privacidade,*133 e Sousa Pinheiro, *Privacy e proteção,* 20.

[149] Proposta de diretiva do Conselho relativa à proteção das pessoas no que diz respeito ao tratamento dos dados pessoais, 24 de setembro de 1990.

[150] Proposta alterada de diretiva do Conselho relativa à proteção das pessoas singulares no que diz respeito ao tratamento de dados pessoais e à sua livre circulação, 18 de outubro de 1992.

e procurou-se um alinhamento com a Convenção n.º 108 do Conselho da Europa que não traçava (nem traça) qualquer distinção[151]. As reações do setor privado não tardaram a repudiar a necessidade de uma intervenção regulatória[152].

Em todo o caso, a evolução tecnológica e a realidade dos nossos tempos confirmam que cada vez mais o setor privado trata grandes quantidades de dados pessoais, com frequência de uma forma desgovernada e desestruturada, e raramente o titular se encontra na melhor posição para se defender (autotutela) ou dispõe de instrumentos céleres para reagir (heterotutela). Estas circunstâncias fundamentam uma proteção ativa e legal que incide sobre a posição jusfundamental do titular dos dados pessoais, ao mesmo tempo que se procede à restrição dos direitos contrapostos do causador dos riscos (o utilizador dos dados pessoais) ou, por outras palavras, "a proteção faz-se à custa da restrição; a restrição faz-se à medida da proteção"[153].

O titular dos dados pessoais é protegido através da compressão da liberdade de atuação do utilizador dos seus dados pessoais, também ele titular de uma posição jurídica garantida por um direito fundamental como, por exemplo, o direito de liberdade de empresa (artigo 16.º CDFUE)[154]. Assim, o direito à proteção de dados pessoais é eficaz nas relações jurídico-privadas e não apenas na relação do titular dos dados pessoais com o Estado[155]. Esta é uma das marcas distintivas deste regime: a sua *horizontalidade*, isto é, a sua aplicação aos causadores do risco, aos utilizadores de dados pessoais, independentemente da sua natureza pública ou privada.

Acontece que esta horizontalidade não é absoluta. Aliás, tem sido sublinhado que o RGPD concedeu "uma posição distinta ao setor público"[156]

[151] De facto, continua sem fazer distinções nas definições apresentadas de *controller* e *processor* no art. 2.º.

[152] A oposição por parte de associações industriais é manifesta na condenação da *Union of Industrial and Employer's Confederations of Europe* (UNICE), à data a maior organização comercial transetorial, v. "UNICE calls for Changes in Proposal on Personal Data", *European Report*, 1991, 3, e de outras, como a *European Direct Marketing Association* ou a *European Banking Federation*, v. "EC Scheme for Data Protection Stuns UK", *Marketing*, 12 de julho de 1990, 3 e "Transnational Data and Communications Report", novembro-dezembro de 1992, 43.

[153] Pereira da Silva, *Deveres*, 596.

[154] Sobre os vários graus de afetação desvantajosa de um direito fundamental, do mero "limite" à "restrição", v. Pereira da Silva, *Deveres*, 158.

[155] Calvão, *Direito*, 51.

[156] G29, "Parecer 01/2012 sobre as propostas de reforma em matéria de proteção de dados", 23 de março de 2012, 13.

pelo menos em três disposições. Em primeiro lugar, o artigo 23.º, n.º 1 alterou a solução da Diretiva 95/46/CE[157] alargando a margem de manobra dos Estados-Membros para limitar, por medida legislativa, o alcance de certas imposições, por razões amparadas em "objetivos importantes do interesse público geral da União ou de um dos Estado-membros"[158]. Esta opção por um conceito amplo e aberto de "interesse público geral" é um reflexo das divergências que pautaram as negociações do RGPD em torno da questão da sua desadequação para o setor público[159]. Em segundo lugar, o artigo 35.º, n.º 10 exclui da obrigação de realizar uma avaliação de impacto sobre a proteção de dados o tratamento "necessário ao exercício de funções de interesse público ou ao exercício da autoridade pública" e, em terceiro lugar, o artigo 83.º, n.º 7 prevê que os Estados-Membros podem optar por um regime especial para a aplicação de coimas a autoridades e organismos públicos. Em Portugal, este regime encontra-se no artigo 44.º da Lei n.º 58/2019. O número 1 consagra um princípio geral de equiparação entre entidades públicas e privadas para a aplicação de coimas e o número 2 estabelece a possibilidade de as entidades públicas, mediante pedido fundamentado, solicitarem à CNPD a dispensa da aplicação de coimas. Contudo, aquela norma estabelece um prazo para este regime especial: três anos a contar da entrada em vigor da lei. Se, de acordo com artigo 68.º, a lei entrou em vigor em julho de 2019, então o prazo para este regime chegou ao fim em julho de 2022.

Em todo o caso, a horizontalidade, ainda que amaciada por estas disposições, é uma das notas distintivas deste bloco de normas por comparação, por exemplo, com os EUA. Um diploma igualmente abrangente foi inicialmente proposto no Congresso norte-americano, mas, durante o debate legislativo, a pressão do setor privado fez valer o argumento da despropor-

[157] A norma do artigo 13.º da Diretiva concedia margem de manobra aos Estados-Membros para restringir o alcance de certas obrigações em benefício da proteção da segurança do Estado, da defesa, da segurança pública, da prevenção, investigação, deteção e repressão de infrações penais e de violações da deontologia das profissões regulamentadas, de um interesse económico ou financeiro importante de um Estado-Membro ou da UE, entre outros fundamentos.

[158] Uma alteração que foi sublinhada pelo SEPD, "Opinion of", 83.

[159] Conselho da UE, "Working Party on Information Exchange and Data Protection (DAPIX) on 23-24 february 2012: Summary of Discussion", 8 de março de 2012, 5, acesso no dia 20 de agosto de 2022 em http://register.consilium.europa.eu/doc/srv?l=EN&f=ST%207221%202012%20INIT. Avançando esta hipótese, Lynskey, *The Foundations*, 22.

cionalidade dos encargos e da burocracia que aquela proposta comportava[160]. Acabou por ser adotado o *Privacy Act*, em 1974, aplicável apenas ao tratamento de dados pessoais realizado por agências federais[161]. Além deste diploma, ao nível de cada Estado vigora legislação aplicável ao setor público e, nas respetivas constituições, há disposições específicas sobre o direito à *privacy*[162]. Mais recentemente, alguns Estados adotaram legislação de proteção de dados pessoais, como é o caso do *California Consumer Privacy Act*, que entrou em vigor em 2020 e reacendeu a discussão sobre a importância de um diploma federal[163].

1.3.1.2. *Os utilizadores de dados pessoais*

Se a natureza jurídica de quem utiliza dados pessoais não é relevante, então como é que se delimita o âmbito de aplicação subjetivo deste regime? Para definir os principais destinatários das imposições nele estabelecidas, o legislador muniu-se de conceitos *autónomos* e *funcionais* e criou duas categorias de utilizadores de dados pessoais: (i) o responsável pelo tratamento e (ii) o subcontratante. São conceitos *autónomos* no sentido em que devem ser hermeticamente interpretados, em conformidade apenas com as normas que compõem este corpo normativo, e *funcionais* porquanto visam atribuir a responsabilidade àqueles que exercem influência de facto sobre os tratamentos de dados pessoais, *independentemente da sua natureza orgânica pública ou privada*[164]. Assim, as relações jurídicas emergentes com o tratamento de dados pessoais não são necessariamente bipolares, isto é, entre o titular dos dados e o responsável pelo tratamento. Podem ser tripolares ou multi-

[160] Priscilla Regan, *Legislating Privacy: Technology, Social Values, and Public Policy* (North Carolina: The University of North Carolina Press, 1995): 77; Newman, *Protectors of Privacy*, 57; Nadezhda Purtova, *Property Rights in Personal Data: A European Perspective* (The Hague: Kluwer Law International) 2011, 109.

[161] *Privacy Act of 1974, 5 United States Code §552a.* Sobre esta evolução legislativa, v. Sousa Pinheiro, *Privacy e proteção*, 482; Newman, *Protectors of Privacy*, 59; Joel Reidenberg, "E-Commerce and Trans-Atlantic Privacy", *Harvard Law Review*, 38 (2001): 717 e Purtova, *Property Rights*, 109; Lynskey, *The Foundations*, 17; Paul Schwartz e Daniel Solove, *Information Privacy Law* (Aspen: Aspen Publisher, 2009) 20.

[162] Schwartz e Solove, *Information*, 36.

[163] Em causa está a H.R.8152, *American Data Privacy and Protection Act*, cujos desenvolvimentos legislativos podem ser consultados em https://www.congress.gov/bill/117th-congress/house-bill/8152/text

[164] "Parecer 1/2010", 2.

polares, sobretudo se atendermos ao papel do subcontratante e, em especial, da autoridade de controlo[165].

Em relação ao primeiro, o subcontratante, a sua existência depende de uma escolha do responsável pelo tratamento, entre proceder ao tratamento dos dados pessoais no seio da sua organização ou delegá-lo, total ou parcialmente, numa organização externa. Relativamente ao segundo, a supervisão deste conjunto de normas cabe a uma "autoridade de controlo"[166]. Este traço particular do regime estudado é hoje uma decorrência do direito primário (artigos 16.º do TFUE e 8.º da CDFUE) e, segundo o TJUE, constitui um "elemento essencial" deste direito fundamental[167]. Este é mais um fator que distancia a União Europeia dos EUA neste domínio: a proposta legislativa, na década de 70, de estabelecer o *Federal Privacy Board*, não foi aprovada por se ter considerado que tal viria a criar uma camada extra de burocracia e um "super regulador"[168]. Quanto à vocação das autoridades de controlo, de harmonia com os artigos 51.º, n.º 1 e 57.º do RGPD, sob aquelas recai a "responsabilidade pela fiscalização" daquele diploma, controlando e executando a sua aplicação "a fim de defender os direitos e liberdades fundamentais das pessoas singulares e facilitar a livre circulação desses dados na União". Em Portugal, cabe à Comissão Nacional de Proteção de Dados, uma entidade administrativa independente, desempenhar esta função[169].

No RGPD há várias novidades em relação ao papel destes dois sujeitos. No que respeita ao subcontratante, sobre este recaem, *ope legis* e não por via do contrato celebrado com o responsável pelo tratamento, algumas obrigações, como: registar certas atividades de tratamento (artigo 30.º, n.º 2); cooperar com a autoridade de controlo (artigo 31.º); garantir a segurança do tratamento (art. 32.º); notificar uma violação de dados pessoais ao responsável pelo tratamento (artigo 33.º, n.º 2); designar o encarregado da proteção de dados (artigo 37.º); cumprir o regime das transferências de dados pessoais (Capítulo V).

165 Estas duas figuras são estudadas no capítulo III relativo aos Atores. Referindo também a relação jurídica tripolar e multipolar v. Calvão, *Direito*, 56.

166 Capítulo VI do RGPD e art. 28.º da Diretiva.

167 Acórdão *Schrems*, C-362/14, 6 de outubro de 2015, n.º 41 e jurisprudência aí citada.

168 Newman, *Protectors of Privacy*, 23 e 57 e Purtova, *Property Rights*, 109.

169 Carlos Morais, "As Autoridades Administrativas independentes na Ordem Jurídica Portuguesa", *Revista da Ordem dos Advogados*, 61, 1 (2001): 103; José Cardoso, *Autoridades Administrativas Independentes e Constituição* (Coimbra: Coimbra Editora, 2002) 39; Cardona, *Contributo*, 50 e 527.

Por seu turno, quanto às autoridades de controlo, uma das grandes alterações estruturais do RGPD prende-se com o modelo de supervisão: o controlo *ex ante* é substituído pela fiscalização *ex post*, eliminando-se, como regra, a supervisão prévia dos tratamentos de dados pessoais e transferindo a intervenção administrativa para o plano da orientação das condutas (através de orientações gerais e *soft law*) e, sobretudo, para o plano do controlo *a posteriori* dos tratamentos de dados pessoais[170]. A *ratio* desta opção legislativa vem plasmada no considerando 89, onde se explica que a supervisão prévia, através de uma "obrigação geral de notificação do tratamento de dados pessoais às autoridades de controlo"[171], originava "encargos administrativos e financeiros" e "nem sempre contribuiu para a melhoria da proteção dos dados pessoais", pelo que se suprime este método em prol de "regras e procedimentos eficazes mais centrados nos tipos de operações de tratamento suscetíveis de resultar num elevado risco para os direitos e liberdades das pessoas singulares"[172]. Nesta nova equação, o princípio da responsabilidade do responsável pelo tratamento, adiante estudado, procura *compensar* ou *substituir* esta simplificação administrativa e a consequente ausência de controlo prévio externo, exigindo àquele a aplicação de medidas, determinadas em função do risco do tratamento e do tipo de dados tratados, para reforçar os mecanismos de controlo interno e a boa governação da proteção de dados[173].

[170] Há pelo menos três exceções a este controlo: (i) a consulta prévia prevista no artigo 36.º do RGPD, (ii) a autorização em matéria de transferência de dados pessoais consagrada no artigo 46.º, n.º 3 e (iii), em Portugal, a autorização prévia da CNPD para a instalação de sistemas de videovigilância nos termos do artigo 19.º, n.º 4 da Lei n.º 57/2019. Neste sentido v. Joel Alves, *O Novo Modelo de Proteção de Dados Pessoais Europeu* (Almedina: Coimbra, 2021) 108.

[171] Em Portugal os artigos 27.º e 28.º da Lei n.º 67/98, de 26 de outubro, regulavam este controlo.

[172] Sinalizando que esta é uma das vantagens deste novo modelo, v. Catarina Sarmento e Castro, "40 anos de 'Utilização da Informática – o artigo 35.º da Constituição da República Portuguesa", *e-Publica*, 3, 3 (2016): 54, disponível online em http://e-publica.pt/volumes/v3n3/pdf/Vol.3-Nº3-Art.04.pdf, consultado no dia 30 de setembro de 2018: "O novo modelo tem inegáveis vantagens para aqueles – cidadãos, empresas, instituições públicas – que pretendam iniciar uma atividade, pública ou privada, que requeira o tratamento de dados pessoais, por afastar os entraves administrativos e temporais a que sempre se sujeita uma atividade dependente de autorização, incluindo os que necessitem de, no âmbito da prestação de serviços no mercado interno, fazer circular dados indispensáveis à circulação de bens e de serviços".

[173] G29, "Parecer 3/2010", 2 e 16.

Por fim, uma última novidade em relação às autoridades de controlo prende-se com a "europeização" da proteção de dados pessoais. Como referi, este processo conduzirá, no longo prazo, a uma estruturação de um *sistema administrativo europeu* para o mercado único da proteção de dados pessoais. O primeiro pilar desse sistema ergue-se com a reformulação do G29, que passa a Comité Europeu para a Proteção de Dados ou CEPD, com a finalidade de "melhorar o seu contributo para a aplicação coerente da legislação em matéria de proteção de dados e fornecer uma base sólida de cooperação entre as autoridades de proteção de dados"[174]. Os próximos passos são ainda pouco claros, embora a Comissão Europeia, no seu programa de para 2023, estabeleça como objetivo uma "harmonização de aspetos processuais" do trabalho das autoridades de controlo[175].

1.3.2. Objetivo

a) Definições fundamentais: "tratamento" e "dados pessoais"

A extensão do âmbito de aplicação deste regime decorre também do objeto regulado. O artigo 2.º, n.º 1, do RGPD delimita esse objeto ao tratamento de dados pessoais realizados por três meios: (i) totalmente automatizados; ou (ii) por meios parcialmente automatizados; ou, ainda, (iii) por meios não automatizados desde que contidos em ficheiros ou a eles destinados. Por ficheiro o legislador entende, no artigo 4.º, n.º 6, "qualquer conjunto estruturado de dados pessoais, acessível segundo critérios específicos, quer seja centralizado, descentralizado ou repartido de modo funcional ou geográfico".

Além disso, tal como a Diretiva 95/46/CE[176], o RGPD consagra definições amplas de "tratamento" e de "dados pessoais": o primeiro é definido

[174] Comissão Europeia, "Proteção da", 10. Este Comité é estudado com mais detalhe no capítulo dos Atores.

[175] Comissão Europeia, "A union standing firm and united", 18 de outubro de 2022, 12.

[176] Artigo 2.º, alíneas a) e b): "'Dados pessoais', qualquer informação relativa a uma pessoa singular identificada ou identificável ("pessoa em causa"); é considerado identificável todo aquele que possa ser identificado, direta ou indiretamente, nomeadamente por referência a um número de identificação ou a um ou mais elementos específicos da sua identidade física, fisiológica, psíquica, económica, cultural ou social" e "'tratamento de dados pessoais' ("tratamento"), qualquer operação ou conjunto de operações efetuadas sobre dados pessoais, com ou sem meios automatizados, tais como a recolha, registo, organização, conservação, adaptação ou alteração, recuperação, consulta, utilização, comunicação por transmissão,

como "operação ou um conjunto de operações efetuados sobre dados pessoais ou sobre conjuntos de dados pessoais, por meios automatizados ou não automatizados, tais como a recolha, o registo, a organização, a estruturação, a conservação, a adaptação ou alteração, a recuperação, a consulta, a utilização, a divulgação por transmissão, difusão ou qualquer outra forma de disponibilização, a comparação ou interconexão, a limitação, o apagamento ou a destruição");[177] (ii) o conceito de "dados pessoais" é definido como "informação relativa a uma pessoa singular identificada ou identificável ('titular dos dados'); é considerada identificável uma pessoa singular que possa ser identificada, direta ou indiretamente, em especial por referência a um identificador, como por exemplo um nome, um número de identificação, dados de localização, identificadores por via eletrónica ou a um ou mais elementos específicos de identidade física, fisiológica, genética, mental, económica, cultural ou social dessa pessoa singular")[178].

O considerando 26 é útil para percebermos onde o legislador quer chegar com a situação de *identificabilidade* do titular. Com efeito, se não for possível identificar direta e imediatamente o titular, "importa considerar todos os meios suscetíveis de ser razoavelmente utilizados, tais como a seleção, quer pelo responsável pelo tratamento quer por outra pessoa, para identificar direta ou indiretamente a pessoa singular", e continua: "para determinar se há uma probabilidade razoável de os meios serem utilizados para identificar a pessoa singular, importa considerar todos os fatores objetivos, como os custos e o tempo necessário para a identificação, tendo em conta a tecnologia disponível à data do tratamento dos dados e a evolução tecnológica". Por conseguinte, no momento de qualificar a informação como sendo pessoal, importa: (i) olhar para todo o ciclo de vida dos dados e (ii) avaliar a probabilidade de o titular ser identificado pelo responsável pelo tratamento ou por outra pessoa. Pense-se no seguinte exemplo: uma entidade pública que está a fiscalizar o trânsito recolhe informações sobre a matrícula de um

difusão ou qualquer outra forma de colocação à disposição, com comparação ou conexão, bem como o bloqueio, apagamento ou destruição".

177 Artigo 4.º, n.º 2.

178 Art. 4.º, n.º 1. Desenvolvendo este conceito, v. G29, "Parecer 4/2007 sobre o conceito de dados pessoais", 20 de junho de 2007 e, entre nós, António Menezes Cordeiro, "Dados pessoais: conceito, extensão e limites", Centro de Investigação de Direito Privado da FDUL, 2018, disponível em https://blook.pt/publications/publication/e38a9928dbce/, consultado no dia 30 de setembro de 2018.

carro que vai em excesso de velocidade. Num momento inicial essa entidade não tem informações suficientes para identificar o condutor, mas, antecipando o ciclo de vida dos dados, incluindo o seu envio para outra entidade para a aplicação de uma coima, é altamente provável que o titular dos dados, o condutor, venha a ser identificado.

Esta opção do legislador por conceitos amplos e que, em várias decisões, foram alargados pelo TJUE[179], foi explicada no caso *Nowak* nos seguintes termos: "o emprego da expressão 'qualquer informação' no âmbito da definição do conceito de 'dado pessoal' (...) reflete o objetivo do legislador da União de atribuir um sentido amplo a esse conceito, que não está limitado às informações sensíveis ou de ordem privada, mas engloba potencialmente qualquer tipo de informações, tanto objetivas como subjetivas sob forma de opiniões ou de apreciações, na condição de 'dizerem respeito' à pessoa em causa"[180]. Em sentido semelhante, o Advogado-Geral Jaaskinen observou que o âmbito de aplicação deste regime é "surpreendentemente vasto" e as suas definições "amplas", assim abrangendo um largo leque de situações de facto para acautelar ao máximo as incertezas do desenvolvimento tecnológico[181]. Todavia, alguma doutrina defende mesmo que este caminho não é sustentável porque a evolução da tecnologia exigirá aos utilizadores de dados uma intensidade de conformação com a lei impossível de assegurar[182].

b) Um regime geral com exceções

Ainda no que respeita ao objeto regulado, este é um regime geral ou transversal porque regula os tratamentos de dados pessoais independentemente da sua especificidade, da tecnologia em causa, do setor económico ou da sensibilidade da área[183].

Contudo, os números 2 e 3 do artigo 2.º do RGPD estabelecem várias exceções ao seu âmbito de aplicação: (i) tratamento de dados realizado no

[179] Por exemplo, no Acórdão *OT*, C-184/20, 1 de agosto de 2022, n.º 128, o TJUE interpretou o artigo 9.º que regula as categorias especiais de dados em sentido amplo, entendendo que a publicação de dados pessoais que revelem indiretamente a orientação sexual de uma pessoa singular cabe ali.

[180] Acórdão *Nowak*, C-434/16, 20 de dezembro de 2017, n.º 34.

[181] Conclusões no Acórdão *Google Spain*, C-131/12, 25 de junho de 2013, n.º 29 e 30. Criticando esta amplitude, Bergkamp, "The Privacy", 31 e 42.

[182] Purtova, "The Law of Everything", 40.

[183] Newman, *Protectors of Privacy*, 23; Estadella-Yuste, "The Draft Directive", 22; Schwartz e Solove, *Information*, 1.

exercício de atividades não sujeitas à aplicação do direito da União (alínea a)); (ii) tratamento de dados realizado pelos Estados-Membros no exercício de atividades abrangidas pelo âmbito de aplicação do título V, capítulo 2, do TUE (alínea b)); (iii) tratamento de dados realizado por uma pessoa singular no exercício de atividades exclusivamente pessoais ou domésticas (alínea c)); (iv) tratamento de dados realizado pelas autoridades competentes para efeitos de prevenção, investigação, deteção e repressão de infrações penais ou da execução de sanções penais, incluindo a salvaguarda e a prevenção de ameaças à segurança pública; (v) tratamento de dados realizado pelas instituições, órgãos, organismos ou agências da União (número 3). Além disto, a sexta exceção encontra-se "fora do baralho", mas há muito que é reconhecida como tal: o tratamento de dados anonimizados[184].

As duas primeiras exceções, tratadas em conjunto no considerando 16, dizem respeito a aspetos específicos da União Europeia. Em primeiro lugar, as atividades não sujeitas à aplicação do direito da União são aquelas que, por força do princípio da atribuição, não constam das competências que os Estados-Membros lhes atribuíram. Assim, esta exceção deve ser lida à luz do artigo 5.º do TUE, onde se lê no n.º 1 que "A delimitação das competências da União rege-se pelo princípio da atribuição" e no n.º 2 que "Em virtude do princípio da atribuição, a União atua unicamente dentro dos limites das competências que os Estados-Membros lhe tenham atribuído nos Tratados para alcançar os objetivos fixados por estes últimos. As competências que não sejam atribuídas à União nos Tratados pertencem aos Estados-Membros". Em segundo lugar, as atividades abrangidas pelo título V, capítulo 2, do TUE dizem respeito à política externa e segurança comum da União. Os artigos 16.º, n.º 2 do TFUE e artigo 39.º do TUE delegam no Conselho a adotação de uma decisão que estabeleça um regime especial para a proteção do titular em relação aos tratamentos de dados relacionados com aquelas atividades.

A terceira exceção, designada pelo Comité como "isenção doméstica"[185], já existia na Diretiva 95/46/CE[186]. O considerando 18 do RGPD elenca como

[184] G29, "Parecer 05/2014 sobre técnicas de anonimização", 10 de abril de 2014.

[185] "Diretrizes 3/2019 sobre tratamento de dados pessoais através de dispositivos de vídeo", 29 de janeiro de 2020, p. 8.

[186] O artigo 3.º, n.º 2, parte final dispunha que "A presente diretiva não se aplica ao tratamento de dados pessoais efetuado por uma pessoa singular no exercício de atividades exclusivamente pessoais ou domésticas".

exemplos de atividades pessoais e domésticas e "sem qualquer ligação com uma atividade profissional ou comercial" (i) a troca de correspondência, (ii) a conservação de listas de endereços, (iii) a atividade das redes sociais e do ambiente eletrónico no âmbito dessas atividades. A parte final deste considerando é também importante, porque esclarece que o RGPD se aplica "aos responsáveis pelo tratamento e aos subcontratantes que forneçam os meios para o tratamento dos dados pessoais" destas atividades isentas.

O TJUE pronunciou-se sobre a aplicação desta exceção no acórdão Bodil Linqvist[187]. Entre várias questões, o tribunal avaliou se a recolha de dados pessoais (nome, funções ocupadas e hábitos dos tempos livres) e a sua divulgação num *website* pessoal, acessível a todos os que tenham conhecimento do endereço desse *website,* pode ser excluída do âmbito de aplicação deste regime[188]. O tribunal entendeu que não se aplicava a exceção porque a mesma deve ser interpretada como "tendo unicamente por objeto as atividades que se inserem no âmbito da vida privada ou familiar dos particulares, o que não é manifestamente o caso do tratamento de dados de caráter pessoal que consiste na sua publicação na Internet de maneira que esses dados são disponibilizados a um número indefinido de pessoas"[189]. Mais recentemente, no caso Ryneš, o TJUE entendeu que um sistema de videovigilância que envolva o registo e a conservação constantes de dados pessoais e se estenda, "ainda que parcialmente, ao espaço público e, por esse motivo, se dirige para fora da esfera privada da pessoa que procede ao tratamento de dados por esse meio, não pode ser considerada uma atividade exclusivamente "pessoal ou doméstica"[190]. Na sequência desta decisão, na Grécia, a autoridade entendeu que quando um sistema de videovigilância está instalado numa propriedade privada e não recolhe imagens de espaços públicos, então os tratamentos realizados cabem no âmbito desta exceção[191].

A quarta e quinta exceções exemplificam dois casos em que o legislador optou por regimes especiais. Em primeiro lugar, o regime da Diretiva sobre tratamento de dados pessoais pelas autoridades competentes para efeitos de prevenção, investigação, deteção ou repressão de infrações

187 Acórdão *Lindqvist*, C-101/01, 6 de novembro de 2003.
188 Acórdão *Lindqvist*, C-101/01, 6 de novembro de 2003, n.º 3.
189 Acórdão *Lindqvist*, C-101/01, 6 de novembro de 2003, n.º 47.
190 Acórdão *Ryneš*, C-212/13, 11 de dezembro de 2014, n.º 33.
191 HDPA, Processo 30/2020, 26 de agosto de 2020.

penais ou execução de sanções penais. Esta Diretiva n.º 2016/680, de 27 de abril, foi transposta pelo legislador português pela Lei n.º 59/2019, de 8 de agosto. E, concretizando a quinta exceção, o tratamento de dados realizado pelas instituições, órgãos, organismos ou agências da União que consta do Regulamento (EU) 2018/1725 estabelece as regras aplicáveis ao tratamento de dados pessoais pelas instituições, organismos e agências da União e à livre circulação desses dados, e revoga o Regulamento (CE) n.º 45/2001 e a Decisão n.º 1247/2002/CE, de 23 de outubro de 2018.

Além destas exceções, o número 4 salvaguarda a aplicação da Diretiva *e-Privacy*, em processo de revisão na data em que escrevo[192], e a parte final do RGPD prevê vários domínios cuja regulação cabe ao Estado-Membro: (i) a liberdade de expressão e de informação (artigo 85.º do RGPD); (ii) o acesso do público a documentos oficiais (artigo 86.º do RGPD); (iii) o número de identificação nacional (artigo 87.º do RGPD); (iv) o contexto laboral (artigo. 88.º do RGPD); (v) os tratamentos para fins de arquivo de interesse público, de investigação científica ou histórica, fins estatísticos (artigo 89.º do RGPD); (vi) as obrigações de sigilo (artigo 90.º do RGPD); (vii) e as igrejas e associações religiosas (artigo 91.º do RGPD).

Para terminar, o considerando 26 isenta do âmbito de aplicação do RGPD as informações anónimas, isto é, "informações que não digam respeito a uma pessoa singular identificada ou identificável nem a dados pessoais tornados de tal modo anónimos que o seu titular não seja ou já não possa ser identificado". Esta exceção prevê duas situações distintas: (i) dados que nunca permitiram a identificação do titular e (ii) dados pessoais que permitiram a identificação do titular mas que, por força da aplicação de técnicas de anonimização, a identificação já não é possível. Nenhuma destas situações deve ser confundida com a pseudonimização que, segundo o número 5 do artigo 4.º, é "o tratamento de dados pessoais de forma que deixem de poder ser atribuídos a um titular de dados específico sem recorrer a informações suplementares, desde que essas informações suplementares sejam mantidas separadamente e sujeitas a medidas técnicas e organizativas para assegurar que os dados pessoais não possam ser atribuídos a uma pessoa singular identificada ou identificável".

[192] Diretiva 2002/58/CE do PE e do Conselho, de 12 de julho de 2002, relativa ao tratamento de dados pessoais e à proteção da privacidade no setor das comunicações eletrónicas.

Como não existe no RGPD nenhuma definição de anonimização ou de dados anónimos, surgiram dúvidas sobre a aplicação desta exceção. O problema principal prende-se com o grau de exigência da não identificação do titular dos dados: por um lado, o considerando 26 remete para uma avaliação da probabilidade razoável de identificação do titular que deixa margem para algum risco de identificação; por outro, o G29, em 2014, defendeu uma conceção mais exigente e que assenta num risco zero de identificação do titular[193]. Uma boa parte da doutrina, na qual me incluo, considera que o elemento literal do considerando 26 sugere uma abordagem baseada no risco tendo por base a tal avaliação da probabilidade razoável de identificar o titular[194].

1.3.3. Geográfico

1.3.3.1. *A necessidade de uma reforma*

Entre os objetivos da reforma de 2012 que deu origem ao RGPD encontra-se a revisão do artigo 4.º da Diretiva 95/46/CE que estabelecia os critérios para definir o respetivo âmbito de aplicação geográfico e que, ao longo dos anos, foi objeto de várias críticas[195]. A sua desadequação relacionava-se essencialmente com dois fatores: (i) a falta de harmonização entre Estados-Membros na sua interpretação e aplicação e (ii) a globalização e os avanços tecnológicos facilitaram a prestação de serviços à distância, por responsáveis pelo tratamento estabelecidos *fora* da União, sendo necessário encontrar a melhor forma de os regular[196].

A solução da primeira dificuldade ficaria resolvida, *prima facie,* com a adoção de um *regulamento,* de aplicação direta em todos os Estados-

[193] Analisando este problema Michèle Finck e Frank Pallas, "They who must not be identified – distinguishing personal from non-personal data under the GDPR", *International Data Privacy Law,* 10, n.º 1 (2020): 11 e Emily Weitzenboeck, Pierre Lison, Malgorzata Cyndecka, Malcolm Langford, "The GDPR and unstructured data: is anonymization possible?", *International Data Privacy Law,* 12, n.º 3 (2022): 184.

[194] Finck e Palas, "They who", 34 e Weitzenboeck, Lison, Cyndecka, Langford, "The GDPR and unstructured data", 205.

[195] Graça Canto Moniz, *A extraterritorialidade do regime geral de proteção de dados pessoais da União Europeia: manifestações e limites* (Lisboa: Petrony, 2022).

[196] Comissão Europeia, "Uma abordagem", 2 e 12 e Comissão Europeia, "Proteção da", 11 e 12.

-Membros, e com a criação de um procedimento de controlo da coerência definido no artigo 63.º do RGPD. Em relação à segunda, a Comissão cedo clarificou que "o facto de o tratamento de dados pessoais ser feito por um responsável estabelecido num país terceiro não deve privar as pessoas da proteção a que têm direito por força da Carta dos Direitos Fundamentais e da legislação de proteção de dados da UE"[197]. Esta posição tem, pelo menos, uma consequência imediata: não é relevante a localização geográfica do responsável pelo tratamento, por isso a proteção conferida pelo RGPD abrange os tratamentos de dados pessoais de prestadores de serviços estabelecidos em países terceiros[198]. Mais à frente, no final deste capítulo, desenvolvo a vocação extraterritorial desta opção.

Em geral, as alterações vertidas no artigo 3.º do RGPD não se afastaram das recomendações do G29[199] e da SEPD[200]. Esta disposição tem como epígrafe "âmbito de aplicação territorial", mas a referência textual à territorialidade não deve ser lida literalmente, porquanto o âmbito do RGPD, tal como o âmbito da Diretiva 95/46/CE, não é rigorosamente territorial[201].

1.3.3.2. *Os critérios do artigo 3.º*

Este artigo tem como *função* determinar "o âmbito de aplicação externo da legislação da UE em matéria de proteção de dados" [202]. Ou seja, procura responder às perguntas: (i) em que medida o RGPD é aplicável ao tratamento dos dados pessoais efetuado no todo ou em parte fora do espaço UE?; (ii) se sim, qual é a ligação com a UE que se exige?

O seu *objetivo* é duplo: por um lado, proteger de forma eficaz o titular dos dados e, por outro, no atual contexto de globalização e de abertura do mercado interno a prestadores de serviços de países terceiros à União, pretende garantir condições de equidade para *todas* as empresas ativas no mercado da União[203]. Este segundo objetivo, de natureza económica, visa

[197] *Ibidem.*

[198] Comissão Europeia, "Proteção da", 11.

[199] G29, "Parecer 1/2010", 33.

[200] SEPD, "Parecer do SEPD", n.º 122.

[201] Em sentido semelhante, v. Dan Svantesson, "Article 3", *Commentary on the EU General Data Protection Regulation,* ed. Lee Bygrave *et alii,* (Oxford: Oxford University Press, 2020): 13.

[202] G29, "Parecer 8/2010 sobre a lei aplicável", 16 de dezembro de 2010, 6.

[203] CEPD, "Diretrizes 3/2018 sobre o âmbito de aplicação territorial do RGPD (artigo 3.º)", 12 de novembro de 2019, 4.

corrigir uma alegada vantagem concorrencial das empresas estrangeiras localizadas em *data heaven's* e libertas dos "custos de contexto" criados pelo regime de proteção de dados pessoais da União Europeia.

São três os critérios usados para determinar o âmbito de aplicação geográfico deste regime: a localização de um estabelecimento do responsável pelo tratamento ou subcontratante (1.3.3.2.1.), a localização do titular dos dados pessoais (1.3.3.2.2.) e, por fim, o direito internacional público (1.3.3.2.3.).

1.3.3.2.1. *Localização do estabelecimento*

O número 1 do artigo 3.º prevê que este regime se aplica "ao tratamento de dados pessoais efetuado no contexto das atividades de um estabelecimento de um responsável pelo tratamento ou de um subcontratante situado no território da União, independentemente de o tratamento ocorrer dentro ou fora da União".

Tal como sucedia com a alínea a) do número 1 do artigo 4.º da Diretiva 95/46/CE, para determinar a aplicação deste regime há que adotar a seguinte metodologia: (i) identificar o tratamento de dados pessoais, (ii) o responsável pelo tratamento ou subcontratante e, por fim, (iii) verificar se o tratamento de dados se realiza "no contexto das atividades de um estabelecimento". Ou seja, o legislador não refere que o tratamento em si mesmo tem de ocorrer no território de um Estado-Membro ou que o estabelecimento é *o* responsável[204]. Do mesmo modo, também não exige que seja o estabelecimento a realizar as operações de tratamento[205]. Por outro lado, a aplicação do regime de proteção de dados não é determinada pela forma corporativa ou jurídica como uma dada empresa está estruturada[206].

a) O conceito de estabelecimento

O que realmente importa apurar é: (i) o que é um "estabelecimento" e (ii) quando é que o tratamento ocorre no "contexto" das suas atividades.

[204] Como explica o G29, "o conceito de estabelecimento tem ligações flexíveis com o conceito de responsabilidade pelo tratamento", v. "Parecer 8/2010", 12.

[205] Moerel, "Back to", 97 e, da mesma autora, "The long", 30.

[206] Christopher Kuner, *European Data Protection Law. Corporate Compliance and Regulation* (Oxford: Oxford University Press, 2007) 129.

O primeiro conceito não goza de tratamento uniforme no Direito da União Europeia e adquire especificidades no regime estudado[207]. O considerando 22 do RGPD esclarece que este pressupõe o "exercício efetivo e real de uma atividade com base numa instalação estável", sendo irrelevante a "forma jurídica" do estabelecimento. Assim, prossegue o considerando, o estabelecimento pode ser "uma sucursal" ou "uma filial com personalidade jurídica". Já o segundo termo, "contexto das atividades de um estabelecimento", tem estado rodeado de controvérsias desde a adoção da Diretiva 95/46/CE[208].

Para a sua aplicação na prática o G29 sugeriu a aplicação de um teste ao estilo de "quem faz o quê" e uma avaliação casuística[209]. A doutrina, além de concordar com este teste[210], sugere exemplos. Lokke Moerel refere o caso das empresas multinacionais que tratam os dados pessoais de forma centralizada: se a empresa-mãe trata os dados dos recursos humanos de forma centralizada, numa base de dados única das empresas do seu grupo situadas na UE, a autora defende que o regime de proteção de dados pessoais da UE aplicar-se-á a essas partes do tratamento de dados pessoais porque estão relacionados com as atividades dos estabelecimentos situados na UE[211].

Seja como for, são essencialmente dois os elementos que importa analisar em cada caso: (i) a instalação e o seu grau de estabilidade e (ii) a atividade exercida, em particular a sua efetividade e contexto[212].

[207] Brendan Van Alsenoy, "Reconciling the (extra)territorial reach of the GDPR with public international law" in *Transatlantic tensions, EU surveillance, and big data,* ed. Gert Vermeulen e Eva Lievens (London: Maklu, 2018): 80 e Joanne Scott, "The new EU 'Extraterritoriality'", *Common Market Law Review,* 51 (2014): 1352.

[208] Kuan Hon, Julia Hörnle e Christopher Millard, "Data Protection Jurisdiction and Cloud Computing – When are Cloud Users and Providers Subject to EU Data Protection Law? The Cloud of Unknowing, Part 3", *International Review of Law, Computers & Technology,* 26, 3 (2012): 129; Merlin Gomann, "The new territorial scope of EU data protection law: deconstructing a revolutionary achievement", *Common Market Law Review,* 54 (2017): 572.

[209] G29, "Parecer 8/2010", 5.

[210] Menezes Cordeiro, *Comentário,* 72.

[211] Lokke Moerel, "The long arm reach of EU data protection law: Does the Data Protection Directive apply to processing of personal data of EU citizens by websites worldwide?", *International Data Privacy Law,* 1, 1 (2011): 31; Christopher Kuner, *European Data Privacy Law & Online Business* (Oxford: Oxford University Press, 2003): 119 e Liane Colonna, *Legal Implications of Data Mining,* (London: Ragulka, 2016): 378.

[212] Em sentido próximo mas referindo três elementos, Menezes Cordeiro, *Comentário,* 72.

b) A jurisprudência do TJUE

Além da doutrina, a jurisprudência sobre este artigo merece menção, em especial os casos *Google Spain*[213], *Weltimmo*[214] e *Amazon*[215]. O primeiro caso, entre vários outros aspetos, envolvia uma apreciação da relação entre a Google Inc., situada nos EUA, e a Google Spain, situada em Espanha. Em primeiro lugar, o tribunal concluiu que o responsável pelo tratamento era a Google Inc., não havendo qualquer intervenção da Google Spain nos tratamentos de dados, pois a sua atividade limitava-se a fornecer apoio à atividade publicitária do grupo Google, que é distinta do seu serviço de motor de busca[216]. Portanto, a Google Spain não realiza em Espanha "qualquer atividade diretamente ligada com a indexação ou armazenamento de informações ou de dados contidos nos sítios *web* de terceiros"[217]. Em segundo lugar, o tribunal entendeu que existia uma "conexão indissociável" entre o tratamento de dados pessoais realizados pela Google Inc. e as atividades da Google Spain, o seu estabelecimento, mesmo que esta não participe diretamente no tratamento dos dados pessoais do primeiro[218]. A indissociabilidade da conexão resultou do próprio modelo de negócios da Google: um modelo assente na prestação de serviços em linha gratuitos, dependentes do tratamento de dados pessoais e financiados por publicidade. Assim, atividades de tratamento e atividades publicitárias estão "indissociavelmente ligadas", uma vez que as segundas "constituem um meio para tornar o motor de busca em causa economicamente rentável e que esse motor é, ao mesmo tempo, o meio que permite realizar essas atividades"[219]. Esta "conexão indissociável" de natureza económica é evidenciada por uma conexão *digital*: a divulgação dos resultados de pesquisa, em si mesma um tratamento, é acompanhada, "na mesma página, pela exibição de publicidade relacionada com os termos de pesquisa", portanto esse tratamento, de mera divulgação, é efetuado no "contexto da atividade publicitária e comercial do estabelecimento", ou seja, da Google Spain[220].

[213] Acórdão *Google Spain,* C-131/12, 13 de maio de 2014.

[214] Acórdão, *Weltimmo,* C-230/14, 1 de outubro de 2015.

[215] Acórdão *Amazon,* C-191/15, 28 de julho de 2016.

[216] Acórdão *Google Spain,* C-131/12, 13 de maio de 2014, n.º 51.

[217] Acórdão *Google Spain,* C-131/12, 13 de maio de 2014, n.º 46.

[218] Acórdão *Google Spain,* C-131/12, 13 de maio de 2014, n.º 60.

[219] Acórdão *Google Spain,* C-131/12, 13 de maio de 2014, n.º 55 e 56.

[220] Acórdão *Google Spain,* C-131/12, 13 de maio de 2014, n.º 57.

No segundo caso, *Weltimmo*[221], o tribunal advoga uma "conceção flexível" de estabelecimento que passa por avaliar "tanto o grau de estabilidade da instalação como a realidade do exercício das atividades (...) tendo em conta a natureza específica das atividades económicas e das prestações de serviços em causa. Este entendimento vale especialmente para as empresas que se dedicam a oferecer serviços exclusivamente na Internet"[222]. Invocando o objetivo da proteção de dados pessoais de garantir uma tutela eficaz do titular, o TJUE acrescenta que "a presença de um único representante pode, em certas circunstâncias, ser suficiente para constituir uma instalação estável se este atuar com um grau de estabilidade suficiente através dos meios necessários para a prestação dos serviços específicos em causa no Estado-Membro em questão", pelo que "o conceito de 'estabelecimento' (...) abrange qualquer atividade real e efetiva, ainda que mínima, exercida através de uma instalação estável"[223]. O tribunal deu por preenchido este requisito com base em dois elementos do caso concreto: em primeiro lugar, "a atividade exercida pela *Weltimmo* consiste, pelo menos, na exploração de um ou de vários sítios *web* de anúncios de imóveis situados na Hungria, que são redigidos em língua húngara e que deixam de ser gratuitos depois de decorrido um período de um mês"[224] e, em segundo lugar, "a *Weltimmo* dispõe de um representante na Hungria (...) que tentou negociar com os anunciantes o pagamento de créditos em dívida (...) serviu de intermediário entre a [*Weltimmo*] e os queixosos e representou aquela nos procedimentos administrativos e judiciais. Além disso [a *Weltimmo*] (...) abriu uma conta bancária na Hungria, destinada à cobrança dos seus créditos e utiliza uma caixa de correio" na Hungria "para gerir os seus assuntos correntes"[225]. Depois, tal como em *Google Spain,* o tribunal entende que o tratamento não tem de ser operado pelo "próprio estabelecimento (...) mas apenas 'no contexto das atividades' deste"[226]. De seguida identifica os tratamentos no caso: a publicação, pela *Weltimmo,* no seu sítio *web,* de dados pessoais dos proprietários dos imóveis e a sua utilização para as necessidades de faturação dos anúncios. Ora, para aquela instância, estes tratamentos ocorrem no

[221] Acórdão, *Weltimmo,* C-230/14, 1 de outubro de 2015.

[222] Acórdão, *Weltimmo,* C-230/14, 1 de outubro de 2015, n.º 29.

[223] Acórdão, *Weltimmo,* C-230/14, 1 de outubro de 2015, n.º 30 e 31.

[224] Acórdão, *Weltimmo,* C-230/14, 1 de outubro de 2015, n.º 32.

[225] Acórdão, *Weltimmo,* C-230/14, 1 de outubro de 2015, n.º 33.

[226] Acórdão, *Weltimmo,* C-230/14, 1 de outubro de 2015, n.º 35.

contexto das atividades do seu estabelecimento, encarregue, por exemplo, de cobrar os créditos resultantes dos anúncios e de representar a *Weltimmo* em procedimentos administrativos e judiciais[227].

Em terceiro lugar, merece uma breve referência o contributo do caso *Amazon*, que veio confirmar a interpretação ampla do conceito de "estabelecimento", clarificando apenas que o mesmo "não pode existir pelo simples facto de o sítio *web* da empresa em questão ser acessível nesse Estado-Membro"[228].

Nestas três decisões o tribunal repete a importância da interpretação teleológica dos artigos que definem o âmbito de aplicação do regime de proteção de dados[229]. O TJUE recorda, em primeiro lugar, a proteção "completa" e "eficaz" dos direitos fundamentais dos titulares dos dados pessoais enquanto objetivo daquele regime, só posteriormente delineando o seu campo de aplicação de acordo com aquele postulado[230]. Em segundo lugar, em relação ao conceito de "estabelecimento", confirma-se a sua flexibilidade e afasta-se qualquer abordagem formalista segundo a qual uma empresa só se pode considerar estabelecida no lugar em que estiver registada[231]. Assim, poderá ser suficiente para preencher esta condição, por exemplo, a presença permanente de um agente ou de um funcionário equipado com um computador[232]. Em terceiro lugar, a metodologia usada pelo tribunal assemelha-se à proposta "funcional" do G29: "mais do que uma indicação teórica acerca da lei a aplicar pelas partes, é o seu comportamento prático e as suas interações que são decisivas"[233].

Da aplicação desta metodologia pode resultar que o tratamento de dados pessoais do responsável pelo tratamento não seja regido pelo direito da sua nacionalidade, da sua sede ou registo: no caso *Google Spain* seria a legislação dos EUA. Este caminho reflete uma tendência crescente da regulação da Internet de rejeitar o "princípio do país de origem", isto é, que apenas o

[227] Acórdão, *Weltimmo*, C-230/14, 1 de outubro de 2015, n.º 41.

[228] Acórdão *Amazon*, C-191/15, 28 de julho de 2016, n.º 76.

[229] Gomann, "The new territorial", 572 e Paul de Hert e Michael Czerniawski, "Expanding the European data protection scope beyond territory: Article 3 of the General Data Protection Regulation in its wider context", *International Data Privacy Law*, 6, 3 (2016): 234.

[230] Gomann, "The new territorial", 572 e Hert e Czerniawski, "Expanding", 234.

[231] Acórdão, *Weltimmo*, C-230/14, 1 de outubro de 2015, n.º 29.

[232] Alsenoy, "Reconciling", 80; Hert e Czerniawski, "Expanding", 234. Foi esta a posição do Advogado-Geral nas suas conclusões em *Weltimmo*, n.º 34.

[233] G29, "Parecer 8/2010", 32.

país da nacionalidade, origem ou de incorporação formal do ator em linha pode legislar sobre a sua atividade[234].

1.3.3.2.2. *Localização do titular dos dados*

O legislador prescindiu do critério do "recurso a meios", do artigo 4.º, n.º 1, alínea c), da Diretiva 95/46/CE, substituindo-o, no artigo 3.º, n.º 2, do RGPD, por um critério centrado na localização dos titulares dos dados pessoais "no território da União". Ali, lê-se que este regime se aplica "ao tratamento de dados pessoais de titulares que se encontrem no território da União, efetuado por um responsável pelo tratamento ou subcontratante não estabelecido na União, quando as atividades de tratamento estejam relacionadas com: a) a oferta de bens ou serviços a esses titulares dos dados na União, independentemente da exigência de os titulares dos dados procederem a um pagamento; b) o controlo do seu comportamento, desde que esse comportamento tenha lugar na União"[235].

A origem desta disposição, enaltecida como sendo um dos grandes desenvolvimentos da "revolução copernicana" imputada ao RGPD[236], encontra-se nas preocupações enunciadas pelo G29[237] e pela SEPD[238], a propósito das imprecisões do critério do "recurso a meios" do artigo 4.º, n.º 1, alínea c), da Diretiva 95/46/CE[239]. O que se procurou com esta solução foi encontrar uma alternativa para abranger tratamentos de dados pessoais com uma "ligação suficiente ao território da UE"[240]. Para o G29, esse critério seria o

[234] Utah Kohl, "Jurisdiction in Cyberspace", *Research Handbook on International Law and Cyberspace*, eds. Nicholas Tsagourias e Russell Buchan (London: Edward Elgar Publishing, 2015): 50. Em sintonia com esta posição, v. Moerel, "The long", 28; Hert e Czerniawski, "Expanding", 235.

[235] Sobre a referência inicial a "titulares de dados residentes no território da União" v. Graça Canto Moniz, "Finally: A Coherent Framework for the Extraterritorial Scope of EU Data Protection Law – The End of the Linguistic Conundrum of Article 3(2) of the GDPR", *UNIO-EU Law Journal*, 4, 8 (2018).

[236] Gomann, "The new territorial", 567 e Hert e Czerniawski, "Expanding", 238.

[237] G29, "Parecer 8/2010", 26.

[238] SEPD, "Parecer do SEPD sobre", n.º 122 e "Opinion of the", 17.

[239] Mistale Taylor, "Permissions and prohibitions in data protection jurisprudence", Brussels privacy Hub Working Paper 3 (2016): 18 e Michael Czerniawski, "Do We Need the 'Use of Equipment' as a factor for the territorial applicability of the EU Data Protection Regime?" in *Trans-Atlantic data privacy as a challenge for democracy* (Cambridge: Intersentia, 2017): 221.

[240] G29, "Parecer 8/2010", 34.

da "seleção de destinatários" de uma atividade, isto é, o direito da União só abrange o tratamento de dados pessoais de responsáveis pelo tratamento e subcontratantes sem estabelecimento na UE cujas atividades se destinem a titulares dos dados pessoais que ali se encontrem.

Esta solução apresenta a seu favor o facto de já ser utilizada no domínio da defesa do consumidor[241]. Acresce que se afigura razoável a premissa que lhe subjaz, também designada abordagem moderada do destino (*moderate destination approach*)[242], ou apenas abordagem do destino (*destination approach*)[243]: se um operador estrangeiro dirige a sua atividade para o mercado interno da União, para os seus consumidores e titulares dos dados pessoais, tal implica uma ligação com o mesmo e uma aceitação pelo menos tácita do direito ali vigente[244]. Procurou-se também minimizar o potencial impacto nos interesses de Estados terceiros, uma vez que a extraterritorialidade desta solução é suavizada por afetar uma atividade dirigida ao mercado interno da União[245]. Como sublinham Paul de Hert e Michael Czerniawski, os operadores estrangeiros só estarão vinculados pelo direito da União se dirigirem a sua atividade para o respetivo mercado: *you might be target by EU law only if you target*[246].

Além disto, nem todos os tratamentos de dados pessoais de titulares dos dados situados no território da UE e realizados por um utilizador de dados pessoais não estabelecido no território da União serão abrangidos pelo RGPD: (i) só cabem no RGPD os tratamentos relacionados com a "oferta de bens e serviços" (artigo 3.º, n.º 2, alínea a)) ou (ii) os tratamentos que impliquem o "controlo do comportamento" daqueles titulares (artigo 3.º, n.º 2, alínea b)).

241 *Idem*, 35.
242 Hert e Czerniawski, "Expanding", 238 e Kohl, "Jurisdiction", 35.
243 Hert e Czerniawski, "Expanding", 231.
244 Chris Reed, *Making Laws for Cyberspace* (Oxford: Oxford University Press, 2012): 225: "(...) um vendedor online que tenha como alvos os consumidores localizados num determinado Estado aderiu, ainda que temporariamente, à comunidade comercial desse Estado. Por esta razão, o vendedor provavelmente reconhecerá a autoridade desse Estado sobre as suas transações, aderindo aos seus comandos voluntariamente". Defendendo a mesma ideia, v. Alsenoy, "Reconciling", 95.
245 Gomann, "The new territorial", 586 usando a expressão "trading community of the EU".
246 Hert e Czerniawski, "Expanding", 231.

a) A oferta de bens e serviços

O considerando 23 do RGPD desenvolve a ideia de acesso ao mercado ou da intenção de um utilizador de dados pessoais desenvolver uma atividade à distância dirigida a titulares dos dados pessoais que se encontrem no território da UE. Ali são elencados alguns fatores reveladores de que o responsável pelo tratamento tem a intenção de oferecer bens ou serviços a titulares dos dados na União: (i) a utilização de uma língua ou de uma moeda de uso corrente num ou mais Estados-Membros, com a possibilidade de encomendar bens ou serviços nessa outra língua; ou (ii) a referência a clientes ou utilizadores que se encontrem na União[247]. Por seu turno, o mesmo considerando faz uma restrição à aplicação deste critério: "o mero facto de estar disponível na União um sítio *web* do responsável pelo tratamento ou subcontratante ou de um intermediário, um endereço eletrónico ou outro tipo de contactos, ou de ser utilizada uma língua de uso corrente no país terceiro em que o referido responsável está estabelecido, não é suficiente para determinar a intenção acima referida".

O legislador importou para o campo da proteção de dados pessoais os indicadores desenvolvidos pelo TJUE em *Hotel Alpenhof*[248], *Muhlleitner*[249] e *Emrek*[250], sobre a proteção do consumidor quando a atividade em linha do vendedor se "dirige" ao país do domicílio do consumidor, em conformidade com o artigo 17.º, n.º 1, alínea c), do Regulamento 1215/2012[251] e com o artigo 6.º, n.º 1, alínea b), do Regulamento 593/2008 (Roma I)[252].

Em termos práticos, esta alínea do artigo 3.º, n.º 2, implica que, por exemplo, muitas lojas *online*, de empresas de nacionalidade estrangeira, sem subsidiária, filial ou representante no território da União fiquem abrangidas pelo RGPD quando oferecem bens ou serviços a titulares dos dados que se

[247] Analisando estes fatores, v. Alsenoy, "Reconciling", 89; Dan Svantesson, "Extraterritoriality and targeting in EU data privacy law: the weak spot undermining the regulation", *International Data Privacy Law*, 5, 3 (2015): 231 e 232; G29, "Parecer 8/2010", 35; Czerniawski, "Do We Need", 85. Como explica Joanne Scott, estes critérios refletem uma "conduta que consiste num passo em direção ao Mercado da UE", v. Scott, "The New", 1348.

[248] Acórdão *Hotel Alpenhof*, C-585/08 e C-144/09, 7 de dezembro de 2010.

[249] Acórdão *Muhlleitner*, C-190/11, 6 de setembro de 2012.

[250] Acórdão *Emrek*, C-218/12, 17 de outubro de 2013.

[251] Relativo à competência judiciária, ao reconhecimento e à execução de decisões em matéria civil e comercial, de 12 de dezembro de 2012.

[252] Sobre a lei aplicável às obrigações contratuais (Roma I), de 17 de junho de 2008.

encontrem na União. Por isso, devem, por exemplo, ajustar os respetivos sítios *web* ao exercício dos direitos do titular dos dados[253]. Veja-se o seguinte caso: a empresa "H" tem sede social no Brasil e vende fatos de banho numa loja *online*. Não tem subsidiárias ou representantes na UE e o seu sítio *web* está redigido apenas em português. "H" trata os dados pessoais das encomendas que recebe no seu sítio *web*. O pagamento é aceite em reais e em euros e os produtos podem ser entregues na Alemanha, França e Itália. Sempre que clientes situados na UE acedem ao sítio *web* são identificados através de técnicas de geolocalização e redirecionados do domínio ".br" para os domínios dos respetivos países. Neste exemplo, este redireccionamento, a possibilidade de pagamento em euros e de entrega na UE determinam que a empresa "H" tem a intenção de vender bens destinados ao mercado interno da União[254].

b) O controlo do comportamento na UE

O RGPD aplica-se também ao tratamento de dados pessoais de um titular situado no território da União, efetuado por um utilizador de dados pessoais estabelecido fora da UE, mas cujas atividades implicam o "controlo do comportamento" daqueles titulares dos dados "desde que esse comportamento tenha lugar na União".

A doutrina tem entendido que a alínea b) do número 2 do artigo 3 terá sido gizada para as atividades de definição de perfis[255], *online tracking*

[253] Maja Brkan, "Data Protection and European Private International Law", Robert Schuman Centre for Advanced Studies Research Paper Number 2015/40 (2015): 338.

[254] Um exemplo semelhante a este é apresentado pelo G29, "EU general data protection regulation. General Information Document", 12 de fevereiro de 2018.

[255] A noção de "definição de perfis" está no artigo 4.º, n.º 2, do RGPD: "qualquer forma de tratamento automatizado de dados pessoais que consista em utilizar esses dados pessoais para avaliar certos aspetos pessoais de uma pessoa singular, nomeadamente para analisar ou prever aspetos relacionados com o seu desempenho profissional, a sua situação económica, saúde, preferências pessoais, interesses, fiabilidade, comportamento, localização ou deslocações". Há dois tipos de perfis: (i) implícitos, criados por inferência, com base na observação do comportamento individual e coletivo dos utilizadores ao longo do tempo, especialmente através da monitorização das páginas que estes visitaram e dos anúncios que visualizaram ou em que clicaram; (ii) explícitos, criados com base nos dados pessoais que os próprios fornecem a um serviço Web, nomeadamente na fase de registo. No caso da publicidade comportamental, são tipicamente usados os primeiros. Cfr. G29, "Parecer 2/2010 sobre publicidade comportamental em linha", 22 de junho de 2010, 7 e 8.

e publicidade comportamental, associadas a situações de controlo comportamental invisível através de soluções tecnológicas que permitem o acesso à informação no equipamento do utilizador[256]. Este controlo, por natureza, implica a monitorização permanente dos internautas e a criação de perfis que, por exemplo, são mais tarde utilizados para lhes apresentar anúncios baseados nos seus interesses[257]. A tecnologia mais usada no quadro da "publicidade comportamental" para monitorizar os utilizadores na Internet baseia-se nos chamados "testemunhos persistentes" ou "testemunhos de terceiros", pequenos textos alfanuméricos, instalados no equipamento terminal do utilizador, que permitem a terceiros criar um perfil comportamental daquele, das suas preferências, consumos e atitudes, para lhe apresentar publicidade personalizada[258].

Com efeito, de harmonia com o considerando 24, o tratamento de dados pessoais comporta o "controlo do comportamento" de titulares dos dados pessoais se estes forem "seguidos na Internet" e houver uma "potencial utilização subsequente de técnicas de tratamento de dados pessoais que consistem em definir o perfil de uma pessoa singular, especialmente para tomar decisões relativas a essa pessoa ou analisar ou prever as suas preferências, o seu comportamento e as suas atitudes".

Veja-se o seguinte exemplo: a empresa "A", com a sede social em Singapura, vende imobiliário oriental *online*. Os produtos só podem ser pagos em dólares e a entrega na União não é possível. Contudo, "A" quer analisar o mercado interno da UE, pois está a pensar em expandir-se para aí. Qualquer pessoa que entre no sítio *web* tem de aceitar a utilização de "cookies" que, por seu turno, permitem a "A" descobrir se há pessoas que tenham acedido ao seu sítio *web* a partir da UE e quais os produtos que procuram. Neste caso, a empresa "A" está a analisar as preferências de consumidores situados na União, pelo que o RGPD será aplicável.

256 Alsenoy, "Reconciling", 87; Brkan, "Data Protection", 340; Gomann, "The new territorial", 238.

257 Pedro Asensio, "Competencia y Derecho aplicable en el Reglamento General sobre Protección de Datos de la Unión", *Revista española de derecho Internacional,* 69, 1 (2017): 86 e Susana Navas Navarro, *La personalidad virtual del usuário de Internet* (Madrid: Tirant lo Blanch, 2015):149 a 193.

258 Desenvolvendo, G29, "Parecer 2/2010", 7.

1.3.3.2.3. *Direito internacional público*

O número 3 do artigo 3.º do RGPD prevê que este regime será aplicado ao tratamento de dados pessoais efetuado por um responsável pelo tratamento não estabelecido na UE "mas num lugar em que se aplique o direito de um Estado-Membro por força do direito internacional público". Como explicou o G29, existem "critérios externos" à proteção de dados pessoais, decorrentes do direito internacional público, que determinam a extensão da aplicação da legislação de proteção de dados para lá das fronteiras nacionais, como quando um acordo internacional estipula a lei aplicável numa embaixada ou consulado[259].

Assim, tanto uma embaixada de um Estado-Membro, situada no Canadá, poderá estar sujeita ao RGPD e não à legislação Canadiana como um cruzeiro, registado na Alemanha, que viaja em águas internacionais, também estará sujeito ao direito da União apesar de estar fora do seu território[260].

1.3.3.3. *A vocação extraterritorial: os problemas e as possíveis soluções*

a) Os problemas

Em termos resumidos, a extraterritorialidade é a tentativa da União Europeia de regular a conduta de pessoas, bens ou atos além-fronteiras, que afetem os seus interesses na ausência de normas de direito internacional público[261]. Tanto o artigo 4.º da Diretiva 95/46/CE como o artigo 3.º do RGPD refletem esta tentativa que, apesar de bem intencionada, suscita complexos problemas sobretudo no que diz respeito à capacidade de garantir a *execução* além-fronteiras[262]. Com efeito, o RGPD regula os tratamentos de dados pessoais efetuados por um utilizador de dados situado fora do território da UE em três situações: (i) quando aquele tratamento é indissociável das atividades de um estabelecimento situado no território

[259] G29, "Parecer 8/2010", 30.

[260] CEPD, "Diretrizes 3/2018", 26.

[261] CDI, "Report on the Work of its Fifty-Eight Session", 1 May-9 June and 3 July-11 August 2006, UN Doc. A/61/10, Annex E, n.º 2, acesso no dia 12 de agosto de 2022 em http://legal.un.org/ilc/documentation/english/reports/a_61_10.pdf.

[262] Graça Canto Moniz, *A extraterritorialidade do regime geral de proteção de dados pessoais da União Europeia: manifestações e limites* (Lisboa: Petrony, 2022) e Menezes Cordeiro, *Comentário*, 72.

da UE; (ii) quando não exista um estabelecimento mas o tratamento tem outra conexão com o território da UE porque afeta titulares dos dados que se encontrem no mercado interno da União; (iii) por força do direito internacional público.

Como aflorado, excetuando as imposições do direito internacional, esta solução legislativa visa, por um lado, garantir que os titulares dos dados não sejam privados da proteção a que têm direito por força deste regime e, por outro, prossegue um objetivo de índole económica: a proteção de utilizadores de dados pessoais com atividade apenas na UE, através da correção de uma alegada vantagem concorrencial dos seus equivalentes estrangeiros, localizados em *data heaven's* mas com atividade económica no mercado interno.

Entre os problemas suscitados pela extraterritorialidade contam-se vários: (i) o risco de adoção de reações negativas por Estados terceiros, em especial medidas de bloqueamento; (ii) o surgimento de conflitos de jurisdição e, sobretudo, (iii) os limites à fiscalização dos tratamentos de dados pessoais realizados no estrangeiro.

Reconhece-se que a "aplicação de regras [de proteção de dados pessoais] num contexto internacional não é tão fácil como dentro de um país" porque a realização dos tratamentos de dados e a localização física dos dados pessoais em países terceiros dificulta a aplicação do direito da União e o cumprimento das funções das autoridades de controlo[263]. Estas observações foram acompanhadas por alertas da doutrina sobre a divergência entre o âmbito de aplicação extraterritorial deste regime e as possibilidades da sua garantia e execução[264]. É que a territorialidade dos poderes das auto-

[263] G29, "Documento de trabalho", 15 e G29, "Parecer 7/2001 sobre o projeto de decisão da Comissão (versão de 31 de agosto de 2001) relativa às cláusulas contratuais-tipo aplicáveis à transferência de dados pessoais para subcontratantes estabelecidos em países terceiros, em conformidade com o n.º 4 do artigo 26.º da Diretiva 95/46/CE", 13 de setembro de 2001, 3.

[264] Bernhard Maier, "How Has the Law Attempted to Tackle the Borderless Nature of the Internet?", *International Journal of Law and Information Technology*, 18, 2 (2010):161; Dan Svantesson, *Solving the Internet Jurisdiction Puzzle* (Oxford: Oxford University Press, 2017):132; Lee Bygrave, "Data Privacy Law and the Internet: Policy Challenges", in *Emerging Challenges in Privacy Law: Comparative Perspective*, eds. Norman Witzleb *et alii* (Cambridge: Cambridge University Press, 2014): 277; Marketa Trimble, "Advancing National Intellectual Property Policies in a Transnational Context", *Maryland Law Review*, 74 (2014): 203; Radim Polcák e Dan Svantesson, *Information Sovereignty. Data Privacy, Sovereign Powers*

ridades de controlo coloca-lhes um travão, em particular em relação às suas deslocações ao território estrangeiro como é suposto, por exemplo, para a realização de auditorias, para o acesso aos dados pessoais e às instalações do utilizador de dados pessoais sem estabelecimento num Estado-Membro[265]. É neste quadro que tem sido apontada a natureza meramente *simbólica* da extraterritorialidade deste regime, que já é percecionada pelos operadores económicos[266]. Além disto, a proclamação do legislador poderá induzir os titulares de dados em erro, ao prometer um grau de proteção que não é capaz de garantir. Em causa está, como bem observa Dan Svantesson, a *credibilidade* deste regime[267].

b) As possíveis soluções

Apesar deste diagnóstico, há mecanismos que podem ser úteis para restabelecer a credibilidade e incrementar a capacidade de garantir o cumprimento além-fronteiras[268]. A "teoria das medidas de destruição do mercado" usada na doutrina que se ocupa da regulação da Internet advoga o exercício de poderes coercivos *dentro das fronteiras* da União, não diretamente sobre o autor ou a fonte da comunicação, atividade ou conteúdo *online*, mas indiretamente em relação a intermediários ou entidades locais e em relação ao eventual património do infrator[269].

Do catálogo de medidas possíveis a adotar, Utah Kohl destaca a proibição de prestação, por parte de sujeitos locais, de serviços acessórios (como publicidade ou parcerias de outro tipo) à atividade principal do agente eco-

and the Rule of Law (Cheltenham: Edward Elgar, 2017), 218; Reed, *Making Laws,* 49 e Moerel, "The Long", 23.

265 Artigo 58.º, n.º 1, alíneas b), e) e f), do RGPD.

266 Maier, "How Has the Law", 161; Kuner, "Data Protection Law", 235; Dan Svantesson, *Extraterritoriality in Data Privacy Law* (Copenhagen: Ex Tuto, 2013): 68; Lokke, "The long arm", 28; Gomann, "The new territorial", 569; Hert e Czerniawski, "Expanding", 240.

267 Svantesson e Polcak, *Information Sovereignty,* 222.

268 Desenvolvendo v. Graça Canto Moniz, *A extraterritorialidade do regime geral de proteção de dados pessoais da União Europeia: manifestações e limites* (Lisboa: Petrony, 2022).

269 Marketa Trimble, "Extraterritorial Enforcement of National Laws in Connection with Online Commercial Activity", in *Research Handbook of Electronic Commerce Law,* eds John Rothchild (London: Edward Elgar Publishing, 2015), 261; Uta Kohl, *Jurisdiction and the Internet. Regulatory Competence over Online Activity* (Cambridge: Cambridge University Press, 2007), 225; Reed, *Making Laws,* 30; Svantesson, *Extraterritoriality,*168 e do mesmo autor, *Solving the,* 141.

nómico estrangeiro[270] ou o bloqueio do conteúdo ilegal através dos prestadores de serviços de Internet (ISP's) locais[271]. Dan Svantesson[272] sugere a adoção de medidas legislativas que permitam às autoridades de controlo, no caso de uma recusa persistente de incumprimento, decretar, por exemplo, que o infrator estrangeiro não possa desenvolver atividades económicas no mercado nacional, que as suas dívidas não possam ser executadas ou que os comerciantes e os operadores económicos locais não possam negociar com aquele. Marketa Trimble[273] propõe medidas que visam os ISP's, porquanto são estes que estão na melhor posição para pôr termo às atividades ilícitas, no sentido de bloquearem ou não indexarem certos sítios *web*, e sublinha a utilidade de ordens judiciais sobre os processadores de pagamentos para recusarem transações aos infratores estrangeiros.

Um exemplo de aplicação destas medidas vem de um litígio no Brasil que envolveu o então Facebook (entretanto convertido em Meta). Em extrema síntese, o caso envolveu alegações de difamação em publicações naquela rede social, visando uma celebridade brasileira que peticionava a sua remoção. Perante a rejeição da empresa norte-americana, um tribunal brasileiro ordenou a remoção do conteúdo no prazo de 48 horas, acrescentando que, no caso de incumprimento, o Facebook seria bloqueado naquele país[274]. Por outro lado, um domínio que parece ter abraçado estas medidas é o do direito de autor. O artigo 8.º da Diretiva 2001/29/CE prevê a faculdade de os titulares deste direito solicitarem uma injunção contra intermediários que veiculem atos de violação de terceiros contra obras ou outros materiais protegidos[275].

[270] Como, por exemplo, a Nova Zelândia, que proíbe a publicitação de serviços de jogo ilegais. Nos EUA, vigora legislação para que os intermediários financeiros sejam pressionados, pela ameaça de coimas, a negar transações de cartões de crédito para empresas estrangeiras de jogo ilegal, v. Kohl, *Jurisdiction*, 228.

[271] *Idem*, 229.

[272] Svantesson, *Extraterritoriality*, 169.

[273] Trimble, "Extraterritorial Enforcement", 266.

[274] Svantesson, *Solving the Internet*, 147.

[275] Acórdão *Constantin Film*, C-314/12, 27 de março de 2014. O caso versa sobre um sítio *web* que colocava obras cinematográficas à disposição do público, sem o consentimento dos titulares de um direito conexo com o direito de autor, e desenvolve o conceito de "intermediários", cujos serviços são utilizados por terceiros para violar um direito daquele tipo tal como expresso no art. 8.º da Diretiva 2001/29/CE do PE e do Conselho, de 22 de maior de 2001, relativa à harmonização de certos aspetos do direito de autor e dos direitos conexos na sociedade da informação. Este artigo dispõe que "Os Estados-Membros deverão garantir que

Além desta solução, a cooperação internacional, nomeadamente com autoridades de países terceiros, poderá auxiliar na execução extraterritorial do regime em estudo. Foi essa a intenção do legislador ao consagrar, no artigo 50.º do RGPD, a cooperação internacional, em particular para "facilitar a aplicação efetiva da legislação em matéria de proteção de dados pessoais" (alínea a)) e para "a assistência mútua a nível internacional, nomeadamente através da notificação, comunicação de reclamações, e assistência na investigação e intercâmbio de informações, sob reserva das garantias adequadas de proteção de dados pessoais e de outros direitos e liberdades fundamentais" (alínea b)).

os titulares dos direitos possam solicitar uma injunção contra intermediários cujos serviços sejam utilizados por terceiros para violar um direito de autor ou direitos conexos".

II. PRINCÍPIOS FUNDAMENTAIS

Este capítulo analisa os princípios relativos ao tratamento de dados pessoais previstos no artigo 5.º e, em particular, no considerando 39 do RGPD. Como já foi referido, se por um lado os princípios são o "coração" e "refletem o espírito do regime geral de proteção de dados pessoais", por outro lado não configuram regras no sentido estrito do termo[276]. As circunstâncias específicas dos tratamentos, em especial a sua "natureza" e o seu "âmbito", são parte integrante dos princípios, tornando a sua aplicação prática "intrinsecamente modelável"[277]. Sem prejuízo desta maleabilidade na sua aplicação, estes princípios estão refletidos em várias normas do RGPD[278].

Seguindo a ordem do artigo 5.º começo pela licitude, lealdade e transparência (2.1.), seguindo-se a limitação das finalidades (2.2.), a minimização dos dados (2.3.), a exatidão (2.4.), a limitação da conservação (2.5.), a integridade e a confidencialidade (2.6.) e, por fim, a responsabilidade (2.7.).

[276] Para a autoridade de controlo do Reino Unido os princípios não são regras *hard and fast*, v. "Draft Guidance on the research provisions within the UK GDPR and the DPA 2018", 16, acesso em 10 de Maio de 2022, https://ico.org.uk/about-the-ico/ico-and-stakeholder-consultations/draft-gdpr-research-provisions/.

[277] CEPD, "Orientações 4/2019 relativas ao artigo 25.º sobre Proteção de Dados desde a Conceção e por Defeito", 20 de outubro de 2020, 7 e G29, "Declaração sobre o papel de uma abordagem baseada no risco em relação aos quadros jurídicos em matéria de proteção de dados", 30 de maio de 2014, 3.

[278] "Guidelines 3/2022 on Dark patterns in social media platform interface: how to recognize and avoid them", versão 1.0, 14 de março de 2022, 10.

2.1. Licitude, lealdade e transparência

A alínea a) do número 1 do artigo 5.º do RGPD dispõe que "os dados pessoais são objeto de um tratamento lícito, leal e transparente em relação ao titular dos dados". Assim, os tratamentos de dados pessoais devem ser desenhados, desde a sua conceção[279], de modo a garantir o cumprimento deste "princípio fundacional"[280] que comporta três dimensões: licitude (2.1.1.), lealdade (2.1.2.) e transparência (2.1.3.).

2.1.1. Licitude

2.1.1.1. *Enquadramento*

O termo licitude pode ser entendido em sentido amplo e estrito[281]. Na primeira hipótese, por licitude entende-se o cumprimento generalizado do Direito. Por exemplo, será ilícito o tratamento de dados pessoais que implique a prática de um crime ou a violação do direito de autor. Já no sentido estrito significa que todo e qualquer tratamento de dados pessoais, para ser lícito, carece de suporte, pelo menos, num dos seis fundamentos de licitude[282] previstos no elenco taxativo do artigo 6.º do RGPD. Esta condição de licitude dos tratamentos de dados pessoais, tal como o conceito de limitação da finalidade, começaram a ganhar forma na jurisprudência do Tribunal Europeu dos Direitos do Homem a propósito dos pré-requisitos da avaliação da necessidade de uma "ingerência na privacidade"[283].

2.1.1.2. *A escolha do fundamento de licitude*

Para garantir a licitude do tratamento não basta ao responsável pelo tratamento selecionar uma qualquer das condições plasmadas no artigo 6.º do

[279] A proteção de dados desde a conceção e por defeito, prevista no artigo 25.º do RGPD, é estudada mais adiante.

[280] CNPD, "Diretriz/2022/1 sobre comunicações eletrónicas de marketing direto", 25 de janeiro de 2022, parágrafo 16.

[281] António B. Menezes Cordeiro (coord.), *Comentário ao Regulamento Geral de Proteção de Dados e à Lei n.º 58/2019* (Coimbra: Almedina, 2021), 102.

[282] O CEPD utiliza duas expressões com o mesmo significado: fundamento jurídico e base jurídica, v. "Orientações 4/2019", 17.

[283] G29, "Parecer 3/2013 sobre limitação da finalidade", 2 de abril de 2013, 10.

RGPD. O fundamento escolhido deve ser *adequado,* isto é, corresponde ao objetivo, à essência e ao contexto do tratamento[284].

Por outro lado, a escolha do fundamento de licitude está vinculada a outros princípios, nomeadamente à responsabilidade, à lealdade e à limitação das finalidades[285]. Ao abrigo do princípio da responsabilidade (artigos 5.º, n.º 2 e 24.º do RGPD), o responsável deve documentar a(s) condição (ões) de licitude e *justificar* o que motivou a(s) escolha(s). Já a lealdade e a limitação das finalidades obrigam o responsável pelo tratamento a identificar previamente as finalidades e a avaliar se o tratamento excede ou não o que é necessário para a sua prossecução, e só depois dessa avaliação escolhe o fundamento de licitude[286].

Seja como for cabe ao responsável pelo tratamento demonstrar a *adequação* da condição de licitude escolhida e, no processo de escolha, avaliar a) a *necessidade do tratamento* bem como b) *outros fatores adicionais.*

a) A necessidade do tratamento

Com a exceção do consentimento[287], os fundamentos de licitude pressupõem todos a demonstração da *necessidade* do tratamento. Este conceito tem um significado próprio no Direito da União Europeia, que reflete os objetivos da legislação de proteção de dados pessoais e que o TJUE descreveu como um "conceito autónomo de direito comunitário que deve receber uma interpretação suscetível de cumprir plenamente o objetivo dessa diretiva [Diretiva 95/46], definido no seu artigo 1.º, n.º 1"[288]. Como explica o CEPD, "a avaliação do que é necessário implica uma avaliação combinada, baseada em factos, do tratamento para o objetivo prosseguido e da sua menor intrusão em comparação com outras opções para atingir o mesmo

[284] CEPD, "Diretrizes 2/20019 sobre o tratamento de dados pessoais ao abrigo do artigo 6.º, n.º 1, alínea b), do RGPD no contexto da prestação de serviços em linha aos titulares dos dados", 8 de outubro de 2019, 4 e "Diretrizes 8/2020 sobre o direcionamento para os utilizadores das redes sociais", 13 de abril de 2021, 18.

[285] "Diretrizes 8/2020", 18.

[286] "Diretrizes 2/2019", 7.

[287] Não obstante, como adverte o G29, "mesmo que o tratamento dos dados pessoais se baseie no consentimento do titular dos dados, o facto de existir consentimento não legitima a recolha de dados que não seja necessária para a finalidade específica do tratamento e que seja fundamentalmente desleal", v. Orientações relativas ao consentimento na aceção do Regulamento (EU) 2016/679", 28 de novembro de 2017, 4.

[288] Acórdão *Heinz Huber c. Bundesrepublik Deutschland,* C-524/06, 52.

objetivo"[289]. Ou seja, existindo alternativas realistas e menos intrusivas o requisito não se encontra preenchido. Cabe ao responsável pelo tratamento avaliar as alternativas, demonstrar e fundamentar a razão do seu afastamento.

Por exemplo, na deliberação da CNPD sobre a utilização de *proctoring*[290] considerou-se que existindo uma plataforma formalmente reconhecida pelo responsável pelo tratamento como preferencial para as atividades de ensino e aprendizagem à distância, não ficou demonstrada a impossibilidade da sua utilização, pelo que o recurso ao *Respondus* não se considerou necessário[291]. Na jurisprudência do TJUE, num caso em que um indivíduo pediu à polícia os dados pessoais de uma pessoa que lhe causou danos para efeitos de instauração de uma ação cível, o tribunal entendeu que a comunicação apenas do nome e do apelido do autor dos danos não era suficiente. De facto, essa comunicação não permitia identificar o autor dos danos com precisão suficiente para instaurar a ação, pelo que se concluiu que era "necessário para esse efeito obter igualmente o endereço e/ou número de identificação" do autor dos danos[292]. Num outro domínio, um sistema de videovigilância só deve ser instalado se for adequado para atingir os objetivos pretendidos e se estes não puderem ser razoavelmente alcançados por outros meios (como a vedação da propriedade, a introdução de patrulhas de segurança ou de porteiros, melhorar a iluminação ou instalar fechaduras de segurança ou aplicar uma proteção *antigrafitti* na parede)[293].

Este requisito da necessidade aplica-se a todo o ciclo de vida dos dados, pelo que também se coloca, por exemplo, relativamente ao seu armazenamento e divulgação. Com efeito, voltando ao exemplo da videovigilância, em alguns casos as gravações das imagens recolhidas pelo sistema podem não fazer sentido, bastando um controlo em tempo real[294]. Por outro lado, este requisito é particularmente importante na publicação de dados pessoais quando pensamos no papel dos motores de busca. Com efeito, ao

[289] "Diretrizes 2/2019 sobre o tratamento", 9.

[290] CNPD, Deliberação/2021/622.

[291] A CNPD foi clara ao reiterar a necessidade de se demonstrar a "impossibilidade de realização da avaliação por outra via [alternativa ao *Respondus*], presencialmente, ou por outros meios alternativos que não envolvessem o tratamento de dados pessoais descrito", v. CNPD, Deliberação/2021/622, 5.

[292] Acórdão *Rīgas satiksme*, C-13/16, 4 de maio de 2017, parágrafo 30.

[293] CEPD, "Diretrizes 3/2019 sobre tratamento de dados pessoais através de dispositivos de vídeo", 29 de janeiro de 2020, 11.

[294] "Diretrizes 3/2019", 11.

decidir se os dados devem ser disponibilizados na Internet, antecipando-se o escalar do seu acesso a nível mundial pela intervenção dos motores de busca, o responsável deve ter em conta o objetivo de garantir essa amplíssima disponibilização das informações, a existência de um interesse público a nível mundial, a categoria do titular dos dados e os potenciais impactos nos seus direitos e liberdades[295].

Por fim, este requisito da necessidade do tratamento está relacionado com outros princípios estudados adiante. Por exemplo, no caso *Digi* o TJUE, ao analisar o cumprimento do princípio da limitação da conservação, aproveitou para se pronunciar também sobre esta "exigência de necessidade" que "resulta igualmente do princípio da minimização"[296].

b) Outros fatores

Demonstrada a necessidade do tratamento, a escolha do fundamento de licitude depende de outros fatores como, por exemplo, o *tipo* de dados tratados e a existência de *legislação específica*. Os artigos 9.º[297] e 10.º[298] do RGPD estipulam condições adicionais, respetivamente, para o tratamento de "categorias especiais de dados" e para o tratamento de dados pessoais "relacionados com condenações penais e infrações". Por outro lado, além do RPGD, certas operações de tratamento estão sujeitas a legislação específica. Por exemplo, as aplicações de rastreio de contactos (*contact tracing*) que comportem o armazenamento e/ou o acesso a informações já armazenadas no terminal estão sujeitas ao artigo 5.º, n.º 3 da Diretiva 2002/58/CE[299].

[295] G29, "Parecer n.º 02/2016 sobre a publicação de dados pessoais para efeitos de transparência no setor público", 8 de junho de 2016, 14.

[296] Acórdão *Digi*, C-77/21, 20 de outubro de 2022, n.º 57 e 58.

[297] O número 1 estabelece uma proibição de tratar alguns dados e o número 2 elenca os casos em que essa proibição não se aplica.

[298] Onde se lê: "O tratamento de dados pessoais relacionados com condenações penais e infrações ou com medidas de segurança conexas com base no artigo 6.º, n.º 1, só é efetuado sob o controlo de uma autoridade pública ou se o tratamento for autorizado por disposições do direito da União ou de um Estado-Membro que prevejam garantias adequadas para os direitos e liberdades dos titulares dos dados. Os registos completos das condenações penais só são conservados sob o controlo das autoridades públicas.".

[299] Como explica o CEPD: "se essas operações fossem estritamente necessárias para a prestação, pelo fornecedor da aplicação, do serviço explicitamente solicitado pelo utilizador, o tratamento não exigiria o seu consentimento. No que se refere a operações que não fossem estritamente necessárias, o fornecedor teria de obter o consentimento do utilizador", v.

O *tipo* e/ou a *natureza* do tratamento deve também ser tido em conta. Por exemplo, a definição de perfis, em conformidade com o artigo 4.º, n.º 4, do RGPD, é um tratamento automatizado que exige o consentimento, por exemplo, para fins de marketing direto, publicidade comportamental, corretagem de dados, publicidade baseada na localização ou pesquisa de mercado digital baseada no rastreamento [300]. Em sentido próximo, veja-se o que diz o TJUE sobre as atividades dos motores de busca: "na prática, dificilmente se concebe (...) que o operador de um motor de busca solicite o consentimento específico das pessoas em causa antes de proceder, para efeitos das necessidades da sua atividade de referências a dados pessoais, ao tratamento dos dados pessoais que lhes dizem respeito (...)"[301].

Outros fatores relevantes prendem-se com o impacto do tratamento no titular dos dados, a relação entre o responsável pelo tratamento e aquele[302], a vulnerabilidade (ou não) do titular dos dados e as suas expetativas[303], o contexto do tratamento, entre outros aspetos. Com efeito, a escolha do fundamento tem consequências para o titular dos dados, nomeadamente para os seus direitos, havendo alguns direitos que não se aplicam a certos fundamentos (por exemplo, o interesse legítimo exclui o exercício do direito de portabilidade de acordo com o artigo 20.º, n.º 1 do RGPD) e outros que se aplicam porque, por exemplo, o tratamento é ilícito, como é o caso do apagamento (artigo 17.º, n.º 1, alínea d) do RGPD) e da limitação do tratamento (artigo 18.º, n.º 1, alínea b) do RGPD). Por isso, os responsáveis pelo tratamento devem ter em conta o impacto sobre os direitos dos titulares dos dados ao identificarem o fundamento jurídico adequado[304].

"Diretrizes 4/2020 sobre a utilização de dados de localização e meios de rastreio de contactos no contexto do surto de COVID-19", 21 de abril de 2020, 8 e "Diretrizes 01/2020 relativas ao tratamento de dados pessoais no contexto dos veículos conectados e das aplicações relacionadas com a mobilidade", 8.

300 G29, "Parecer 06/2014 sobre o conceito de interesses legítimos do responsável pelo tratamento dos dados na aceção do artigo 7.º da Diretiva 95/46/CE, 9 de abril de 2014, 74 e "Orientações relativas à transparência na aceção do Regulamento 2016/679", 11 de abril de 2018, 26.

301 Acórdão *CNIL*, C-136/17, 24 de setembro de 2019, n.º 62.

302 Em especial a existência de uma posição de poder do primeiro em relação ao segundo.

303 O G29 remonta as origens deste conceito à jurisprudência do Tribunal Europeu dos Direitos do Homem sobre os critérios para avaliar uma ingerência no direito à privacidade, v. "Parecer 3/2013", 10.

304 "Diretrizes 2/2019 sobre o tratamento de dados pessoais ao abrigo do artigo 6.º, n.º 1, alínea b), do RGPD, no contexto da prestação de serviços em linha aos titulares dos dados", 8 de outubro de 2019, 4.

Depois, alguns fundamentos de licitude exigem medidas adicionais em relação a certos titulares de dados, em particular crianças. É o caso, por exemplo, do contrato previsto no artigo 6.º, n.º 1, alínea b), do RGPD, que exige ao responsável pelo tratamento a consideração de restrições oriundas da idade ou da capacidade, conforme regulada pelo direito dos Estados-Membros[305]. Do mesmo modo, segundo os artigos 13.º e 14.º, o responsável pelo tratamento deve informar o titular dos dados pessoais sobre a condição de licitude usada, exigindo-se mais detalhes no caso do interesse legítimo. Acresce que, caso o responsável pelo tratamento utilize este fundamento, o princípio da transparência e o direito de oposição merecem cuidados adicionais[306].

Em algumas situações a escolha do fundamento será mais óbvia, como quando existe um contrato no qual o titular dos dados é parte, ou em face de diligências pré-contratuais a pedido deste, bem como situações nas quais impende sobre o responsável uma obrigação jurídica. Também para certos tipos de tratamento, como sistemas de videovigilância, as disposições mais suscetíveis de serem utilizadas são o interesse legítimo (artigo 6.º, n.º 1, alínea f) do RGPD) e a necessidade de exercer funções de interesse público ou de exercer autoridade pública (artigo 6.º, n.º 1, alínea e) do RGPD) e, excecionalmente, o consentimento (artigo 6.º, n.º 1, alínea a) do RGPD)[307].

Mas, afinal, quais são os fundamentos de licitude? É o que se verá de seguida.

2.1.1.3. *Os fundamentos de licitude*

2.1.1.3.1. *Consentimento*

Esta condição de licitude é a única que se encontra prevista no artigo 8.º, n.º 2, da CDFUE[308]. Este facto, conjugado com o surgimento em primeiro

[305] Data Protection Commission, "Fundamentals for a Child-Oriented Approach to Data Processing", dezembro de 2021, 23.

[306] Em especial, os titulares devem ter a oportunidade de se oporem ao tratamento dos seus dados antes do início do tratamento, v. "Diretrizes 8/2020", 20.

[307] "Diretrizes 3/2019", 9.

[308] Menezes Cordeiro, *Comentário,* 111.

lugar no elenco do artigo 6.º, n.º 1, do RGPD, poderia sugerir uma preferência do legislador em relação a este fundamento. Porém, não há qualquer hierarquia nos fundamentos de licitude ali elencados[309]. Por outro lado, entre os fundamentos enunciados, a obtenção de um consentimento válido pode exigir esforços significativos do responsável pelo tratamento, pelo que o legislador não concebeu este fundamento para permitir que, com uma qualquer manifestação de vontade do titular, o responsável alienasse os riscos do tratamento e obtivesse uma espécie de "carta branca" para o tratamento.

A *definição* do artigo 4.º, n.º 1, do RGPD, é sugestiva dessa exigência, ao qualificar o consentimento como uma "manifestação de vontade, livre, específica, informada e explícita, pela qual o titular dos dados aceita, mediante declaração ou ato positivo, que os dados pessoais que lhe dizem respeito sejam objeto de tratamento". A expressão "explícita" encontra-se apenas na versão portuguesa do RGPD, resultando de um erro de tradução, pelo que não deve ser considerada[310].

Além desta definição, o artigo 7.º ("Condições aplicáveis ao consentimento") prevê o regime *geral* aplicável ao consentimento. Porém, haverá ainda que considerar regras *especiais* consoante o tratamento, nomeadamente o consentimento dos menores (artigo 8.º do RGPD), a utilização de categorias especiais de dados (artigo 9.º, n.º 2, alíneas c) e d) do RGPD), a existência de decisões individuais automatizadas (artigo 22.º do RGPD) e ainda as derrogações no âmbito do regime das transferências de dados pessoais (artigo 49.º, n.º 1, alínea a) do RGPD). Por fim, os considerandos 32, 33, 42 e 43 fornecem orientações suplementares sobre a forma como o responsável deve atuar quando solicita o consentimento.

Ao longo dos anos este fundamento de licitude alimentou discussões na doutrina. Algumas críticas, mais radicais, apelam à sua eliminação[311] e outras apelam à sua reconsideração e reposicionamento à luz do "paradoxo da privacidade" ou "dilema do consentimento". Este paradoxo resulta, entre outros aspetos, da discrepância entre as preocupações dos titulares em relação aos seus dados e as decisões que tomam a respeito dos mesmos[312].

[309] Porém, nem sempre foi esta a interpretação da Diretiva 95/46/CE, como relata o G29 no "Parecer 06/2014", 13.

[310] Menezes Cordeiro, *Direito da Proteção*, 171.

[311] Gabriela Zanfir, "Forgetting about consent. Why the focus should be on 'suitable safeguards' in data protection law", Working Paper (Maio: 2013).

[312] Menezes Cordeiro, *Direito da Proteção*, 168.

Não sendo este o lugar mais adequado para desenvolver este ponto, creio que o jurista deve – e ainda não o terá feito com todo o rigor – olhar para os ensinamentos da economia comportamental para perceber exatamente o que está em jogo neste paradoxo[313].

a) Os requisitos essenciais do consentimento

Para que seja válido, o consentimento tem de cumprir as condições *gerais* estabelecidas nos artigos 4.º, n.º 11, e 7.º do RGPD. Genericamente, o consentimento será válido se o titular dos dados dispuser de controlo e de uma escolha genuína. Em concreto, são quatro os elementos essenciais do consentimento: livre, específico, informado e inequívoco[314].

Como se verá, o desenvolvimento de algumas tecnologias, como por exemplo, os veículos conectados e os assistentes de voz virtuais, colocam desafios à utilização do consentimento como fundamento dos tratamentos por não se aplicarem os mecanismos clássicos de recolha do consentimento nesses ecossistemas. Nestes casos, os responsáveis pelo tratamento devem estar especialmente atentos às modalidades de obtenção de consentimento de diferentes titulares de dados, por exemplo, os proprietários e os utilizadores de veículos conectados ou utilizadores registados e não registados de um assistente de voz virtual.

i) Livre

No que diz respeito ao primeiro requisito, em regra, "o RGPD prevê que se o titular dos dados não puder exercer uma verdadeira escolha, se sentir coagido a dar o consentimento ou sofrer consequências negativas caso não consinta, então o consentimento não é válido"[315]. Para avaliar esta situação e controlar a liberdade, sugerem-se quatro fatores: desequilíbrio manifesto de poder, condicionalidade, granularidade e prejuízos.

Os *desequilíbrios manifestos de poder* ocorrem, tipicamente, em duas situações: quando o responsável pelo tratamento é uma autoridade pública[316] e

[313] Leslie K. John, "Uninformed Consent", in *Customer Data + Privacy*, Harvard Business Review (2020): 1.

[314] Seguimos de perto as "Orientações relativas ao consentimento na aceção do Regulamento (UE) 2016/679", adotadas em 28 de novembro de 2017, 5.

[315] "Orientações relativas ao consentimento", 6 e considerando 42.

[316] No mesmo sentido, veja-se o considerando 43 do RGPD: "A fim de assegurar que o consentimento é dado de livre vontade, este não deverá constituir um fundamento jurídico

no contexto laboral[317]. Além disto, como aponta a doutrina, o "conceito de desequilíbrio manifesto não se encontra legislativa e jurisprudencialmente preenchido" podendo, em regra, ser reconduzido a categorias de titulares como "consumidores, investidores, trabalhadores, doentes, contribuintes ou cidadãos"[318]. Desta lista fazem parte os titulares de dados vulneráveis ou pessoas singulares vulneráveis, uma categoria de titulares mencionada no RGPD no considerando 75 e cuja relevância tem vindo a crescer não só na doutrina[319] mas também nas orientações das autoridades de controlo[320]. Segundo o G29[321], cabem nesta categoria de vulnerabilidade "todos os casos em que possa ser identificado um desequilíbrio na relação entre a posição do titular dos dados e o responsável pelo tratamento".

Porém, mesmo em situações em que a relação é, por natureza, desequilibrada, entende-se que pode haver lugar para o consentimento. Exige-se, nestes casos, que sejam garantidas condições efetivas de escolha ao titular dos dados, que o ato de dar ou recusar o consentimento não produza consequências negativas na esfera do titular e que não exista o risco de fraude, intimação ou coação[322].

Passando para a *condicionalidade,* esta deve ser entendida à luz de uma leitura conjugada dos artigos 6.º, n.º 1, alínea b), e 7.º, n.º 4, bem como do considerando 43 do RGPD. Esta condicionalidade aplica-se sobretudo em situações de "acoplamento"[323], isto é, quando o consentimento é "agre-

válido para o tratamento de dados pessoais em casos específicos em que exista um desequilíbrio manifesto entre o titular dos dados e o responsável pelo seu tratamento, nomeadamente quando o responsável pelo tratamento é uma autoridade pública pelo que é improvável que o consentimento tenha sido dado de livre vontade em todas as circunstâncias associadas à situação específica em causa (...)". Neste exemplo, as autoridades públicas devem recorrer a outros fundamentos, nomeadamente, às alíneas c) e e) do número 1 do artigo 6.º do RGPD.

317 Atendendo, naturalmente, à relação de dependência entre empregador e trabalhador. O G29 desenvolve este assunto no "Parecer 2/2017 sobre o tratamento de dados no local de trabalho", adotado em 8 de junho de 2017.

318 Menezes Cordeiro, *Comentário,* 125.

319 Gianclaudio Malgieri e Jedzej Niklas, "Vulnerable data subjects", *Computer Law & Security Review*, n.º 37 (2020).

320 Como é o caso da autoridade de controlo da Irlanda em "Guide to Data Protection Impact Assessments (DPIAs)", setembro de 2019, 7.

321 G29, "Orientações relativas à Avaliação", 10.

322 "Orientações relativas ao consentimento", 7 e 8.

323 Menezes Cordeiro, *Comentário,* 123.

gado" ou "associado" à execução de um contrato ou à prestação de um serviço[324]. Veja-se um caso espanhol: em 2020, a autoridade de controlo sancionou um Banco, entre outros motivos, por cobrar uma comissão aos clientes com contrato de conta corrente bancária que não consentissem no tratamento de dados pessoais para fins de marketing direto ou no envio de dados a terceiros para análise do seu perfil[325]. Este é um bom exemplo de uma situação de acoplamento: o Banco associou a execução do contrato de conta corrente a um pedido de consentimento para tratamento de dados pessoais – para fins de marketing direto e para análise de perfis – não necessários para a execução desse contrato[326]. Nestes casos, o responsável pelo tratamento deve seguir as indicações do número 7 do artigo 4.º do RGPD, que apela à "máxima atenção" na verificação da liberdade do consentimento recolhido. O considerando 43 também prevê a presunção de que "o consentimento não é dado de livre vontade (...) se a execução de um contrato, incluindo a prestação de um serviço, depender do consentimento apesar de o consentimento não ser necessário para a mesma execução". De facto, a obrigatoriedade de concordar com a utilização dos dados para além do que é necessário para a execução do contrato restringe as escolhas do titular dos dados e, portanto, interfere com a sua vontade.

O responsável deve ter um "cuidado especial" sempre que o contrato está associado a um pedido de consentimento[327]. A interpretação do artigo 7.º, n.º 4, do RGPD, não é absoluta, pelo que poderá haver casos em que a condicionalidade não invalida o consentimento. Nessas situações o ónus da prova recai sobre o responsável pelo tratamento, conforme decorre do princípio da responsabilidade, estipulado no artigo 5.º, n.º 2, do RGPD. Para tal, é fundamental demonstrar que ao titular dos dados foi oferecida uma verdadeira escolha, isto é, a de optar entre um serviço que inclua consentimento para utilização dos dados para fins complementares e um serviço equivalente oferecido pelo mesmo responsável pelo tratamento que não envolva consentimento para a utilização dos dados para fins complementares[328].

[324] "Orientações relativas ao consentimento", 8.

[325] AEPD, Processo PS/00226/2020.

[326] Como se verá, a expressão "necessário para a execução de um contrato", prevista no artigo 6.º, n.º 1, alínea b) do RGPD, deve ser interpretada de forma restritiva e, além disso, "tem de existir uma relação direta e objetiva entre o tratamento dos dados e a finalidade da execução do contrato".

[327] "Orientações relativas ao consentimento", 10.

[328] *Idem*, 10.

A *granularidade* é um requisito resultante dos considerandos 43[329] e 32[330] e está relacionada com a especificidade do consentimento[331]. Quando o tratamento prossegue várias finalidades, o titular dos dados deve ser capaz de escrutinar e aceitar as operações de tratamento e as respetivas finalidades o que, naturalmente, pressupõe que estas lhe sejam apresentadas separadamente[332]. Se, por exemplo, o responsável pelo tratamento interligar várias finalidades de tratamento sem separar o consentimento para cada finalidade, então não estamos perante um consentimento livre. O caso apresentado pelo G29 é o de um retalhista que recolhe o consentimento para o envio de publicidade por e-mail e para a partilha de dados com terceiros. Neste caso, deveria ser solicitado um consentimento para cada uma das finalidades[333].

Por último, o considerando 42 refere que o consentimento não é livre se o titular "não puder recusar nem retirar o consentimento *sem ser prejudicado*" (itálicos meus). Portanto, recusar ou retirar o consentimento não pode implicar desvantagens, custos ou consequências negativas para o titular dos dados. Pense-se, por exemplo, numa aplicação relativa a hábitos de vida que solicita o consentimento para aceder ao acelerómetro do telefone. Esse acesso não é necessário para a aplicação funcionar, mas é útil para os responsáveis pelo tratamento recolherem mais elementos acerca dos movimentos e dos níveis de atividade dos utilizadores. Se, posteriormente, o utilizador revoga o consentimento, a aplicação não pode deixar de funcionar total ou parcialmente[334].

ii) Específico

Este requisito decorre do artigo 6.º, n.º 1, alínea a) do RGPD e relaciona-se com o requisito da *granularidade* e com a prestação de *informação.* O responsável pelo tratamento deve cumprir três condições[335]: (i) especificação

[329] Em particular na parte em que refere "Presume-se que o consentimento não é dado de livre vontade se não for possível dar consentimento separadamente para diferentes operações de tratamento de dados".

[330] Nomeadamente onde se lê: "O consentimento deverá abranger todas as atividades de tratamento realizadas com a mesma finalidade. Nos casos em que o tratamento sirva fins múltiplos, deverá ser dado um consentimento para todos esses fins."

[331] A especificidade do consentimento é tratada já de seguida, no ponto ii).

[332] "Orientações relativas ao consentimento", 11.

[333] *Ibidem.*

[334] *Idem*, 12.

[335] *Idem*, 13.

em função da finalidade; (ii) granularidade dos pedidos de consentimento e (iii) separação clara entre as informações relacionadas com a obtenção de consentimento para atividades de tratamento de dados e as informações sobre outras questões.

A primeira condição, especificação em função da finalidade, deve ser lida em sintonia com o artigo 5.º, n.º 1, alínea b), do RGPD, onde se prevê a identificação de uma finalidade determinada, explícita e legítima. A especificação e limitação da finalidade servem para travar o fenómeno do "desvirtuamento da função"[336], isto é, o alargamento ou diluição progressiva das finalidades dos tratamentos depois de o titular dos dados ter concordado com a respetiva recolha, resultando numa utilização inesperada e imprevista dos dados pessoais e, consequentemente, numa perda do seu controlo pelo titular.

Da segunda condição, granularidade dos pedidos de consentimento, resulta que o responsável pelo tratamento solicite o consentimento para várias finalidades, devendo oferecer a adesão separada a cada uma delas de modo a permitir que o titular consinta especificamente para uma certa finalidade.

Por fim, de modo a sensibilizar os titulares sobre as diferentes escolhas ao seu dispor, o responsável pelo tratamento deve fornecer, com cada um dos pedidos de consentimento, informações específicas acerca dos dados tratados para cada finalidade. Com efeito, um consentimento livre é, necessariamente, um consentimento *informado.*

O considerando 33 introduz alguma flexibilidade ao grau, especificação e granularidade do consentimento no contexto da investigação científica: "muitas vezes não é possível identificar na totalidade a finalidade do tratamento de dados pessoais para efeitos de investigação científica no momento da recolha dos dados. Por conseguinte, os titulares dos dados deverão poder dar o seu consentimento para determinadas áreas de investigação científica, desde que estejam de acordo com padrões éticos reconhecidos para a investigação científica. Os titulares dos dados deverão ter a possibilidade de dar o seu consentimento unicamente para determinados domínios de investigação científica ou partes de projetos de investigação, na medida permitida pela finalidade pretendida." Nestas situações, o responsável pelo tratamento deverá procurar meios de compensar esta dificuldade, identi-

[336] *Idem*, 13.

ficando, por um lado, uma finalidade mais genérica ou uma descrição das etapas do projeto de investigação e, à medida que este decorre, o consentimento vai sendo solicitado e acompanhado do fornecimento de informações sobre a evolução da finalidade. Por outro lado, o responsável deverá adotar outras garantias, nomeadamente a pseudonimização, anonimização e aplicação de medidas de segurança[337].

iii) Informado

Já fui referindo a importância de informar o titular dos dados. Com efeito, é fundamental informá-lo *antes* da recolha do consentimento de modo a que possa tomar uma decisão livre num contexto em que compreende aquilo com que está a concordar. Só assim se garante ao titular um controlo *efetivo* sobre os dados pessoais. Assim se percebe como o princípio da transparência[338] se encontra estreitamente relacionado com a licitude.

Em teoria, os elementos que devem ser fornecidos ao titular dos dados para garantir que o consentimento é informado não se confundem com os elementos elencados nos artigos 13º ("Informações a facultar quando os dados pessoais são recolhidos junto do titular") e 14.º ("Informações a facultar quando os dados pessoais não são recolhidos junto do titular") do RGPD. O G29 sugere um conjunto de requisitos de conteúdo para um consentimento informado que inclui elementos *necessários* e *eventuais*. Nos primeiros elementos cabem a identidade do responsável pelo tratamento[339] e a finalidade de cada uma das operações de tratamento em relação às quais se procura obter o consentimento[340], o tipo de dados tratados[341], a existência do direito de retirar o consentimento[342]. Nos elementos *eventuais* incluem-se as informações acerca da utilização dos dados para decisões automatizadas em conformidade com o artigo 22.º, n.º 2, alínea c), do RGPD[343], e os possíveis riscos de transferências de dados devido à inexistência de uma

337 No mesmo sentido v. "Orientações relativas ao consentimento", 33 e 34.

338 Artigo 5.º, n.º 1, alínea a) do RGPD.

339 Aquela entidade defende ainda que em caso de responsabilidade conjunta ou se os dados forem transferidos ou tratados por terceiros, todas as entidades devem ser identificadas, v. "Orientações relativas ao consentimento", 15.

340 De harmonia com o considerando 42 do RGPD.

341 Veja-se o Parecer 15/2011, também do G29, sobre a definição de consentimento, 19.

342 Decorrente do artigo 7.º, n.º 3, do RGPD.

343 Sugere-se a leitura das orientações do G29 sobre decisões individuais e automatizadas, 20.

decisão de adequação e de garantias adequadas, conforme o artigo 46.º do RGPD[344]. De notar a ausência da identificação dos subcontratantes, embora seja uma exigência dos artigos 13.º e 14.º do RGPD informar a lista dos destinatários ou das categorias de destinatários, incluindo subcontratantes. Por outro lado, ressalvam-se os casos em que, atendendo às circunstâncias e ao contexto dos tratamentos de dados, o fornecimento de informações adicionais poderá ser necessário para permitir ao titular dos dados uma compreensão cabal das operações de tratamento[345]. Na prática, a prestação das informações elencadas nos artigos 13.º e 14.º e o cumprimento do requisito do consentimento informado poderão resultar de uma "abordagem integrada"[346].

A forma como as informações são fornecidas é deixada ao critério dos responsáveis pelo tratamento com as limitações dos artigos 7.º, n.º 2[347] e 12.º[348] e do considerando 32[349] do RGPD. Sublinho a importância da clareza e a acessibilidade das informações, a utilização de uma linguagem de fácil

[344] De harmonia com o artigo 49.º, n.º 1, alínea a), do RGPD, é necessário fornecer informações específicas acerca da inexistência das garantias descritas no artigo 46.º.

[345] "Orientações relativas ao consentimento", 15.

[346] *Idem*, 16.

[347] Onde se lê: "Se o consentimento do titular dos dados for dado no contexto de uma declaração escrita que diga também respeito a outros assuntos, o pedido de consentimento deve ser apresentado de uma forma que o distinga claramente desses outros assuntos de modo inteligível e de fácil acesso e numa linguagem clara e simples. Não é vinculativa qualquer parte dessa declaração que constitua violação do presente regulamento".

[348] Em particular o número 1, que impõe ao responsável pelo tratamento a escolha de "medidas adequadas" para informar os titulares dos dados.

[349] "O consentimento do titular dos dados deverá ser dados mediante ato positivo claro que indique uma manifestação de vontade livre, específica, informada e inequívoca de que o titular de dados consente no tratamento dos dados que lhe digam respeito, como por exemplo mediante uma declaração escrita, inclusive em formato eletrónico, ou uma declaração oral. O consentimento pode ser dado validando uma opção ao visitar um sítio *web* na Internet, selecionando os parâmetros técnicos para os serviços da sociedade da informação ou mediante outra declaração ou conduta que indique claramente nesse contexto que aceita o tratamento proposto dos seus dados pessoais. O silêncio, as opções pré-validadas ou a omissão não deverão, por conseguinte, constituir consentimento. O consentimento deverá abranger todas as atividades de tratamento realizadas com a mesma finalidade. Nos casos em que o tratamento sirva fins múltiplos, deverá ser dado um consentimento para todos esses fins. Se o consentimento tiver de ser dado no seguimento de um pedido apresentado por via eletrónica, esse pedido tem de ser claro e conciso e não pode perturbar desnecessariamente a utilização do serviço para o qual é fornecido."

compreensão a uma pessoa comum, a distinção clara do consentimento de outros elementos como, por exemplo, as condições gerais, bem como o conhecimento do público-alvo[350]. Como referi, há certos ecossistemas e tecnologias que colocam dificuldades à aplicação deste fundamento. No caso dos veículos conectados, havendo utilizadores (como condutores ou passageiros não relacionados com o proprietário) que não tenham conhecimento do tratamento de dados, essa falta de informação invalida o consentimento para esses tratamentos[351].

iv) Inequívoco

O artigo 4.º, n.º 11, do RGPD vai um pouco além do artigo 2.º, alínea h), da Diretiva 95/46/CE. Nesta norma descrevia-se o consentimento como "manifestação de vontade (...), pela qual a pessoa em causa aceita que dados pessoais que lhe dizem respeito sejam objeto de tratamento", ao que o RGPD veio clarificar que o consentimento exige uma manifestação de vontade mediante *declaração ou ato positivo inequívoco*, isto é, "o titular dos dados deve agir deliberadamente para consentir o tratamento em causa"[352]. O considerando 32 fornece orientações adicionais, sendo de realçar que a utilização de opções pré-assinaladas de adesão é inválida, tal como o silêncio, a omissão ou a mera utilização de um serviço não podem ser encarados como um ato positivo inequívoco. Por seu turno, o consentimento pode ser obtido por meio de declaração escrita ou oral (gravada), inclusive em formato eletrónico, mas não poderá ser obtido através da mesma ação de concordar com um contrato ou aceitar as condições gerais de um serviço[353].

A natureza inequívoca da vontade do titular não se confunde com a exigência de que esta seja *explícita* em certas situações especiais como, por exemplo, para o tratamento de categorias especiais de dados[354]. O termo *explícito*, orientado para a *forma* do consentimento, é entendido como sinónimo de *expresso* e exclui consentimentos inferidos a partir de condutas ou comportamentos do titular dos dados[355]. Porém, a fronteira entre os dois

350 "Orientações relativas ao consentimento", 16.

351 "Diretrizes 01/2020", 14.

352 "Orientações relativas ao consentimento", 17.

353 *Ibidem.*

354 Artio 9.º, n.º 2, alínea a) do RGPD.

355 G29, "Parecer 15/2011 sobre a definição de consentimento", 13 de julho de 2011, 25.

requisitos é estreita, porque só em raras ocasiões é que o consentimento inequívoco será compatível com exercícios para inferir a vontade do titular das suas ações. Tudo dependerá de uma avaliação casuística e das circunstâncias de decisão do titular[356].

b) Outros requisitos

Além daqueles requisitos essenciais, os responsáveis pelo tratamento devem não só ter em atenção exigências do direito civil[357] como, além disso, tomar medidas adicionais, em especial no que respeita à *conservação* e *demonstração* do consentimento bem como à sua *retirada*. Tal decorre não apenas do artigo 5.º, n.º 2, do RGPD, como também do artigo 7.º, em especial do número 1 e 3.

No que diz respeito à *conservação* e *demonstração do consentimento*, o artigo 7.º, n.º 1[358], e o considerando 42[359], ambos do RGPD, fazem recair sobre o responsável pelo tratamento o ónus da prova. Porém, internamente, cada responsável tem liberdade para escolher os métodos usados para cumprir com estas normas. Também não existe um prazo pré-definido para a validade do consentimento, tal dependendo sempre do contexto, do âmbito do consentimento solicitado, bem como das expetativas do titular[360].

[356] *Idem*, 23.

[357] Sobre este ponto v. G29, "Parecer 15/2011", 6 e Menezes Cordeiro, *Direito da Proteção*, 171 e ss.

[358] Ali se lê que "Quando o tratamento for realizado com base no consentimento, o responsável pelo tratamento deve poder demonstrar que o titular dos dados deu o seu consentimento para o tratamento dos seus dados pessoais".

[359] "Sempre que o tratamento for realizado com base no consentimento do titular dos dados, o responsável pelo tratamento deverá poder demonstrar que o titular deu o seu consentimento à operação de tratamento dos dados. Em especial, no contexto de uma declaração escrita relativa a outra matéria, deverão existir as devidas garantias de que o titular dos dados está plenamente ciente do consentimento dado e do seu alcance. Em conformidade com a Diretiva 93/13/CEE do Conselho, uma declaração de consentimento, previamente formulada pelo responsável pelo tratamento, deverá ser fornecida de uma forma inteligível e de fácil acesso, numa linguagem clara e simples e sem cláusulas abusivas. Para que o consentimento seja dado com conhecimento de causa, o titular dos dados deverá conhecer, pelo menos, a identidade do responsável pelo tratamento e as finalidades a que o tratamento se destina. Não se deverá considerar que o consentimento foi dado de livre vontade se o titular dos dados não dispuser de uma escolha verdadeira ou livre ou não puder recusar nem retirar o consentimento sem ser prejudicado".

[360] "Orientações relativas ao consentimento", 22 e 23.

Já no que concerne à *retirada do consentimento*, o artigo 7.º, n.º 3, do RGPD, prevê que o responsável pelo tratamento deve garantir que, a qualquer momento, o consentimento é tão fácil de retirar como de dar[361]. Por outro lado, o consentimento pode ser retirado de forma gratuita e sem que tal implique uma redução dos níveis do serviço prestado[362]. A retirada do consentimento não afeta a licitude das operações de tratamento já ocorridas. Não obstante, o responsável pelo tratamento deve parar o tratamento de dados e, se não existir um fundamento de licitude alternativo ao consentimento, os dados devem ser apagados[363]. Quer isto dizer que os responsáveis pelo tratamento são obrigados a avaliar se o tratamento de dados pode prosseguir, mesmo que não exista um pedido de apagamento do titular dos dados[364]. Concluindo-se que existe outro fundamento de licitude, não pode operar-se uma "migração silenciosa" de um fundamento para o outro. Essa alteração deve ser comunicada ao titular dos dados de harmonia com os artigos 13.º e 14.º do RGPD e com o princípio da transparência. Também por força destas normas, não é permitida uma aplicação retroativa de um fundamento de licitude se forem detetados problemas com a validade do consentimento[365].

c) Os casos de consentimento explícito

Quando os riscos do tratamento de dados são mais elevados, o legislador reforçou o controlo do titular dos dados ao exigir que o consentimento seja *explícito*. É o caso do artigo 9.º relativo ao tratamento de categorias especiais de dados[366], do artigo 49.º aplicável às transferências de dados pessoais na

[361] "O titular dos dados tem o direito de retirar o seu consentimento a qualquer momento. A retirada do consentimento não compromete a licitude do tratamento efetuado com base no consentimento previamente dado. Antes de dar o seu consentimento, o titular dos dados é informado desse facto. O consentimento deve ser tão fácil de retirar quanto de dar."

[362] "Orientações relativas ao consentimento", 25.

[363] Artigo 17.º, n.º 1, alínea b), e n.º 3, do RGPD.

[364] Tal resulta do princípio da limitação da conservação, previsto no artigo 5.º, n.º 1, alínea e), do RGPD, e estudado mais adiante.

[365] "Orientações relativas ao consentimento", 26.

[366] O número 1 deste artigo proíbe o tratamento de categorias especiais de dados, mas o número 2, alínea b) prevê uma exceção a essa proibição "se o titular dos dados tiver dado o seu consentimento explícito para o tratamento desses dados pessoais para uma ou mais finalidades específicas, exceto se o direito da União ou de um Estado-Membro previr que a proibição a que se refere o n.º 1 não pode ser anulada pelo titular dos dados".

ausência de garantias adequadas[367], bem como do artigo 22.º relativo a decisões individuais automatizadas, incluindo a definição de perfis[368].

Esta exigência adicional traduz-se, pelo menos, em dois requisitos: (i) sendo o termo explícito sinónimo de *expresso,* significa que o consentimento inferido de certas ações e comportamentos não é admissível[369] e (ii) exigem-se esforços adicionais, ou um grau de diligência adicional, para o obter. Esses esforços refletem-se sobretudo na *forma* e nos meios usados pelo responsável pelo tratamento[370]. Não há propriamente uma fórmula mágica neste domínio, mas sugerem-se algumas maneiras de garantir este requisito como, por exemplo, a obtenção de uma declaração escrita a confirmar o consentimento, através do preenchimento de um formulário eletrónico ou do envio de um e-mail ou uma verificação de consentimento em duas fases[371].

Reitero que a letra da lei distingue consentimento *inequívoco* de *explícito.* Porém, a fronteira entre os dois termos é estreita, uma vez que só em raras ocasiões é que o consentimento inequívoco poderá ser compatível com exercícios para inferir a vontade do titular das suas ações. Tudo dependerá de uma avaliação casuística e das circunstâncias de decisão do titular[372].

2.1.1.3.2. *Contrato*

O artigo 6.º, n.º 1, alínea b), do RGPD, dispõe que o contrato pode ser usado como fundamento de licitude em duas situações: (i) quando o "tratamento

[367] Esta norma prevê, no número 1, alínea d), que o consentimento explícito pode afastar a proibição de transferir dados para países que não dispõem de níveis adequados de proteção de dados.

[368] Esta disposição visa proteger os titulares de dados contra decisões baseadas unicamente no tratamento automatizado. O consentimento explícito, mencionado no número 2, alínea c), permite que o responsável pelo tratamento recorra a decisões automatizadas que possam afetar significativamente o indivíduo.

[369] G29, "Parecer 15/2011 sobre a definição de consentimento", 13 de julho de 2011, 25. Em sentido próximo, ao que parece excluindo consentimentos tácitos nestas situações especiais, v. Menezes Cordeiro, *Direito da Proteção,* 187.

[370] Como explica o G29 "o termo *explícito* refere-se à forma como o consentimento é manifestado pelo titular dos dados. Significa que o titular dos dados deve manifestar expressamente o consentimento", v. "Orientações relativas ao consentimento", 21.

[371] "Orientações relativas ao consentimento", 21.

[372] *Idem,* 23.

for necessário para a execução de um contrato no qual o titular dos dados é parte" ou (ii) "para diligências pré-contratuais a pedido do titular dos dados".

Não menos importante é a distinção entre este fundamento e o consentimento: o segundo, quando é concedido no contexto da celebração ou aceitação de um contrato, constitui um elemento da sua validade, pelo que não se refere ao significado específico do consentimento no contexto do RGPD[373]. Não obstante, as duas condições de licitude partilham o facto de o tratamento de dados pessoais ser uma consequência de uma decisão livre e consciente tomada pelo titular"[374].

a) Necessidade para a execução de um contrato

No que diz respeito à primeira hipótese, e de acordo com as obrigações decorrentes do princípio da responsabilidade do artigo 5.º, n.º 2, do RGPD, o responsável pelo tratamento poderá fundamentar o tratamento nesta condição de licitude se demonstrar que: (i) existe um contrato válido nos termos do direito dos contratos nacional e (ii) o tratamento é necessário para a execução do contrato.

Esta segunda exigência não se compagina com uma mera avaliação do contrato, seja daquilo que consta dos seus termos ou do que é permitido pelas suas cláusulas[375]. Por outro lado, um critério de mera conveniência ou de simples indispensabilidade deve também ser afastado[376]. A verificação da necessidade parece relacionar-se com o princípio da limitação da finalidade, previsto na alínea b) do número 1 do artigo 5.º [377]. Assim, é fundamental determinar a razão de ser do contrato, isto é, o seu conteúdo e o seu objeto principal ou fundamental, pois essa razão de ser servirá para avaliar a necessidade do tratamento.

Por exemplo, no caso da prestação de serviços em linha o responsável pelo tratamento tem de demonstrar "de que modo o objeto principal

[373] "Diretrizes 2/2019 sobre o tratamento", 18, 19, 20, 21 e 27 e CEPD, "Orientações 02/2021 sobre assistentes de voz virtuais", 7 de julho de 2021, 25.

[374] Menezes Cordeiro, *Direito da Proteção*, 207.

[375] "Diretrizes 2/2019 sobre o tratamento", 9: "a simples referência ou menção do tratamento de dados num contrato não é suficiente para inserir o tratamento em causa no âmbito de aplicação do artigo 6.º, n.º 1, alínea b). Por outro lado, o tratamento pode ser objetivamente necessário, mesmo que não seja especificamente mencionado no contrato."

[376] Menezes Cordeiro, *Direito da Proteção*, 211.

[377] "Diretrizes 2/2019 sobre o tratamento", 10.

do contrato específico com o titular dos dados não pode, na realidade, ser executado se o tratamento específico dos dados pessoais em questão não ocorrer"[378]. Um outro caso mais óbvio prende-se com a utilização de assistentes de voz virtuais[379]. Se o titular pretende utilizar um assistente tem de se registar e configurar uma conta de utilizador para ativar o serviço. Tal gera uma relação contratual que, tendo em conta o seu conteúdo e objetivo, tem essencialmente por objeto a utilização do assistente para executar o pedido do titular. Por conseguinte, o tratamento de dados que vise executar os pedidos do titular (captação do pedido, transcrição para texto, interpretação, informações trocadas com fontes de conhecimento para preparar a resposta ao titular e a transcrição da resposta final) pode ser fundamentado na execução do contrato. O mesmo já não vale para tratamentos de dados com a finalidade de melhorar o serviço ou de desenvolver novas funções no âmbito do serviço existente. Para o CEPD, o titular celebra um contrato para utilizar um serviço existente e, embora a possibilidade de melhorias desse serviço possa ser incluída no clausulado do contrato, o tratamento para essa finalidade "não pode, por regra, ser considerado objetivamente necessário para a execução do contrato com o utilizador"[380]. Num outro exemplo, os prestadores de serviços de redes sociais não podem recorrer a este fundamento para a publicidade *online* pelo simples facto de essa publicidade financiar indiretamente a prestação do seu serviço[381].

Como se vê, importa identificar o objeto do contrato, as operações de tratamento e sua necessidade para a execução do serviço prestado ao abrigo do contrato. Por exemplo, a recolha de informações sobre a forma como os clientes utilizam serviços em linha (as chamadas métricas organizacionais ou dados relativos à utilização do utilizador) não é necessária para a prestação do serviço uma vez que, em princípio, este pode ser prestado na ausência do tratamento desses dados[382]. Do mesmo modo, em regra, o tratamento de dados para publicidade comportamental também não cabe nesta norma pois "será difícil argumentar que o contrato não foi executado porque não havia anúncios comportamentais"[383]. Questão diferente é o tratamento de

[378] *Ibidem.*

[379] "Orientações 02/2021", 24.

[380] *Idem,* 25.

[381] "Diretrizes 8/2020", 19.

[382] "Diretrizes 2/2019 sobre o tratamento", 15.

[383] *Idem,* 16.

dados para personalização de conteúdos que, em certos casos, constitui um elemento intrínseco e esperado de certos serviços em linha, dependendo da natureza do serviço, das expetativas do titular dos dados e da possibilidade de prestação do serviço sem personalização[384].

Igualmente importante é a perspetiva do titular dos dados aquando da celebração do contrato. Com efeito, o responsável pelo tratamento deve justificar a necessidade do tratamento tendo por base o objeto contratual mutuamente compreendido, sendo por isso imperioso examinar a perspetiva de um titular dos dados médio de modo a garantir um entendimento mútuo sobre o objeto contratual[385].

Em síntese, a aplicação deste fundamento está sujeita a um exercício de avaliação, pelo menos, dos seguintes aspetos: (i) a natureza do serviço prestado ao titular e as suas caraterísticas distintivas; (ii) a lógica do contrato, nomeadamente a sua substância e o objeto; (iii) os elementos essenciais do contrato; (iv) as perspetivas e expetativas mútuas das partes, incluindo a promoção ou anúncio do serviço, bem como analisar se a expetativa de um utilizador comum do serviço incluiria, de forma razoável, a hipótese do tratamento de dados para execução do contrato no qual é parte[386].

Por último, no que diz respeito às *vicissitudes do contrato,* o responsável pelo tratamento deverá antecipar o que acontece quando o contrato cessa. Neste caso, não vigora o requisito da necessidade, pelo que os dados não podem ser tratados. Por outro lado, o princípio da lealdade, mencionado no artigo 5.º, n.º 1, alínea a), do RGPD, é aplicável na medida em que o titular dos dados cedeu a sua informação no quadro de uma relação contratual acreditando e confiando que o tratamento faria parte dessa relação. Por isto, entende-se que "é geralmente desleal mudar para um novo fundamento jurídico quando o fundamento original deixa de existir"[387]. Contudo, tal poderá suceder se, por exemplo, os dados forem necessários para uma finalidade específica (fins contabilísticos, por exemplo), como o cumprimento de uma obrigação legal, de harmonia com o artigo 6.º, n.º 1, alínea c), do RGPD. Nestes casos, o responsável pelo tratamento deve, no início do tratamento, identificar o fundamento jurídico e comunicar claramente

[384] *Idem,* 17 e "Orientações 02/2021", 26.
[385] "Diretrizes 2/2019 sobre o tratamento", 10.
[386] *Idem,* 11.
[387] *Idem,* 13.

ao titular que, após a cessação do contrato, será necessário conservar dados pessoais para aquela finalidade[388].

b) Necessidade para diligências pré-contratuais

Esta segunda hipótese aplica-se ao tratamento de dados pessoais que precede a celebração de um contrato. Naturalmente que, no momento da recolha dos dados, o contrato é uma mera possibilidade pelo que pode nem chegar a ser celebrado. Por conseguinte, é essencial que o titular dos dados apresente um pedido, por exemplo, que contacte o responsável pelo tratamento para pedir informações sobre os seus serviços[389].

Cabem nesta alínea os casos do titular que fornece o seu código postal para averiguar se uma empresa opera na sua área ou o de uma pessoa que solicite a uma seguradora uma proposta de seguro automóvel[390]. Excluída do âmbito desta norma está a comercialização não solicitada ou outro tratamento não solicitado e efetuado por iniciativa do responsável pelo tratamento ou a pedido de terceiros[391].

2.1.1.3.3. *Obrigação jurídica*

A aplicação desta alínea depende da verificação de dois elementos: (i) a necessidade do tratamento; (ii) uma obrigação jurídica que recaia sobre o responsável pelo tratamento. Nos termos do número 3 do artigo 6.º, a obrigação decorre do direito da União ou do direito do Estado-Membro, excluindo-se, em regra, legislação de países terceiros[392]. Além disso, a obrigação não pode decorrer de um acordo contratual, pelo que seria mais adequada a locução *obrigação legal* do que *obrigação jurídica*[393].

O legislador não esclarece o que se entende exatamente por "direito da União" ou "direito do Estado-Membro". O considerando 41 do RGPD

388 *Ibidem.*

389 "Diretrizes 2/2019 sobre o tratamento", 14.

390 "Parecer 06/2014 sobre o conceito de interesses legítimos", 28.

391 "Diretrizes 2/2019 sobre o tratamento", 14 e Menezes Cordeiro, *Direito da Proteção,* 210.

392 "Parecer 06/2014 sobre o conceito de interesses legítimos", 30, embora se chame a atenção para a possibilidade de reconhecimento dessa legislação e para o facto de que a imposição de uma obrigação oriunda do direito estrangeiro poderá caber no interesse legitimo do responsável pelo tratamento estudado adiante.

393 Menezes Cordeiro, *Direito da Proteção,* 213.

dispõe que "caso o presente regulamento se refira a um fundamento jurídico ou a uma medida legislativa, não se trata necessariamente de um ato legislativo adotado por um parlamento, sem prejuízo dos requisitos que decorram da ordem constitucional do Estado-Membro em causa". Por isso, alguma doutrina entende que esta obrigação pode ter origem em várias "fontes normativas"[394], referindo-se também uma "cláusula de abertura" porquanto "a expressão Direito abrange todas as leis – sem sentido amplo – nos termos determinados pela ordem constitucional interna"[395]. Para o G29, o direito que suporta esta obrigação deverá (i) prosseguir um interesse público, ser proporcional e respeitar o princípio da limitação da finalidade[396] e (ii) tanto pode expressamente referir a natureza e o objeto do tratamento como estabelecer um objetivo geral que depois é concretizado em normas regulamentares ou numa decisão vinculativa de uma autoridade pública. Não cabem nesta alínea meras orientações de autoridades reguladoras, por exemplo, para instituições financeiras sobre determinadas normas de *due diligence*[397].

No que diz respeito à obrigação propriamente dita, o cumprimento da mesma não depende da vontade do responsável pelo tratamento, o que exclui do âmbito desta disposição compromissos voluntários e parcerias público-privadas que envolvam o tratamento de dados. Como refere o G29, "o responsável pelo tratamento não deve dispor de um grau de discricionariedade indevido quanto à forma de cumprir a obrigação legal"[398].

Os exemplos típicos de aplicação desta disposição são os casos em que a entidade patronal é obrigada a fornecer dados sobre os seus colaboradores às autoridades públicas ou quando as instituições financeiras são obrigadas a denunciar determinadas transações suspeitas ao abrigo de normas de luta contra o branqueamento de capitais[399]. Na jurisprudência do TJUE, o caso Worten centra-se na obrigação decorrente do artigo 202.º, n.º 1, do Código do Trabalho, que impõe ao empregador a disponibilização do acesso aos

[394] Alexandre Sousa Pinheiro (coord.), *Comentário ao Regulamento Geral de Proteção de Dados* (Coimbra: Almedina, 2018), 217.

[395] Menezes Cordeiro, *Direito da Proteção*, 214 e 215.

[396] "Parecer 06/2014 sobre o conceito de interesses legítimos", 30. A parte final do número 3 do artigo 6.º do RGPD prevê que "O direito da União ou do Estado-Membro deve responder a um objetivo de interesse público e ser proporcional ao objetivo legítimo prosseguido".

[397] "Parecer 06/2014 sobre o conceito de interesses legítimos", 31.

[398] *Idem*, 31.

[399] *Idem*, 29.

registos de tempos de trabalho à autoridade nacional com competência para fiscalização das condições de trabalho[400].

2.1.1.3.4. *Interesses vitais*

A aplicação da alínea d) do número 1 do artigo 6.º depende também do requisito da necessidade do tratamento dos dados, mas, além disso, exige a identificação de um interesse vital que pertence ao titular dos dados ou a outra pessoa singular. A redação do artigo 6.º, n.º 1, alínea d), do RGPD distingue-se da redação do artigo 9.º, n.º 2, alínea c), daquele diploma, por esta ser mais restrita do que aquela ao condicionar a sua aplicação aos casos em que "o titular dos dados está "física ou legalmente incapacitado para dar o seu consentimento". Ainda assim, em muitas situações, poderá haver aplicação simultânea das duas disposições, por exemplo, quando forem tratados dados pessoais relativos à saúde[401].

Estas duas normas são de aplicação limitada, desde logo porque no "interesse vital" cabem situações de vida ou morte ou, pelo menos, "ameaças que acarretam um risco de lesão ou de outros danos para a saúde da pessoa em causa[402]. O considerando 112 do RGPD dá como interesses vitais a "integridade física ou a vida". Por outro lado, o considerando 46 aponta para a *excecionalidade* da aplicação do artigo 6.º, n.º 1, alínea d), do RGPD, ao restringir a sua aplicação apenas "quando o tratamento não se puder basear manifestamente noutro fundamento jurídico".

2.1.1.3.5. *Interesse público ou autoridade pública*

O artigo 6.º, n.º 1, alínea e), do RGPD, sujeita o tratamento de dados pessoais, mais uma vez, ao requisito da necessidade e prevê duas situações diferentes: (i) o exercício de funções de interesse público ou (ii) o exercício de autoridade pública de que está investido o responsável pelo tratamento. O número 3 daquele artigo acrescenta que este fundamento é definido pelo direito da União ou pelo direito do Estado-Membro e que a finalidade do tratamento "deve ser necessária ao exercício de funções de interesse público ou ao exercício da autoridade pública de que está investido o responsável

[400] Acórdão *Worten*, C-342/12, 30 de maio de 2013.

[401] Menezes Cordeiro, *Direito da Proteção*, 204.

[402] "Parecer 06/2014 sobre o conceito de interesses legítimos", 32.

pelo tratamento". Por outro lado, nessa norma, refere-se também que o direito da União ou do Estado-membro pode prever especificações quanto ao tratamento de dados, como os tipos de dados tratados ou os titulares de dados, entre outros elementos.

Há que sinalizar, desde logo, que não existe qualquer exigência de que o responsável pelo tratamento atue em cumprimento de uma *obrigação*. Porém, tal como o artigo 6.º, n.º 1, alínea c), do RGPD, também se exige que o exercício de funções de interesse público ou de autoridade pública sejam atribuídos por ato legislativo ou "outro tipo de regulamentação legal"[403]. Valerá aqui também o considerando 41: "caso o presente regulamento se refira a um fundamento jurídico ou a uma medida legislativa, não se trata necessariamente de um ato legislativo adotado por um parlamento", mas, em qualquer caso, "esse fundamento jurídico ou essa medida legislativa deverão ser claros e precisos e a sua aplicação deverá ser previsível para os seus destinatários".

O facto de os conceitos de interesse público e de autoridade pública serem conceitos indeterminados impõe que a sua invocação seja acompanhada de uma identificação clara, caso a caso, do interesse público em jogo, da autoridade pública e do respetivo suporte legal. Veja-se a este propósito a deliberação já referida da CNPD, recorrendo a esta alínea para o tratamento de dados de uma ferramenta de *proctoring* levado a cabo por uma fundação pública, sujeita a um regime de direito privado e com uma missão de prossecução do interesse público prevista no Regime Jurídico das Instituições do Ensino Superior[404]. Este caso, no qual o responsável pelo tratamento aplicou, erradamente, o interesse legítimo, é sintomático das semelhanças que existem entre esta alínea do artigo 6.º, n.º 1, e a alínea que estudaremos de seguida relativa ao interesse legítimo[405].

Outro exemplo recente de aplicação desta norma verificou-se durante a crise sanitária da COVID-19, em específico com a utilização pelas autoridades públicas de aplicações de rastreio de contactos[406]. Naturalmente que, podendo conduzir à recolha de dados relativos à saúde, a licitude é mais exigente neste caso, pois aplica-se também o artigo 9.º, n.º 2 do RGPD.

[403] "Parecer 06/2014 sobre o conceito de interesses legítimos", 34.

[404] CNPD, Deliberação/2021/622, 5.

[405] Dando nota deste aspeto, v. "Parecer 06/2014 sobre o conceito de interesses legítimos", 36.

[406] "Diretrizes 4/2020", 9.

Na jurisprudência do TJUE destacam-se algumas decisões sobre esta disposição, como o caso Puškár[407] e o caso Huber[408]. O primeiro respeita à criação de uma lista com nomes de pessoas que a Direção de Finanças da República Eslovaca considerava serem "testas de ferro" e que ocupavam cargos diretivos fictícios em empresas. O tribunal abre a porta à aplicação deste fundamento por entender que a cobrança de impostos e a luta contra a fraude fiscal são "missões de interesse público", sem prejuízo da demonstração de que a criação da lista é necessária para a execução dessas missões e da verificação de que as autoridades eslovacas foram investidas das referidas missões pela legislação eslovaca[409]. O segundo, mais antigo, centra-se num sistema de tratamento de dados pessoais respeitantes a cidadãos da União que não são nacionais de um Estado-Membro, cuja finalidade seria apoiar as entidades públicas encarregadas da aplicação da legislação sobre o direito de residência. Também neste caso o Tribunal deixou bem clara a condição da *necessidade,* ao entender que não estava preenchida para a "conservação e tratamento de dados pessoais nominativos no âmbito de um registo como o registo central dos estrangeiros para fins estatísticos"[410].

2.1.1.3.6. *Interesse legítimo*

O artigo 6.º, n.º 1, alínea f), do RGPD, prevê uma condição de licitude quando o tratamento seja necessário "para efeito dos interesses legítimos prosseguidos pelo responsável pelo tratamento ou por terceiros, exceto se prevalecerem os interesses ou direitos e liberdades fundamentais do titular que exijam a proteção dos dados pessoais, em especial se o titular for uma criança". No acórdão *Fashion ID* o TJUE entendeu que devem ser cumpridas três condições cumulativas para garantir a licitude do tratamento com base neste fundamento: (i) a prossecução de interesses legítimos do responsável pelo tratamento ou do terceiro ou terceiros a quem os dados sejam comunicados; (ii) a necessidade do tratamento dos dados pessoais para a realização do interesse legítimo prosseguido e (iii) os direitos e liberdades fundamentais do titular dos dados não prevalecerem[411].

[407] Acórdão *Puskar,* C-73/2016, 27 de setembro de 2017.

[408] Acórdão *Huber,* C-524/2006, 16 de dezembro de 2008.

[409] Acórdão *Puskar,* C-73/2016, 27 de setembro de 2017, parágrafos 106 a 117.

[410] Acórdão Huber, C-524/2006, 16 de dezembro de 2008, parágrafos 47 a 68.

[411] Acórdão *Fashion ID,* C-40/17, 29 de julho de 2019, parágrafo 95.

Como se vê, este fundamento de licitude, além do já mencionado requisito da necessidade, impõe um esforço adicional ao responsável pelo tratamento[412]. No que respeita ao requisito da necessidade, entende-se que o mesmo impõe um travão à natureza e ao volume de dados que podem ser tratados exigindo-se que não devam exceder o que é necessário para efeitos dos interesses legítimos em presença[413]. Além disso, por um lado, impõe-se a identificação de um interesse legítimo – do próprio responsável ou de um terceiro – e, por outro, a realização de um "teste de ponderação"[414] entre esse interesse e os interesses ou direitos e liberdades fundamentais do titular. Naturalmente que todo este processo deve ser documentado de harmonia com o artigo 5.º, nº 2, do RGPD.

O responsável pelo tratamento deve ainda ter em conta que, se o titular dos dados se opuser ao tratamento nos termos do artigo 21.º do RGPD, só pode realizar o tratamento se prosseguir interesses legítimos *imperiosos* que prevaleçam sobre os interesses, direitos e liberdades do titular ou se o tratamento for necessário à declaração, ao exercício ou à defesa de um direito. Além disto, o responsável pelo tratamento tem de informar os titulares dos dados nos termos dos artigos 13.º, n.º 1, alínea d) e 14.º, n.º 2, alínea b).

a) Interesse legítimo do responsável pelo tratamento ou de um terceiro

O "interesse" do responsável ou do terceiro[415] não se confunde com a "finalidade" do tratamento. Esta prende-se com o objetivo ou intenção do trata-

[412] Analisando a evolução desta disposição, v. António Barreto Menezes Cordeiro, "O tratamento de dados pessoais fundado em interesses legítimo", Revista de Direito e Tecnologia, 1, 1 (2019):6 e ss.

[413] Nesse sentido, numa posição subscrita pelo TJUE, o Advogado Geral Michal Bobek entendeu que esta referência à necessidade equivale "à simples proporcionalidade" que "consiste na avaliação da relação entre os objetivos e os meios escolhidos. Os meios escolhidos não podem exceder a medida do necessário", v. Conclusões do Advogados-Geral apresentadas em 26 de janeiro de 2017, n.º 71. Em sentido contrário, defendendo que "o conceito de necessidade" não é passível de ser reconduzido ao princípio da proporcionalidade, mas dando nota de que a "assunção desta posição não impossibilita, pelo contrário, que na decomposição desenvolvida o intérprete-aplicador recorra aos desenvolvimentos prosseguidos no âmbito do princípio da proporcionalidade" v. Menezes Cordeiro, *Direito da Proteção,* 225.

[414] "Parecer 06/2014 sobre o conceito de interesses legítimos", 36.

[415] O artigo 4.º, n.º 10, explica que "terceiro" é "a pessoa singular ou coletiva, a autoridade pública, o serviço ou organismo que não seja titular dos dados, o responsável pelo tratamento, o subcontratante e as pessoas que, sob a autoridade direta do responsável pelo tratamento ou do subcontratante, estão autorizadas a tratar os dados pessoais".

mento (por exemplo, a implementação de procedimentos de controlo de acessos), enquanto que aquele é mais abrangente, relacionando-se com o *benefício*[416] ou *vantagem*[417] decorrente do tratamento (por exemplo, garantir a segurança de uma organização).

O responsável deve definir esse interesse de forma clara e garantir que é real e atual, correspondendo às atividades atuais ou a benefícios esperados num futuro próximo. Por exemplo, no caso da videovigilância é importante que exista uma situação de perigo real, comprovada pela existência de danos ou incidentes no passado ou pela apresentação de estatísticas que evidenciem a probabilidade dos danos[418].

De uma forma geral, o responsável pelo tratamento pode prosseguir quaisquer interesses, de natureza jurídica, económica ou imaterial, desde que estes não sejam ilegítimos[419]. Contudo, o G29, sem prejuízo de exigir que o interesse seja "admissível nos termos da lei"[420], parece apontar para uma certa *relativização* do critério da legitimidade do interesse. Sustenta que este é apenas um "ponto de partida" e que nele cabe um vasto leque de benefícios, incluindo alguns controversos, que merecem ser ponderados "num segundo momento" e "em relação aos interesses e direitos fundamentais" do titular dos dados[421].

Não obstante, são sugeridos alguns interesses do responsável pelo tratamento que cabem neste leque, nomeadamente marketing direto convencional e outras formas de marketing e publicidade; mensagens não comerciais não solicitadas relativas a campanhas políticas ou atividades de angariação de fundos; execução de créditos; prevenção da fraude, utilização abusiva de serviços ou branqueamento de capitais; monitorização da atividade dos trabalhadores para fins de segurança ou de gestão; sistemas de denúncia; segurança física e das redes; tratamento para fins históricos, científicos ou estatísticos e para fins de investigação cientifica (incluindo pesquisas de mercado). Os considerandos 47 a 49 do RGPD acolheram alguns destes exemplos, e o considerando 47 prescreve genericamente que este

[416] "Parecer 06/2014 sobre o conceito de interesses legítimos", 38.

[417] Menezes Cordeiro, *Direito da Proteção*, 226.

[418] "Diretrizes 3/2019", 10.

[419] "Parecer 06/2014 sobre o conceito de interesses legítimos", 46.

[420] Sendo que "lei" é aqui entendida num sentido amplo, v. "Parecer 06/2014 sobre o conceito de interesses legítimos", 40.

[421] "Parecer 06/2014 sobre o conceito de interesses legítimos", 39.

fundamento pode ser aplicado sempre que "existir uma relação relevante e apropriada entre o titular dos dados e o responsável pelo tratamento", dando-se como exemplo os casos em que aquele é cliente ou está ao serviço do responsável. Já o considerando 48 prevê este fundamento para a transmissão de dados dentro de um grupo empresarial ou de uma instituição associada a um organismo central[422].

Por outro lado, entre os exemplos de interesses de terceiros (tais como trabalhadores, jornalistas ou o público em geral) que cabem nesta categoria, contam-se os casos de publicação de dados para fins de transparência (por exemplo, os salários dos quadros superiores do Estado) ou a investigação histórica ou outro tipo de investigação científica[423]. Na jurisprudência do TJUE, no caso *Rīgas satiksme,* o interesse do terceiro em relação ao responsável pelo tratamento (a polícia) era a obtenção de dados pessoais do passageiro de um táxi que danificou os bens do terceiro interessado para instaurar uma ação contra essa pessoa[424].

b) Interesses ou direitos e liberdades fundamentais do titular

Em primeiro lugar, as duas expressões "interesses" ou "direitos e liberdades" devem ser interpretadas em sentido amplo, não só para se garantir uma proteção abrangente do titular, mas também porque, como disse, no conceito de "interesse legítimo" cabe um vasto leque de situações[425]. Por conseguinte, o titular tem direito a que todos os seus interesses sejam tidos em conta.

Em segundo lugar, no que diz respeito às considerações a ter, não há qualquer limitação dos interesses do titular, pelo que mesmo se este estiver envolvido em atividades ilegais, tal não justifica, por si só, uma desconsideração da sua posição. O exemplo mais óbvio é o de um suspeito de furto num supermercado ver os seus interesses prevalecerem sobre os interesses de outrem com a publicação da respetiva fotografia ou morada na Internet pelo proprietário da loja[426].

422 "Os responsáveis pelo tratamento que façam parte de um grupo empresarial ou de uma instituição associada a um organismo central poderão ter um interesse legítimo em transmitir dados pessoais no âmbito do grupo de empresas para fins administrativos internos".

423 "Parecer 06/2014 sobre o conceito de interesses legítimos", 45.

424 Acórdão *Rīgas satiksme,* C-13/16, 4 de maio de 2017, n.º 29.

425 *Idem*, 46.

426 *Idem*, 47.

c) O teste de ponderação

De acordo com o considerando 47, a existência de um interesse legítimo requer uma avaliação cuidada e a sua verificação deve ser decidida caso a caso. Este teste tem uma natureza faseada que deve incluir quatro etapas[427]: (i) a avaliação do interesse legítimo do responsável pelo tratamento, nomeadamente a sua natureza e origem; (ii) segue-se a apreciação do impacto do tratamento dos dados no titular (iii) bem como um equilíbrio provisório que, em caso de dúvida, poderá ser complementado por (iv) garantias adicionais[428].

No que diz respeito à primeira etapa, o interesse do responsável ganha prevalência se o tratamento dos dados for realizado no contexto do exercício de um direito fundamental do responsável ou se este invocar não apenas o seu interesse mas o da sociedade em geral[429]. Noutras situações o interesse legítimo poderá ser invocado quando outros fundamentos jurídicos são aplicáveis, como quando o tratamento não é estritamente necessário mas é relevante para a execução de um contrato ou quando a lei permite mas não exige o tratamento[430]. Igualmente relevante para reforçar o interesse do responsável pelo tratamento é o seu reconhecimento jurídico, mas também cultural ou social, como, por exemplo, quando existem orientações, mesmo que não vinculativas, emitidas por entidades reguladoras, que encorajam os responsáveis pelo tratamento a tratar os dados.

A segunda etapa deste teste obriga, desde logo, à avaliação do impacto propriamente dito e à consideração de alguns aspetos do caso concreto, como a natureza e a forma do tratamento, as expetativas razoáveis do titular e a relação entre este e o responsável pelo tratamento e outras circunstâncias relevantes do tratamento[431]. Exemplificando esta análise do impacto, veja-se o caso do direcionamento para utilizadores de redes sociais[432] que

[427] Sugerindo um exercício tripartido assente numa análise dos dados pessoais, das partes e do tratamento v. Menezes Cordeiro, *Direito da Proteção*, 231.

[428] "Parecer 06/2014 sobre o conceito de interesses legítimos", 52.

[429] *Idem*, 55.

[430] "Parecer 06/2014 sobre o conceito de interesses legítimos", 55.

[431] "Parecer 06/2014 sobre o conceito de interesses legítimos", 57.

[432] Como parte do modelo de negócio das redes sociais, alguns prestadores disponibilizam serviços de direcionamento. Como explica o CEPD, estes serviços permitem às pessoas singulares ou coletivas ("responsáveis pelo direcionamento") transmitir mensagens específicas aos utilizadores das redes sociais, de modo a promover interesses de natureza variada (comerciais, políticos, etc.), v. "Diretrizes 8/2020", 4.

passa por uma avaliação das finalidades do direcionamento, pelo nível de pormenor dos critérios de direcionamento, pelo tipo e combinação de critérios de direcionamento e pela natureza, volume e fonte dos dados utilizados para o desenvolvimento dos critérios de direcionamento[433]. Por exemplo, quanto à *natureza* dos dados, há que considerar, desde logo, a existência de categorias especiais de dados, tal como estão elencadas no artigo 9º, n.º 1, do RGPD, bem como outros fatores, como a natureza pública dos mesmos. Tal não significa que dados que, por si só, pareçam inócuos, possam ser livremente tratados com base no interesse legítimo. De facto, a *forma* como os dados são tratados, nomeadamente a sua combinação com outra informação ou a escala do tratamento, deve ser tida em atenção podendo, por exemplo, dar azo a previsões inesperadas ou incorretas sobre o comportamento ou personalidade do titular. Outro elemento a levar em conta são as *expetativas razoáveis do titular*. A interpretação deste conceito não se baseia nas expetativas *subjetivas* do titular, mas antes numa análise mais geral para averiguar a possibilidade razoável de um terceiro prever e concluir que seria sujeito a um tratamento no caso concreto[434].

Por outro lado, as expetativas devem ser avaliadas olhando para o estatuto do responsável pelo tratamento, para a natureza da relação ou do serviço prestado, para as obrigações jurídicas ou contratuais aplicáveis ou outras promessas feitas no momento da recolha, de modo a avaliar se o titular espera limitações rigorosas ao tratamento dos seus dados[435]. Por exemplo, não é de esperar videovigilância em instalações sanitárias ou saunas, em espaços habitados ou em gabinetes de exame e de tratamento. Por outro lado, o cliente típico de um banco esperará ser vigiado no interior do banco ou enquanto levanta dinheiro de uma caixa multibanco[436]. Por fim, a *relação* entre o titular dos dados e o responsável pelo tratamento deve ser tida em conta, em particular a posição mais ou menos dominante do segundo em relação ao primeiro e a vulnerabilidade do titular dos dados.

Ainda no que diz respeito à avaliação do impacto ou da intensidade da intervenção nos direitos do titular, esta engloba as "várias formas como uma pessoa pode ser afetada – positiva ou negativamente – pelo tratamento dos seus dados pessoais"[437]. Aqui se incluem consequências *potenciais* ou

[433] "Diretrizes 8/2020", 20.

[434] "Diretrizes 3/2019", 13.

[435] "Parecer 06/2014 sobre o conceito de interesses legítimos", 63.

[436] "Diretrizes 3/2019", 13.

[437] "Parecer 06/2014 sobre o conceito de interesses legítimos", 58.

reais, pelo que a avaliação dos riscos abrange a sua probabilidade e gravidade[438]. Além destes critérios, certos tratamentos impõem cuidados adicionais. No que diz respeito às crianças, por exemplo, o responsável pelo tratamento deverá incluir uma avaliação do "superior interesse da criança"[439] ou, no caso de sistemas de videovigilância, a o responsável deve ponderar o tipo de informação recolhida (o seu conteúdo informativo), o âmbito do tratamento (o tamanho da área vigiada) e o número de titulares vigiados[440].

Na terceira etapa procura-se um equilíbrio provisório entre as duas posições em confronto e a adoção de medidas, por parte do responsável, para cumprir as suas obrigações, nomeadamente as decorrentes dos artigos 5.º, n.º 2, 13.º ou 14.º, 24.º e 32.º do RGPD. Com efeito, o cumprimento das obrigações transversais do RGPD deverá "implicar que o impacto nas pessoas seja reduzido, que seja *menos provável* que os interesses ou os direitos e liberdades das pessoas em causa sejam afetados e que, por isso, é *mais provável* que o responsável pelo tratamento possa invocar o interesse legítimo"[441]. Contudo, isto não quer dizer que o cumprimento dos "requisitos horizontais" da legislação de proteção de dados confere uma *via verde* à aplicação do fundamento jurídico em estudo.

Por conseguinte, numa quarta etapa, o responsável pelo tratamento terá ainda a possibilidade de implementar medidas ou garantias complementares para ajudar a reduzir o impacto do tratamento de dados[442].

d) Mecanismos de garantia e de reforço do equilíbrio

Com efeito, os interesses legítimos do responsável pelo tratamento podem justificar um impacto significativo nos interesses, direitos e liberdades fundamentais do titular. Neste caso, salienta-se o papel fundamental que a

[438] O considerando 76 refere que "a probabilidade e a gravidade dos riscos para os direitos e liberdades do titular dos dados deverá ser determinada por referência à natureza, âmbito, contexto e finalidades do tratamento de dados. Os riscos deverão ser aferidos com base numa avaliação objetiva, que determine se as operações de tratamento de dados implicam risco ou risco elevado".

[439] "Fundamentals for a Child-Oriented", 25. A autoridade de controlo irlandesa defende que os interesses, direitos e liberdades fundamentais da crianças gozam sempre de primazia em relação aos interesses de organizações que tratam dados pessoais de crianças para fins comerciais.

[440] "Diretrizes 3/2019", 12.

[441] "Parecer 06/2014 sobre o conceito de interesses legítimos", 64.

[442] *Idem,* 65.

adoção de medidas ou de garantias desempenha na redução do impacto no titular dos dados, procurando-se alcançar algum equilíbrio nas posições e evitar que os interesses legítimos do responsável sejam sacrificados[443].

Entre essas garantias incluem-se, *inter alia,* a disponibilização de um mecanismo viável e acessível para assegurar que o titular dos dados pode optar, de forma incondicional, por não permitir o tratamento, a limitação rigorosa do volume de dados recolhidos, a eliminação de dados imediatamente após a utilização, medidas técnicas e organizativas para garantir a separação funcional, utilização de técnicas de anonimização e agregação de dados, de pseudónimos, a encriptação de dados armazenados ou em trânsito, maior transparência para com o titular, indo-se além do que exigem os artigos 13.º e 14.º do RGPD, ou, ainda, permitindo a portabilidade dos dados em casos não previstos no artigo 20.º daquele diploma[444].

2.1.2. Lealdade

O artigo 8.º, n.º 2, da CDFUE dispõe que os dados pessoais "devem ser objeto de um tratamento leal". Mencionada no artigo 5.º, n.º 1, alínea a), do RGPD, a lealdade encontra-se intimamente ligada à licitude e à transparência, de tal modo que "a licitude pode ser posta em causa se não se verificarem as restantes duas condições [transparência e lealdade] constantes do princípio plasmado na alínea a) do n.º 1 do artigo 5.º do RGPD"[445]. Mas, além desta proximidade, a lealdade relaciona-se com o princípio da limitação da finalidade[446]. De facto, recordando o que foi dito, identificar o fundamento *adequado* implica definir previamente as finalidades do tratamento ou, pelo menos, verificar a necessidade do fundamento escolhido para as finalidades[447].

A lealdade é de tal modo relevante que, em alguns tratamentos de dados pessoais, deve ser o ponto de partida dos responsáveis pelo tratamento[448]. Porém, ao contrário dos mandatos de licitude e de transparência, com decli-

443 *Idem*, 48.

444 *Idem*, 48.

445 "Diretriz/2022/1 sobre comunicações eletrónicas", parágrafo 16. Sublinhando a proximidade entre licitude e lealdade e transparência v. "Orientações relativas ao consentimento", 14 e "Orientações relativas à transparência", 5.

446 Artigo 5.º, n.º 1, alínea b) do RGPD.

447 "Diretrizes 2/20019", 7.

448 Como para a avaliação da existência de *dark patterns*, v. "Guidelines 3/2022", 8.

nações diretas nos artigos 6.º, 12.º e 13.º do RGPD, não há uma obrigação ou um direito que concretize ou complemente o conceito de lealdade[449]. Por isso, a lealdade é vista como um princípio abrangente (*overharching principle*) com uma função de "guarda-chuva" (*umbrella function*)[450], que "exige que os dados pessoais não sejam tratados de forma injustificadamente prejudicial, ilicitamente discriminatória, inesperada ou enganadora para o titular"[451] ou "passível de ser invocado em situações que contradigam o espírito do RGPD"[452].

Apesar desta indefinição, as medidas que refletem a aplicação deste conceito, além de uma avaliação dos riscos do tratamento, devem, pelo menos, considerar as expetativas razoáveis do titular e prevenir que do mesmo advenham efeitos adversos injustificados ou imprevisíveis. O CEPD enuncia uma lista não exaustiva de "elementos de lealdade da conceção e por defeito", que evidenciam o relevo deste princípio e a sua autonomia em relação, por exemplo, à transparência ou à licitude[453]. Com efeito, esta autonomia é confirmada na doutrina que defende que a lealdade pode servir para contestar tratamentos que formalmente são válidos porque amparados num fundamento do artigo 6.º[454].

Não querendo apresentar um elenco taxativo de exemplos de aplicação da lealdade, creio que este conceito assume particular relevo, pelo menos, nas seguintes situações: prevenção da manipulação ou engano do titular; modificações ao tratamento; o tipo de tratamento e a vulnerabilidade do titular poderem exigir mais lealdade do responsável; no exercício de direitos do titular dos dados.

2.1.2.1. *Prevenir a manipulação ou engano do titular dos dados*

A lealdade visa, desde logo, prevenir a *manipulação* ou o *engano* do titular dos dados como, por exemplo, nos casos de *emotional steering*[455] ou quando

449 Trata-se, portanto, de um "conceito aberto", Menezes Cordeiro, *Direito da Proteção*, 153.

450 "Guidelines 3/2022", 8 e 9.

451 "Orientações 4/2019", 19.

452 Menezes Cordeiro, *Direito da Proteção*, 153.

453 "Orientações 4/2019", 19.

454 Menezes Cordeiro, *Direito da Proteção*, 153.

455 Trata-se da utilização de palavras ou imagens para influenciar o estado emocional do utilizador de modo a que atuem de forma contrária ao que é melhor para os seus interesses, "Guidelines 3/2022", 61. Aliás, vários dos exemplos apresentados nestas linhas de orientação exemplificam a aplicação do princípio da lealdade.

o responsável pelo tratamento passa a mensagem de que os dados serão tratados com base no consentimento quando, na verdade, esse tratamento assenta noutro fundamento[456]. Um elemento particularmente relevante são as expetativas razoáveis[457] do titular quanto à forma como os seus dados pessoais serão tratados, segundo um juízo de razoabilidade, de modo a não ser surpreendido[458]. Para a CNPD[459], no desenho das operações de tratamento, o responsável não deve recorrer a "artifícios formais" ou "abordagens sofisticadas" para diminuir a perceção do titular ou obter um resultado diferente daquele que é apresentado e compreendido pelo titular. Em particular, cabem aqui, por exemplo, processos de recolha de dados pessoais sob a aparência de concursos ou passatempos que visem construir bases de dados para comercialização[460]. Com efeito, os titulares devem beneficiar de um significativo grau de autonomia para determinar a utilização a dar aos seus dados pessoais, bem como em relação ao âmbito e às condições dessa utilização.

2.1.2.2. *Modificação do tratamento*

A lealdade assume relevo também em situações de *modificação do tratamento.* Se, por exemplo, o responsável recorre ao contrato nos termos do artigo 6.º, n.º 1, alínea b), do RGPD, deve antecipar ao titular o que acontecerá em caso de cessação do contrato. Se o contrato cessar na totalidade, o tratamento dos dados deixará de ser necessário, em princípio, para a sua execução e se o titular dos dados forneceu a sua informação no contexto de uma relação contratual confiando que só seria usada como parte dessa relação, então será geralmente desleal mudar para um novo fundamento jurídico quando o original deixar de existir[461].

[456] "Orientações relativas ao consentimento", 26.

[457] Este conceito é especificamente mencionado nos considerandos 47 e 50 do RPGD em relação ao artigo 6.º, n.º 1, alínea f) e n.º 4 mas tem sido usado tanto pelas autoridades nacionais (no caso de Portugal, "Diretriz/2022/1 sobre comunicações eletrónicas", parágrafo 42) como pelo CEPD ("Diretrizes 2/20019", 6).

[458] "Diretrizes 2/20019", 6.

[459] "Diretriz/2022/1 sobre comunicações eletrónicas", parágrafo 41.

[460] *Idem*, parágrafo 60.

[461] Sem prejuízo, naturalmente, da prática de atos de gestão após a cessação do contrato, como a devolução de bens ou o pagamento, abrangidos ainda pelo artigo 6.º, n.º 1, alínea b), do RGPD. V. "Diretrizes 2/20019", 13.

Garantir uma relação de lealdade com o titular dos dados passa também por informá-lo, atempadamente, da alteração das informações relativas ao artigo 13.º e ao artigo 14.º, tendo em conta, pelo menos, as suas expetativas razoáveis, o potencial impacto das alterações e a natureza da alteração[462]. O G29 entende que as informações sejam "fornecidas ao titular dos dados com bastante antecedência em relação à data em que a alteração produz efeitos", exigindo que o *método* usado para cativar a atenção do titular para as modificações seja "explícito e eficaz"[463]. Com efeito, não é suficiente mencionar na declaração de confidencialidade ou na nota de privacidade que o titular deve consultar regularmente aquele documento para tomar conhecimento de alterações. Acresce ainda que uma relação assente na lealdade pressupõe que, quando são comunicadas as alterações, o responsável explique o impacto provável das mesmas no titular dos dados e que, em relação a titulares de dados que utilizam o serviço há algum tempo, sejam fornecidos alertas recordando informações anteriormente prestadas[464].

2.1.2.3. *Tipos de tratamento e vulnerabilidade do titular*

No que diz respeito a certos *tipos de tratamento*, de natureza complexa, técnica, inesperados ou de elevado risco, bem como em relação a *titulares de dados vulneráveis*, a lealdade assume uma importância significativa[465]. Com efeito, além do fornecimento das informações previstas nos artigos 13.º e 14.º, o responsável pelo tratamento deve especificar, numa linguagem clara e inequívoca, quais as consequências mais importantes do tratamento, evitando explorar necessidades e vulnerabilidades dos titulares[466].

2.1.2.4. *Direitos do titular dos dados*

Os *direitos dos titulares* de dados são outro domínio no qual a lealdade é relevante. Desde logo quanto ao *exercício desses direitos*, no que diz respeito aos

[462] Por exemplo, verificar se a alteração das informações configura uma modificação fundamental da natureza do tratamento como o alargamento das categorias de destinatários ou a introdução de transferências para um país terceiro.

[463] "Orientações relativas à transparência", 20 e 28.

[464] *Idem*, 20.

[465] Veja-se a este propósito o já mencionado parecer do CEPD sobre *dark patterns* com várias menções à lealdade, v. "Guidelines 3/2022", 16, 18, 23, 25, 26, 35, 38, 40, 41, 44, 45, 55, entre outras.

[466] "Orientações relativas à transparência", 8.

mecanismos que o responsável pelo tratamento disponibiliza ao titular, mas também nas limitações aos direitos previstas no artigo 23.º do RGPD[467]. Por exemplo, o responsável pelo tratamento deve informar o titular de quaisquer condicionalismos particulares relativos aos seus direitos que possam ser invocados de modo a garantir que o titular não é apanhado de surpresa quanto à alegada limitação de um direito especificamente.

Também em relação ao cumprimento dos direitos propriamente dito, o responsável pelo tratamento deve ter em atenção o imperativo da lealdade. A título de exemplo, vejam-se os artigos 13.º e 14.º, sistematicamente inseridos nas regras sobre os direitos do titular dos dados[468], em particular o número 1, alínea e) de cada uma destas normas, que obriga a informar sobre os destinatários ou as categorias de destinatários dos dados pessoais. O princípio da lealdade impõe que os responsáveis pelo tratamento forneçam aquele tipo de informações de forma que sejam "tão úteis quanto possível para os titulares dos dados" e mesmo quando o responsável opte por enunciar categorias de destinatários, as "informações devem ser tão específicas quanto possível, indicando o tipo de destinatário (ou seja, fazendo referência às atividades que este realiza), a indústria, o setor e subsetor, bem como a localização dos destinatários"[469]. A mesma lógica se aplica às informações sobre transferências de dados pessoais para países terceiros, como prevê a alínea f) do número 1 daquelas duas disposições, neste caso identificando os países terceiros[470].

2.1.3. Transparência

A transparência, que faz parte do *core* do Direito da União Europeia[471], é uma consagração do princípio da lealdade, enunciado no artigo 8.º da Carta dos Direitos Fundamentais da União Europeia[472], e consagrado pelo

[467] *Idem*, 39.

[468] Apesar da índole obrigacional destas prescrições v. *Idem*, 4.

[469] "Orientações relativas à transparência", 44.

[470] *Idem*, 45.

[471] O artigo 1.º do TUE prescreve que as decisões devem ser tomadas "de uma forma tão aberta quanto possível e ao nível mais próximo possível dos cidadãos" e outras disposições reforçam esta ideia, como o artigo 11º, n.º 3, do TUE e o artigo 15.º do TFUE.

[472] "Orientações relativas à transparência", 5. Como recorda a doutrina, os casos que hoje cabem no conceito de transparência foram, durante a vigência da Diretiva 95/46/CE, reconduzidos ao princípio da lealdade, v. Menezes Cordeiro, *Direito da Proteção*, 154.

legislador na alínea a) do número 1 do artigo 5.º e no considerando 39 do RGPD[473]. Genericamente, pretende-se capacitar o titular dos dados para responsabilizar as entidades que utilizam os seus dados pessoais e, assim, reforçar o controlo sobre os seus dados pessoais e a possibilidade de exercer os seus direitos.

Concretizado no Capítulo III do RGPD, em específico nos artigos 12.º a 14.º, mas também nos artigos 34.º (comunicação de uma violação de dados) e 35.º, n.º 9 (avaliação de impacto), este princípio desdobra-se, essencialmente, em três obrigações, diferentes mas interligadas[474]: a *comunicação* com os titulares dos dados, a *prestação de informações* aos titulares de dados e a *disponibilização* de *mecanismos para o exercício dos direitos* dos titulares de dados[475]. Sem prejuízo da análise de cada uma destas obrigações mais adiante, por agora vale a pena caraterizar o padrão de qualidade de uma interação entre responsável pelo tratamento e titular dos dados minimamente transparente.

Assim, este princípio relaciona-se com a *clareza, abertura* e *honestidade* do responsável pelo tratamento. O artigo 12.º do RGPD impõe um determinado padrão de qualidade ao prever as regras aplicáveis à comunicação e à prestação de informações ao titular dos dados[476] incluindo, no número 1, os seus atributos, a linguagem e a forma de comunicar, bem como, no número 5, a sua gratuitidade em termos gerais[477].

[473] Neste considerando lê-se que "Deverá ser transparente para as pessoas singulares que os dados pessoais que lhes dizem respeito são recolhidos, utilizados, consultados ou sujeitos a qualquer outro tipo de tratamento e a medida em que os dados pessoais são ou virão a ser tratados. O princípio da transparência exige que as informações ou comunicações relacionadas com o tratamento desses dados pessoais sejam de fácil acesso e compreensão, e formuladas numa linguagem clara e simples. Esse princípio diz respeito, em particular, às informações fornecidas aos titulares dos dados sobre a identidade do responsável pelo tratamento dos mesmos e os fins que o tratamento se destina, bem como às informações que se destinam a assegurar que seja efetuado com equidade e transparência para com as pessoas singulares em causa, bem como a salvaguardar o seu direito a obter a confirmação e a comunicação dos dados pessoais que lhes dizem respeito que estão a ser tratados".

[474] *Ibidem*.

[475] "Orientações relativas à transparência", 4.

[476] *Idem*, 7.

[477] A autoridade de controlo francesa publicou vários exemplos de boas práticas no que se refere à prestação de informações aos utilizadores, acesso em 11 de junho de 2022, https://design.cnil.fr/en/.

2.1.3.1. *Atributos da transparência*

Quanto aos *atributos* exige-se concisão, transparência, inteligibilidade e acesso fácil. Procura-se, por um lado, prevenir a fadiga informativa e, por outro, aposta-se na diferenciação e segregação das informações, em particular aquelas não relacionadas com a proteção de dados pessoais, como condições gerais de utilização. A inteligibilidade determina a compreensão por uma "pessoa média do público visado"[478] e relaciona-se com o tipo de linguagem usada. Isto implica que o responsável pelo tratamento conheça a sua audiência, algo que tem sido particularmente reforçado no caso de alguns titulares de dados vulneráveis, como as crianças[479].

Por outro lado, a comunicação e a prestação de informações devem ser "de fácil acesso", isto é, o titular dos dados não precisa de procurar ativamente as informações, exigindo-se também neste campo cuidados adicionais em determinados casos[480]. O considerando 58 indica que a acessibilidade das informações destinadas ao público ou aos titulares é especialmente importante no ambiente em linha. Por fim, como foi já mencionado, apesar de não se encontrar expressamente referido no artigo 12.º, n.º 1, do RGPD, a lealdade é outro atributo que deve ser prosseguido pelo responsável e que é incompatível com casos de descontinuidade da língua[481] ou de *emotional steering*[482].

De resto, vale a pena destacar a tensão que existe na matéria da proteção de dados pessoais e que oscila entre *exaustão* informativa e *compreensão* da informação. No primeiro caso situam-se as situações de avalanche e confusão no fornecimento de informação, mas o segundo caso, bastante mais exigente, está relacionado com as interferências nos processos de decisão do utilizador digital, nomeadamente com a sua impaciência, com o efeito de posse ou dotação (*endowment effect*), a ilusão de controlo, o desejo de partilhar, uma falsa sensação de fronteiras nos ambientes digitais e a complexi-

[478] "Orientações relativas à transparência", 7.

[479] "Fundamentals for a Child-Oriented", 27 e "Orientações relativas à transparência", 11.

[480] Mais uma vez, no caso das crianças, v. "Age appropriate design", 38.

[481] Por exemplo, criando descontinuidades linguísticas na prestação de informação ou utilizando uma língua diferente da que foi escolhida pelo utilizador, v. "Guidelines 3/2022", 41.

[482] Como referido, trata-se da utilização de palavras ou imagens para influenciar o estado emocional do utilizador de modo a que atuem de forma contrária ao que é melhor para os seus interesses, "Guidelines 3/2022", 61.

dade crescente dos tratamentos de dados pessoais[483]. Estes são problemas recorrentes quando, por exemplo, uma conta de utilizador agrupa vários serviços, como o correio eletrónico, a transferência de vídeo em contínuo ou a realização de compras, podendo gerar muitas políticas de privacidade extensas e complexas[484]. Do princípio da responsabilidade decorre a obrigação, para o responsável pelo tratamento, de fazer uma avaliação considerando a natureza, circunstância, âmbito e contexto do tratamento, bem como os requisitos aqui estudados, de modo a estabelecer prioridades, o nível de pormenor das informações e, desde a conceção, implementar medidas que, em vez de explorar as interferências nos processos de decisão do utilizador digital, procurem contrariá-las[485].

2.1.3.2. *Linguagem*

A *linguagem* deve ser "clara e simples", o que "significa que as informações devem ser veiculadas da forma mais simples possível, evitando frases e estruturas linguísticas complexas" que deixem margem para interpretações diferentes[486]. Este crivo é particularmente rigoroso na explicação das finalidades, do fundamento do tratamento e dos direitos do titular.

Em termos práticos, linguagem indefinida ("pode", "possa", "alguns", "frequentemente"), jurídica, técnica ou especializada deve ser evitada, mas, não havendo alternativa, exige-se uma explicação. Uma vez que o Direito da União Europeia, noutras matérias, exige o mesmo tipo de linguagem, recomendam-se as boas práticas que vigoram noutros domínios[487].

2.1.3.3. *Forma*

A *forma de comunicar* por defeito é "por escrito". O legislador refere expressamente a utilização de meios eletrónicos que podem ser também escritos (como uma declaração de confidencialidade) ou não (alertas contextuais,

[483] John, "Uninformed", 5.

[484] "Orientações 02/2021", 21.

[485] O G29 desenvolve este aspeto tanto para o ambiente digital como para o ambiente não digital, "Orientações relativas à transparência", 21.

[486] "Orientações relativas à transparência", 9.

[487] Como a publicação da Comissão Europeia, "Redigir com Clareza", 2011 disponível em http://publications.europa.eu/resource/cellar/725b7eb0-d92e-11e5-8fea-01aa75ed71a1.0023.03/DOC_1

alertas 3D de toque ou de outro tipo), mas aceitam-se também meios não eletrónicos, como caricaturas, infografias ou gráficos[488]. Importa sublinhar, também aqui, que a forma de comunicar deve ser adequada ao caso concreto, isto é, tendo em conta o titular dos dados e a sua vulnerabilidade, bem como a maneira como interage com o responsável ou a maneira como os dados pessoais são recolhidos[489]. Em todo o caso, como contemplado no artigo 12.º, nº 1, do RGPD, a comunicação poderá ser oral se tal for solicitado pelo titular.

Ainda em relação à forma de comunicar, o artigo 12.º prevê que o responsável deve adotar "medidas adequadas" para prestar informação ao titular e para comunicar com este. A adequação deve ser aferida de acordo com o contexto específico do tratamento, a sua natureza, finalidade e âmbito, bem como a relação entre responsável e titular, em particular a experiência de utilização do produto/serviço[490]. Por exemplo, pense-se no tratamento de dados realizado no contexto de um seguro baseado na utilização feita de um veículo e/ou dos hábitos de condução do condutor[491]. A seguradora não deve ter acesso aos dados em bruto da utilização (dados pessoais gerados pelo veículo, hábitos de condução, localização, entre outros), mas, se for necessário, deverá ter acesso à pontuação gerada com base nesses dados e, desse modo, o titular dos dados deve ser informado dessa circunstância, incluindo da distinção entre os dados em bruto e o resultado ou pontuação gerada por esses dados[492]. Por outro lado, há casos em que definir as medidas adequadas pode ser particularmente complexo tendo em conta a natureza da tecnologia usada, como quando existem múltiplos utilizadores de um assistente de voz virtual diferentes do proprietário do dispositivo[493].

[488] "Orientações relativas à transparência", 13.

[489] Recordando, mais uma vez, o caso das crianças, "Fundamentals for a Child-Oriented", 27, "Age appropriate design", 38 e, sobre a transparência na Internet das Coisas, v. G29, "Parecer 8/2014 sobre os recentes desenvolvimentos da Internet das Coisas", 16 de setembro de 2014, 20.

[490] "Orientações relativas à transparência", 16.

[491] Este tipo de seguros, cada vez mais frequentes nos veículos inteligentes, como que distinguem e recompensam condutores com comportamentos de segurança, concedendo-lhes prémios mais reduzidos. Os dados são recolhidos através de um serviço de telemática incorporado no veículo, numa aplicação móvel ou num módulo incorporado de fabrico que faz o seguimento da quilometragem percorrida e ou do comportamento de condução, por exemplo, padrão de travagem, aceleração rápida, etc.).

[492] "Diretrizes 01/2020", 29.

[493] "Orientações 02/2021", 21.

2.1.3.4. *Gratuitidade*

Quanto à *gratuitidade*, o artigo 12.º, n.º 5, do RGPD, dispõe que as "informações fornecidas nos termos dos artigos 13.º e 14.º e quaisquer comunicações e medidas tomadas nos termos dos artigos 15.º a 22.º e 34.º são fornecidas a título gratuito". Portanto, em regra, o responsável não pode exigir aos titulares dos dados um pagamento naquelas situações. Porém, a mesma norma prevê que, a título excecional, o responsável possa exigir o pagamento de uma taxa razoável quando, por exemplo, o titular apresentar um pedido excessivo ou manifestamente infundado[494]. Foi esse o caso, em Espanha, de um titular dos dados que tinha já ocupado várias posições numa Universidade (desde estudante de licenciatura e de mestrado até empregado com processo disciplinar) e que, descontente com outras matérias, havia processado a mesma entidade noutros domínios do direito[495].

2.2. Limitação das finalidades

A Carta dos Direitos Fundamentais dispõe no artigo 8.º que os dados pessoais "devem ser objeto de um tratamento leal, para fins específicos". A alínea b) do número 1 do artigo 5.º do RGPD prevê que os dados pessoais sejam "recolhidos para finalidades determinadas, explícitas e legítimas" e que não podem "ser tratados posteriormente de uma forma incompatível com essas finalidades". Ainda nesta alínea b) o legislador acrescenta uma especificação para certos tratamentos: "o tratamento posterior para fins de arquivo de interesse público, ou para fins de investigação científica ou histórica ou para fins estatísticos, não é considerado incompatível com as finalidades iniciais, em conformidade com o artigo 89.º, n.º 1".

Este princípio, uma "pedra angular da proteção de dados"[496], que impõe limites ao tratamento de dados de uma forma flexível, desdobra-se em dois

[494] Tudo isto sem prejuízo do disposto especificamente em relação ao direito de acesso, no artigo 15.º, n.º 3, do RGPD, que abre a porta a que o responsável cobre uma taxa razoável tendo em conta custos administrativos com o fornecimento de outras cópias pedidas pelo titular.

[495] AEPD, Processo n.º E00739/2021.

[496] "Parecer 3/2013", 7. Para uma crítica doutrinal a este princípio v. Helen Nissenbaum, "Respect for Context as a Benchmark", in *Social Dimensions of Privacy – Interdisciplinary Perspective,* eds. Beate Roessler e Dorothea Mokrosinka (Cambridge: Cambridge University Press, 2015), 278.

elementos ou exigências: (i) o responsável só pode recolher dados para finalidades "determinadas, explícitas e legítimas" (*elemento qualificativo*); (ii) e, uma vez recolhidos, os dados não podem ser posteriormente utilizados de forma incompatível com aquelas finalidades (*elemento restritivo*)[497]. Como se vê, o primeiro elemento incide sobre a recolha inicial dos dados e o segundo é relativo ao tratamento posterior desses dados[498]. Em conjunto, estes dois elementos moldam a relação entre o titular dos dados e o responsável pelo tratamento com certeza e segurança jurídicas, tornando essa relação mais transparente e leal. Com efeito, ambos limitam a utilização dos dados pessoais pelo responsável pelo tratamento evitando que este seja surpreendido com tratamentos inesperados. Por exemplo, a combinação realizada pelos prestadores de alguns serviços digitais de dados pessoais de fontes terceiras com dados divulgados pelos utilizadores pode resultar numa utilização que excede a sua finalidade inicial e em tratamentos que o titular não poderia razoavelmente prever[499]. Mas, ao mesmo tempo, como se verá, o responsável goza de alguma flexibilidade em relação a tratamentos posteriores à luz do artigo 6.º, n.º 4.

2.2.1. O elemento qualificativo

A *determinação da finalidade*, da "razão de ser"[500] do tratamento, é um passo inicial de qualquer tratamento pois pré-determina outros aspetos como, por exemplo, quais os dados a recolher, qual o prazo de conservação e, em geral, quais as medidas técnicas e organizativas a adotar[501]. Na prática, exige-se que, antes de recolher os dados, o responsável pelo tratamento faça uma avaliação interna e defina, de forma clara e específica, porque razão está a recolher aquela informação[502]. Até agora tenho usado o singular, mas,

[497] O G29 designa estas componentes, respetivamente, de "determinação da finalidade" e "utilização compatível". A meu ver o primeiro elemento é mais abrangente do que a mera determinação porque efetivamente *qualifica* a finalidade do tratamento além da sua determinabilidade. Já a minha segunda sugestão visa reforçar a natureza restritiva daquele segundo elemento.

[498] Acórdão *Digi*, C-77/21, 20 de outubro de 2022, n.º 26.

[499] "Diretrizes 8/2020", 6.

[500] "Parecer 3/2013", 15.

[501] *Idem*, 16 e 19.

[502] Em alguns casos esta tarefa está facilitada. No caso da videovigilância as finalidades são, geralmente, a proteção da propriedade ou a preservação de provas, v. "Diretrizes 3/2019", 30.

naturalmente, os dados podem ser recolhidos para mais do que uma finalidade. Por exemplo, no caso dos assistentes de voz virtuais, o tratamento de dados relacionado com pedidos vocais tem como finalidade a sua execução. Porém, existem frequentemente finalidades adicionais e menos óbvias, como o aperfeiçoamento das capacidades de compreensão da linguagem natural do assistente através da formação do modelo com técnicas de aprendizagem automática[503]. Nestas situações, o detalhe de cada finalidade deve ser suficiente para permitir uma avaliação da conformidade com a lei bem como para estabelecer medidas técnicas e organizativas adequadas. Mas além de influenciar essas medidas, a escolha da finalidade pode ter impacto nos direitos do titular dos dados[504]. Por exemplo, uma das exceções previstas ao direito ao apagamento é o tratamento de dados para fins de arquivo de interesse público, para fins de investigação científica ou histórica ou para fins estatísticos[505]. Ou, ainda, veja-se a estatuição do direito de oposição quando os dados pessoais são tratados para "efeitos de comercialização direta"[506].

As finalidades devem também ser *explícitas,* isto é, definidas sem espaço para ambiguidades. Por exemplo, no caso das aplicações de rastreio de contactos utilizadas durante a pandemia da COVID-19, exigiu-se que os fins fossem suficientemente específicos para excluir o tratamento posterior para finalidades não relacionadas com a gestão da crise sanitária, como por exemplo, fins comerciais ou de aplicação da lei[507]. Devem também ser formuladas de modo a garantir um entendimento comum entre os vários interessados, desde o responsável pelo tratamento e subcontratantes, passando pelas autoridades de controlo e pelo titular dos dados, independentemente das qualificações, grau de compreensão e necessidades especiais. Este requisito é relevante por duas razões: (i) gera um alinhamento entre os vários envolvidos quanto à utilização a dar aos dados contribuindo, por exemplo, para uma redução do risco de frustração das expetativas do titular e (ii) capacita os titulares para um controlo mais eficaz sobre os seus dados[508].

503 "Orientações 02/2021", 23.
504 Sublinhado este ponto para o caso das redes sociais, v. "Guidelines 3/2022", 47.
505 Artigo 17.º, n.º 3, alínea d) do RGPD.
506 Artigo 21.º, n.º 2, do RGPD.
507 "Diretrizes 4/2020", 8.
508 "Parecer 3/2013", 18 e 22.

Em terceiro lugar, o legislador exige a *legitimidade* das finalidades. Este requisito, entendido em sentido amplo, significa que as finalidades devem ser conformes com o Direito. Por outro lado, cabem aqui também outras fontes de normatividade como "o costume, códigos de conduta, códigos de ética, cláusulas contratuais, o contexto geral e os factos do caso"[509].

Apesar da sua relação óbvia, o requisito de que a finalidade seja determinada, explícita e legítima não se confunde com o de informar o titular dos dados de acordo com o princípio da transparência. Com efeito, a *qualificação* da finalidade pode ser efetuada de várias formas, seja internamente, no registo das atividades de tratamento[510] ou na comunicação a um funcionário, seja externamente, por exemplo, numa resposta à autoridade de controlo. Admitindo-se que nem sempre será exigido um registo escrito da finalidade, tal poderá dificultar as exigências de demonstração previstas no artigo 5.º, n.º 2, do RGPD.

2.2.2. O elemento restritivo e a presunção de compatibilidade de certas finalidades

Este elemento limita as operações de tratamento que se seguem à operação de recolha dos dados pessoais ou, dito de outro modo, limita os "tratamentos posteriores"[511] ou a reutilização de dados pessoais. Porém, não limita sem mais *todas* as operações ou tratamentos posteriores, mas apenas os que forem *incompatíveis* com a finalidade que motivou a recolha. Cabe ao responsável pelo tratamento avaliar essa compatibilidade e, sobretudo, distinguir entre os casos em que existe uma presunção de compatibilidade das demais situações que, como se verá, exigem um esforço maior do responsável.

Em primeiro lugar, há casos em que o próprio legislador realizou o exercício de avaliação da compatibilidade entre as finalidades através de uma presunção. A parte final da alínea b) do número 1 do artigo 5.º do RGPD presume que o tratamento posterior para fins de arquivo de interesse público, investigação científica ou histórica ou para fins estatísticos é compatível com a finalidade que motivou a recolha dos dados. Porém, exige-se que o responsável pelo tratamento *compense* a modificação da finalidade através

[509] *Idem*, 25.

[510] Artigo 30.º do RGPD.

[511] Foi a expressão usada pelo TJUE no Acórdão *Digi*, C-77/21, 20 de outubro de 2022, n.º 29 e ss.

da adoção de "garantias adequadas"[512] como medidas de segurança, nomeadamente a pseudonimização para assegurar que os dados que possibilitam a ligação da informação a uma pessoa (as chaves) estão codificados ou encriptados e armazenados em separado, a celebração de um acordo com um terceiro de confiança que vai realizar a anonimização e o controlo e restrição de acesso de acordo com o critério do *need to know*. Acresce ainda que o considerando 156 dispõe que o tratamento posterior de dados pessoais para estes fins "deverá ser efetuado quando o responsável pelo tratamento tiver avaliado a possibilidade de tais fins serem alcançados por um tipo de tratamento de dados pessoais que não permita ou tenha deixado de permitir a identificação dos titulares dos dados, na condição de existirem garantias adequadas". Cabem aqui várias situações, nomeadamente, por exemplo, no caso dos fins estatísticos, que incluem "todas as operações de recolha e de tratamento de dados pessoais necessárias à realização de estudos estatísticos ou à produção de resultados estatísticos"[513], ferramentas analíticas de *website* ou aplicações de megadados orientadas para a pesquisa de mercado ou mesmo informação estatística produzida a partir de dados recolhidos por hospitais para determinar a quantidade de pessoais feridas em consequência de acidentes rodoviários[514]. Do mesmo modo, o considerando 159 aponta para uma interpretação em "sentido lato" do que cabe no âmbito dos tratamentos de dados para fins de investigação científica.

Em segundo lugar – e esta é a regra geral – quando não existe uma presunção de compatibilidade entre as finalidades. cabe ao responsável pelo tratamento realizar essa avaliação. Por exemplo, no caso *Digi,* uma empresa recolheu dados dos seus clientes para celebrar e executar contratos de subscrição com os mesmos e armazenou-os numa base de dados ("base de dados 1"). Uma das questões discutidas no caso era saber se a empresa poderia reutilizar esses mesmos dados para criar uma nova base de dados paralela ("base de dados 2") para a realização de testes e correção de erros que afetam a base de dados 1.

Para resolver estas situações, o responsável pelo tratamento deverá encontrar um equilíbrio entre, por um lado, a proteção das expetativas do titular, a necessidade de previsibilidade e de segurança jurídica relativa-

[512] Artigo 89.º, n.º 1, do RGPD.

[513] "Parecer 3/2013", 30.

[514] Considerando 162 do RGPD.

mente às finalidades do tratamento e, por outro lado, o reconhecimento de uma certa flexibilidade em benefício do responsável pelo tratamento, em especial em utilizar posteriormente os dados pessoais para finalidades inicialmente não determinadas[515]. Assim, os tratamentos posteriores não são afastados em bloco, mas requerem uma avaliação casuística[516] orientada pelos critérios do artigo 6.º, n.º 4, do RGPD. Como explicou o TJUE, os critérios estabelecidos naquela norma são um reflexo da necessidade de garantir uma ligação entre as finalidades da recolha dos dados e o tratamento posterior desses dados, ao mesmo tempo que se assegura que o tratamento posterior não se afasta das expetativas legítimas do titular[517]. Mas, afinal, o que diz o artigo 6.º, n.º 4?

O teste de compatibilidade entre finalidades ali recortado facilita, em primeiro lugar, a reutilização de dados para novas finalidades com base no *fundamento* do tratamento. Com efeito, o responsável deve realizar o teste de compatibilidade sempre que o tratamento não for realizado com base no consentimento ou numa norma do direito interno ou da União adotada nos termos do artigo 23.º, n.º 1 do RGPD[518]. O caso mais óbvio de dispensa desse exercício de avaliação da compatibilidade é o da divulgação de gravações de vídeo a autoridades de aplicação da lei quando legislação nacional exige ao responsável pelo tratamento a colaboração com aquelas autoridades[519]. Numa outra perspetiva, nos ambientes digitais, o chamado *overloading*[520] é um método comum para recolher ilicitamente o consentimento para a reutilização dos dados dos utilizadores para uma nova finalidade.

[515] "Parecer 3/2013", 7 e Acórdão *Digi*, C-77/21, 20 de outubro de 2022, n.º 37.

[516] Para o G29 "algumas situações exigirão pouca ou nenhuma análise, outras uma avaliação mais profunda", identificando três cenários a título exemplificativo: "a compatibilidade é óbvia à primeira vista", "a compatibilidade não é óbvia e carece de análise adicional" e "a incompatibilidade é óbvia", "Parecer 3/2013", 28 e 29.

[517] Acórdão *Digi*, C-77/21, 20 de outubro de 2022, n.º 36.

[518] Este artigo abre a porta a medidas legislativas com impacto nalgumas obrigações e direitos desde que essas limitações respeitem "a essência dos direitos e liberdades fundamentais e constituam uma medida necessária e proporcionada numa sociedade democrática" para assegurar um conjunto de objetivos elencados no número 1 do artigo 23.º.

[519] O CEPD esclarece que nestes casos "não é, pois, necessária uma consideração dos requisitos especiais para uma mudança de finalidade", v. "Diretrizes 3/2019", 15.

[520] Isto é, sujeitar os utilizadores a grandes quantidades de pedidos, informações e opções de modo a que estes aceitem ou evitem certas práticas, v. "Guidelines 3/2020", 60.

Em segundo lugar, nos outros casos, o responsável pelo tratamento deve avaliar a relação entre as duas finalidades (perguntando, por exemplo, se o tratamento posterior estava implícito na finalidade inicial ou se é um passo lógico depois da recolha), o contexto em que os dados foram recolhidos (perguntando quais seriam as expetativas de uma pessoa razoável colocada na posição do titular dos dados e avaliando o equilíbrio de poderes entre as partes e quão transparente é a sua relação), a natureza dos dados pessoais (verificando, por exemplo, se há categorias especiais de dados), as possíveis consequências do tratamento posterior para o titular dos dados (designadamente potenciais decisões ou ações futuras de terceiros, situações de discriminação, impactos emocionais[521]) e as medidas técnicas e organizativas (como a cifragem, a pseudonimização, a agregação de dados ou outras medidas em benefício do titular, como a possibilidade de objeção ou a recolha do consentimento) que podem servir para compensar uma modificação da finalidade[522].

Recordando o caso *Digi*, o TJUE avaliou a compatibilidade entre a finalidade de realização de testes e correção de erros que afetam a base de dados dos clientes e a finalidade de execução dos contratos de subscrição dos mesmos. O tribunal entendeu que as finalidades eram compatíveis porque a primeira apresenta "uma ligação concreta" com a segunda, uma vez que os erros "são suscetíveis de ser prejudiciais para a prestação do serviço contratualmente previsto, e para a qual os dados foram inicialmente recolhidos"[523]. Por outro lado, o tribunal considerou que, dada essa ligação, o tratamento posterior não frustra as expetativas dos clientes e excluiu a existência de tratamento de dados sensíveis e de consequências prejudiciais para os titulares[524].

Concluindo-se pela compatibilidade, o considerando 50 refere que "não é necessário um fundamento jurídico distinto do que permitiu a recolha

[521] O G29 refere que "num sentido mais amplo, o impacto (...) pode incluir a *maneira como* os dados são posteriormente tratados: se os dados são tratados por um responsável pelo tratamento diferente noutro contexto e com consequências desconhecidas, se os dados são tornados públicos ou de outro modo disponibilizados a um grande número de pessoais, ou se grandes quantidades de dados pessoais são tratados ou combinados com outros dados (...)", v. "Parecer 3/2013", 32.

[522] *Idem*, 32 e 33. O G29 enfatiza que "cenários diferentes exigem garantias diferentes" exemplificando com o caso dos megadados e dos dados abertos, v. *Idem*, 55 e 59.

[523] Acórdão *Digi*, C-77/21, 20 de outubro de 2022, n.º 44.

[524] Acórdão *Digi*, C-77/21, 20 de outubro de 2022, n.º 44.

dos dados pessoais". Sem prejuízo das dúvidas que este considerando suscita[525], haverá que zelar pela conformidade dos tratamentos para a prossecução da nova finalidade, em especial tendo em conta os princípios da transparência e lealdade e a prestação de informação ao abrigo dos números 3 e 4, respetivamente, dos artigos 13.º e 14.º do RGPD.

2.3. Minimização dos dados

A alínea c) do número 1 do artigo 5.º do RGPD estipula que só devem ser tratados os dados pessoais adequados, pertinentes e limitados ao que é necessário para as finalidades. Por conseguinte, genericamente, este princípio concretiza e operacionaliza o princípio da necessidade[526]. Na prática pretende-se que os dados desnecessários para os fins do tratamento não sejam conservados "para qualquer eventualidade" ou porque "podem vir a ser úteis"[527]. Apesar de este não ser um princípio muito estudado pela doutrina[528], a letra da lei fornece algumas pistas para o decifrar e, além disso, tem-se entendido que este princípio se encontra concretizado numa *obrigação* de minimização dos dados no artigo 25.º, n.º 2 do RGPD[529].

Em primeiro lugar, os dados têm de ser "adequados, pertinentes e limitados ao que é necessário relativamente às finalidades". É muito difícil autonomizar estes três elementos dada a sua relação de proximidade[530]. Feita esta advertência, dir-se-á que a *adequação* dos dados para a prossecução da finalidade está relacionada com a sua completude e, por isso, com o princípio da exatidão (artigo 5.º, n.º 1, alínea d) do RGPD), mas também com a *relação* entre os dados pessoais e a finalidade do tratamento[531]. A adequação, conjugada com a exigência de *pertinência* dos dados, serve de travão a uma acumulação desnorteada de dados pessoais e exige uma ligação racional

[525] Menezes Cordeiro, *Direito da Proteção*, 158.

[526] "Orientações 4/2019", 23.

[527] G29, "Parecer 8/2014", 18.

[528] No mesmo sentido, Asia Biega, Peter Potash, Hal Daumé III, Fernando Diaz, Michèle Finck, "Operationalizing the Legal Principle of Data Minimization for Personalization", *Proceedings of the 43rd International ACM SIGIR Conference on Research and Development in Information Retrieval (SIGIR'20)* (July: 2020): 2.

[529] "Orientações 4/2019", 13.

[530] No mesmo sentido Menezes Cordeiro, *Direito da Proteção*, 159.

[531] Como refere a doutrina os dados "não relacionados ou inapropriados encontram-se, *ab initio*, excluído", v. Menezes Cordeiro, *Direito da Proteção*, 159.

com a finalidade. Por exemplo, durante a crise provocada pela COVID-19 a conservação dos dados pessoais recolhidos pelas aplicações de rastreio estava limitada pela sua pertinência médica[532]. Em sentido próximo, a *limitação* ao que é *necessário* significa que o responsável deve identificar a quantidade mínima de dados pessoais para a prossecução da finalidade. Por conseguinte, se resultados semelhantes podem ser alcançados com menos dados pessoais, então o tratamento não cumpre este princípio. Por exemplo, os responsáveis pelo tratamento dos dados de veículos conectados devem ter especial zelo no que diz respeito aos dados de localização que são particularmente reveladores dos hábitos de vida dos titulares dos dados. A sua recolha só deverá acontecer se tal for crucial para a finalidade: se o tratamento visa a deteção da deslocação do veículo, o giroscópio pode ser suficiente para esse fim, sem que seja necessário recolher dados de localização[533].

Em segundo lugar, surge, mais uma vez, o critério da *necessidade*. Segundo o CEPD, a avaliação imposta por este princípio "complementa as avaliações da necessidade nos termos do artigo 6.º, n.º 1, alíneas b) a f)"[534]. Na jurisprudência do TJUE, o requisito da necessidade surgiu também em diversas ocasiões, nomeadamente num caso relativo a dados inadequados, impertinentes e excessivos: "(...) mesmo um tratamento inicialmente lícito de dados exatos se pode tornar, com o tempo, incompatível (...) com este regulamento quando esses dados já não sejam necessários atendendo às finalidades para que foram recolhidos. Tal é o caso, designadamente, quando são objetivamente inadequados, quando não são pertinentes ou já não são pertinentes ou quando são excessivos atendendo a essas finalidades ou ao tempo decorrido"[535].

Além da relação direta entre este princípio e a limitação da finalidade, a minimização está também relacionada com o princípio da limitação da conservação dos dados do artigo 5.º, n.º 1, alínea e), do RGPD[536]. Com efeito, os dados armazenados ou conservados devem ser limitados ao mínimo neces-

532 "Diretrizes 4/2020", 9.

533 "Diretrizes 01/2020", 17.

534 "Diretrizes 2/2019 sobre o tratamento", 7.

535 Acórdão *GC and Others*, C-136/17, 24 de setembro de 2019, parágrafo 74.

536 "Orientações 02/2021", 28 e "Orientações relativas à transparência", 45. O considerando 39 do RGPD aponta também nesse sentido: "Os dados pessoais devem ser adequados, pertinentes e limitados ao necessário para os efeitos para os quais são tratados. *Para isso, é necessário assegurar que o prazo de conservação dos dados seja limitado ao mínimo*" (itálico acrescentado).

sário e guardados pelo menor tempo possível. Por outro lado, a minimização relaciona-se intimamente com a proteção de dados desde a conceção e por defeito estipulada no artigo 25.º do RGPD, em especial com o número 2 daquele artigo que densifica as dimensões de uma obrigação de minimizar os dados[537].

Genericamente, como referido *supra*, antes de iniciar um tratamento o responsável deve verificar se não existe uma alternativa menos intrusiva para os direitos e liberdades fundamentais do titular. Além disso, o imperativo da minimização abrange, pelo menos, dois elementos: (i) a *quantidade* e o *tipo* de dados tratados (*minimização dos dados*) e (ii) a *extensão dos tratamentos* (*minimização dos tratamentos*)[538]. No capítulo V, na matéria das obrigações, explico com mais detalhe cada um destes elementos.

2.4. Exatidão

A alínea d) do número 1 do artigo 5.º do RGPD dispõe que os dados pessoais devem ser "exatos e atualizados sempre que necessário" e que "devem ser adotadas todas as medidas adequadas para que os dados inexatos, tendo em conta as finalidades para que são tratados, sejam apagados ou retificados sem demora". Pela sua natureza, este princípio está diretamente relacionado com o direito à retificação e com o direito ao apagamento previstos, respetivamente, nos artigos 16.º e 17.º do RGPD.

A redação daquela alínea, com expressões como "sempre que necessário" ou "medidas adequadas", sugere que a aplicação deste princípio deve ser feita em função dos riscos e das consequências da utilização concreta dos dados[539]. Exige-se um maior grau de diligência ao responsável pelo tratamento que trate dados pessoais no quadro de um diagnóstico médico ou quando uma imagem errada de uma pessoa possa culminar numa decisão com impacto significativo naquela. Em qualquer caso, na prática, este princípio, também relacionado com a proteção de dados desde a conceção e por defeito (artigo 25.º do RGPD), significa que o responsável pelo tratamento deve adotar medidas técnicas e organizativas para, pelo menos, garantir que a *fonte* dos dados e o *método* de recolha são fiáveis. Por exemplo, no caso de

[537] "Orientações 4/2019", 13.

[538] *Ibidem.*

[539] "Diretrizes 4/2019", 25. Quanto mais importante for o rigor dos dados pessoais para o tratamento maior o esforço que o responsável deve colocar em assegurar a sua exatidão.

dois utentes, com o mesmo nome, que chegam a um hospital ao mesmo tempo e recebem o mesmo tratamento, existe o risco de serem confundidos se o único identificador for o nome. Por isso, o hospital deve usar um identificador único para cada utente que não o seu nome[540]. Num outro domínio, da Internet das Coisas, o chamado "eu quantificado" constitui um desafio no que diz respeito ao tipo de dados recolhidos, havendo estudos na área da saúde que contestam, por exemplo, a *exatidão* das medições e das inferências feitas a partir da monitorização da atividade e hábitos das pessoas[541].

Por outro lado, o responsável deverá também considerar *modificações* durante o tratamento dos dados e adotar medidas para prevenir modificações indesejadas e reconhecer a necessidade periódica de atualizar os dados. Por exemplo, no caso da publicação de dados pessoais para efeitos de transparência no setor público, é boa prática indicar a data da publicação ou da última atualização, relativamente a qualquer conjunto de dados publicados[542]. Por conseguinte, entende-se que a garantia de exatidão é um *processo contínuo*. Com efeito, as modificações podem ocorrer em várias situações, mas há algumas que requerem especial atenção como, por exemplo, a interoperabilidade entre aplicações e sistemas[543]. Ou, voltando ao exemplo do hospital, se forem usados vários sistemas para tratar dados dos utentes, importa garantir não só a exatidão mas também a coerência entre os vários sistemas, o que poderá ser feito com recurso a uma técnica de *hashing*[544].

Do *tipo de tratamento* podem decorrer especificidades na aplicação do princípio da exatidão. Por exemplo, no que toca à definição de perfis, o considerando 71 refere que "o responsável pelo tratamento deverá utilizar procedimentos matemáticos e estatísticos adequados à definição de perfis, aplicar medidas técnicas e organizativas que garantam designadamente que os fatores que introduzem imprecisões nos dados pessoais são corrigidos e que o risco de erros é minimizado (...)". Esta exigência é particularmente relevante para responsáveis que recorrem a sistemas de IA pois, nestes casos, devem prestar atenção a três fatores que podem influenciar a exatidão dos dados pessoais: (i) a implementação do sistema; (ii) a existência de

[540] "Orientações 4/2019", 27.

[541] "Parecer 8/2014", 7.

[542] "Parecer n.º 02/2016", 13.

[543] CEPD, "Declaração sobre o impacto na proteção de dados da interoperabilidade das aplicações de rastreio de contactos", 16 de junho de 2020, 5.

[544] "Orientações 4/2019", 27.

erros ou de outros fatores que interferem com o rigor das inferências e (iii) a evolução seguida pelo modelo de IA[545].

Uma questão que tem ocupado as autoridades de controlo é a exatidão de *opiniões*. Estas são, por natureza, subjetivas, pelo que não correspondem a um registo de factos[546]. Portanto, se a pessoa que emite a opinião mudar de ideias ou se a sua opinião se provar errada, não quer dizer que o registo passe, necessariamente, a conter dados pessoais inexatos. Por exemplo, nos casos de diagnóstico médico, se após a realização de exames uma opinião médica inicial se revelar errada, tal não significa que os registos do primeiro diagnóstico estejam errados. Rigorosamente, esses registos refletem a opinião do médico num determinado momento[547].

2.5. Limitação da conservação

A alínea e) do número 1 do artigo 5.º do RGPD estipula que os dados pessoais sejam "conservados de uma forma que permita a identificação dos titulares dos dados apenas durante o período necessário para as finalidades para as quais são tratados". Porém, tal como em relação ao princípio da limitação das finalidades, aquela alínea abre uma exceção para certos tratamentos: "os dados pessoais podem ser conservados durante períodos mais longos, desde que sejam tratados exclusivamente para fins de arquivo de interesse público, ou para fins de investigação científica ou histórica ou para fins estatísticos, em conformidade com o artigo 89.º, n.º 1, sujeitos à aplicação das medidas técnicas e organizativas adequadas exigidas pelo presente regulamento, a fim de salvaguardar os direitos e liberdades do titular dos dados".

Além disto, de harmonia com o artigo 6.º, n.º 2, do RGPD, em alguns Estados-Membros podem existir normas relativas ao prazo de conservação

[545] A autoridade espanhola desenvolve cada um destes fatores em "Adecuación al RGPD", 36.

[546] Não cabem aqui as avaliações de crédito realizadas por instituições financeiras. Estas avaliações que indicam o grau de risco de *default* de uma pessoa são baseadas numa análise estatística de dados pessoais e não numa opinião subjetiva sobre a credibilidade do titular. Enfatizando também a natureza subjetiva dos dados aqui abrangidos, v. Menezes Cordeiro, *Direito da Proteção*, 159.

[547] Information Commissioner Officer (ICO), "Guide to the General Data Protection Regulation (GDPR)", acesso em 10 de Maio de 2022, https://ico.org.uk/for-organisations/guide-to-data-protection/guide-to-the-general-data-protection-regulation-gdpr/lawful-basis-for-processing/#when, na secção *Accuracy*.

como, por exemplo, no caso da videovigilância[548]. Ou, ainda, disposições de Direito da União Europeia como o Regulamento 2015/758[549], que consagra prazos de conservação para os dados tratados no contexto dos sistemas de *eCall* a bordo de veículos com base no número 112. Não existindo essas regras, como se determina o prazo de conservação?

Em primeiro lugar, a finalidade do tratamento é o principal critério para determinar o prazo de conservação dos dados. Por exemplo, durante a crise provocada pela COVID-19 a conservação dos dados pessoais recolhidos pelas aplicações de rastreio estava limitada pela sua pertinência médica, devendo os dados ser mantidos apenas durante a crise sanitária[550]. No já referido caso *Digi,* além da avaliação sobre a compatibilidade entre as finalidades, o tribunal foi questionado sobre o prazo de conservação de dados pessoais numa base de dados criada para realizar testes e corrigir erros[551]. Entendeu-se que os dados não podem ser conservados por um período superior ao necessário para prosseguir essas finalidades[552]. Esta posição está alinhada com decisões anteriores do TJUE. O tribunal entende que um tratamento inicialmente lícito se pode tornar, com o tempo, incompatível com o RGPD quando os dados já não forem necessários para a realização das finalidades[553] e que os dados devem ser eliminados após a realização dessas finalidades[554].

Em segundo lugar, além da finalidade, outros fatores devem ser tidos em conta na determinação do prazo. Voltando ao exemplo da videovigilância, o ideal é que os dados sejam automaticamente apagados ao fim de alguns dias se a finalidade da sua recolha for, por exemplo, a deteção de vandalismo. Tal fará sentido em relação ao dono de uma loja de pequenas dimensões que detete facilmente um ato de vandalismo no próprio dia. Porém, se

548 Em Portugal, o artigo 31.º, n.º 2, da Lei n.º 34/2013, que estabelece o regime do exercício da atividade de segurança privada, dispõe que "As gravações de imagem obtidas pelos sistemas de videovigilância são conservadas, em registo codificados, pelo prazo de 30 dias contados desde a respetiva captação, findo o qual são destruídas".

549 Este diploma, de 29 de abril de 2015, rege a implantação do sistema *eCall* a bordo com base no número 112 em veículos.

550 "Diretrizes 4/2020", 9.

551 Esta foi a segunda questão prejudicial, v. Acórdão *Digi,* C-77/21, 20 de outubro de 2022, n.º 46 e ss..

552 Acórdão *Digi,* C-77/21, 20 de outubro de 2022, n.º 52.

553 Acórdão *GC,* C-136/17, 24 de setembro de 2019, n.º 74.

554 Acórdão *Rijkeboer,* C-553/07, 7 de maio de 2009, n.º 33.

for de férias durante um período de tempo, poderá beneficiar de um prazo de conservação mais alargado. Do mesmo modo, um retalhista de uma loja de grandes dimensões, que não consiga detetar os atos de vandalismo num curto prazo, poderá invocar um período de conservação alargado. Em qualquer caso, "quanto mais longo for o prazo de conservação definido (sobretudo quando ultrapassa as 72 horas), mais argumentos sobre a legitimidade da finalidade e a necessidade de conservação têm de ser apresentados"[555].

Igualmente relevante para a determinação do prazo de conservação poderá ser o *tipo de dados* tratados[556]. Por exemplo, no caso de um tratamento de dados para execução de um contrato de seguro em função da quilometragem distinguem-se dois tipos de dados que influenciam o período de conservação: *dados comerciais e transacionais* e *dados de utilização*[557]. No primeiro caso, os dados incluem, por exemplo, informações de identificação do titular, dados relativos às transações e aos meios de pagamento, devendo ser conservados durante a vigência do contrato e, findo o mesmo, podem ser arquivados em suporte físico (numa *pen*) ou digital (por controlo de acesso e autorização) para efeitos de um eventual litígio. Após o fim do prazo de prescrição legal, os dados devem ser apagados ou anonimizados. Já os dados de utilização incluem os dados gerados pelo veículo, hábitos de condução e de localização, podendo ser classificados como dados em bruto ou como dados agregados, sendo de evitar, tanto quanto possível, que o responsável trate dados em bruto. Se for necessário tratar esses dados, devem ser conservados enquanto forem necessários para gerar os dados agregados e verificar a validade e rigor do processo de agregação. Uma vez agregados, os dados devem ser conservados durante o período necessário para a prestação do serviço ou se for exigido pelo direito nacional ou da União.

Outro fator que pode ser determinante para o prazo de conservação é o *fundamento* do tratamento. Com efeito, os responsáveis pelo tratamento podem necessitar de conservar os dados pessoais como prova do serviço prestado para cumprimento de uma obrigação jurídica. Porém, neste caso, a conservação dos dados limita-se ao mínimo necessário para cumprir aquela obrigação e o prazo restringe-se ao menor período de tempo possível,

[555] "Diretrizes 3/2019", 30.

[556] *Idem*, 29.

[557] Trata-se de um seguro baseado na quilometragem do veículo e/ou dos hábitos de condução do condutor a fim de distinguir e recompensar condutores "seguros", concedendo-lhes prémios mais reduzidos.

devendo o seu acesso ser controlado. Do mesmo modo, a garantia contratual pode fazer parte da execução de um contrato, pelo que a conservação de certos dados após a conclusão da troca de bens, serviços ou pagamento para efeitos de garantias pode justificar-se na execução de um contrato[558]. De resto, o período de conservação pode ser determinado por fatores como orientações da indústria ou requisitos estatutários[559].

Este princípio relaciona-se diretamente com outros enunciados no artigo 5.º do RGPD. Desde logo, com o princípio da limitação da finalidade dada a importância desta para a determinação do prazo de conservação. Além disto, no caso *Digi,* o TJUE sublinha que o princípio da minimização e a exigência de necessidade presente na maioria dos fundamentos de licitude do artigo 6.º estão intimamente relacionados com a limitação da conservação[560]. Em especial, a minimização tem, como vimos, uma componente relacionada com a quantidade e o tipo de dados recolhidos, mas também uma outra dimensão relativa ao tratamento, sendo a conservação uma operação de tratamento de harmonia com o artigo 4.º, n.º 2, do RGPD.

Depois, o princípio da responsabilidade, estudado adiante, impõe ao responsável pelo tratamento uma postura *pró-ativa* e não meramente passiva[561]. Por conseguinte, quando, por defeito, os dados pessoais são conservados por um período indefinido, facultando-se simultaneamente aos titulares meios para o apagamento, tal configura uma violação do princípio da limitação da conservação[562]. Se, por exemplo, um utilizador deixa de usar um serviço ou uma aplicação por um determinado período de tempo pré-definido, o seu perfil deve ficar inativo. Após um outro período de tempo os dados devem ser apagados e o utilizador notificado[563]. Por outro lado, em caso de armazenamento de dados em plataformas de terceiros, como de computação em nuvem, no contrato celebrado com o prestador do serviço (e eventuais subcontratantes), cabe *sempre* ao responsável pelo tratamento garantir que os dados são apagados, exigindo no clausulado mecanismos de apagamento como a destruição, desmagnetização, reescrita, entre outros[564].

558 "Diretrizes 2/2019", 12.

559 "Orientações relativas à transparência", 45.

560 Acórdão *Digi,* C-77/21, 20 de outubro de 2022, n.º 57 e 58.

561 Artigo 5.º, n.º 2, do RGPD.

562 Como parece ser o caso de alguns assistentes de voz virtuais, v. "Orientações 02/2021", 28.

563 "Parecer 8/2014", 19.

564 "Parecer 05/2012", 14 e 15.

De resto, uma vez que a eliminação dos dados pode ter impacto na prestação do serviço, esse impacto deve ser explicado ao titular de forma clara e mensurável, evitando afirmações gerais sobre a degradação do serviço após o apagamento dos dados pessoais[565].

As medidas técnicas e organizativas que aplicam o princípio da limitação da conservação são um complemento à proteção do titular, em particular ao direito ao apagamento e ao direito de oposição, plasmados, respetivamente, nos artigos 17.º e 21.º do RGPD. O apagamento e a anonimização da informação são dois dos caminhos a seguir para o cumprimento deste princípio[566]. Todavia, além de não haver uma definição de apagamento no RGPD[567], há situações que colocam desafios no que respeita à implementação prática da anonimização. Por exemplo, a anonimização das gravações de voz por assistentes virtuais é particularmente difícil, uma vez que é possível identificar o titular através do conteúdo da mensagem e das caraterísticas da voz. Não obstante, algumas iniciativas recentes exploram o recurso a técnicas que removem informações sobre o contexto da voz, como ruídos de fundo, e que podem configurar uma anonimização[568]. Em qualquer caso, tem-se entendido que a anonimização só é uma alternativa ao apagamento se todos os elementos contextuais relevantes forem tidos em conta e se a probabilidade e a gravidade do risco – incluindo o de reidentificação – forem regularmente avaliados[569].

2.6. Integridade e confidencialidade[570]

A alínea f) do número 1 do artigo 5.º do RGPD prevê que os dados pessoais sejam "tratados de uma forma que garanta a sua segurança, incluindo

565 "Orientações 02/2021", 29.

566 G29, "Parecer 05/2014 sobre técnicas de anonimização", 10 de abril de 2014, 14 e 25.

567 Esta circunstância deu azo a interpretações por parte das autoridades de controlo que serão referidas aquando da análise do direito ao apagamento no capítulo IV.

568 "Orientações 02/2021", 30.

569 "Orientações 4/2019", 14.

570 Joel Alves chama a atenção para um aspeto relevante: a expressão "integridade e confidencialidade" não reflete devidamente o conteúdo deste princípio. Isto porque, como se verá, além destes dois atributos, procura-se também garantir a disponibilidade dos dados pessoais. Por isso, o Autor propõe a designação "Princípio da segurança", v. Alves, *O Novo Modelo*, 60. Concordo com esta leitura, mas, por uma questão de coerência com a letra da lei, sigo a designação nela prevista.

contra o seu tratamento não autorizado ou ilícito e contra a sua perda, destruição ou danificação acidental, adotando as medidas técnicas ou organizativas adequadas". Esta norma deve ser lida em articulação com o artigo 4.º, n.º 12, do RGPD, que define as violações de dados como violações de segurança que provocam, "de modo acidental ou lícito, a destruição, a perda, a alteração, a divulgação ou o acesso, não autorizados, a dados pessoais transmitidos, conservados ou sujeitos a qualquer outro tipo de tratamento". Da leitura destas disposições, conjugadas com o artigo 25.º (proteção de dados desde a conceção e por defeito) e o artigo 32.º (segurança dos tratamentos), ambos do RGPD, retiram-se as duas componentes deste princípio: (i) *prevenir* e (ii) *gerir* violações de dados[571].

Na primeira componente, sem prejuízo do que será estudado na matéria das obrigações[572], cabem todas as precauções necessárias para preservar a *disponibilidade, integridade* e *confidencialidade* dos dados tratados. Por disponibilidade entende-se o acesso atempado e fiável aos dados pessoais que poderá ser ameaçado, por exemplo, por falhas acidentais dos equipamentos e sistemas, falhas de energia elétrica ou por uma ação maliciosa, como ataques de recusa de serviços conhecidos como *Distributed Denial of Service* ou *DoS*. Já a *integridade* é a propriedade que garante que os dados são autênticos e não foram alterados durante o tratamento[573]. Este conceito não se aplica apenas aos dados pessoais, mas também aos sistemas informáticos e, neste caso, exige-se que o tratamento dos dados nesses sistemas permaneça inalterado. A prevenção de interferência na integridade dos sistemas pode ser alcançada com a implementação de mecanismos de deteção e/ou prevenção de intrusões. Por fim, a *confidencialidade* está relacionada, sobretudo, com o acesso aos dados pessoais, sendo que a cifragem pode contribuir de forma significativa para a sua garantia, bem como a utilização de mecanismos de autorização e de autenticação ou a adotação de cláusulas contratuais que imponham obrigações de confidencialidade a prestadores e subcontratantes.

[571] Em sentido próximo, v. G29, "Orientações sobre a notificação de uma violação de dados pessoais ao abrigo do Regulamento (UE) 2016/679, 6 de fevereiro de 2018, 7. No capítulo V sobre as obrigações voltarei a este assunto.

[572] Em especial a obrigação de prevenir e de gerir violações de dados pessoais tratada no capítulo V, ponto 5.5.

[573] "Parecer 05/2012", 18.

Sem prejuízo de se voltar a esta disposição mais à frente[574], o número 1 do artigo 32.º do RGPD, além de elencar algumas medidas técnicas e organizativas para implementar a segurança do tratamento[575], prevê um conjunto de critérios que devem orientar a escolha dessas medidas, como o estado da técnica, os custos da sua aplicação, a natureza, o âmbito, o contexto e as finalidades do tratamento, os riscos para o titular e o nível de segurança adequado ao risco em concreto[576].

Estas medidas devem abranger todas as componentes de um ecossistema. Por exemplo, um sistema de videovigilância deverá incluir a segurança física de todos os seus componentes, ou seja, a proteção e resiliência contra interferência no seu funcionamento normal, o controlo dos acessos ao sistema, bem como a prevenção da perda ou da manipulação dos dados. A escolha destas medidas poderá ser orientada por normas internacionais, como é o caso da série sobre sistemas de gestão da segurança da informação ISO/IEC 27000. Por outro lado, independentemente das medidas escolhidas, o responsável pelo tratamento deve garantir a proteção dos dados ao longo de todo o ciclo de vida e etapas de tratamento. Voltando ao exemplo da videovigilância, tanto a conservação (dados em repouso) como a transmissão (dados em trânsito) ou o tratamento (dados em utilização) devem ser abrangidos[577]. Fenómenos como a Internet das Coisas, caraterizados pela troca de dados entre dispositivos e plataformas e pelo armazenamento em várias infraestruturas, colocam especiais desafios, recomendando-se que a segurança seja planeada com uma visão de todo o ecossistema e não apenas de um dispositivo ou aplicação, mas também das ligações de comu-

[574] No capítulo V, ponto 5.5.

[575] A pseudonimização e a cifragem dos dados pessoais; a capacidade de assegurar a confidencialidade, integridade, disponibilidade e resiliência permanentes dos sistemas e dos serviços de tratamento; a capacidade de restabelecer a disponibilidade e o acesso aos dados pessoais de forma atempada no caso de um incidente físico ou técnico; um processo para testar, apreciar e avaliar regulamente a eficácia das medidas técnicas e organizativas para garantir a segurança do tratamento.

[576] O número 2 do artigo 32.º acrescenta que "ao avaliar o nível de segurança adequado, devem ser tidos em conta, designadamente, os riscos apresentados pelo tratamento, em particular devido à destruição, perda e alteração acidentais ou ilícitas, e à divulgação ou ao acesso não autorizados, de dados pessoais transmitidos, conservados ou sujeitos a qualquer outro tipo de tratamento".

[577] "Diretrizes 3/2019", 33.

nicação, da infraestrutura de armazenamento e outros contributos para o ecossistema[578].

Na segunda componente, de *reação* ou de *gestão* das violações de dados, as obrigações previstas nos artigos 33.º (notificação de uma violação de dados pessoais à autoridade de controlo) e 34.º (comunicação de uma violação de dados pessoais ao titular dos dados) do RGPD sugerem que os responsáveis pelo tratamento devem ter mecanismos e procedimentos internos para operacionalizar as duas situações de reporte[579].

2.7. Responsabilidade

2.7.1. Origem e relevo

A arquitetura de um sistema baseado no princípio da responsabilidade foi instigada pelo G29[580]. A primeira formulação surge em 2009[581], mas só em 2010 é que é desenvolvido[582]. Em 2012, o G29 definiu responsabilidade como "a capacidade das partes para demonstrar que tomaram as medidas adequadas para garantir que foram aplicados os princípios relativos à proteção de dados"[583]. Em sentido próximo, o número 2 do artigo 5.º do RGPD dispõe que o "responsável pelo tratamento é responsável pelo cumprimento do disposto no n.º 1 e tem de poder comprová-lo". Este princípio é um indicador do papel central atribuído ao responsável pelo tratamento no modelo regulatório do RGPD[584].

[578] "Parecer 8/2014", 10.

[579] Estas obrigações são estudadas no capítulo V relativo às Obrigações.

[580] Contudo, há indicadores da sua presença na Diretiva, em especial no art. 6.º, n.º 2, que referia que "incumbe ao responsável pelo tratamento assegurar a observância do disposto no n.º 1", isto é, dos princípios relativos à qualidade dos dados ali enunciados; bem como no art. 17.º, n.º 1, que exigia do responsável pelo tratamento a aplicação de medidas de natureza técnica e organizacional.

[581] G29, "The Future of Privacy. Joint contribution on the Consultation of the European Commission on the legal Framework for the fundamental right to protection of personal data", 1 de dezembro de 2009, n.ºs 74 a 79. Remeto para este documento o detalhe sobre os precedentes deste princípio, em especial a OCDE, o Canadá e o quadro jurídico da APEC e a sua existência noutras áreas do direito.

[582] "Parecer 3/2010 sobre o princípio da responsabilidade", 13 de julho de 2010.

[583] "Parecer 05/2012", 20.

[584] Na doutrina v. Joseph Alhadeff, Brendan van Alsenoy e Jos Dumortier, "The Accountability Principle in Data Protection Regulation: Origin, Development and Future Direc-

Com efeito, através deste princípio, opera-se uma espécie de "descentralização" da proteção dos direitos fundamentais[585] pela atribuição de uma quota de responsabilidade às organizações – *responsáveis* pelo tratamento – que devem avaliar os riscos e decidir, em regra isoladamente[586], as medidas mais adequadas para os mitigar. Este papel é relevante num modelo regulatório que já não conta com o controlo prévio dos tratamentos de dados pessoais que, na legislação anterior, era levado a cabo pela autoridade de controlo[587]. Assim, o papel das autoridades de controlo passa a ser mais *ex post* do que *ex ante*, ou seja, a sua atividade e fiscalização passa a incidir, em regra, após o início do tratamento de dados[588].

Porém, este modelo de fiscalização não foi logo apreendido pelos operadores. Em Portugal, numa deliberação que envolveu a divulgação de dados pessoais nas redes sociais por um Município, a CNPD afastou o argumento do infrator de que a sua conduta se justificava pela falta de orientações daquela autoridade: "tal justificação corresponde à total inversão da lógica axiológica do regime de proteção de dados, que, reitera-se, assenta no princípio da responsabilidade e, portanto, desde logo na obrigação de verificar e fundamentar, antes de realizar um tratamento de dados pessoais, que este está em conformidade com o RGPD"[589].

A responsabilidade não foi pensada para ser imposta em bloco, de forma uniforme ou indiscriminada, a todos os operadores. Em 2010, quando desenvolveu este princípio, o G29 colocou três questões[590]: (i) quais as medidas que concretizam a sua aplicação, (ii) como proporcionar e adaptar

tions", in *Managing Privacy through Accountability,* Daniel Guagnin et al (eds), (London: Palgrave Macmillan, 2012), 49. Entre nós, v. Menezes Cordeiro, *Direito da Proteção,* 161.

585 G29, "Orientações relativas à Avaliação", 7.

586 O artigo 36.º do RGPD, estudado mais adiante, prevê a consulta prévia à autoridade de controlo.

587 O artigo 18.º da Diretiva 95/46/CE do Parlamento Europeu e do Conselho, de 24 de outubro de 2015, relativa à proteção das pessoas singulares no que diz respeito ao tratamento de dados pessoais e à livre circulação desses dados, refere que, no n.º 1, "Os Estados-membros estabelecerão que o responsável pelo tratamento ou, eventualmente, o seu representante deve notificar a autoridade de controlo referida no artigo 28.º antes da realização de um tratamento ou conjunto de tratamentos, total ou parcialmente automatizados, destinados à prossecução de uma ou mais finalidades interligadas".

588 "Parecer 3/2010", 18.

589 CNPD, Deliberação/2021/548, 27 de abril de 2021, 2.

590 "Parecer 3/2010", 3, 4 e 20.

as medidas a circunstâncias específicas e (iii) quais as desvantagens desta nova abordagem. A segunda questão[591] é um reflexo do papel que a abordagem com base no risco desempenha na proteção de dados pessoais. O G29 sugeriu a adoção dessa abordagem como forma de calibrar os esforços dos responsáveis pelo tratamento e delimitar a conformidade que lhes é exigida com critérios de proporcionalidade: "o Grupo de Trabalho reconhece que algumas das normas do Regulamento podem comportar encargos em alguns responsáveis pelo tratamento que podem ser percebidos como desequilibrados e, por isso, em opiniões anteriores sugeriu que todas as obrigações sejam adaptadas ao responsável pelo tratamento e às operações de tratamento em causa. A conformidade não deve ser um exercício formalístico [*box-ticking exercise*] (...). Por conseguinte, o Grupo de Trabalho entende que os responsáveis pelo tratamento devem atuar em conformidade com a lei, mas isto pode ser feito de maneira gradual"[592]. Assim, responsabilidade significa também *adaptabilidade*, ou seja, "a determinação das medidas concretas a aplicar em função do risco do tratamento e do tipo de dados tratados"[593].

Essas medidas são fundamentais para as duas componentes deste princípio referidas no número 2 do artigo 5.º: (i) cumprimento dos princípios elencados no número 1 e (ii) demonstração desse cumprimento. Por exemplo: como pode o responsável pelo tratamento cumprir o princípio da integridade e confidencialidade, relacionado com a segurança do tratamento, se não implementar medidas de proteção dos dados adequadas às suas circunstâncias? E como poderá demonstrar a sua implementação se não tiver, por exemplo, registo de *logs*? Por isso, a adoção de "medidas técnicas e organizativas" é fundamental, como a documentação interna de suporte às

[591] A primeira questão é analisada no capítulo V relativo às Obrigações e a terceira questão é estudada já no ponto seguinte.

[592] G29, "Statement on the role of a risk-based approach in data protection legal framework", 30 de maio de 2014, 2.

[593] "Parecer 3/2010", 2. Como é referido na doutrina: "o responsável pelo tratamento deve atender, a todo o tempo e em relação a todas as decisões que tome e aos atos que pratique, aos riscos que daí possa decorrer para os titulares dos dados. Na prática, espera-se que o responsável pelo tratamento adeque a sua atuação às especificidades concretas de cada caso.", v. Menezes Cordeiro, *Direito da Proteção*, 317. O autor traça um paralelismo entre esta abordagem e a bitola do bom pai de família, que propõe uma avaliação das circunstâncias do caso concreto afastando uma avaliação abstrata.

decisões tomadas[594] ou a realização de auditorias, internas e externas, sendo estas últimas meios muito úteis para o responsável pelo tratamento assegurar a eficácia das medidas implementadas e demonstrar a sua adequação[595]. Por outro lado, este princípio foi introduzido com a expetativa de incentivar o desenvolvimento de programas ou selos de certificação, bem como de códigos de conduta[596]. Além de facilitar a *comprovação* imposta pelo princípio da responsabilidade, estes mecanismos estão associados a outras vantagens como, por exemplo, a criação de uma vantagem competitiva para organizações, serviços ou produtos certificados[597].

A principal concretização deste princípio encontra-se no artigo 24.º, n.º 1, cuja epígrafe é "responsabilidade do responsável pelo tratamento" e que lhe impõe a implementação de "medidas técnicas e organizativas" – tanto no momento da definição dos meios de tratamento como no momento do próprio tratamento[598] – que devem ter em conta "a natureza, o âmbito, o contexto e as finalidades dos tratamentos, bem como os riscos para os direitos e liberdades das pessoas singulares, cuja probabilidade e gravidade podem ser variáveis". O número 2 daquele artigo acrescenta que "caso sejam proporcionadas em relação às atividades de tratamento, as medidas a que se refere o n.º 1 incluem a aplicação de políticas adequadas em matéria de proteção de dados pelo responsável pelo tratamento".

Por conseguinte, deste princípio decorre, por exemplo, a necessidade de ajustar as medidas e políticas ao tratamento de dados de crianças[599]. O exemplo mais evidente é a realização de avaliações de impacto[600]. Este exercício deverá ter em conta, por exemplo, o superior interesse da

[594] Por exemplo, o registo de atividades de tratamento (artigo 30.º do RGPD) ou as avaliações de impacto realizadas (artigo 35.º do RGPD).

[595] "Parecer 3/2010", 16.

[596] *Idem*, 18. Os códigos de conduta e os procedimentos de certificação estão previstos no RGPD nos artigos 40.º e seguintes.

[597] "Parecer 3/2010", 19.

[598] Em conformidade com o artigo 25.º do RGPD (proteção de dados desde a conceção e por defeito).

[599] Ou, dito de outro modo, "no momento da disponibilização ou construção de um serviço online destinado às crianças ou suscetível de por elas ser utilizado há que considerar igualmente as necessidades de desenvolvimento das crianças a que esse serviço se dirige", v. Manuel Aires Magriço, "A proteção de dados pessoais e a privacidade das crianças no ciberespaço", *Fórum de Proteção de Dados*, n.º 6 (novembro 2019): 29.

[600] Artigo 35.º do RGPD.

criança, bem como partir do princípio de que as necessidades e a maturidade das crianças diferem consoante a sua idade e desenvolvimento[601]. De notar ainda que o responsável pelo tratamento deve disponibilizar mecanismos que permitam às crianças exercer os seus direitos, devendo esses mecanismos ser fáceis de usar e apropriados para as faixas etárias[602]. Em certos casos, como no dos sistemas de videovigilância, a escolha das medidas adequadas pode ser orientada por normas internacionais e especificações técnicas[603].

2.7.2. As consequências de um regime assente no princípio da responsabilidade

Como referi antes, quando desenvolveu este princípio, o G29 colocou três questões[604]: quais as medidas que concretizam a sua aplicação, como proporcionar e adaptar as medidas a circunstâncias específicas e quais as desvantagens desta nova abordagem. Em relação a esta última, reconheceu-se que conjugar o princípio da responsabilidade com a lógica do risco incute flexibilidade na aplicação das soluções normativas e promove o uso de linguagem aberta, mas, por outro lado, gera insegurança jurídica quanto à conformidade exigida (*v.g.* "quando e como nomear um encarregado de proteção de dados, quando devem organizar sessões de formação") e origina interpretações arbitrárias e divergentes sobre o âmbito e a natureza das obrigações[605].

Contudo, o caminho para a conformidade de cada responsável pelo tratamento não poderia ser hermeticamente fixado pelo legislador numa fórmula mágica: "uma abordagem única obrigaria os responsáveis pelo tratamento a adotar estruturas inadequadas e, por fim, acabaria por falhar"[606]. Grandes organizações ou até pequenas ou médias que realizem operações de tratamento que gerem mais riscos para os titulares dos dados pessoais devem aplicar medidas mais rigorosas por contraponto com organizações

[601] ICO, "Age appropriate design: a code of practice for online services", 2020, 31.
[602] *Idem*, 83.
[603] "Diretrizes 3/2019", 33.
[604] *Idem*, 3, 4 e 20.
[605] *Idem*, 15.
[606] *Idem*, 14.

com menor risco[607]. A conformidade será sempre casuística e contextual, pelo que a adequação das medidas terá de ser decidida caso a caso[608].

Entendeu-se que cabia às autoridades de controlo compensar o clima de insegurança pela adoção de orientações[609]. O G29 sugeriu, inclusive, o desenvolvimento de "*um modelo de programa de conformidade dos dados,* que podia ser utilizado por organizações de média e de grande dimensão como elemento de base para a conceção dos seus programas específicos"[610]. No mesmo sentido, a Comissão Europeia apelou a um esforço concertado entre as autoridades de controlo, Estados-Membros e operadores na implementação do RGPD[611]. Em especial, compete às primeiras, além de um papel pedagógico de clarificação da aplicação das regras, a promoção do diálogo e de uma cultura de comunicação com os utilizadores de dados pessoais. Este é um ponto reiterado por alguns autores que, à luz do tipo de abordagem regulatória, instigadora de certos comportamentos, defendem que a supervisão deverá assentar na *cooperação* e na *conversação* entre os utilizadores de dados pessoais e as autoridades de controlo: "a discussão contínua entre reguladores e regulados, no sentido da sua orientação para a conformidade, em detrimento do sancionamento agressivo, será o modo mais eficaz para maximizar o cumprimento de sistemas regulatórios complexos e imprecisos como este"[612]. Em muitos Estados, como por exemplo na Áustria, foi essa a postura das autoridades de controlo[613].

[607] *Ibidem.*

[608] *Ibidem.*

[609] G29, "Parecer 3/2010" 15.

[610] *Ibidem.*

[611] Comissão Europeia, "EU Data Protection Reform: a concerted effort to make it work. Fact Sheet", janeiro 2018, acesso no dia 28 de julho de 2022, https://ec.europa.eu/commission/sites/beta-political/files/data-protection-factsheet-who-does-what_en.pdf.

[612] Hon, *Data Localization,* 242 e 243.

[613] Dando nota de uma estratégia de conciliação e de correção de desconformidades, v. Douwe Korf, "Existing case-law on compliance with data protection laws and principles in the member states of European Union: annex to the annual report 1998 (XV D-5047-98) of the working party established by article 29 of Directive 95-46-EC", Office for Official Publications of the European Communities, 1998, p. 40 e 55, acesso no dia 28 de julho de 2022, https://searchworks.stanford.edu/view/4025981, e, do mesmo autor, "Comparative study on different approaches to new privacy challenges in particular in the light of technological developments: Working paper n.º 2 – Data Protection Laws in the EU: the difficulties in meeting the challenges posed by global social and technical developments", Comissão Europeia, 2010, 29 e 101.

Igualmente relevantes são as orientações retiradas dos procedimentos de certificação e dos códigos de conduta[614], bem como a obrigação das autoridades de controlo de elaborar e publicar uma lista dos tipos de operações de tratamento sujeitos ao requisito de avaliação de impacto[615] ou, ainda, as recomendações decorrentes de uma consulta prévia[616]. Uma novidade mais recente mas que carece de discussão é o processo que resulta das *regulatory sandboxes,* que mais não são do que "espaços seguros" supervisionados por uma autoridade de controlo para o desenvolvimento de produtos, serviços e modelos de negócio[617].

Como se antecipou, as decorrências desta ativação da responsabilidade foram acolhidas com ceticismo pelos responsáveis pelo tratamento, como *custos de contexto,* que obrigam a alocar meios financeiros e humanos para garantir a conformidade com o RGPD[618]. Como a doutrina observa, apesar da intenção expressa no considerando 89 no sentido de simplificar o enquadramento normativo dos tratamentos de dados pessoais, na prática esta solução tem vindo a impor mais encargos[619]. Não será de estranhar, por isso, que "alguns operadores no mercado europeu sustentam que o serviço fornecido irá encarecer, sendo repercutido no preço ao consumidor"[620]. Em todo o caso, o legislador aposta na tese de que o consumidor tenderá a escolher um operador que lhe oferece garantias de conformidade com as exigências legais, pelo que uma boa governança em matéria de dados pessoais será uma vantagem concorrencial por potenciar a confiança do consumidor e contribuir para uma boa reputação[621].

Por seu turno, na perspetiva do titular dos dados pessoais, a doutrina adverte para a margem de manobra que o princípio da responsabilidade confere ao responsável pelo tratamento na determinação do grau de risco

[614] Considerando 77 e G29, "Parecer 3/2010", 18.

[615] Artigo 35.º, n.º 4 do RGPD.

[616] Artigo 36.º, n.º 2 do RGPD.

[617] Centre for Information Policy Leadership, "Regulatory Sandboxes in Data Protection: Constructive Engagement and Innovative Regulation in Practice", 8 de março de 2019.

[618] G29, "Parecer 3/2010", 11.

[619] Álvarez, "La responsabilidad", 283.

[620] Sarmento e Castro, "A jurisprudência", 1069.

[621] Referindo o respeito pela proteção de dados pessoais como uma vantagem competitiva, v. Comissão Europeia, "Agreement on Commission's EU data protection reform will boost Digital Market", 15 de dezembro de 2015 e G29, "Parecer 3/2010", 5.

aceitável, por exemplo, do que seja "um nível de segurança adequado ao risco"[622] ou "medidas adequadas para fornecer ao titular informações"[623], o que pode gerar níveis de proteção desequilibrados, bem como problemas de concorrência desleal[624].

[622] Artigo 32.º, n.º 1 do RGPD.

[623] Artigo 12.º, n.º 1 do RGPD.

[624] Grafenstein, *The Principle*, 790; Paul de Hert e Vagelis Papakonstantinou, "The proposed Data Protection Regulation Replacing Directive 95/46/EC: A Sound System for the Protection of Individuals", *Computer Law & Security Review*, 28 (2012): 130 e ss.; Gellert, "We Have Always", 16. Em sentido próximo, Sarmento e Castro, reconhecendo os benefícios, duvida do novo modelo de supervisão: "não pode deixar de suscitar interrogações sobre o seu reflexo futuro na efetiva proteção dos dados pessoais, em face da reconhecida evolução tecnológica e das limitações da resposta dos titulares dos dados perante as sempre renovadas, e cada vez mais refinadas, ameaças.", v. Sarmento e Castro, "40 anos de 'Utilização da Informática'", 54 e 55.

III. ATORES

São vários os atores ou intervenientes no domínio da proteção de dados pessoais. Desde logo, o titular dos dados é, naturalmente, a pessoa singular que é protegida pelo regime jurídico do RGPD (3.1.). Entre os utilizadores dos dados pessoais do titular incluo o responsável pelo tratamento, o subcontratante e eventuais responsáveis conjuntos pelo tratamento (3.2.). Assumindo agora maior relevo no RGPD, encontramos também o encarregado da proteção de dados pessoais (3.3.), sem prejuízo da manutenção da figura da *autoridade de controlo* com funções de fiscalização (3.4.) e da transformação do Grupo de Trabalho do Artigo 29.º no Comité Europeu para a Proteção de Dados (3.5.). Por fim, merece referência a figura do representante (3.6.). Farei ainda uma breve análise de outros intervenientes como o terceiro(s), o estabelecimento (s) e o(s) destinatário(s) (3.7.).

3.1. Titular dos dados

Ao contrário dos conceitos de responsável pelo tratamento e de subcontratante, não há no RGPD uma definição de titular dos dados pessoais. Contudo, o artigo 4.º, n.º 1, daquele diploma dispõe que os dados pessoais são "informação relativa a uma *pessoa singular* identificada ou identificável" (itálico meu). Essa pessoa é o titular dos dados, a figura central neste regime a quem são atribuídos um conjunto de direitos estudados no capítulo IV.

3.2. Utilizadores de dados pessoais

Os conceitos de responsável pelo tratamento, responsável conjunto e subcontratante desempenham uma função fundamental enquanto entidades que utilizam os dados pessoais do titular. A qualificação das intervenções destes diferentes atores determina quem é responsável pelo cumprimento das regras de proteção de dados pessoais e em relação a quem os titulares dos dados podem exercer os seus direitos. Assim, o princípio da responsabilidade, previsto no número 2 do artigo 5.º do RGPD, determina que cabe ao responsável pelo tratamento garantir o cumprimento dos princípios previstos no número 1 daquele artigo e ser capaz de demonstrar a conformidade com esses princípios. Não obstante, como se verá, o RGPD também faz recair sobre o subcontratante algumas obrigações[625]. Por outro lado, aquele diploma introduziu regras específicas para regular a relação de responsabilidade conjunta e a relação de subcontratação[626]. Assim, é muitíssimo relevante definir as diferentes funções dos vários intervenientes envolvidos numa atividade de tratamento de dados pessoais.

Apesar de existirem definições legais, do esforço de sistematização e de esclarecimento do CEPD[627] e da AEPD[628], determinar, na prática, em que capacidade uma organização atua não é um exercício fácil[629]. É especialmente difícil, quando existem vários intervenientes nos tratamentos de dados pessoais, qualificar quem é o responsável pelo tratamento e estabelecer a fronteira entre subcontratação e responsabilidade conjunta[630]. Estas dificuldades fazem com que a qualificação dos intervenientes em muitos casos seja um exercício fluído e arbitrário[631] e, com frequência, a responsabilidade é imputada a uma parte que não tem controlo sobre o tratamento[632].

[625] Por exemplo, no artigo 32.º, nº 1, do RGPD.

[626] Artigos 26.º e 28.º.

[627] "Orientações 07/2020 sobre os conceitos de responsável pelo tratamento e subcontratante no RGPD", 7 de julho de 2021.

[628] "Guidelines on the concepts of controller, processor and joint controllership under Regulation (EU) 2018/1725", 7 de novembro de 2019.

[629] Como reconhecido pelo G29, "Parecer 1/2010 sobre os conceitos de 'responsável pelo tratamento' e de 'subcontratante'", 16 de fevereiro de 2010, 9.

[630] Kuner, *European Data Protection Law*, 70.

[631] Stephanie Rosello e Pierre Dewitte, "Exploring the limits of joint control: the case of COVID-19 digital proximity tracing solutions", *Journal of Intellectual Property, Information Technology and E-Commerce Law*, n.º 12, (2021): 351.

Há vários fatores na origem destas confusões. Desde logo, algumas organizações tendem, primeiro, a negociar os termos gerais dos serviços e só depois, muitas vezes quando o serviço já foi prestado, é que são suscitadas as questões da proteção de dados pessoais, desencadeando verdadeiras *tug wars*[633] no momento de qualificar os intervenientes nos tratamentos. Em segundo lugar, o facto de a jurisprudência do TJUE[634] não se ter debruçado sobre a interpretação do conceito de subcontratante e de ter empreendido uma leitura ampla[635] do conceito de responsável pelo tratamento tem levado a doutrina a questionar a utilidade prática do conceito de subcontratação[636] e a apontar os riscos de expandir excessivamente a responsabilidade conjunta[637]. Em terceiro lugar, o desenvolvimento tecnológico, acompanhado da complexidade crescente dos tratamentos de dados pessoais em cenários evolutivos, dificultam a aplicação dos conceitos referidos[638]. Em quarto lugar, as próprias autoridades de controlo aplicaram os conceitos de forma diferente[639].

3.2.1. Definições legais

O responsável pelo tratamento é "a pessoa singular ou coletiva, a autoridade pública, a agência ou outro organismo que, individualmente ou em conjunto

[632] Chamando a atenção para este ponto v. Conclusões do Advogado Geral Michal Bobek, 19 de dezembro de 2018, 91.

[633] Kuner, *European Data Protection Law,* 72.

[634] Acórdão *Google Spain,* C-131/12, 13 de maio de 2014, Acórdão *Wirtschaftsakademie,* C-210/16, 5 de junho de 2018 e Acórdão *Fashion ID,* C-40/17, 29 de julho de 2019.

[635] Esta leitura tem sido feita em relação a outros conceitos, v. Purtova, "The Law of Everything", 40 e Lynskey, "Delivering", 80.

[636] Christopher Millard, Christopher Kuner, Fred H. Cate, Orla Lynskey, Nora Ni Loideain, Dan Svantesson, "At this rate, everyone will be a [joint] controller of personal data", *International Data Privacy Law,* 9, n.º 4, (2019): 217.

[637] Lilian Edwards, Michèle Finck, Michael Veale e Nicolo Zingales, "Data Subjects as data controllers: a Fashion(able) concept?", Journal on internet regulation (Junho 2019), https://policyreview.info/articles/news/data-subjects-data-controllers-fashionable-concept/1400.

[638] O CEPD reconhece que "cenários possam ser complexos ou evolutivos", v. CEPD, "Orientações 02/2021 sobre assistentes de voz virtuais", 7 de julho de 2021, 16.

[639] Yordanka Yvanova, "Data Controller, Processor or a Joint Controller: Towards Reaching GDPR Compliance in the Data and Technology Driven World", in *Personal Data Protection and Legal Developments in the European Union*, ed. Maria Tzanou, (Oxford: IGI Global, 2020), 2 e 8.

com outras, determina as finalidades e os meios de tratamento e dados pessoais; sempre que as finalidades e os meios desse tratamento sejam determinadas pelo direito da União ou de um Estado-Membro, o responsável pelo tratamento ou os critérios específicos aplicáveis à sua nomeação podem ser previstos pelo direito da União ou de um Estado-Membro"[640]. A responsabilidade conjunta está consagrada nesta definição na expressão "individualmente *ou em conjunto com outras*". Por seu turno, o subcontratante é "a pessoa singular ou coletiva, a autoridade pública, agência ou outro organismo que trate os dados pessoais por conta do responsável pelo tratamento destes"[641].

Antes de analisar os critérios que orientam a interpretação destas normas, vale a pena tirar algumas ilações sobre a variedade de atores que nelas cabem. Em primeiro lugar, o direito à proteção de dados pessoais é eficaz nas relações jurídico privadas e não apenas na relação do titular dos dados pessoais com o Estado[642]. Nessa medida, qualificando o regime da proteção de dados por comparação com o dos EUA, tem-se utilizado o termo "horizontalidade", isto é, a sua aplicação a utilizadores de dados pessoais independentemente da sua natureza pública ou privada[643].

Em segundo lugar, nas definições referidas, o responsável pelo tratamento e o subcontratante podem ser uma pessoa singular ou coletiva. Por exemplo, no acórdão *Lindqvist* o TJUE considerou uma pessoa singular como responsável pelo tratamento[644] e, no caso das *Testemunhas de Jeová*, o mesmo tribunal considerou que uma comunidade religiosa atuou como responsável pelo tratamento conjuntamente com os seus membros individuais[645]. Nas suas orientações sobre *blockchain*, a autoridade de controlo francesa considerou que um titular dos dados pode, ele mesmo, ser responsável pelo tratamento[646]. Também a doutrina tem destacado – e criticado – alguns

640 Artigo 4.º, n.º 7, do RGPD.

641 Artigo 4.º, n.º 8, do RGPD.

642 Calvão, *Direito*, 51.

643 Sobre esta perspetiva comparativa, v. Abraham Newman, *Protectors of Privacy. Regulating Personal Data in the Global Economy*, (Massachusetts: Cornell University Press, 2008) 23; Marc Rotenberg, "Fair Information Practices", 13; Lynskey, *The Foundations*, 15. Entre nós, comparando os dois regimes, v. Moreira, *A Privacidade*, 133 e Sousa Pinheiro, *Privacy e proteção*, 20 e ss.

644 Acórdão *Lindqvist*, C-101/01, 6 de novembro de 2003

645 Acórdão *Testemunhas de Jeová*, C-25/17, 10 de julho de 2018, n.º 75.

646 CNIL, "Blockchain et RGPD: quelles solutions pour un usage responsible en presence de données personnelles?", 24 de setembro de 2018.

casos em que pessoas singulares são consideradas responsáveis conjuntas pelo tratamento em situações complexas, como a dos assistentes de voz virtuais[647] e outras semelhantes[648]. Na legislação nacional, em especial no Regime Jurídico da Promoção da Segurança e Saúde no Trabalho[649], os dados de saúde de trabalhadores que constem da ficha médica individual, são da responsabilidade do médico do trabalho e não da entidade patronal[650].

Note-se que, em tese, a possibilidade de uma pessoa singular ser considerada responsável pelo tratamento abre a porta à aplicação da exceção prevista no artigo 2.º, n.º 2, alínea c), do RGPD, para o tratamento de dados pessoais efetuado "no exercício de atividades exclusivamente pessoais ou domésticas".

Apesar desta relevância das pessoas singulares, em regra é a pessoa coletiva que assume a qualificação e não um funcionário ou pessoa singular dentro daquela, mesmo que tenha sido formalmente designada, por exemplo, como responsável pelo tratamento[651]. O CEPD entende que, em princípio, se pode presumir "que qualquer tratamento de dados pessoais pelos funcionários que ocorra na esfera de atividades de uma organização é realizado sob o controlo dessa organização"[652]. Contudo, se, por exemplo, o funcionário tratar os dados para finalidades próprias, será qualificado ele mesmo como responsável pelo tratamento.

3.2.2. Critérios orientadores

A interpretação das definições legais citadas deverá, desde logo, ter em conta a *natureza* destes conceitos e o *objetivo* ou *função* de cada ator. Em relação ao primeiro critério, sublinha-se a natureza *funcional* e *autónoma* destes conceitos[653]. *Funcional* porque se pretende uma repartição das funções tendo por base uma análise dos elementos factuais de cada caso e não uma mera designação formal do interveniente sem qualquer adesão na prática.

[647] Jurriaan van Mil e João Pedro Quintais, "A Matter of (Joint) control? Virtual assistants and the general data protection regulation", *Computer Law & Security Review*, 25 (2022): 14.
[648] Silvia De Conca, "Between a Rock and a Hard Place: Owners of Smart Speakers and Joint Control", *SCRIPTed*, 17 (2020): 231.
[649] Lei n.º 102/2009 de 10 de setembro.
[650] Artigo 46.º, n.º 2 da Lei n.º 102/2009 de 10 de setembro.
[651] "Orientações 07/2020", 11.
[652] *Idem*, 12.
[653] *Idem*, 10.

Isto significa que a parte qualificada como responsável pelo tratamento tem, efetivamente, de ser capaz de proteger o titular dos dados pessoais. A natureza *autónoma* prende-se com a interpretação das definições legais, nomeadamente porque outras áreas jurídicas, como o direito da concorrência ou as regras aplicáveis à propriedade intelectual, não devem ser utilizadas para interpretar estes conceitos. Por exemplo, para a qualificação de responsável pelo tratamento não releva a natureza jurídica ou a forma que em concreto assume[654].

Em relação ao segundo critério, tem estado presente nas decisões do TJUE que definem como *objetivo* da função de responsável "assegurar, através de uma definição ampla do conceito de 'responsável', *uma proteção eficaz e completa das pessoas em causa*" (itálicos meus)[655]. Isto é, este conceito deve ser interpretado de forma ampla de modo a favorecer uma "proteção eficaz e completa dos titulares dos dados de molde a assegurar o pleno efeito da UE em matéria de proteção de dados, evitar lacunas e impedir um eventual contorno das regras, não diminuindo, simultaneamente, a função do subcontratante"[656].

Mas um terceiro critério deve ser tido em conta na aplicação destes conceitos. É que o tratamento pode ser dividido em várias operações e/ou etapas[657], pelo que um primeiro passo do processo de qualificação dos atores passa pela identificação das operações de tratamento relevantes e, portanto, do ciclo de vida dos dados. Esta identificação pode ser feita a um nível *micro,* em relação a uma operação específica, ou a um nível *macro,* em relação a um conjunto de operações[658]. A opinião do CEPD parece acomodar as duas metodologias[659], mas o TJUE, nos casos de responsabilidade con-

[654] Menezes Cordeiro, *Direito da Proteção,* 307.

[655] Acórdão *Google Spain,* C-131/12, 13 de maio de 2014, n.º 34, Acórdão *Wirtschaftsakademie,* C-210/16, 5 de junho de 2018, n.º 28 e Acórdão *Fashion ID,* C-40/17, 29 de julho de 2019, n.º 66.

[656] "Orientações 07/2020", 10.

[657] O artigo 4.º, n.º 2, do RGPD define o tratamento de dados pessoais como "uma operação ou um conjunto de operações efetuadas sobre dados pessoais ou sobre conjuntos de dados pessoais".

[658] Rosello e Dewitte, "Exploring the limits", 350.

[659] "Orientações 07/2020", 19. O que parece ser relevante para o CEPD é a finalidade de cada operação de tratamento: "(...) é possível que, numa perspetiva isolada, as diferentes operações de tratamento da cadeia pareçam ser independentes umas das outras, dado que cada uma poderá ter uma finalidade específica".

junta, tem seguido uma abordagem micro. Por exemplo, no caso Fashion ID, o tribunal afirmou que "um tratamento de dados pessoais pode ser constituído por uma ou por várias operações, visando cada uma delas uma das diversas fases que um tratamento de dados pessoais pode conter"[660]. Assim, na qualificação dos intervenientes, importa ter presente a "cadeia de tratamento"[661], as suas fases, e verificar, por exemplo, se a influência exercida por uma parte se estende à integralidade do tratamento ou se está limitada a uma fase específica[662].

3.2.3. Elementos que diferenciam o responsável pelo tratamento do subcontratante

Os elementos que diferenciam estes dois atores estão referidos nas definições legais: o responsável é quem "determina" e o subcontratante é quem atua "por conta" do responsável. Por isso, necessariamente, o grau de *influência* sobre os tratamentos de dados de cada um é diferente: o responsável tem o poder de influenciar os elementos fundamentais do tratamento dos dados e tomar decisões em relação a esses elementos. Essas decisões estão refletidas em *instruções* que delimitam a atuação do subcontratante[663].

Tendo em conta a natureza *funcional* destes conceitos, a influência do responsável traduz-se em factos e elementos concretos e não em meras enunciações formais ou designações contratuais[664]. Essa influên-

[660] Acórdão *Fashion ID,* C-40/17, 29 de julho de 2019, n.º 72.

[661] Acórdão *Fashion ID,* C-40/17, 29 de julho de 2019, n.º 74: "Daqui decorre, como salientou (...) o advogado-geral (...) que uma pessoa singular ou coletiva apenas parece poder ser responsável, na aceção do artigo 2.º, alínea d), da Diretiva 95/46, conjuntamente com outras, pelas operações de tratamento de dados pessoais cujas finalidades e meios sejam conjuntamente determinados por essa pessoa. Em contrapartida (...) essa pessoa singular ou coletiva não pode ser considerada responsável, na aceção da referida disposição, por operações anteriores ou posteriores da cadeia de tratamento cujas finalidades e meios não são por ela determinados".

[662] Criticando esta metodologia pela ausência de critérios para, na prática, a aplicar, v. Rosello e Dewitte, "Exploring the limits", 347.

[663] Este é o primeiro dos vários elementos referidos no artigo 28.º, n.º 3, alínea a) do RGPD, onde se lê que o contrato entre responsável pelo tratamento e subcontratante deve estipular que este "Trata os dados pessoais apenas mediante instruções documentadas do responsável pelo tratamento".

[664] Sem prejuízo de que, naturalmente, os termos contratuais possam ajudar a determinar quem está a agir como responsável pelo tratamento, v. "Orientações 07/2020", 14.

cia pode resultar de disposições jurídicas[665] ou de uma influência de facto[666]. No primeiro caso, a qualificação pode ser *direta*, quando as disposições jurídicas especificamente identificam o responsável pelo tratamento[667], pressupondo o legislador que a entidade designada "tem uma capacidade genuína para exercer o controlo"[668]. Mas a qualificação pode ser *indireta* quando a lei estabelece uma tarefa que não pode ser executada sem a recolha de pelo menos alguns dados pessoais, ou impõe uma obrigação de recolher e tratar dados pessoais[669].

No caso da influência de facto, dado que "todas as circunstâncias factuais têm de ser tidas em conta"[670], o exercício de qualificação é mais complexo[671]. A influência de facto incide sobre "as finalidades e os meios do tratamento", isto é, sobre o "porquê" e o "como" do tratamento[672]. Para o CEPD, a determinação das finalidades cabe exclusivamente ao responsável pelo tratamento[673], mas a definição dos meios poderá ser partilhada com o subcontratante. Ou seja, o subcontratante dispõe de discricionariedade para decidir sobre alguns elementos dos meios do tratamento. Que elementos são esses? Entre os meios do tratamento distinguem-se os *meios essenciais* – o tipo de dados pessoais, a duração do tratamento, as categorias de destinatários, as categorias de titulares e, particularmente importante, a licitude, necessidade e proporcionalidade do tratamento – dos *meios*

[665] Como, aliás, sugere o artigo 4.º, n.º 7, do RGPD: "(...) sempre que as finalidades e os meios desse tratamento sejam determinadas pelo direito da União ou de um Estado-Membro, o responsável pelo tratamento ou os critérios específicos aplicáveis à sua nomeação podem ser previstos pelo direito da União ou de um Estado-Membro".

[666] "Orientações 07/2020", 12.

[667] Por exemplo, em Portugal, o Decreto-Lei 52/2020, de 11 de agosto de 2020, estabelece o responsável pelo tratamento dos dados e regula a intervenção do médico no sistema STAYAWAY COVID. Ou, pense-se no já referido exemplo da responsabilidade pelos dados de saúde dos trabalhadores, atribuída pelo Regime Jurídico da Promoção da Segurança e Saúde no trabalho ao médico nos termos do artigo 46.º, n.º 2 da Lei n.º 102/2009 de 10 de setembro.

[668] "Orientações 07/2020", 13.

[669] Por exemplo, a obrigatoriedade das entidades publicas de proporcionarem prestações sociais que implicam o tratamento de dados pessoais, v. *Idem*, 13.

[670] "Orientações 07/2020", 13.

[671] Kuner, *European Data Protection Law*, 71.

[672] "Orientações 07/2020", 16.

[673] Que, de acordo com o artigo 30.º, n.º 1, b), devem estar indicadas no registo das atividades de tratamento.

não essenciais – como, por exemplo, a escolha de *hardware* e *software* ou as medidas de segurança a adotar[674]. As decisões em relação aos meios não essenciais podem ser deixadas ao subcontratante sem prejuízo da necessidade de informar o responsável pelo tratamento sobre essas decisões. No limite, cabe *sempre* ao responsável pelo tratamento a aplicação das medidas técnicas e organizativas apropriadas e demonstrar que o tratamento respeita o RGPD[675].

Há certas atividades de tratamento que, em princípio, são incompatíveis com instruções ou influências externas e que, por natureza, pressupõem uma posição de responsabilidade. São atividades que estão naturalmente associadas a uma função, com frequência regulamentada, ou a competências profissionais especializadas, como é o caso de uma sociedade de advogados que trata dados pessoais no contexto de um litígio e que atua com um grau de independência que pressupõe a tomada de decisões sobre que informações usar e como as usar. Ora, estas circunstâncias dificilmente se coadunam com uma influência decisiva traduzida em instruções dos seus clientes[676]. O mesmo vale o caso de um médico, mesmo quando colabora com outras entidades, e para a atividade bancária, quando um banco recebe informações de uma determinada organização para realizar o pagamento dos salários aos funcionários dessa mesma entidade[677]. Também neste caso é o banco que decide, de forma autónoma, os termos exatos do tratamento dos dados recebidos no contexto da prestação do serviço. Não obstante, mesmo em relação a estas atividades, o que parece ser verdadeiramente decisivo nos vários exemplos apresentados pelo CEPD é o nível de instruções que o prestador recebe. O caso mais evidente é o de uma empresa de contabilidade que tanto pode atuar no quadro de atividades de auditoria que requerem autonomia como no de atividades de auditoria executadas com base em instruções muito pormenorizadas sobre o tratamento[678].

Estas instruções são decisivas pois são a evidência de que o responsável influenciou e decidiu sobre os termos do tratamento de dados[679]. É que

674 "Orientações 07/2020", 16.

675 *Idem*, 18.

676 *Idem*, 14.

677 Em relação ao médico, v. Sousa Pinheiro, Comentário, 146.

678 "Orientações 07/2020", 18.

679 O CEPD parece considerar que há uma obrigação que recai sobre o responsável de "fornecer e documentar qualquer instrução com influência no tratamento de dados", v. CEPD,

mesmo nos casos em que o subcontratante preste um serviço pré-definido, tem de apresentar ao responsável pelo tratamento uma descrição pormenorizada do mesmo para que este tome a decisão final, aprove *ativamente* a forma como é realizado o tratamento e, se necessário, apresente alterações[680]. Com efeito, o CEPD entende que mesmo em situações em que há um desequilíbrio do poder económico e negocial entre as partes, como nos casos de contratação de serviços de computação em nuvem, o responsável pelo tratamento tem de dar instruções ao subcontratante[681]. Pelo contrário, a doutrina, sublinhando défices no atual conceito de responsável pelo tratamento, tem defendido que apenas aquelas entidades que de forma *eficaz* podem influenciar (e demonstrar) os tratamentos de dados devem ser consideradas responsáveis[682]. Esta proposta é, a meu ver, coerente com as obrigações que recaem sobre o responsável, em especial as do artigo 24.º e 25.º do RGPD, exigindo-se uma aplicação "eficaz" dos princípios da proteção de dados[683].

Seja como for, o TJUE não foi ainda chamado a pronunciar-se especificamente sobre a relação de subcontratação e, em boa verdade, nas decisões em que se debruçou sobre a responsabilidade pelo tratamento de dados, seguiu uma interpretação ampla do conceito[684] de modo a garantir uma proteção efetiva do titular. Por outro lado, é de notar que, como se verá, o tribunal não recorreu à distinção avançada pelo CEPD[685] entre meios essenciais e não essenciais do tratamento.

3.2.4. Casos de responsabilidade conjunta

A responsabilidade conjunta – que já existia na Diretiva 95/46/CE – encontra-se no artigo 26.º do RGPD. O número 1 explica que esta qualificação

"Orientações 07/2020", 40.

680 "Orientações 07/2020", 15.

681 *Idem*, 15.

682 Michèle Finck, "Cowebs of Control: The Two Imaginations of the Data Controller in EU Law", *International Data Privacy Law*, 11 (2011): 333.

683 Mil e Quintais, "A Matter", 15.

684 Acórdão *Google Spain*, C-131/12, 13 de maio de 2014, n.º 34, Acórdão *Wirtschaftsakademie*, C-210/16, 5 de junho de 2018, n.º 28 Acórdão *Testemunhas de Jeová*, C-25/17, 10 de julho de 2018 e Acórdão *Fashion ID*, C-40/17, 29 de julho de 2019, n.º 66.

685 Distinção que já constava da posição do G29, "Parecer 1/2010 sobre os conceitos de 'responsável pelo tratamento' e 'subcontratante'", 16 de fevereiro de 2010, 18.

se aplica quando "dois ou mais responsáveis pelo tratamento determinem conjuntamente as finalidades e os meios desse tratamento". Além disso, essa disposição impõe a celebração de um acordo entre os responsáveis que estabelece as respetivas responsabilidades, em especial no que diz respeito aos deveres de informação previstos nos artigos 13.º e 14.º do RGPD. Este acordo deve ainda estabelecer um ponto de contacto para o titular dos dados e, segundo o número 2 daquele artigo, deve refletir "devidamente as funções e relações respetivas dos responsáveis conjuntos pelo tratamento" e a sua essência tem de ser disponibilizada ao titular dos dados. Por último, o número 3 procura garantir a tutela do titular no sentido em que pode exercer os seus direitos "em relação a cada um dos responsáveis pelo tratamento"[686].

Em várias ocasiões o TJUE pronunciou-se sobre a aplicação deste tipo de responsabilidade, como exemplificam os casos Fashion ID, Wirtschaftsakademie e Testemunhas de Jeová[687] (3.2.4.1). Estudados estes casos, segue-se uma apreciação dos critérios que qualificam a responsabilidade conjunta (3.2.4.2.).

3.2.4.1. *A jurisprudência do TJUE*

Começando pelo caso mais recente, Fashion ID, o tribunal adotou uma abordagem com base nas fases ou operações do tratamento para avaliar a responsabilidade pela *recolha* e *comunicação por transmissão* dos dados pessoais dos visitantes do sítio Internet daquela empresa[688]. Concluiu-se que havia neste caso responsabilidade conjunta[689].

Debruçando-se sobre os meios do tratamento, o tribunal entende que a Fashion ID, ao colocar um "módulo social" ou *plug-in* no seu sítio online, ciente de que essa opção permite a recolha e transmissão de dados pessoais dos visitantes, influencia "de modo determinante a recolha e a transmissão

[686] Uma vez que o artigo 26.º, tal como o artigo 28.º aplicável à relação de subcontratação, se encontram na secção do RGPD dedicada às "Obrigações Gerais", optei por manter a coerência com o legislador pelo que esses aspetos são analisados no capítulo V relativo às Obrigações.

[687] Acórdão *Wirtschaftsakademie*, C-210/16, 5 de junho de 2018, Acórdão *Testemunhas de Jeová*, C-25/17, 10 de julho de 2018 e Acórdão *Fashion ID*, C-40/17, 29 de julho de 2019.

[688] Acórdão *Fashion ID*, C-40/17, 29 de julho de 2019, n.º 80.

[689] Acórdão *Fashion ID*, C-40/17, 29 de julho de 2019, n.º 84.

dos dados pessoais dos visitantes desse sítio em proveito do fornecedor do referido módulo, no caso concreto a Facebook Ireland, que, caso o referido módulo não tivesse sido inserido, não teriam existido"[690]. Passando às finalidades, o TJUE entende que a introdução daquele módulo no sítio permite à Fashion ID "otimizar a publicidade dos seus produtos, tornando-os mais visíveis na rede social Facebook" e que "foi para poder beneficiar desta vantagem comercial" que aquela empresa "parece ter consentido, pelo menos implicitamente, na recolha e na comunicação por transmissão dos dados pessoais dos visitantes do seu sítio uma vez que as operações de tratamento são efetuadas no interesse económico tanto da Fashion ID como da Facebook Ireland, para quem o facto de poder dispor desses dados para os seus próprios fins comerciais constitui a contrapartida da vantagem oferecida à Fashion ID"[691].

Anteriormente, no caso Wirtschaftsakademie, o tribunal foi chamado a clarificar se o administrador de uma página de fãs alojada na plataforma disponibilizada pela Facebook podia ser qualificado como responsável conjunto com esta em relação ao tratamento de dados pessoais dos visitantes da página de fãs[692]. O tribunal descreve os tratamentos de dados em causa como sendo "efetuados através da colocação, pela Facebook, no computador ou em qualquer outro aparelho das pessoas que tenham visitado a página de fãs, de *cookies* que visam armazenar informações sobre os navegadores Web e que ficam ativos durante dois anos se não forem apagados",

[690] Acórdão *Fashion ID,* C-40/17, 29 de julho de 2019, n.º 78.

[691] Acórdão *Fashion ID,* C-40/17, 29 de julho de 2019, n.º 80.

[692] Uma página de fãs é uma conta de utilizador que pode ser configurada no Facebook por particulares ou por empresas. Como explicou o TJUE, "o autor da página de fãs, depois de se registar no Facebook, pode utilizar a plataforma mantida pela Facebook para se apresentar aos utilizadores desta rede social, bem como às pessoas que visitam a página de fãs, e difundir comunicações de qualquer tipo no mercado de meios de comunicação e de opinião. Os administradores de páginas de fãs podem obter estatísticas anónimas sobre os visitantes destas páginas com a ajuda da ferramenta *Facebook Insight,* disponibilizada gratuitamente pela Facebook nos termos de condições de utilização não alteráveis. Estes dados são recolhidos através de ficheiros de testemunhos (a seguir *cookies),* cada um dos quais comporta um código utilizador único, que ficam ativos durante dois anos e que são armazenados pelo Facebook no disco rígido do computador ou em qualquer outro suporte dos visitantes da página de fãs. O código de utilizador, que pode ser relacionado com os dados de conexão dos utilizadores registados no Facebook, é recolhido e tratado no momento em que as páginas de fãs abrem (...)", v. Acórdão *Wirtschaftsakademie,* C-210/16, 5 de junho de 2018, n.º 15.

acrescentando que a "Facebook recebe, regista e trata as informações armazenadas nos *cookies*"[693]. Apesar deste papel preponderante da Facebook nos tratamentos de dados dos visitantes da página de fãs, o tribunal entende que o administrador "contribui para o tratamento" porque, por um lado, "com a criação de tal página, oferece à Facebook a possibilidade de colocar *cookies* no computador ou em qualquer outro aparelho" e ao criar essa página exerce "uma ação de parametrização (...) que influi no tratamento de dados pessoais", e nomeadamente, "pode definir os critérios a partir dos quais estas estatísticas devem ser elaboradas e inclusivamente designar as categorias de pessoas que vão ser objeto de exploração dos respetivos dados pessoais pela Facebook"[694]. O tribunal realça, em especial, a capacidade que o administrador da página tem de influenciar as categorias de dados que serão tratados[695] apesar de não conseguir aceder aos dados pessoais tratados pela Facebook[696]. No que diz respeito às finalidades, do lado da Facebook, o TJUE realça que estes tratamentos lhe permitem "melhorar o seu sistema de publicidade" e, em relação ao administrador da página, este obtém estatísticas "para fins de gestão da promoção da sua atividade" permitindo-lhe "conhecer, por exemplo, o perfil dos visitantes que apreciam a sua página de fãs ou que utilizam as suas aplicações", assim podendo personalizar conteúdos e desenvolver o seu negócio[697].

Num terceiro caso, das Testemunhas de Jeová, questionou-se a relação entre uma comunidade religiosa e os seus membros. O tratamento de dados pessoais apreciado é exclusivamente realizado pelos membros de uma comunidade religiosa que, na sua atividade de pregação porta a porta, recolhem dados pessoais sem que aquela alguma vez tenha acesso a esses dados. O TJUE conclui que "ao organizar, coordenar e incentivar a atividade de pregação dos seus membros para divulgar a sua fé, a Comunidade das testemunhas de Jeová participa, conjuntamente com os seus membros pregadores, na determinação das finalidades e dos meios de tratamento das pessoas abordadas"[698]. Porém, para chegar a esta conclusão, o tribunal não centra

693 Acórdão *Wirtschaftsakademie,* C-210/16, 5 de junho de 2018, n.º 33.
694 Acórdão *Wirtschaftsakademie,* C-210/16, 5 de junho de 2018, n.º 36.
695 Acórdão *Wirtschaftsakademie,* C-210/16, 5 de junho de 2018, n.º 37.
696 Acórdão *Wirtschaftsakademie,* C-210/16, 5 de junho de 2018, n.º 38.
697 Acórdão *Wirtschaftsakademie,* C-210/16, 5 de junho de 2018, n.º 34.
698 Acórdão *Testemunhas de Jeová,* C-25/17, 10 de julho de 2018, n.º 73.

a sua apreciação numa análise detalhada e autónoma das finalidades e dos meios de tratamento e também não distingue expressamente entre meios essenciais e meios não essenciais[699]. Em relação aos membros pregadores, o tribunal observa que lhes incumbe "apreciar em que circunstâncias concretas recolhem dados pessoais (...) quais dados exatos são objeto de recolha e de que modo procedem ao seu tratamento posterior"[700]. Mas, apesar desta autonomia de meios, o TJUE destaca que a recolha dos dados pessoais e o seu posterior tratamento são efetuados com a finalidade de divulgar a fé da Comunidade e, além disso, ocorrem no contexto da realização de uma atividade que é organizada, coordenada e encorajada pela Comunidade[701].

3.2.4.2. *Os critérios para qualificar responsáveis conjuntos*

Em primeiro lugar, pela sua própria natureza, a responsabilidade conjunta parte da definição de responsável pelo tratamento do artigo 4.º, n.º 7, do RGPD.[702]. Em segundo lugar, importa perceber em que termos os vários intervenientes exercem *influência de facto* sobre os tratamentos para determinar a sua "a participação conjunta" na determinação das finalidades e dos meios de um tratamento[703]. Esta participação pode traduzir-se numa "decisão comum" sobre esses elementos ou, então, em "decisões convergentes"[704]. Se a primeira hipótese pressupõe uma decisão tomada em conjunto e uma intenção comum, a segunda hipótese, presente na jurisprudência do TJUE, contribui para o alargamento do conceito de responsabilidade conjunta.

Estas decisões convergentes são "complementares" e "necessárias para que o tratamento se realize de tal modo que têm um impacto intangível na determinação das finalidades e dos meios de tratamento"[705]. O CEPD ex-

[699] Estas três decisões parecem refletir a evolução e um exercício de estruturação do pensamento do TJUE em relação a esta matéria. Por exemplo, no caso das Testemunhas de Jeová não há qualquer análise autónoma das finalidades e dos meios do tratamento em relação aos intervenientes no tratamento. Pelo contrário, essa análise já é bem visível no caso mais recente, *Fashion ID*.

[700] Acórdão *Testemunhas de Jeová*, C-25/17, 10 de julho de 2018, n.º 70.

[701] Acórdão *Testemunhas de Jeová*, C-25/17, 10 de julho de 2018, n.º 70, 71 e 72.

[702] "Orientações 07/2020", 21.

[703] *Idem*, 22.

[704] *Ibidem*.

[705] *Ibidem*.

plica que um critério relevante é avaliar "se o tratamento não seria possível sem a participação de ambas as partes nas finalidades e nos meios no sentido de que o tratamento por cada uma das partes é indissociável, ou seja, intrinsecamente ligado"[706].

No que diz respeito à definição dos *meios do tratamento*, nem o tribunal nem o CEPD utilizam a distinção entre meios essenciais e meios não essenciais do tratamento, não sendo relevante para estabelecer a responsabilidade conjunta[707]. Por exemplo, no caso Fashion ID o TJUE refere que se aquela empresa não tivesse escolhido o módulo da Facebook Ireland, a recolha e transmissão dos dados pessoais dos visitantes do sítio não teria acontecido[708]. O CEPD refere que uma entidade que decide, para uma finalidade específica, usar uma plataforma, ferramentas normalizadas ou outras infraestruturas desenvolvidas por outrem "também participa na determinação dos meios do tratamento"[709]. Poderá acontecer que os utilizadores dessas infraestruturas ou sistemas possam decidir sobre o tratamento de dados pessoais como sucedeu no caso Wirtschaftsakademie, em que o administrador da página de fãs definiu os parâmetros do tratamento realizado pela Facebook. Mas, no caso Fashion ID, tal não aconteceu e, aliás, esta empresa não tinha "nenhuma influência no tratamento dos dados transmitidos ao fornecedor do módulo social"[710]. Daí que o CEPD conclua que "a escolha feita por uma entidade de usar para as suas *próprias* finalidades uma ferramenta ou outro sistema desenvolvido por outra entidade, permitindo o tratamento de dados pessoais, equivalerá provavelmente a uma decisão conjunta sobre os meios do referido tratamento por essas entidades" (itálico meu)[711]. Como nota a doutrina, este entendimento tem o potencial de ampliar significativamente os casos de responsabilidade conjunta[712].

Já no que diz respeito à *determinação conjunta das finalidades*, estas podem ser "iguais ou comuns" ou, então, "estão estreitamente ligadas ou são complementares"[713]. A existência de um benefício mútuo como, por exemplo, um interesse económico partilhado, poderá ser uma indicação dessa

[706] *Ibidem*.

[707] Rosello e Dewitte, "Exploring the limits", 352.

[708] Acórdão *Fashion ID*, C-40/17, 29 de julho de 2019, n.º 78.

[709] "Orientações 07/2020", 24.

[710] Acórdão *Fashion ID*, C-40/17, 29 de julho de 2019, n.º 37.

[711] "Orientações 07/2020", 24.

[712] Rosello e Dewitte, "Exploring the limits", 352.

[713] "Orientações 07/2020", 23.

ligação à semelhança do sucedido no acórdão Fashion ID[714]. Além disto, cada entidade pode também prosseguir um interesse próprio, conforme se verificou na decisão Wirtschaftsakademie, na qual o tratamento em causa permitia melhorias no sistema de publicidade da Facebook e, ao mesmo tempo, ao administrador da página de fãs obter estatísticas para gerir a promoção da sua atividade. Não obstante, o CEPD coloca limitações na primeira hipótese: "se a entidade envolvida no tratamento não persegue qualquer (quaisquer) finalidade(s) própria(s) em relação à atividade de tratamento, mas está simplesmente a ser remunerada pelos serviços prestados, está a agir como subcontratante (...)"[715].

Por fim, tal como o TJUE no caso Fashion ID[716], o CEPD sublinha que responsabilidade conjunta não significa "responsabilidade equivalente dos vários operadores envolvidos no tratamento de dados pessoais"[717]. Mais uma vez, sugere-se uma análise das operações ou fases do tratamento porquanto os "intervenientes podem estar envolvidos em diferentes fases desse tratamento e em diferentes graus, pelo que o nível de responsabilidade deve ser avaliado tendo em conta todas as circunstâncias (...)"[718]. Como já referi, a doutrina tem criticado a ausência de critérios claros para aferir estas fases e distribuir responsabilidades[719]. A jurisprudência do TJUE deverá clarificar se, por exemplo, a união de finalidades sugerida por alguns autores e pelo Advogado-geral Bobek é ou não um critério a usar[720].

Em jeito de conclusão, do exposto resulta uma noção muito ampla de responsabilidade conjunta que tem sido criticada[721] e poderá trazer consigo

[714] Acórdão *Fashion ID,* C-40/17, 29 de julho de 2019, n.º 80.

[715] "Orientações 07/2020", 24.

[716] Acórdão *Fashion ID,* C-40/17, 29 de julho de 2019, n.º 70.

[717] "Orientações 07/2020", 23.

[718] Acórdão *Fashion ID,* C-40/17, 29 de julho de 2019, n.º 70.

[719] Rosello e Dewitte, "Exploring the limits", 350; Rene Mahie, Joris van Hoboken e Hadi Asghari, "Responsibility for Data Protection in a Networled World – On the Question of the Controller, 'Effective and Complete Protection' and Its Application to Data Access Rights in Europe", *Journal of Intellectual Property, Information Technology and Electronic Commerce Law,* 10, n.º 1 (2019): 95.

[720] Brendan Van Alsenoy, *Data Protection Law in the EU: Roles, Responsibilities and Liability,* (London: Intersentia, 2019) 69 e Conclusões do Advogado Geral Michal Bobek, 19 de dezembro de 2018, 94.

[721] De forma muito direta, v. Charlotte Ducuing e Jessica Schroers, "The Recent Case Law of the CJEU on (Joint) Controllership: Have We Lost the Purpose of 'Purpose'?", *Computerrecht: Tijdschrift voo Informatica, Telecommunicatie en Recht,* 6 (2020), 424.

consequências inesperadas se aplicada a outras situações[722]. Recordando o Advogado-Geral Bobek, se o critério mais relevante do controlo conjunto for ter tornado possível o tratamento de dados, ainda que com alguma influência no tratamento sobre os parâmetros do mesmo – mesmo que apenas a sua aprovação tácita –, então dever-se-á perguntar quem é que afinal não é responsável conjunto pelo tratamento[723]. Como refere, "é difícil perceber como é que os utilizadores normais de uma aplicação em linha, quer seja uma rede social quer seja qualquer outra plataforma colaborativa mas igualmente de outros programas, não se tornariam também responsáveis conjuntos pelo tratamento"[724].

Esta abordagem tão abrangente será verdadeiramente testada quando o TJUE for confrontado com as implicações práticas da mesma, em particular no que diz respeito ao cumprimento das obrigações impostas pelo RGPD aos responsáveis conjuntos[725].

3.3. Encarregado da proteção de dados

A secção 4 do Capítulo IV do RGPD intitula-se "Encarregado da proteção de dados" e os artigos 37.º, 38.º e 39.º regulam, respetivamente, a designação, a posição e as funções deste ator. Além destas disposições, o RGPD tem outras referências ao encarregado, como o artigo 35.º, n.º 2 a propósito da sua intervenção quando o responsável pelo tratamento realiza uma avaliação de impacto sobre a proteção de dados[726].

A introdução desta figura naquele diploma resulta da recomendação do G29[727], da incorporação de uma prática já consolidada em vários Estados-Membros[728] e da decisão do legislador de introduzir mais flexibilidade para

[722] Sobre a posição irrealista em que se encontra uma pessoa singular em face de um fabricante de um assistente de voz virtual, v. Mil e Quintais, "A Matter", 14 e bibliografia ali citada.

[723] Conclusões do Advogado Geral Michal Bobek, 19 de dezembro de 2018, 71 a 74.

[724] Conclusões do Advogado Geral Michal Bobek, 19 de dezembro de 2018, 73.

[725] Sobre o irrealismo de exigir a celebração de contratos para regular a imputação exata de responsabilidade entre muitos responsáveis conjuntos, v. Conclusões do Advogado Geral Michal Bobek, 19 de dezembro de 2018, 85.

[726] "Ao efetuar uma avaliação de impacto sobre a proteção de dados, o responsável pelo tratamento solicita o parecer do encarregado da proteção de dados, nos casos em que este tenha sido designado".

[727] Sousa Pinheiro, *Comentário*, 469.

[728] Por exemplo, na Suécia esta figura existia desde 1998 e na Alemanha desde 1977, v. CEDPO, "Comparative Analysis of Data Protection Officials" (fevereiro 2012), acesso no

os utilizadores de dados pessoais através do princípio da responsabilidade e de uma abordagem baseada no risco[729]. Como refere a doutrina, a designação obrigatória do encarregado "deve ser vista na lógica da revolução coperniciana que se traduziu na desnecessidade de, em regra, notificar a autoridade de controlo das operações de tratamento, independentemente da sua natureza"[730]. Esta circunstância põe em evidência a importância de pensar de forma consistente a governança (*governance*) das organizações neste domínio uma vez que o encarregado, por um lado, complementa a atividade de controlo da autoridade e, ao mesmo tempo, é um provedor do titular dos dados.

O estatuto e as funções do encarregado, conforme resultam dos artigos 38.º e 39.º, impõem alterações organizativas no seio das organizações nos termos do princípio da responsabilidade vertido na obrigação do artigo 24.º do RGPD. Com efeito, "a figura do EPD é um pilar da responsabilidade"[731], pelo que se compreende que as autoridades apliquem sanções neste domínio[732], em particular por falhas no envolvimento do encarregado[733], por falta de meios e recursos para a prossecução do seu papel com independência[734] ou porque o responsável pelo tratamento não garante que o encarregado possa monitorizar o cumprimento do RGPD[735]. Por outro lado, a consagração legal desta figura e o seu posicionamento no seio das organizações tem suscitado questões ainda por responder no quadro do chamado capitalismo de interessados (*stakeholder capitalism*)[736], bem como aos modelos de *corporate governance*[737].

dia 25 de julho de 2022, https://www.cedpo.eu/wp-content/uploads/CEDPO_Studies_Comparative-Analysis_DPO_20120206.pdf

729 Comissão Europeia, "Maior proteção, novas oportunidades – Orientações da Comissão relativas à aplicação direta do Regulamento Geral sobre a Proteção de Dados a partir de 25 de maio de 2018", 24 de janeiro de 2018, 4.

730 Menezes Cordeiro, *Comentário*, 290.

731 "Orientações sobre os encarregados da proteção de dados (EPD)", 5 de abril de 2017, 5.

732 CNPDL, Délibération n.º 42FR/2021, 27 de outubro de 2021, e da mesma autoridade Délibération n.º 20FR/2021, 1 de julho de 2021.

733 Em violação do artigo 38.º, n.º 1, do RGPD.

734 Em desrespeito pelo artigo 38.º, n.º 3, do RGPD.

735 Violando o artigo 39.º, n.º 1, alínea b) do RGPD.

736 Richard Samans e Jane Nelson, *Sustainable Enterprise Value Creation* (London: Palgrave Macmillan, 2022).

737 Cortez, "Corporate Governance" e Pedro Alves, "The impact of the Data Protection Officer (DPO) in the Firm's Strategic Decisions" (julho de 2019), acesso em 26 de julho de 2022, https://run.unl.pt/handle/10362/134285.

Ao contrário do que sucede noutras partes do mundo[738], a nomeação de um encarregado é obrigatória nas situações referidas nas alíneas a) a c) do número 1 do artigo 37.º do RGPD. Dada esta obrigatoriedade, esta figura será estudada no capítulo V relativo às Obrigações. Por agora impõe-se distinguir o encarregado do responsável pelo tratamento e do subcontratante: o primeiro é designado pelos segundos pelo que, necessariamente, são pessoas distintas[739]. No que diz respeito ao perfil do encarregado, o número 5 do artigo 37.º exige "qualidades profissionais" assentes em "conhecimentos especializados no domínio e das práticas de proteção de dados, bem como na sua capacidade para desempenhar as funções referidas no artigo 39.º". O considerando 97 dispõe que o nível necessário de conhecimentos especializados deve ser determinado em função das operações de tratamento de dados realizadas e da proteção exigida para os dados.

O número 6 do artigo 37.º esclarece que esta função não tem de ser interna e pode ser externalizada em regime de prestação de serviços[740]. Apesar do relevo do encarregado para a tutela de direitos fundamentais, além do disposto no artigo 38.º sobre a sua posição, o legislador não recorta de forma muito minuciosa esta figura deixando "espaços em branco" como, por exemplo, no que diz respeito ao procedimento de escolha do encarregado, ao contrário do que sucede noutras áreas – e para outras posições – como no setor bancário e financeiro[741].

Ainda no que concerne à posição do encarregado delineada no artigo 38.º, além dos vários contributos do G29[742], o TJUE foi já chamado a pronunciar-se sobre o número 3 daquela norma, em especial pela parte onde se lê "o encarregado não pode ser destituído nem penalizado pelo responsável pelo

[738] Como no caso do Brasil, v. Autoridade Nacional de Proteção de Dados, "Guia orientativo para definições dos agentes de tratamento de dados pessoais e do encarregado", maio de 2021, 22.

[739] No número 1 do artigo 37.º lê-se, claramente, que "O responsável pelo tratamento e o subcontratante designam um encarregado da proteção de dados (...)".

[740] Onde se lê: "O encarregado da proteção de dados pode ser um elemento do pessoal da entidade responsável pelo tratamento ou do subcontratante, ou exercer as suas funções com base num contrato de prestação de serviços".

[741] Em particular, chamo a atenção para o chamado regime Fit and Proper, v. European Central Bank, "Guid to fit and proper assessments" (dezembro 2021), acesso em 26 de julho de 2022, https://www.bankingsupervision.europa.eu/ecb/pub/pdf/ssm.fit_and_proper_guide_update202112~d66f230eca.en.pdf

[742] "Orientações sobre os encarregados", 15 e ss.

tratamento ou pelo subcontratante pelo facto de exercer as suas funções"[743]. No caso *Leistritz AG*[744] discutiu-se uma medida de despedimento de um encarregado fundamentada numa reestruturação daquela empresa, no âmbito da qual os serviços de assessoria jurídica e proteção de dados seriam contratados externamente. O tribunal foi questionado sobre o facto de o direito alemão prever regras mais exigentes do que o RGPD no que respeita à destituição com justa causa do encarregado e entendeu que não há qualquer violação "desde que essa regulamentação não comprometa a realização dos objetivos do RGPD"[745].

Além da destituição, um outro problema relativo à posição do encarregado prende-se com o artigo 38.º, n.º 6, do RGPD[746] e com os conflitos de interesses. Dois outros casos de destituição de funções, ambos por causa de conflitos de interesses, encontram-se pendentes no TJUE, o caso *X-FAB Dresden*[747] e o caso *Kisa*[748]. O primeiro prende-se com um encarregado que acumulava esta função com a de presidente do conselho de empresa, questionando-se a incompatibilidade destas funções e a existência de justa causa na destituição. O segundo caso prende-se com uma destituição fundamentada na incompatibilidade da atividade profissional do encarregado. Por outro lado, existem já algumas decisões de autoridades neste domínio, como num caso belga, de acumulação desta função, num banco, com outras que implicavam poderes de decisão sobre o tratamento de dados pessoais, como a de gestão do risco operacional, gestão do risco informático e unidade de investigação especial[749].

743 A norma completa reza o seguinte: "O responsável pelo tratamento e o subcontratante asseguram que o encarregado da proteção de dados não recebe instruções relativamente ao exercício das suas funções. O encarregado não pode ser destituído nem penalizado pelo responsável pelo tratamento ou pelo subcontratante pelo facto de exercer as suas funções. O encarregado da proteção de dados informa diretamente a direção ao mais alto nível do responsável pelo tratamento ou do subcontratante."

744 Acórdão *Leistritz AG*, C-534/20, 22 de junho de 2022.

745 Acórdão *Leistritz AG*, C-534/20, 22 de junho de 2022, n.º 36.

746 "O encarregado da proteção de dados pode exercer outras funções e atribuições. O responsável pelo tratamento ou o subcontratante assegura que essas funções e atribuições não resultam num conflito de interesses".

747 Processo C-560/21.

748 Processo C-453/21.

749 APD, Deliberação DOS-2020-03763, 16 de dezembro de 2021.

No que diz respeito às funções do encarregado, elencadas no artigo 39.º, no essencial, consistem em prestar aconselhamento sobre o tratamento de dados e em controlar a conformidade com o RGPD.

3.4. Autoridade de controlo

3.4.1. Origem e natureza

A existência desta figura é uma decorrência do direito primário, nomeadamente do artigo 16.º, n.º 2, do TFUE[750] e do artigo 8.º, n.º 3, da CDFUE[751]. Segundo o TJUE, a existência de uma autoridade de controlo independente é um "elemento essencial" do direito fundamental à proteção de dados[752]. No RGPD, o capítulo VI é dedicado a este ator que já se encontrava no artigo 28.º da Diretiva 95/46/CE.

O considerando 117, ao dispor que "os Estados-Membros deverão poder criar mais do que uma autoridade de controlo, de modo a refletir a sua estrutura constitucional, organizacional e administrativa", abre a porta à criação de mais do que uma entidade deste tipo. É o que sucede, por exemplo, na Alemanha, tendo em conta a estrutura federal do Estado. No nosso país, onde existe apenas uma autoridade, a sua natureza jurídica é a de *autoridade administrativa independente* nos termos do artigo 35.º, n.º 2[753], da Constituição, integrando-se na chamada administração independente[754]. No Capítulo II da Lei n.º 58/2019, de 8 de agosto, o legislador português

[750] "O Parlamento Europeu e o Conselho, deliberando de acordo com o processo legislativo ordinário, estabelecem as normas relativas à proteção das pessoas singulares no que diz respeito ao tratamento de dados pessoais pelas instituições, órgãos e organismos da União, bem como pelos Estados-Membros no exercício de atividades relativas à aplicação do Direito da União, e à livre circulação desses dados. A observância dessas normas fica sujeita ao controlo de autoridades independentes".

[751] "O cumprimento destas regras fica sujeito a fiscalização por parte de uma autoridade independente".

[752] Acórdão *Schrems*, C-362/14, 6 de outubro de 2015, n.º 41. Na doutrina, sobre a Diretiva 95/46/CE v. Tivadar Huttl, "The content of 'complete independence' contained in the Data Protection Directive", *International Data Privacy Law*, 2, 3 (2012): 137.

[753] "A lei define o conceito de dados pessoais, bem como as condições aplicáveis ao seu tratamento automatizado, conexão, transmissão e utilização, e garante a sua proteção, designadamente através de entidade administrativa independente".

[754] Sousa Pinheiro, *Comentário*, 534.

estabelece o regime geral aplicável à Comissão Nacional de Proteção de Dados[755] e a Lei n.º 43/2004, de 18 de agosto de 2004, desenvolve a organização e funcionamento desta autoridade.

3.4.2. O modelo de fiscalização

O artigo 51.º, n.º 1, do RGPD prevê que cabe aos Estado-Membros estabelecer uma ou mais autoridades cuja tarefa principal é a "fiscalização da aplicação do presente regulamento". Uma das grandes alterações estruturais introduzidas por aquele diploma é o modelo de fiscalização: o controlo *ex ante* é substituído pela fiscalização *ex post*, eliminando-se, como regra[756], a avaliação prévia dos tratamentos de dados pessoais e transferindo a intervenção administrativa para o plano da orientação das condutas e para o plano do controlo *a posteriori* dos tratamentos de dados pessoais[757]. A *ratio* desta opção legislativa vem plasmada no considerando 89, onde se explica que a fiscalização prévia, através de uma "obrigação geral de notificação do tratamento de dados pessoais às autoridades de controlo"[758], originava "encargos administrativos e financeiros" e "nem sempre contribuiu para a melhoria da proteção dos dados pessoais", pelo que se suprime este método em prol de "regras e procedimentos eficazes mais centrados nos tipos de operações de tratamento suscetíveis de resultar num elevado risco para os direitos e liberdades das pessoas singulares"[759].

[755] A CNPD tem atribuições e poderes em domínios específicos, como, por exemplo, no disposto na Lei n.º 59/2019, de 8 de agosto, que aprova as regras relativas ao tratamento de dados pessoais para efeitos de prevenção, deteção, investigação ou repressão de infrações penais ou de execução de sanções penais, na Lei n.º 4/2014, de 18 de agosto, que transpõe para a ordem jurídica nacional a Diretiva n.º 2002/58/CE, do Parlamento Europeu e do Conselho, de 12 de Julho, relativa ao tratamento de dados pessoais e à proteção da privacidade no setor das comunicações eletrónicas.

[756] A exceção é a consulta prévia tal como dispõe o artigo 36.º do RGPD, além de eventuais intervenções prévias oriundas de legislação especial.

[757] Calvão, "O modelo de supervisão", 27; G29, "Parecer 3/2010", 18 e Álvarez, "La responsabilidad", 275.

[758] Em Portugal os artigos 27.º e 28.º da Lei n.º 67/98, de 26 de outubro, regulavam este controlo.

[759] Sinalizando que esta é uma das vantagens deste novo modelo, v. Sarmento e Castro, "40 anos", 54: "O novo modelo tem inegáveis vantagens para aqueles – cidadãos, empresas, instituições públicas – que pretendam iniciar uma atividade, pública ou privada, que requeira o tratamento de dados pessoais, por afastar os entraves administrativos e temporais a que

Nesta nova equação o princípio da responsabilidade[760] procura *compensar* esta simplificação administrativa e a consequente ausência de controlo prévio, exigindo a aplicação de medidas, determinadas em função do risco do tratamento e de outros elementos do tratamento de dados, para reforçar os mecanismos de controlo interno e a boa governação da proteção de dados[761].

3.4.3. Poderes e atribuições

No que concerne às atribuições[762] e poderes[763], as autoridades de controlo exercem, em conformidade com as garantias processuais, administrativas e penais previstas no direito interno, poderes de investigação, correção, poderes consultivos e de autorização, com total independência[764]. O próprio RGPD, no considerando 129, refere que cada deliberação destas autoridades deve respeitar o princípio da proporcionalidade, o direito de todas as pessoas a serem ouvidas antes de tomada qualquer deliberação que as prejudique e evitar custos supérfluos e excessivos para as pessoas em causa.

Mas aquele diploma introduziu outra novidade em relação a este ator. Com efeito, respondendo a uma vulnerabilidade estrutural da Diretiva 95/46/CE[765], o legislador reforçou os instrumentos de garantia ao dispor das autoridades, tendo em vista a eficácia da fiscalização empreendida, reconhecendo-lhes, como sucede com uma parcela significativa das entidades administrativas independentes[766] e já sucedia em alguns Estados-Membros[767], poderes sancionatórios típicos da função jurisdicional. Daí

sempre se sujeita uma atividade dependente de autorização, incluindo os que necessitem de, no âmbito da prestação de serviços no mercado interno, fazer circular dados indispensáveis à circulação de bens e de serviços".

[760] Artigo 5.º, n.º 2, do RGPD.

[761] G29, "Parecer 3/2010", 2 e 16.

[762] Estabelecidas no artigo 57.º do RGPD.

[763] Elencados no artigo 58.º do RGPD.

[764] Considerando 129 e artigos 52.º e ss. do RGPD.

[765] Relatórios encomendados pela Comissão Europeia e outros estudos atestam a desadequação dos poderes das autoridades de controlo, abrindo a porta a um "défice de controlo" ou de *enforcement* deste regime, v. Hon, *Data Localization,* 239.

[766] Paula Costa e Silva, "As autoridades administrativas independentes", *O Direito,* 138, III (2006): 558; Vital Moreira e Fernanda Maças, *Autoridades Reguladoras Independentes – Estudo e Projecto de Lei-Quadro* (Coimbra: Coimbra Editora, 2003): 40.

[767] Como é o caso de Portugal, segundo os artigos 35.º e ss. da Lei n.º 67/98, de 26 de outubro, bem como de outros países como o Reino Unido, v. Hazel Grant e Hannah Crowther,

que haja quem entenda que estas autoridades exercem poderes de tipo "para-jurisdicional" ou "quase jurisdicional"[768]. Assim, o exercício de poderes sancionatórios passou a estar expressamente consagrado no RGPD, segundo uma distinção implícita entre *sanções penais* e *sanções administrativas* (incluindo "coimas"), estas harmonizadas por via do regulamento que define os termos da violação que lhes subjaz, o montante máximo e o critério de fixação do valor[769].

O poder sancionatório tem a função de reforçar a efetividade da ação do legislador, potencia a sua influência (e das autoridades de controlo), a dos seus comandos e proibições legais. Sucintamente, como refere Pedro Gonçalves, cria para os "regulados um novo tipo de risco, *o risco regulatório da punição*"[770].

3.4.4. Jurisprudência

O TJUE pronunciou-se sobre as autoridades de controlo em várias ocasiões ainda antes do RGPD. Os temas em apreciação são diversos, mas agora, pela sua importância, darei nota de dois: a exigência de "total independência"[771] (3.4.4.1.) e a intervenção das autoridades de controlo em decisões da Comissão Europeia (3.4.4.2.). Como ficará evidente, estas decisões estão na base de algumas opções legislativas vertidas nos artigos 52.º (Independência) e 53.º (Condições gerais aplicáveis aos membros da autoridade de controlo) do RGPD.

"How Effective Are Fines in Enforcing Privacy?", in *Enforcing Privacy. Regulatory, Legal and Technological Approaches,* ed. David Wright e Paul De Hert, (London: Springer, 2016): 287.

[768] Sobre as dúvidas em torno da verdadeira natureza – administrativa ou jurisdicional – da atividade de aplicação de sanções, v. Gonçalves, "Direito Administrativo", 53 e bibliografia aí citada; Costa e Silva, "As autoridades administrativas", 558 e descrevendo o papel das autoridades de controlo como *quase-judicial authorities* veja-se o estudo de Maria Porcedda, "Use of the Charter of Fundamental Rights by national data protection authorities and the EDPS", *RSCAS Research. Project Reports, Center for Judicial Cooperation,* junho de 2017.

[769] Considerandos 149 e 150, artigos 58.º, n.º 2, alínea i), 83.º e 84.º do RGPD. Adicionalmente, o G29 publicou orientações sobre o exercício destes poderes, v. G29, "Guidelines on the application and setting of administrative fines for the purposes of the Regulation 2016/679", 3 de outubro de 2017.

[770] Gonçalves, "Direito Administrativo", 54.

[771] Para uma perspetiva nacional sobre a independência da CNPD, v. Francisco Pereira Coutinho, "A Independência da Comissão Nacional de Proteção de Dados", *Anuário da Proteção de Dados Pessoais* (CEDIS, 2020): 9, acesso em 28 de julho de 2022, https://protecaodedadosue.cedis.fd.unl.pt/edicao-2020/

3.4.4.1. *O critério da "total independência"*

O artigo 52.º, n.º 1, do RGPD[772] exige uma atuação com "total independência", as outras normas deste artigo concretizam os termos dessa independência e o considerando 118 prevê que "a independência das autoridades de controlo não deverá implicar que estas autoridades não possam ser sujeitas a procedimentos de controlo ou monitorização no que diz respeito às suas despesas nem a fiscalização judicial". Foi justamente um mecanismo de vigilância ou, melhor dizendo, a tutela administrativa exercida sobre estas autoridades, que foi objeto de análise do tribunal no caso que opôs a Comissão Europeia à Alemanha em 2010[773]. Em primeiro lugar, o tribunal esclareceu o sentido da expressão "total independência", sublinhando que se trata de "um poder decisório isento de qualquer influência, direta ou indireta, externa à autoridade de controlo"[774]. Em segundo lugar, analisando a tutela administrativa em causa[775], o tribunal entendeu que a mesma permite ao Governo ou a um órgão da Administração dependente do Governo influenciar as decisões das autoridades, sublinhando que os interesses políticos, económicos e outros do Governo podem desvirtuar a atividade imparcial e independente da autoridade ou, ainda, determinar uma "obediência antecipada" das autoridades "atendendo à prática decisória da autoridade de tutela"[776]. Por isso, o TJUE decidiu que a tutela do Estado exercida pelas autoridades alemãs não era compatível com o requisito de "total independência".

O caso que opôs a Comissão Europeia à Áustria incidiu também sobre o critério da "total independência", mas agora sobre aspetos de índole, sobre-

[772] Na Diretiva 95/46/CE o artigo 28.º tinha uma redação semelhante: "Cada Estado-Membro estabelecerá que uma ou mais autoridades públicas serão responsáveis pela fiscalização da aplicação no seu território das disposições adotadas pelos Estados-Membros nos termos da presente diretiva. Essas autoridades exercerão com total independência as funções que lhes forem atribuídas".

[773] Acórdão *Comissão Europeia v. Alemanha,* C-518/07, 9 de março de 2010.

[774] Acórdão *Comissão Europeia v. Alemanha,* C-518/07, 9 de março de 2010, n.º 19.

[775] Esta tutela "visa apenas assegurar uma ação das autoridades de controlo, que seja conforme com as disposições nacionais e comunitárias aplicáveis, e que, portanto, não tem por fim obrigar as referidas autoridades a prosseguirem, eventualmente, objetivos políticos contrários à proteção das pessoas singulares", v. Acórdão *Comissão Europeia v. Alemanha,* C-518/07, 9 de março de 2010, n.º 33.

[776] Acórdão *Comissão Europeia v. Alemanha,* C-518/07, 9 de março de 2010, n.º 32-36.

tudo, organizacional[777]. O problema principal prendia-se com o facto de um membro administrador da autoridade de controlo ser um funcionário da Chancelaria Federal, com gabinete integrado nos serviços dessa Chancelaria. O tribunal reiterou que a expressão "total independência" deve ser interpretada autonomamente e apenas com base nas disposições de proteção de dados pessoais[778]. Depois, esclareceu que a existência de independência *funcional* dos membros da autoridade, que "são independentes e não estão vinculados por nenhuma instrução no exercício da sua função", não é suficiente para garantir que não há influências externas[779]. Para isso importa avaliar formas de influência *direta* e *indireta*[780] e, em particular, o tribunal relevou a posição do membro administrador da autoridade. De facto, a legislação austríaca atribuía ao seu "superior hierárquico um poder de fiscalização suscetível de entravar a independência da DSK no exercício das suas funções"[781], destacando ainda o nexo entre o membro da autoridade e um órgão político, o que poderia originar suspeitas de parcialidade na tomada de decisões[782]. Mas além da relação entre o membro administrador da autoridade e a Chancelaria, outros fatores, como a imbricação estrutural, em termos organizacionais, entre a Chancelaria e a autoridade de controlo, nomeadamente a dependência de pessoal desta em relação àquela, levaram o tribunal a considerar que a autoridade não estava acima de qualquer suspeita de parcialidade[783].

Num outro caso, que opôs a Hungria à Comissão Europeia, discutiu-se o incumprimento da Diretiva 95/46/CE por parte daquele país ao "fazer cessar antecipadamente o mandato da autoridade de fiscalização"[784]. O tribunal reconhece ali que os Estados-Membros gozam de alguma margem de manobra[785] no que diz respeito "à escolha do modelo institucional e à dura-

[777] Acórdão *Comissão Europeia v. Áustria,* C-614/10, 16 de outubro de 2012.

[778] Acórdão *Comissão Europeia v. Áustria,* C-614/10, 16 de outubro de 2012, n.º 40.

[779] Acórdão *Comissão Europeia v. Áustria,* C-614/10, 16 de outubro de 2012, n.º 42.

[780] Veja-se a redação do artigo 52.º, n.º 2, que reflete este caminho: "Os membros das autoridades de controlo não estão sujeitos a influências externas, diretas ou indiretas no desempenho das suas funções e no exercício dos seus poderes (...)".

[781] Acórdão *Comissão Europeia v. Áustria,* C-614/10, 16 de outubro de 2012, n.º 50.

[782] Acórdão *Comissão Europeia v. Áustria,* C-614/10, 16 de outubro de 2012, n.º 51.

[783] Acórdão *Comissão Europeia v. Áustria,* C-614/10, 16 de outubro de 2012, n.º 61.

[784] Acórdão *Comissão Europeia v. Hungria,* C-288/12, 8 de abril de 2014, n.º 1.

[785] O artigo 54.º, n.º 1, alínea d) coloca algumas limitações nessa margem de manobra: "A duração do mandato dos membros de cada autoridade de controlo, que não será inferior

ção exata do mandato da autoridade de fiscalização", mas "a ameaça de cessação antecipada que paira sobre essa autoridade ao longo do exercício do seu mandato pode levar a uma forma de obediência desta ao poder político incompatível com a referida exigência de independência"[786]. Por isso, a exigência de "total independência" deve ser "interpretada no sentido de que inclui a obrigação de respeitar a duração do mandato das autoridades de fiscalização até ao final e de só o fazer cessar antecipadamente com observância das regras e das garantias da legislação aplicável"[787]. Em particular, o TJUE cita o regime aplicável à cessação antecipada de mandato da Autoridade Europeia de Proteção de Dados, que exige "motivo grave e objetivamente averiguável"[788], algo que, neste caso, não sucedeu. O artigo 53.º, nos números 3 e 4 do RGPD, regula este assunto, prevendo a cessação de funções no fim do mandato, através de exoneração ou aposentação compulsiva e, no caso de exoneração, prevê-se a sua aplicação quando ocorra "uma falta grave ou se tiverem deixado de cumprir as condições exigidas para o exercício das suas funções".

3.4.4.2. *As autoridades de controlo e a Comissão Europeia*

No caso Schrems I um jovem austríaco apresentou uma queixa junto da autoridade de controlo irlandesa contra a Facebook Ireland, onde argumentou que as transferências realizadas para os servidores da Facebook USA, fundamentadas na decisão de adequação da Comissão Europeia[789], eram ilícitas. Convém referir que, tal como o RGPD prevê no artigo 45.º a decisão de adequação como instrumento de suporte das transferências, também a Diretiva 95/46/CE previa a mesma solução no artigo 25.º[790]. Em face da

a quatro anos, salvo no caso do primeiro mandato após 24 de maio de 2016, e ser mais curta quando for necessário proteger a independência da autoridade de controlo através de um procedimento de nomeações escalonada".

[786] Acórdão *Comissão Europeia v. Hungria,* C-288/12, 8 de abril de 2014, n.º 54.

[787] Acórdão *Comissão Europeia v. Hungria,* C-288/12, 8 de abril de 2014, n.º 55.

[788] Acórdão *Comissão Europeia v. Hungria,* C-288/12, 8 de abril de 2014, n.º 56.

[789] Decisão da Comissão de 26 de julho de 2000 nos termos da Diretiva 95/46/CE do Parlamento Europeu e do Conselho e relativa ao nível de proteção assegurado pelos princípios de 'porto seguro' e pelas respetivas questões mais frequentes (FAQ) emitidos pelo Department of Commerce dos Estados Unidos da América (2000/520/CE).

[790] O tema das transferências de dados pessoais será estudado mais adiante no capítulo V sobre as Obrigações, em especial no ponto sobre Obrigações avulsas.

recusa da autoridade em dar seguimento à queixa o caso seguiu para o Supremo Tribunal Irlandês que, em 18 de junho de 2014, suspendeu a instância para inquirir o TJUE sobre a validade dos fundamentos da recusa daquela autoridade. Nomeadamente perguntou-se se uma autoridade de controlo está vinculada, em termos absolutos, pela constatação de "adequação" da Comissão Europeia consagrada na Decisão 2000/520 ou se pode proceder a uma investigação sobre essa adequação[791]? Esta questão incidia, portanto, sobre o âmbito dos poderes da autoridade de controlo *vis-à-vis* os poderes já exercidos pela Comissão Europeia e refletidos numa decisão de adequação.

O tribunal sustentou que, dada a sua independência e a vinculação à Carta dos Direitos Fundamentais da UE, as autoridades de controlo devem examinar queixas relacionadas com a adequação da proteção de um país terceiro reconhecida numa decisão de adequação. Os poderes das autoridades, em especial o poder de suspender ou bloquear transferências, devem ser exercidos *apesar* da vigência de uma decisão da Comissão Europeia[792].

Contudo, a doutrina sublinha algum irrealismo do tribunal na atribuição desta missão à luz da falta de recursos, humanos e financeiros que carateriza a ação destas autoridades[793]. Por outro lado, realizada a verificação da adequação de um país terceiro, a mesma poderá criar uma desarmonização de posições e interpretações entre autoridades de controlo em detrimento da natureza uniformizadora de uma decisão da Comissão Europeia[794]. Para corrigir esta situação, a utilização dos mecanismos de cooperação é fundamental[795].

3.5. Comité europeu para a proteção de dados

A secção 3 do RGPD regula este ator que, de acordo com o número 1 do artigo 68.º, "é criado enquanto organismo da União e está dotado de per-

[791] Acórdão *Schrems*, C-362/14, 6 de outubro de 2015, n.º 36.

[792] Acórdão *Schrems*, C-362/14, 6 de outubro de 2015, n.os 38 a 66.

[793] Sugerindo que falta às autoridades de controlo capacidade para, de forma eficaz, dar conta daquela tarefa, v. Cristhopher Kuner, "Reality and Illusion in EU Data Transfer Regulation Post Schrems", *German Law Journal*, 18 (2017): 894.

[794] José Piñar Mañas, "Transferencias de datos personales a terceros países e organizaciones internacionales", in *Reglamento General De Protección de Datos. Hacia um nuevo modelo europeo de privacidade*, ed. José Piñar Manas (Madrid: Reus, 2016), 443.

[795] Artigos 60.º a 76.º do RGPD.

sonalidade jurídica". Poder-se-á dizer que tal reflete uma "europeização" da proteção de dados pessoais que, no longo prazo, corresponde a uma estruturação de um *sistema administrativo europeu* para o mercado único da proteção de dados pessoais. Assim, o primeiro pilar desse sistema ergue-se com a reformulação do G29, que passa a Comité Europeu para a Proteção de Dados, ou CEPD, com a finalidade de "melhorar o seu contributo para a aplicação coerente da legislação em matéria de proteção de dados e fornecer uma base sólida de cooperação entre as autoridades de proteção de dados"[796]. Como referi, o CEPD é um organismo da UE, dotado de personalidade jurídica, sendo representado pelo seu presidente e composto pelo diretor de uma autoridade de controlo de cada Estado-Membro, da Autoridade Europeia para a Proteção de Dados[797] e por um representante da Comissão Europeia[798]. A sua criação sugere uma situação de *partilha* ou *concorrência* de poderes com as autoridades de controlo nacionais dada a natureza complexa de algumas situações e procedimentos administrativos que congregam fases nacionais e europeias.

De acordo com os artigos 69.º e 70.º do RGPD, esta figura é independente e goza de amplos poderes para-regulamentares, de aconselhamento e emissão de diretrizes, de vários instrumentos unilaterais de "orientação" e de sugestão ou indução de comportamentos, de poderes de acreditação de organismos de certificação. Particularmente relevantes são os poderes de resolução de litígios entre autoridades de controlo estabelecidos no artigo 65.º do RGPD.

3.6. Representante

Segundo o artigo 27.º do RGPD, a obrigação de designar um representante recai sobre os utilizadores de dados pessoais visados pelo artigo 3.º, n.º 2, exceto em alguns casos[799]. Esta norma prossegue o mesmo fim da sua ante-

[796] Comissão Europeia, "Proteção da privacidade", 10.

[797] Trata-se da autoridade de controlo responsável pela fiscalização dos tratamentos de dados realizados pelas instituições e órgãos da UE de harmonia com Regulamento 45/2001, do PE e do Conselho, de 18 de dezembro de 2000, relativo à proteção das pessoas singulares no que diz respeito ao tratamento de dados pessoais pelas instituições e pelos órgãos comunitários e à livre circulação desses dados.

[798] Artigo 68.º do RGPD.

[799] O número 2 dispõe, na alínea a), "operações de tratamento que sejam ocasionais, não abranjam o tratamento, em grande escala, de categorias especiais de dados a que se refere o

cessora, o artigo 4.º, n.º 2, da Diretiva 95/46/CE, com modificações em três aspetos: (i) estende o alcance a subcontratantes; (ii) exige apenas *um* representante para todo o espaço da União[800]; e (iii) sanciona o incumprimento com uma coima[801]. Mas quem é, afinal, o representante?

O representante é, de acordo com o artigo 4.º, n.º 17, do RGPD, uma pessoa singular ou coletiva estabelecida na União que deve ser mandatada, por escrito, para esta função[802]. Entre as entidades que podem assumir esta função encontram-se as sociedades de advogados, consultoras e mesmo entidades não comerciais[803].

Da leitura conjugada do considerando 80 e do artigo 27.º, n.º 4, conclui-se que o representante deverá agir em nome do utilizador dos dados pessoais e será o ponto de contacto das autoridades de controlo e do titular dos dados[804]. Nos termos dos artigos 13.º, n.º 1, alínea a) e 14.º, n.º 1, alínea a), do RGPD, sempre que há uma recolha de dados pessoais, devem ser fornecidos elementos sobre a identidade do representante. Esta informação é particularmente relevante porquanto o titular dos dados poderá contactar o representante em "substituição" ou em "complemento"[805] do representado, sempre que pretenda exercitar os seus direitos.

Independentemente dos termos do acordo celebrado entre o utilizador de dados e o seu representante, sobre o segundo recaem, *ope legis*, alguns deveres. Cabe-lhe, desde logo, o dever de cooperar com as autoridades de controlo e, por conseguinte, de fornecer informações de que aquelas necessitem[806]. Acresce que deverá conservar um registo das atividades de tratamento, do qual consta o conjunto de informações elencadas no artigo 30.º, que deve disponibilizar, em caso de pedido, à autoridade de controlo.

artigo 9.º, n.º 1, ou o tratamento de dados pessoais relativos a condenações penais e infrações referido no artigo 10.º, e não seja suscetível de implicar riscos para os direitos e liberdades das pessoas singulares, tendo em conta a natureza, o contexto, o âmbito e as finalidades do tratamento" e a alínea b) excetua as "autoridades ou organismos públicos".

800 Artigo 27.º, n.º 1 e 3, do RGPD.

801 Artigo 83.º, n.º 4, alínea a), do RGPD.

802 No direito português o contrato de mandato com representação previsto nos artigos 262.º, n.º 1 e 1157.º do Código Civil servirá de base a esta relação.

803 CEPD, "Diretrizes 3/2018", 27.

804 Artigo 13.º, n.º 1, alínea a) e artigo 14.º, n.º 1, alínea a), do RGPD.

805 Artigo 27.º, n.º 4, do RGPD.

806 Artigo 31.º e artigo 58.º, n.º 1, alínea c), do RGPD.

Esta figura não deve ser confundida com o encarregado de proteção de dados pessoais previsto no artigo 37.º do RGPD. Ambos lidam com pedidos de titulares dos dados e de autoridades de controlo, mas a sua designação resulta de obrigações diferentes. Um utilizador de dados pessoais obrigado a designar um representante poderá ser obrigado a nomear um encarregado. Se, por exemplo, realiza operações de tratamento em grande escala de categorias especiais de dados pessoais, tais operações não são "ocasionais", pelo que terá de nomear ambos[807]. Por seu turno, empresas não estabelecidas na UE que, por um lado, realizam operações de tratamento relacionadas com a oferta de bens e serviços mas que, por outro, não preenchem os requisitos do artigo 37.º, n.º 1, devem nomear apenas um representante. Há quem critique a imposição de designar um encarregado a empresas estrangeiras por constituir um encargo administrativo e organizacional pouco razoável e demasiado oneroso[808]. A solução passaria por estabelecer uma graduação das exigências impostas aos utilizadores de dados pessoais sem estabelecimento na UE com base na intensidade da sua presença no mercado interno[809]. Contudo, parece-me que os critérios usados para delimitar a obrigatoriedade de designar um encarregado ("o controlo regular e sistemático dos titulares dos dados em grande escala" e a realização de "operações de tratamento em grande escala de categorias especiais de dados") de certo modo já traduzem, em si mesmos, a força da presença da empresa estrangeira no mercado interno. Por seu turno, estabelecer uma graduação das exigências mitigava a pretensão de criar iguais condições para operadores da União e operadores estrangeiros com atividade no mercado interno da União.

Os heterónimos do representante encontram-se noutros domínios do Direito da União: a Diretiva 2011/61/UE, sobre gestores de fundos de investimento alternativos (FIA), prevê um "representante legal", uma pessoa singular com domicílio na União ou uma pessoa coletiva com sede social na União e que, tendo sido expressamente designada por um gestor de um FIA extra-UE, age em nome e por conta deste[810]; assim, também na regulação de veículos o Regulamento 168/2013 prevê uma obrigação, para fabri-

[807] Artigo 37.º, n.º 1, alínea b) e artigo 27.º, n.º 2, alínea b), do RGPD.

[808] Svantesson, *Extraterritoriality*, 195.

[809] Svantesson e Polcak, *Information Sovereignty*, 221 e 222.

[810] Artigo 4.º, n.º 1, alínea u) e art. 37.º, n.º 3 da Diretiva 2011/61.

cantes estabelecidos fora da União, de nomearem um "representante"[811] e, ainda em relação a dispositivos médicos fabricados no exterior da União, a Diretiva 2007/47/CE dispõe, para fabricantes com sede social fora dali, a obrigação de designar um "mandatário"[812].

A designação de um representante tem duas funções: facilitar as interações do titular dos dados pessoais com um utilizador dos mesmos que esteja ausente e as interações com as autoridades de controlo de modo a potenciar a fiscalização dos tratamentos de dados pessoais realizados ao abrigo do artigo 3.º, n.º 2, de harmonia com a lógica da territorialidade dos poderes das autoridades de controlo. Esta designação visa, em última análise, organizar a capacidade de aplicar as disposições do RGPD "chamando" para o domínio de jurisdição territorial do Estado-Membro, se não o causador do risco (o utilizador dos dados pessoais), o seu substituto.

Mas como se definem os termos da responsabilidade do representante no lugar do utilizador de dados pessoais? O artigo 58.º, n.º 1, alínea a), do RGPD, parece restringir as interações com as autoridades de controlo às "ordens" para o "fornecimento de informações", nomeadamente do registo das atividades de tratamento. O CEPD entende que "o responsável pelo tratamento ou subcontratante não estabelecido na União é responsável pelo conteúdo básico e pela atualização do registo e, simultaneamente, tem de facultar ao seu representante informações precisas e atualizadas"[813]. Por conseguinte, não se ficciona que o representante seja *o* utilizador dos dados pessoais, imputando àquele as obrigações deste. Assim, a possibilidade de responsabilizar *diretamente* o representante está limitada às obri-

[811] Que será "qualquer pessoa singular ou coletiva estabelecida na União, devidamente nomeada pelo fabricante para o representar junto da entidade homologadora ou da autoridade de fiscalização do mercado para agir em seu nome relativamente a questões abrangidas pelo âmbito de aplicação" do regulamento, v. artigos 3.º, n.º 48, 9.º, n.º 4 e 5 do Regulamento 168/2013 do Parlamento Europeu e do Conselho, de 15 de janeiro de 2013, relativo à homologação e fiscalização do mercado dos veículos de duas ou três rodas e dos quadriciclos.

[812] Considerando 14 e artigo 1.º, n.º 1, iii, alínea j), da Diretiva 2007/47/CE do Parlamento Europeu e do Conselho, de 5 de setembro de 2007, que altera a Diretiva 90/385/CEE do Conselho relativa à aproximação das legislações dos Estados-Membros respeitantes aos dispositivos medicinais implantáveis ativos, a Diretiva 93/42/CEE do Conselho relativa aos dispositivos médicos e a Diretiva 98/8/CE relativa à colocação de produtos biocidas no mercado.

[813] CEPD, "Diretrizes 3/2018", 31.

gações que sobre este recaem, mencionadas nos artigos 30.º e 58.º, n.º 1, alínea a) do RGPD[814].

E em que medida poderá o titular dos dados pessoais exercer os seus direitos contra o representante?[815] O artigo 27.º, n.º 5, do RGPD, prevê que a designação de um representante não prejudica ações judiciais que possam ser intentadas contra o representado[816]. Especificamente, em relação aos termos da sua responsabilidade, o considerando 80 *in fine* determina que este "deverá estar sujeito a procedimentos de execução em caso de incumprimento pelo responsável pelo tratamento ou pelo subcontratante". Recuando à história legislativa do RGPD, constato que a proposta inicial da Comissão era mais ambiciosa: o artigo 78.º, n.º 2, previa a aplicação de sanções ao representante[817]. O recuo do legislador terá sido motivado pela circunstância de eventuais medidas de execução contra o representante suscitarem questões práticas ao nível do direito interno dos Estados-Membros, dada a ausência, designadamente, de uniformidade em relação às mesmas e à possibilidade de responsabilizar o representante, aplicando-lhe sanções, nos termos do direito penal ou civil, em nome do representado[818]. Os ordenamentos jurídicos internos divergem sobre a natureza da relação entre o representado e o representante: nuns casos o representante substitui o representado no que diz respeito à execução e às sanções e noutros dispõe de mero mandato[819]. Ou seja, os termos da responsabilidade do

[814] *Idem*, 32.

[815] Apelando à necessidade de clarificar este ponto, v. G29, "Parecer 8/2010", 35.

[816] Artigo 79.º do RGPD.

[817] "Sempre que o responsável pelo tratamento tiver designado um representante, as sanções são aplicadas ao representante, sem prejuízo de quaisquer sanções que possam vir a ser aplicadas contra o responsável pelo tratamento", v. Proposta de regulamento relativa à proteção das pessoas singulares no que diz respeito ao tratamento de dados pessoais e à livre circulação desses dados (regulamento geral de proteção de dados), apresentada no dia 25 de janeiro de 2012, acesso no dia 23 de agosto de 2022 em http://eur-lex.europa.eu/legal-content/en/ALL/?uri=CELEX%3A52012PC0011.

[818] Esta dificuldade foi identificada pelo G29, "Parecer 8/2010", 25.

[819] Tal refletia-se, aliás, na legislação de transposição da Diretiva. Em alguns Estados o direito interno previa explicitamente as sanções pecuniárias aplicáveis aos representantes (o caso da legislação de proteção de dados belga, de 8 de dezembro de 1992, da lei de 6 de julho de 2000 dos Países Baixos e da legislação grega. A legislação portuguesa, nos termos do artigo 4.º, n.º 5, da Lei n.º 97/98, consagrava uma substituição plena do RT, "em todos os seus direitos e obrigações, sem prejuízo da sua própria responsabilidade"); noutros, como a Lei 78/17

representante dependem do direito nacional e não do Direito da União[820]. Conjugando esta geometria variável da responsabilidade do representante com a possibilidade de ser designado apenas *um* para todo o espaço da UE[821], o legislador facilitou o *forum shopping* quanto à escolha de um Estado-Membro com a legislação que for mais favorável à (não) responsabilização daquele.

3.7. Outros atores

Um conceito que se distingue dos estudados até aqui é o de *estabelecimento*[822]. Como esta figura já foi estudada, basta recordar o disposto no considerando 22: "[o] estabelecimento pressupõe o exercício efetivo e real de uma atividade com base numa instalação estável. A forma jurídica de tal estabelecimento, quer se trate de uma sucursal quer de uma filial com personalidade jurídica, não é fator determinante nesse contexto".

Por outro lado, o RGPD também define *destinatário* e *terceiro*. O que é comum a estes dois atores é o facto de o legislador não lhes atribuir obrigações específicas exceto quando são qualificados como responsáveis pelo tratamento ou subcontratantes[823]. Porém, em certos casos, o RGPD atribui-lhes relevância, em especial à posição de terceiro[824]. O *destinatário* é "uma pessoa singular ou coletiva, a autoridade pública, agência ou outro organismo que recebem comunicações de dados pessoais, independentemente de se tratar ou não de um terceiro. Contudo, as autoridades públicas que possam receber dados pessoais no âmbito de inquéritos específicos nos termos do direito da União ou dos Estados-Membros não são consideradas destinatários; o tratamento desses dados por essas autoridades públicas deve cumprir as regras de proteção de dados aplicáveis em função das finalidades do tratamento"[825]. Também o considerando 31 exclui a aplicação

francesa, de 6 de janeiro de 1978, não se preveem sanções pecuniárias para os representantes, v. G29, "Parecer 8/2010", 26.

820 Kuner, *European Data Protection Law*, 133.

821 Artigo 27.º, n.º 3 do RGPD.

822 Explicado no capítulo I a propósito do âmbito de aplicação geográfico deste regime.

823 "Orientações 07/2020", 32.

824 Artigos 6.º, n.º 1, alínea f) (Interesse legítimo), 13.º, n.º 1, alínea d) (Informações a facultar quando os dados pessoais são recolhidos junto do titular) ou 14.º, n.º 2, alínea d) (Informações a facultar quando os dados pessoais não são recolhidos junto do titular).

825 Artigo 4.º, n.º 9 do RGPD.

desta figura em relação a "autoridades públicas a quem forem divulgados dados pessoais em conformidade com obrigações jurídicas para o exercício da sua missão oficial (...)" quando estas recebem "dados pessoais que sejam necessários para efetuar um inquérito específico de interesse geral (...)". Em geral, esta definição inclui qualquer *pessoa que receba dados pessoais, quer seja terceiro ou não*[826]. Trata-se, portanto de um conceito mais amplo do que o de terceiro[827] onde podem caber outros responsáveis pelo tratamento, responsáveis conjuntos pelo tratamento e subcontratantes para quem os dados sejam transferidos ou divulgados[828]. Esta figura foi aflorada – mas pouco explorada – pela autoridade de controlo espanhola num caso que envolveu uma queixa apresentada por um titular na sequência da partilha dos seus dados no contexto de um processo judicial[829].

O *terceiro* é "a pessoa singular ou coletiva, a autoridade pública, o serviço ou organismo que não seja o titular dos dados, o responsável pelo tratamento, o subcontratante e as pessoas que, sob autoridade direta do responsável pelo tratamento ou do subcontratante, estão autorizadas a tratar os dados pessoais"[830]. Se, por exemplo, um funcionário de um responsável pelo tratamento acede aos dados pessoais sem ter uma autorização para o efeito, deverá ser considerado um terceiro em relação ao tratamento realizado pela entidade patronal[831]. Poderá ainda ser considerada terceira a empresa que, pertencendo a um grupo de empresas, não atua como responsável nem subcontratante[832]. Em alguns Estados-Membros existe jurisprudência sobre esta figura como, por exemplo, no caso em que o diretor de uma creche foi considerado um terceiro em relação a um tratamento de dados pessoais relacionado com o envio de uma carta a encarregados de educação[833]. Numa outra decisão que envolvia o direito de acesso[834] a informação financeira de um devedor insolvente, um tribunal administrativo alemão consi-

[826] "Orientações 07/2020", 34.

[827] Sousa Pinheiro, *Comentário*, 162.

[828] "Orientações relativas à transparência", 43.

[829] AEPD, Processo E/01090/2021.

[830] Artigo 4.º, n.º 10 do RGPD.

[831] "Orientações 07/2020", 33.

[832] *Ibidem.*

[833] Acórdão do Tribunal Administrativo Federal, Processo W1012208238-1/5E, 7 de dezembro de 2021.

[834] Artigo 15.º do RGPD.

derou que o administrador de insolvência era um terceiro[835]. Já na Grécia, a autoridade de controlo analisou uma divulgação de dados pessoais realizada pela ordem dos advogados de Atenas sobre os seus membros candidatos a eleições para aquele organismo e, entre outros aspetos, concluiu que esses candidatos eram terceiros em relação à divulgação dos dados realizada pela ordem mas seriam responsáveis pelo tratamento em relação aos tratamentos posteriores ocorridos na sequência daquela divulgação[836].

Por fim, o artigo 4.º, n.º 19, define *grupo empresarial* como "um grupo composto pela empresa que exerce o controlo e pelas empresas controladas". Os considerandos 36 e 37 acrescentam que "[u]m grupo empresarial deverá abranger uma empresa que exerce o controlo e as empresas que controla, devendo a primeira ser a que pode exercer uma influência dominante sobre as outras empresas, por exemplo, em virtude da propriedade, da participação financeira ou das regras que a regem ou da faculdade de fazer aplicar as regras relativas à proteção de dados pessoais (...)". A doutrina tem entendido que o grupo de empresas não pode, em abstrato, ser qualificado como responsável pelo tratamento, sendo necessária uma avaliação casuística para fundamentar essa qualificação[837].

[835] Acórdão do Tribunal Administrativo de Gießen, Processo 4 K 252/19.GI, 23 de outubro de 2019.

[836] Opinião 7/2021, 1 de novembro de 2021.

[837] Sousa Pinheiro, *Comentário*, 149 e, em sentido próximo, v. Kuner, *European Data Protection Law*, 108.

IV. DIREITOS DO TITULAR

É inegável que a vontade do titular dos dados ocupa um lugar de relevo no regime estudado. Reflexo disso é o princípio, não enunciado no artigo 5.º do RGPD, da *participação* do titular dos dados nos tratamentos. Por um lado, este princípio garante-lhe uma medida de influência nas operações de tratamento[838] e, por outro, reflete-se numa cartilha de direitos que lhe são assegurados mesmo nos casos em que a licitude do tratamento não decorre do consentimento. Essa cartilha encontra-se no capítulo III do RGPD, cuja epígrafe é "Direitos do titular dos dados".

Nesse capítulo encontra-se, logo no início, o artigo 12.º. Esta disposição contém as regras para o exercício dos direitos dos titulares dos dados que, na verdade, são verdadeiras *obrigações*[839] e contém ainda os limites gerais a esses direitos, em particular quando os pedidos do titular são "infundados ou excessivos"[840]. Adotando a "arrumação" do Comité[841], apresento neste capítulo os vários direitos: o direito à *informação*[842] (4.1.), o direito de *intervir* no tratamento, onde se incluem os direitos de acesso[843], retificação[844],

838 Acórdão *Promusicae*, C-275/06, 29 de janeiro de 2008.

839 Por isso, os números 1 a 4 são analisados no capítulo das obrigações.

840 Em particular o número 6, mas, sobretudo, o número 5.

841 "Orientações 4/2019", 19.

842 Artigos 13.º e 14.º do RGPD.

843 Artigo 15.º do RGPD.

844 Artigo 16.º do RGPD.

apagamento[845], portabilidade[846] (4.2.) e, por fim, o direito de *limitar* o tratamento, cabendo aqui o direito à limitação do tratamento em sentido estrito[847], o direito de oposição[848] e o direito de não estar sujeito a decisões individuais automatizadas[849] (4.3.).

4.1. O direito à informação

Mais do que atribuir uma faculdade ao titular dos dados, os artigos 13.º e 14.º do RGPD consagram a *obrigação* de lhe prestar informação em duas situações distintas: quando os dados pessoais são recolhidos junto do titular (artigo 13º) e quando os dados pessoais não são recolhidos junto do titular (artigo 14.º)[850]. Assim, o direito à informação que agora importa encontra-se no artigo 15.º, n.º 1, sob a epígrafe de um direito de acesso. Com efeito, este número dispõe que, além do direito de aceder aos seus dados pessoais, o titular tem também o direito de aceder às seguintes informações: finalidades do tratamento (alínea a)), categorias de dados pessoais (alínea b)), destinatários ou categorias de destinatários a quem os dados foram ou serão divulgados(alínea c)), prazo de conservação ou os critérios para a sua determinação (alínea d)), direitos do titular (alínea e) e f)), origens dos dados se estes não foram recolhidos diretamente junto de si (alínea g)) e a existência de decisões automatizadas (alínea h)). Ainda, tendo em conta o risco envolvido nas transferências de dados pessoais, no caso de estas ocorrerem, o titular deve ser informado das garantias adequadas (número 2 do artigo 15.º).

Ao contrário do que sucede no número 1 dos artigos 13.º e 14.º, entre este elenco não se encontra a prestação de informação sobre o fundamento de licitude do tratamento. Contudo, além do princípio da transparência impor a prestação dessa informação[851], creio que o princípio da lealdade deve ser também referido para fundamentar a sua inclusão. É que conhecer o

[845] Artigo 17.º do RGPD.
[846] Artigo 20.º do RGPD.
[847] Artigo 18.º do RGPD.
[848] Artigo 21.º do RGPD.
[849] Artigo 22.º do RGPD.
[850] Sobre este ponto ver o capítulo V relativo às Obrigações, em especial o ponto relativo às Obrigações avulsas.
[851] Menezes Cordeiro, *Direito da Proteção,* 264 e 265.

fundamento de licitude é importantíssimo para outros direitos cujo exercício pode ser condicionado por essa via, como o direito de portabilidade[852].

4.2. O direito de intervir

Nesta categoria inserem-se os direitos de acesso (4.2.1.), retificação (4.2.2.), apagamento (4.2.3.) e portabilidade (4.2.4.).

4.2.1. O direito de acesso

a) Enquadramento e faculdades

Este direito, que para a doutrina é o "núcleo da posição jurídica dos titulares de dados"[853], tem acolhimento constitucional no artigo 8.º, n.º 2, da CDFUE: "todas as pessoas têm o direito a aceder aos dados coligidos que lhe digam respeito". A sua *ratio* é a de colocar o titular dos dados numa posição que lhe permita sindicar os tratamentos de dados pessoais e facilitar o exercício de outros direitos[854]. Ou, como se lê no considerando 63, "conhecer, tomar conhecimento e verificar a licitude do tratamento". De resto, já se encontrava consagrado no artigo 12.º da Diretiva 95/46/CE[855].

Na verdade, o RGPD não consagra *um* direito de acesso porque da letra da lei resultam *três* faculdades para o titular[856]: (i) a de obter uma confirmação de que os seus dados estão a ser tratados (artigo 15.º, n.º 1, primeira

[852] Artigo 20.º, n.º 1, alínea a) do RGPD: este direito está previsto apenas para tratamentos suportados no consentimento ou no contrato.

[853] Menezes Cordeiro, *Direito da Proteção,* 262.

[854] No mesmo sentido vai a jurisprudência do TJUE, v. Acórdão *Nowak,* C-434/16, n.º 56.

[855] Cuja epígrafe é "Direito de acesso" e onde se lia: "Os Estados-membros garantirão às pessoas em causa o direito de obterem do responsável pelo tratamento: a) Livremente e sem restrições, com periodicidade razoável e sem demora ou custos excessivos: – a confirmação de terem ou não sido tratados dados que lhes digam respeito, e informações pelo menos sobre os fins a que se destina esse tratamento, as categorias de dados sobre que incide e os destinatários ou categorias de destinatários a quem são comunicados os dados, – a comunicação, sob forma inteligível, dos dados sujeitos a tratamento e de quaisquer informações disponíveis sobre a origem dos dados, – o conhecimento da lógica subjacente ao tratamento automatizado dos dados que lhe digam respeito, pelo menos no que se refere às decisões automatizadas referidas no n.º 1 do artigo 15.º".

[856] CEPD, "Guidelines 01/2022 on data subject rights – Right of access", 18 de Janeiro de 2022, 2.

parte), (ii) a de ser informado (artigo 15.º, n.º 1, parte final) e (iii) a de acesso aos dados em sentido estrito (artigo 15.º, n.º 1, parte final).

b) Formalidades

As formalidades relativas ao exercício deste direito encontram-se no número 3 do artigo 15.º, além do disposto no regime geral do artigo 12.º, em especial no n.º 1, no que diz respeito à comunicação com o titular quando este faz um pedido de retificação, no n.º 2 em relação aos meios para facilitar o exercício deste direito e nos números 3 e 4 quanto aos prazos.

Além disto, em primeiro lugar, o responsável pelo tratamento deve fornecer, a título gratuito, uma cópia dos dados pessoais; em segundo lugar, se o titular solicitar outras cópias, o responsável pode cobrar uma taxa e, em terceiro lugar, se o pedido for apresentado por meios eletrónicos, a informação deve ser fornecida da mesma forma exceto se o titular pedir outro formato. Assim, em certos casos aceitam-se modalidades como a prestação de informação oral, inspeção de ficheiros ou acesso remoto com ou sem a possibilidade de *download*[857].

c) Limites

Os limites ao exercício deste direito são três. O primeiro, *específico* do direito de acesso, resulta do número 4 do artigo 15.º, ao estabelecer que o fornecimento de uma cópia "não prejudica os direitos e as liberdades de terceiros". O considerando 63 refere que ali se inclui "o segredo comercial ou a propriedade intelectual e, particularmente, o direito de autor que protege o *software*", acrescentando que "essas considerações não deverão resultar na recusa de prestação de *todas* as informações ao titular dos dados" (itálico meu). Apesar desta especificação do legislador, outro tipo de direitos pode ser invocado, nomeadamente o próprio direito à proteção de dados pessoais de terceiros se for posto em causa no caso de ser fornecida uma cópia dos dados pessoais[858].

Além deste, há mais dois limites que se aplicam a outros direitos além do acesso e que por isso os designarei como limites *gerais*. O primeiro encontra-se no número 5 do artigo 12.º, onde se lê que o responsável pode

[857] CEPD, "Guidelines 1/2022", 41.

[858] Enunciando questões relacionadas com a confidencialidade no contexto laboral, v. CEPD, "Guidelines 1/2022", 50.

recusar dar seguimento a um pedido de um titular ou *exigir um pagamento* se for "manifestamente infundado ou excessivo, nomeadamente devido ao seu caráter repetitivo". Estes conceitos indeterminados devem ser interpretados de forma restritiva e, além disso, exige-se que o responsável pelo tratamento demonstre ao titular por que razão considera que o pedido é infundado ou excessivo[859]. Em relação a pedidos *infundados* o Comité sugere que seja *claro* e *óbvio*, numa apreciação objetiva, que não se verifiquem os pressupostos do direito[860]. Esta observação faz sentido para direitos como o apagamento[861] e a portabilidade[862] mas nem tanto no caso do direito de acesso. Com efeito, ao contrário desses dois exemplos, o acesso praticamente não está condicionado por qualquer pressuposto. Quanto a pedidos *excessivos*, o próprio legislador sugere como critério a quantidade de pedidos apresentados, devendo também ser considerado o intervalo de tempo compreendido entre os pedidos, o impacto dos mesmos nas operações do responsável e a má fé do titular[863].

Em segundo lugar vislumbram-se limites oriundos de *medidas legislativas*, tanto as adotadas no quadro do artigo 23.º do RGPD como as resultantes do artigo 85.º, n.º 2, no caso de tratamento para fins jornalísticos ou para fins de expressão académica, artística ou literária, ou ainda medidas legislativas adotadas nos termos do artigo 89.º, números 2 e 3, para o tratamento de dados para fins de investigação científica, histórica ou para fins estatísticos.

d) Decisões de autoridades de controlo e de tribunais

As decisões das autoridades de controlo incidem sobre diferentes aspetos deste direito. Na Hungria, a autoridade de controlo entendeu que o conteúdo de uma resposta a um titular dos dados não era rigoroso nem personalizado, limitando-se ao envio de uma nota de privacidade genérica[864]. Em Portugal, a CNPD impôs uma coima de €20,000 a um responsável pelo tratamento que se recusou a disponibilizar os registos de chamadas telefónicas ao titular na sequência de um pedido de acesso[865]. A propósito dos

[859] CEPD, "Guidelines 1/2022", 53.

[860] *Ibidem.*

[861] Artigo 17.º do RGPD.

[862] Artigo 20.º do RGPD.

[863] CEPD, "Guidelines 1/2022", 54, 55 e 56.

[864] NAIH, Processo 2020/6484, 16 de dezembro de 2020.

[865] CNPD, Deliberação 2019/21, 5 de fevereiro de 2019.

limites ao direito de acesso, na Áustria a autoridade entendeu que a lógica envolvida na pontuação de marketing atribuída a um titular não era um segredo comercial. Esta pontuação era uma probabilidade, expressa em percentagem, de que o titular pertencia a um determinado grupo demográfico ("conservador", "tradicional", "hedonista" ou "individualista digital"). A autoridade entendeu que o acesso não abrange o algoritmo ou qualquer tipo de código usado para atribuir os pontos, mas já abrange os parâmetros e variáveis usadas, os efeitos desses elementos na pontuação, a lista dos vários grupos, entre outros elementos[866].

Na jurisprudência alemã, um tribunal negou uma pretensão de um titular, fundamentada no artigo 15.º, n.º 3, que visava o original de um documento e o envio de *todos* os dados pessoais do titular, por considerar que este era um pedido excessivo à luz do número 5 do artigo 12.º[867]. Na data em que escrevo, encontram-se pendentes no TJUE dois casos que envolvem o artigo 15.º: o caso CRIF GmbH[868] e o caso Panki[869]. O primeiro gira em torno do artigo 15.º, n.º 3 e pergunta-se, entre outros aspetos, qual o âmbito da expressão "cópia". O segundo caso centra-se nos artigos 4.º, n.º 1 e 15.º, n.º 1, e pergunta-se se estas disposições devem ser interpretadas no sentido de que as informações recolhidas pelo responsável pelo tratamento – das quais resultam a identidade da pessoa que tratou os dados pessoais do titular dos dados, quando e para que efeito – não constituem informações às quais o titular dos dados tem direito de acesso, em especial por se tratar de dados relativos a trabalhadores do responsável pelo tratamento.

4.2.2. O direito de retificação

a) Enquadramento e faculdades

No artigo 8.º, n.º 2 da CDFUE, lado a lado com o direito de acesso, a retificação é mencionada: "todas as pessoas têm o direito de aceder aos dados coligidos que lhes digam respeito e de obter a respetiva retificação". Anteriormente previsto no artigo 12.º, alínea b), da Diretiva 95/46/CE[870], este

[866] DSB, Processo 2020-0.436.002, 9 de junho de 2021.

[867] Na data em que escrevo esta decisão aguarda recurso, v. Acórdão do FG Berlin-Brandenburg, Processo 16 K 5148/20 de 1 de abril de 2022.

[868] Processo C-487/21.

[869] Processo C-579/21.

[870] Onde se lia: "Os Estados-membros garantirão às pessoas em causa o direito de obterem do responsável pelo tratamento: (...) b) Consoante o caso, a rectificação, o apagamento ou o

artigo encontra-se no artigo 16.º do RGPD e deve ser lido à luz do princípio da exatidão consagrado na alínea d) do número 1 do artigo 5.º daquele diploma. O artigo 16.º consagra duas faculdades do titular: (i) a de obter a retificação de dados pessoais inexatos sem demora injustificada e (ii) a de completar os seus dados pessoais por meio de declaração adicional.

Os conceitos de "dados inexatos" ou de "completude" dos dados pessoais não têm acolhimento no RGPD. Em relação ao primeiro conceito, a legislação nacional define-o para incluir, genericamente, dados incorretos ou errados[871]. A SEPD e a doutrina entendem que se incluem ali apenas dados *objetivos* e *factuais*[872]. Portanto, excluem-se afirmações subjetivas como opiniões. Em relação ao segundo conceito, o próprio legislador, na redação do artigo ("tendo em conta as finalidades do tratamento"), sugere a sua interpretação à luz das finalidades do tratamento.

O exercício deste direito está relacionado com outros direitos do titular dos dados e com uma obrigação *avulsa* ou fora do catálogo[873] que recai sobre o responsável pelo tratamento. Em relação aos outros direitos veja-se, por exemplo, a alínea a), do número 1, do artigo 18.º, que prevê o direito à limitação do tratamento se o titular dos dados "contestar a exatidão dos dados pessoais, durante um período que permita ao responsável pelo tratamento verificar a sua exatidão". Em relação às obrigações, o artigo 19.º obriga o responsável pelo tratamento a comunicar aos destinatários dos dados qualquer retificação exceto se essa comunicação "se revelar impossível ou implicar um esforço desproporcionado".

b) Formalidades

O artigo 16.º, na parte final, prevê a possibilidade de o titular apresentar uma "declaração adicional" para completar os seus dados pessoais. Quanto

bloqueio dos dados cujo tratamento não cumpra o disposto na presente directiva, nomeadamente devido ao caráter incompleto ou inexato desses dados".

[871] É o caso do Data Protection Act do Reino Unido, adotado antes da saída da União Europeia, v. ICO, "Guide to the General Data Protection Regulation. Right to rectification", acesso no dia 26 de agosto de 2022 em https://ico.org.uk/for-organisations/guide-to-data-protection/guide-to-the-general-data-protection-regulation-gdpr/individual-rights/right-to-rectification/#ib3.

[872] SEPD, "Guidelines on the Right of Individuals with regard to the Processing of Personal Data", 25 de fevereiro de 2014, 18 e Menezes Cordeiro, *Direito da Proteção*, 270.

[873] Esta e outras obrigações estão detalhadas no capítulo V.

ao resto, vigora o disposto no regime geral do artigo 12.º, em especial no n.º 1, no que diz respeito à comunicação com o titular quando este faz um pedido de retificação, no n.º 2 em relação aos meios para facilitar o exercício deste direito e nos números 3 e 4 quanto aos prazos.

c) Limites

O legislador não estabeleceu limites específicos ao exercício deste direito, aplicando-se apenas os limites gerais referidos no número 5 do artigo 12.º para pedidos excessivos ou infundados e outras restrições oriundas de medidas legislativas, nomeadamente por força dos artigos 23.º, 85.º, n.º 2 e 89.º, n.º 2 e 3 do RGPD. Adicionalmente, poderão existir outros limites decorrentes, por exemplo, das finalidades do tratamento[874]. No caso de dados médicos reconhecem-se esses limites dada a dificuldade em avaliar tanto o rigor como a completude deste tipo de informação. De qualquer forma, essa circunstância deve ser explicada ao titular e deve-lhe ser dada a faculdade de complementar os dados existentes com uma segunda opinião médica[875].

d) Decisões de autoridades de controlo e de tribunais

Numa norma com conceitos indeterminados, as autoridades de controlo foram confrontadas com a necessidade de os preencher. Na Noruega, entendeu-se que um nome com uma letra maiúscula incorreta (o nome da pessoa era "van Navnesen" e o responsável pelo tratamento usava o nome "Van Navnesen") preenchia o conceito de dados pessoais inexatos. Contudo, esta decisão foi revertida por um tribunal que, atendendo às finalidades – gestão da relação com o cliente –, entendeu que o tratamento dos dados naqueles termos não conduzia a qualquer risco de má identificação do titular[876].

Existem também decisões relacionadas com o conceito de dados pessoais e com impacto no direito de retificação. Por exemplo, em Espanha, a autoridade de controlo estabeleceu que os parâmetros usados por um empregador para calcular a produtividade do colaborador não configuram dados pessoais, pelo que não podem ser retificados[877].

[874] Menezes Cordeiro, *Direito da Proteção*, 271.
[875] SEPD, "Guidelines on the Right", 20.
[876] Datatilsynet, Processo 20/01868-10, 10 de novembro de 2020.
[877] APED, Processo TD-00245-2021-R/00824/2021, 18 de novembro de 2021.

No caso Nowak discutiu-se a possibilidade de retificar respostas escritas dadas por um candidato num exame profissional. O TJUE entendeu, em primeiro lugar, que o direito de retificação não pode viabilizar uma correção *a posteriori* de respostas erradas. Com efeito, sublinhou a importância de avaliar a exatidão e completude dos dados pessoais à luz da finalidade que determinou a sua recolha. Neste caso, a finalidade era avaliar o nível de conhecimento e de competências do candidato na data em que realizou o exame. Por isso, distinguiram-se os erros nas respostas que não configuram uma inexatidão e que efetivamente refletem o nível de conhecimento do candidato de outras situações, como, por exemplo, quando as respostas são trocadas, as folhas contendo as respostas do candidato desaparecem ou, ainda, eventuais anotações do examinador que não documentem corretamente a avaliação feita por este das respostas do candidato[878].

4.2.3. O direito ao apagamento

a) Enquadramento e faculdades

A Diretiva 95/46/CE previa a faculdade de apagar dados pessoais no artigo 12.º, alínea b)[879] que agora aparece no artigo 17.º do RGPD com a epígrafe "Direito ao apagamento («direito a ser esquecido»)". Esta faculdade está relacionada com vários princípios enunciados no artigo 5.º do RGPD dos quais destaco a licitude (n.º 1, alínea a)), a limitação das finalidades (n.º 1, alínea b)), a minimização (n.º 1, alínea c)) e a limitação da conservação (n.º 1, alínea e)).

O direito a ser esquecido é um reflexo da jurisprudência do TJUE na decisão Google Spain[880], que reconhece ao titular dos dados o direito "a ser esquecido" ou à supressão, isto é, a faculdade de solicitar ao operador de um motor de busca em linha que suprima *ligações* para páginas Web da lista de resultados exibidos após uma pesquisa efetuada a partir do seu nome.

A epígrafe do artigo 17.º é equívoca porque parece sugerir que a faculdade de apagar é igual à faculdade de suprimir ligações. Contudo, no caso

[878] Acórdão Nowak, C-434/16, 20 de dezembro de 2017, n.º 51 a 55.

[879] "Os Estados-membros garantirão às pessoas em causa o direito de obterem do responsável pelo tratamento: (...) b) Consoante o caso, a rectificação, o apagamento ou o bloqueio dos dados cujo tratamento não cumpra o disposto na presente directiva, nomeadamente devido ao caráter incompleto ou inexato desses dados".

[880] Acórdão *Google Spain,* C-131/12, 13 de maio de 2014.

Google Spain, o direito à supressão resulta da conjugação de direitos: oposição e apagamento[881]. Por outro lado, a faculdade de suprimir ligações não equivale a um apagamento ou desaparecimento rigoroso ou total dos dados pessoais[882]. Na ausência de uma definição legal de apagamento, as autoridades de controlo fazem uma leitura flexível deste conceito: a autoridade francesa reconhece a impossibilidade técnica de apagar dados registados numa *blockchain* e sugere que o responsável pelo tratamento torne os dados "praticamente inacessíveis, assim se aproximando dos efeitos de um apagamento"[883]. Em sentido próximo, a autoridade do Reino Unido reconhece que nem sempre é possível apagar os dados nos *backups* dos sistemas informáticos e sugere que sejam colocados fora da produção ou *beyond use*[884]. Estes entendimentos aproximam o *apagamento* da *limitação* do tratamento que será estudada mais adiante[885], mas, além disso, permitirão a inclusão naquele conceito da supressão de ligações, além da inacessibilidade aos dados e da sua colocação fora de produção.

Começo por analisar este direito ao apagamento em sentido amplo e depois discutirei as especificidades do direito à supressão ou "a ser esquecido". O primeiro abrange todo o tipo de responsáveis pelo tratamento e aquelas três possibilidades de apagamento e o segundo visa apenas operadores de motores de busca e apenas a supressão de ligações de páginas Web.

b) O direito ao apagamento em sentido amplo

O número 1 do artigo 17.º atribui ao titular dos dados a faculdade de "obter do responsável pelo tratamento o apagamento dos seus dados pessoais" e elenca um conjunto de motivos ou de condições. Começo por apresentar esses motivos e, depois, foco-me nos limites gerais e específicos deste artigo, em particular os delimitados pelo número 3 do artigo 17.º.

Por fim, merece menção o número 2 do artigo 17.º, onde se lê: "quando o responsável pelo tratamento tiver tornado públicos os dados pessoais e for

[881] CEPD, "Diretrizes 5/2019 relativas aos critérios do direito a ser esquecido pelos motores de busca ao abrigo do RGPD (Parte 1)", 7 de julho de 2020, 5.

[882] Como se verá, a supressão incide sobre *ligações* e não sobre os dados pessoais propriamente ditos que constam da chamada "página-fonte".

[883] CNIL, "Solutions for a responsible use of the blockchain in the context of personal data", setembro 2018, 8.

[884] ICO, "Deleting Personal Data", acesso no dia 30 de agosto de 2022 em https://ico.org.uk/media/for-organisations/documents/1475/deleting_personal_data.pdf

[885] No ponto 4.3. deste capítulo.

obrigado a apagá-los nos termos do n.º 1, toma as medidas que forem razoáveis (...) para informar os responsáveis pelo tratamento efetivo dos dados pessoais de que o titular dos dados lhes solicitou o apagamento das ligações para esses dados pessoais, bem como das cópias ou reproduções dos mesmos". Alguma doutrina vê nesta disposição um direito *sui generis* "a ser esquecido", que consiste na faculdade de "exigir ao responsável pelo tratamento que informe os demais responsáveis de que o titular lhes solicitou o apagamento das ligações para esses dados pessoais, bem como o apagamento de eventuais cópias ou reproduções"[886]. Por seu turno, o Comité entende que esta norma não se aplica aos operadores de motores de busca na sua atividade de indexação de ligações e, portanto, não lhes exige que, tendo recebido um pedido de supressão de um titular dos dados, informem o terceiro que tornou pública essa informação na internet[887]. Esta disposição terá sido pensada para a Internet, mas não se aplica na sequência da supressão de ligações. Assim, aplica-se, por exemplo, se o titular dos dados retirar o seu consentimento para a utilização dos seus dados numa determinada página Web e pedido o apagamento ao abrigo do artigo 17.º do RGPD. Neste cenário, o editor original da página Web deve informar os motores de busca que façam a desindexação desses dados[888].

Diferentemente, o artigo 19.º obriga o responsável pelo tratamento a comunicar a um destinatário a quem os dados pessoais tenham sido *transmitidos* qualquer apagamento a que tenha procedido a pedido do titular dos dados, exceto nos casos de impossibilidade ou de esforço desproporcionado.

i. Motivos

Na alínea a) do número 1 do artigo 17.º encontra-se uma manifestação dos princípios da limitação da finalidade, minimização e limitação da conservação[889]: "os dados pessoais deixaram de ser necessários para a finalidade que motivou a sua recolha". Por exemplo, na Bélgica, esta alínea, em conjunto com aqueles três princípios, fundamentou um pedido de um conjunto de antigos funcionários de uma empresa em relação aos seus e-mails ainda a uso 3 anos depois da sua demissão[890].

[886] Menezes Cordeiro, *Direito da Proteção,* 274 e 275.

[887] CEPD, "Diretrizes 5/2019", 6.

[888] *Idem*, 9.

[889] Referindo estes dois últimos apenas, v. Menezes Cordeiro, *Direito da Proteção,* 278.

[890] Além do princípio da responsabilidade e da obrigação do artigo 24.º, v. APD, Processo 64/2020, 6 de outubro de 2020.

As alíneas b), d) e e) decorrem, de diferentes formas, do princípio da licitude: no caso da alínea b) o titular retirou o consentimento e não existe outro fundamento; a alínea d) refere expressamente o caso do tratamento ilícito; e a alínea e) aplica-se quando o apagamento decorre de uma obrigação jurídica. Destas três alíneas, porventura, as situações de *ilicitude* da alínea d) podem ser mais difíceis de entender. Um caso croata ajuda a compreender o seu campo de aplicação: durante um litígio judicial, uma empresa entendeu que estava obrigada pelo direito nacional a publicar no seu website uma declaração financeira onde incluía dados sobre o litígio, incluindo o nome e o apelido das partes. O titular dos dados, uma das partes em tribunal, entendeu que o seu nome e apelido não deviam constar da declaração nem do website pelo que pediu o apagamento ao abrigo desta disposição. A autoridade de controlo deu-lhe razão e entendeu que não existia nenhum fundamento de licitude para aquele tratamento[891]. Assim, o tratamento ilícito é aquele que, nos termos do artigo 6.º do RGPD, não tem um fundamento. Porém, entende-se que o conceito de licitude aqui referido é mais amplo e pode incluir a violação de uma norma fora do universo da proteção de dados pessoais[892].

Restam as alíneas c) e f): a primeira vale para quando o titular exerce o direito de oposição e não há "interesses legítimos prevalecentes que justifiquem o tratamento" e a segunda para o contexto específico dos serviços da sociedade da informação referidos no artigo 8.º, n.º 1. Num caso que envolveu a aplicação desta alínea c), a autoridade de controlo belga deu razão a um conglomerado da comunicação social que recusou um pedido de apagamento do seu arquivo on-line. O titular entendia que um artigo sobre si com teor crítico feria a sua reputação empresarial. Contudo, a autoridade entendeu que, apesar do exercício do direito de oposição, existiam "interesses legítimos prevalecentes", nomeadamente as liberdades de expressão e jornalística, o que explicava também a aplicação da exceção do artigo 17.º, n.º 1, alínea a) do RGPD[893]. Especificamente a propósito da expressão "interesses legítimos prevalecentes", a autoridade de controlo da Dinamarca considerou que esses interesses existiam num caso em que o titular pedia o apagamento da sua conta da plataforma do responsável. Contudo, este

[891] AZOP, Decisão de 28 de agosto de 2019.

[892] CEPD, "Diretrizes 5/2019", 11. No mesmo sentido Menezes Cordeiro, *Direito da Proteção*, 287.

[893] APD, Processo 104/2022, 16 de junho de 2022.

defendeu-se dizendo que, tendo em conta as queixas de fraude de vários clientes, precisava dos dados do titular para prevenir nova fraude[894].

ii. Formalidades

Quanto às formalidades relacionadas com o exercício deste direito, aplica-se o disposto no regime geral do artigo 12.º, em especial no n.º 1, no que diz respeito à comunicação com o titular quando este faz um pedido de retificação, no n.º 2 em relação aos meios para facilitar o exercício deste direito e nos números 3 e 4 quanto aos prazos.

iii. Limites

Além dos limites *gerais* referidos a propósito dos outros direitos do titular, o apagamento está sujeito a limites *específicos* decorrentes das exceções elencadas no número 3 do artigo 17.º. Em relação aos limites gerais, valem aqui as questões relativas aos pedidos excessivos ou infundados estipuladas no artigo 12.º, n.º 5 e as medidas legislativas restritivas adotadas ao abrigo dos artigos 23.º e 85.º, n.º 2 do RGPD.

Quanto aos limites específicos, o número 3 refere os casos em que, apesar de o pedido se fundar num dos motivos estudados, não vigora a "obrigação de apagar os dados pessoais, sem demora injustificada" (artigo 17.º, n.º 1). Que exceções ou isenções são essas? Em primeiro lugar, o tratamento tem de ser *necessário* para pelo menos uma das exceções ali apresentadas. Em segundo lugar, elencam-se cinco exceções: a) exercício da liberdade de expressão e de informação; b) cumprimento de uma obrigação legal, exercício de funções de interesse público ou exercício de autoridade pública, c) motivos de interesse público no domínio da saúde pública, d) fins de arquivo de interesse público, fins de investigação científica ou histórica ou para fins estatísticos e, por fim, e) declaração, exercício ou defesa de um direito num processo judicial.

Genericamente, qualquer uma destas exceções reflete o caráter não absoluto do direito à proteção de dados pessoais[895]. Em concreto, a primeira situação confirma que o equilíbrio entre a proteção de dados e a liberdade de expressão e de informação é "parte intrínseca" do direito ao apagamento[896].

[894] Datatilsynet, Processo 2021-31-5439, 31 de janeiro de 2022.

[895] Artigo 52.º da CDFUE.

[896] CEPD, "Diretrizes 5/2019", 13.

Esta exceção, reconhecida no caso Google Spain[897], vale para os operadores de motores de busca, mas não só. Os tratamentos de dados para fins de jornalismo, realizados ou não por editores Web, podem caber aqui e beneficiar das isenções que os Estados-Membros podem criar ao abrigo do artigo 85.º, n.º 2 do RGPD. Exemplificando esta hipótese, recordo a decisão belga referida anteriormente[898].

A segunda situação aponta para conceitos já estudados a propósito do princípio da licitude[899]. Em relação à obrigação legal, esta pode decorrer do direito dos Estados-Membros que, por exemplo, preveja a publicação de informações que contenham dados pessoais. Já o exercício de funções de interesse público ou o exercício da autoridade pública dependem do reconhecimento desse estatuto pelos Estados-Membros, pelo que não goza de um campo de aplicação tão alargado. Por exemplo, na Dinamarca, a entidade que realiza os censos recebeu uma indicação de um cidadão que não queria participar nos inquéritos e pediu o apagamento dos seus dados pessoais. Porém, a autoridade de controlo entendeu que o tratamento destes dados se realizava ao abrigo do artigo 6.º, n.º 1, alínea e) e que não tinham de ser apagados por se aplicar a exceção do artigo 17.º, n.º 3, alínea b)[900].

A terceira situação é muito específica e a sua aplicação depende da necessidade do tratamento para um interesse público no domínio da saúde pública. Além disto, o seu âmbito de aplicação pressupõe, tal como outro interesse público, que a base legal para o tratamento esteja estabelecida no direito da União ou no direito de um Estado-Membro[901]. Na Holanda, uma organização pública que trata dos casos (ou suspeitas) de violência doméstica ou abusos de crianças rejeitou um pedido de apagamento de uma mãe com base no artigo 17.º, n.º 3, alínea c). A mãe pediu o apagamento de todos os dados relacionados com as suspeitas de abuso da criança e recorreu da decisão diretamente para um tribunal. A instância judicial deu razão ao res-

[897] O TJUE entendeu que esta exceção "consagra assim expressamente a exigência de uma ponderação entre, por um lado, os direitos fundamentais ao respeito pela vida privada e à proteção dos dados pessoais, consagrados pelos artigos 7.º e 8.º da Carta, e, por outro, o direito fundamental à liberdade de informação, garantido pelo artigo 11.º da Carta.", Acórdão *Google Spain,* C-131/12, 13 de maio de 2014, n.º 59.

[898] APD, Processo 104/2022, 16 de junho de 2022.

[899] No capítulo II, ponto 2.1.

[900] Datatilsynet, Processo 2020-32-1733, 16 de fevereiro de 2021.

[901] CEPD, "Diretrizes 5/2019", 17.

ponsável pelo tratamento e confirmou a existência de um interesse público no domínio da saúde pública reconhecido em legislação de apoio social[902].

A quarta exceção pressupõe a demonstração de que o apagamento cria um obstáculo grave ou não permite alcançar totalmente os fins de arquivo de interesse público, investigação científica, histórica ou estatística. Na Áustria, um responsável pelo tratamento que geria um arquivo online com a história do fascismo recebeu um pedido de apagamento de um membro retratado no arquivo como pertencendo a um partido de extrema direita. O pedido exigia o apagamento de toda a informação sobre si, mas a autoridade de controlo deu por não verificado nenhum dos motivos do número 1 do artigo 17.º e, mesmo que tal sucedesse, aplicaria a exceção do artigo 17.º, n.º 3, alínea d)[903].

Por fim, a quinta situação aplica-se quando os dados são necessários no contexto de um processo judicial. Por exemplo, na Grécia, um antigo colaborador de uma instituição de ensino viu recusado um pedido de apagamento dos seus dados porque aquela instituição encontrava-se envolvida num processo judicial com duas estudantes e os dados do antigo colaborador eram determinantes[904].

c) O caso do direito à supressão ou "a ser esquecido"

Como referi, o direito à supressão de ligações de listas de resultados surge na jurisprudência do TJUE. Por isso, começo por fazer uma breve alusão aos dois casos fundacionais deste direito: o primeiro, conhecido como Google Spain[905], e o segundo, mais recente, que opôs a autoridade de controlo francesa àquele gigante tecnológico[906]. Por fim, analiso a forma como este direito se encontra consagrado no RGPD, em especial no direito ao apagamento (artigo 17.º) e no direito de oposição (artigo 21.º).

i. Jurisprudência do TJUE

A Internet coloca várias questões em matéria de dados pessoais, desde a sua publicação num sítio *web* ou página-fonte, passando pelas atividades de um

[902] Acórdão do tribunal de primeira instância de Zeeland-West-Brabant, Processo C/02/381362/HARK, 18 de janeiro de 2022.

[903] DSB, Processo D124.1177/0006-DSB/2019, de 22 de janeiro de 2021.

[904] HDPA, Processo 33/2020, 29 de outubro de 2020.

[905] Acórdão *Google Spain*, C-131/12, 13 de maio de 2014.

[906] Acórdão *CNIL*, C-136/17, 24 de setembro de 2019.

motor de busca que fornece resultados que encaminham o utilizador para uma página-fonte, até às situações em que um utilizador efetua uma busca e os seus dados pessoais (como o endereço de IP a partir do qual a pesquisa é feita) são recolhidos e tratados pelo operador do motor de busca[907]. O caso Google Spain, decidido no dia 13 de maio de 2014, incide sobre a segunda e a terceira hipóteses[908].

Para aquilo que agora interessa, o TJUE foi questionado sobre a aplicação do direito de apagamento e de oposição[909] aos tratamentos de dados realizados pelo operador de um motor de busca[910]. Em concreto, quis-se saber se esses direitos incluíam a faculdade de o titular se dirigir a um motor de busca para impedir a indexação da informação referente a si publicada em páginas *web* de terceiros. Esta questão assenta numa distinção importante: uma coisa são os tratamentos de dados realizados pelos operadores de motores de busca e outra são os tratamentos realizados por esses "terceiros" que são os editores de sítios *web* ou das páginas-fonte. Estes tratamentos consistem simplesmente em fazer constar os dados pessoais de uma determinada página *web*, mas os tratamentos realizados pelos motores de busca são mais complexos: ao explorar a Internet, de forma automatizada, na busca de informações, o operador recolhe, recupera, regista e organiza essa informação no âmbito dos seus programas de indexação, conserva-a nos seus servidores, comunica e coloca-a à disposição dos internautas sob a forma de uma lista de resultados.

[907] Esta é a síntese do Advogado-Geral nas Conclusões apresentadas a 25 de junho de 2013, n.º 3.

[908] São vários os textos de análise desta decisão, com destaque para Christopher Kuner, "The court of Justice of the EU Judgment on Data Protection and Internet Search Engines" in *Protecting Privacy in International and Procedural Law and By Data Protection (European and American Developments)*, eds. Burkhard Hess e Cristina Mariottini, (Baden-Baden: Nomos, 2015), 19. Uma listagem, ainda que limitada no tempo, da opinião académica sobre este caso foi compilada por Julia Powles e Rebekah Larsen, "Academic Commnetary: Google Spain", *Cambridge Code*, acesso no dia 30 de agosto de 2022 em http://www.cambridge-code.org/googlespain.html.

[909] Noto que vigorava ainda a Diretiva 95/46/CE que previa estes direitos nos artigos 12.º e 14.º.

[910] Acórdão *Google Spain*, C-131/12, 13 de maio de 2014, n.º 20. Além deste ponto discutiu-se também o âmbito de aplicação territorial da Diretiva 95/46/CE e a natureza da atividade de um motor de busca.

O tribunal, invocando o impacto que a lista de resultados de um motor de busca pode ter nos direitos fundamentais de um titular[911], deu uma resposta positiva: "o operador de um motor de busca é obrigado a suprimir da lista de resultados, exibida na sequência de uma pesquisa efetuada a partir do nome de uma pessoa, as ligações a outras páginas web publicadas por terceiros e que contenham informações sobre essa pessoa, também na hipótese de esse nome ou de essas informações não serem prévia ou simultaneamente apagadas dessas páginas web, isto, se for caso disso, mesmo quando a sua publicação nas referidas páginas seja, em si mesma, lícita"[912]. Assim, se o titular obtiver a supressão de uma determinada ligação, tal configura uma supressão dessa ligação da lista de resultados, ou seja, os dados pessoais continuam disponíveis na página-fonte pelo que não desaparecem da Internet. Por isso se diz que os pedidos de supressão não resultam no apagamento completo dos dados pessoais pois estes continuam não só na página-fonte como também na cache do operador[913].

Contudo, o TJUE deixou claro que, na avaliação do pedido do titular, é necessário estabelecer um equilíbrio entre os direitos e os interesses relevantes em conflito cujo resultado pode depender, por exemplo, da natureza e da sensibilidade dos dados tratados e do interesse do público em aceder às informações[914]. Este interesse do público será maior se o titular dos dados desempenhar um cargo na vida pública[915].

O segundo caso relevante para se compreender este direito tratou de um aspeto específico da supressão: saber se o operador do motor de busca está ou não obrigado a modificar *globalmente* os resultados de pesquisas, isto é, em todas as suas versões[916]. Em extrema síntese, o tribunal remete a

[911] Há várias passagens que referem este entendimento, mas, a título de exemplo, veja-se esta: "o efeito de ingerência nos referidos direitos da pessoa em causa é multiplicado devido ao importante papel desempenhado pela Internet e pelos motores de busca na sociedade moderna, que conferem caráter de ubiquidade às informações contidas numa lista de resultados (...)", v. Acórdão *Google Spain,* C-131/12, 13 de maio de 2014, n.º 80.

[912] Acórdão *Google Spain,* C-131/12, 13 de maio de 2014, n.º 99.

[913] CEPD, "Diretrizes 5/2019", 5.

[914] Elencando vários critérios v. G29, "Diretrizes para a execução do acórdão do tribunal de justiça da União Europeia no Processo C-131/12, *Google Spain SL e Google Inc. contra Agencia Española de Protección de Datos (AEPD) e Mario Costeja González",* 26 de novembro de 2014, 15.

[915] G29, "Diretrizes para a execução do acórdão do tribunal de justiça da União Europeia", 2.

[916] Graça Canto Moniz, "O caso Google vs. CNIL", Forum de Proteção de Dados, 6 (novembro, 2019): 145.

decisão final para as autoridades de controlo e para os tribunais, mas sublinha que essa decisão se deve orientar por alguns critérios: a garantia de um elevado nível de proteção dos titulares, os interesses de países terceiros, o grau de harmonização entre ordenamentos jurídicos e a liberdade de informação dos internautas[917].

ii. O RGPD

O Comité entende que: (i) o direito de solicitar a supressão de ligação está previsto no artigo 17.º, mas (ii) tal não altera as conclusões do TJUE de que o mesmo se fundamenta também no direito de oposição[918].

Assim sendo, vários dos motivos elencados no número 1 do artigo 17.º podem sustentar um pedido de supressão. Começando pela alínea a), lê-se que "os dados pessoais deixaram de ser necessários para a finalidade que motivou a sua recolha". Esta hipótese será aplicável quando uma ligação para um sítio *web* de uma empresa contiver os contactos de um titular que já lá não trabalha ou se as suas informações foram publicadas para cumprir uma obrigação jurídica e permanecem *online* apesar de já ter decorrido o prazo especificado em legislação. A alínea b) aplica-se quando o titular retira o consentimento e não existe outro fundamento para o tratamento. Esta hipótese será de aplicação pouco provável, pois muito dificilmente os tratamentos de dados realizados por um operador de um motor de busca se fundamentam no consentimento[919].

A alínea c) prevê os casos em que o titular se opõe ao tratamento. Esta opção é aquela que faz mais sentido num pedido de supressão tendo em conta a jurisprudência estudada e o entendimento do Comité sobre a sua atualidade. Por outro lado, o direito de oposição não limita os motivos do pedido de supressão como sucede com o apagamento[920]. De resto, é esta

[917] Acórdão *CNIL*, C-136/17, 24 de setembro de 2019, n.º 54 a 60.

[918] CEPD, "Diretrizes 5/2019", 7.

[919] Assim reconheceu o TJUE: "o consentimento deve ser 'específico' e, por conseguinte, incidir especificamente sobre o tratamento de dados efetuado no âmbito da atividade do motor de busca (...). (...) na prática, dificilmente se concebe (...) que o operador de um motor de busca solicite o consentimento específico das pessoas em causa antes de proceder, para efeitos das necessidades da sua atividade de referências a dados pessoais, ao tratamento dos dados pessoais que lhes dizem respeito (...)", v. Acórdão *CNIL*, C-136/17, 24 de setembro de 2019, n.º 62.

[920] CEPD, "Diretrizes 5/2019", 9.

alínea que aponta para o exercício de ponderação entre proteção de dados pessoais e interesses dos utilizadores da Internet no acesso à informação, tal como decidido pelo TJUE no caso Google Spain[921]. As alíneas d) (quando os dados são tratados de forma ilícita) e e) (casos de apagamento por força de uma obrigação jurídica) estão diretamente relacionadas com a situação do titular dos dados que deu origem àquele caso: o senhor Costeja argumentou que a obrigação de publicitar a sua dívida à segurança social havia prescrito pelo que a Google deveria suprimir as ligações para essa publicação. Por fim, as atividades dos operadores dos motores de busca podem caber no âmbito da prestação direta de serviços da sociedade da informação (alínea f)), pelo que pode dar-se o caso de terem de suprimir uma ligação de uma criança[922].

Por fim, no que diz respeito aos *limites*, além do que foi já referido, tem-se entendido que a exceção mais invocada pelos operadores dos motores de busca é a alínea a) do número 3 do artigo 17.º, isto é, o tratamento é necessário ao exercício da liberdade de expressão e de informação. De facto, as exceções previstas nas demais alíneas, em especial na b) e na c) daquele número serão de difícil aplicação porquanto os tratamentos, em regra, fundamentam-se no interesse legítimo do operador do motor de busca[923].

4.2.4. O direito de portabilidade

a) Enquadramento e faculdades

O termo "portabilidade" começou por ser utilizado em discussões técnicas e só com o RGPD, no artigo 20.º, é que passou a fazer parte da gramática jurídica da proteção de dados pessoais[924]. Sem prejuízo de existirem vários tipos de portabilidade[925], a sua versão mais recente surgiu ao mesmo tempo que a banalização da computação em nuvem e que o apelo lançado aos Estados para a criação de políticas públicas que estimulassem a intero-

[921] Acórdão *Google Spain,* C-131/12, 13 de maio de 2014, n.º 81.

[922] CEPD, "Diretrizes 5/2019", 12.

[923] *Idem*, 15, 17 e 18.

[924] Desenvolvendo as origens da portabilidade v. Barbara Van Der Auwermeulen, "How to attribute the right to data portability in Europe: A comparative analysis of legislations", *Computer Law & Security Review,* 33 (2017): 57.

[925] Dando nota desses tipos v. G29, "Orientações sobre o direito à portabilidade dos dados", 5 de abril de 2017.

perabilidade de sistemas e plataformas[926]. Neste contexto, na ausência de uma definição legal e simplificando a explicação, na portabilidade cabem os mecanismos de transmissão da informação entre diferentes sistemas informáticos e plataformas digitais.

No domínio da proteção de dados a *ratio* da portabilidade enquanto direito do titular é dupla: individual e económica[927]. Em relação à dimensão individual, a portabilidade cria uma ferramenta de autogestão do titular para controlar e determinar o destino dos seus dados pessoais, assemelhando-se a uma extensão do exercício da manifestação e revogação do consentimento[928]. A dimensão económica está relacionada com a intenção de facilitar a livre circulação de dados pessoais dentro da União Europeia e de estimular a concorrência entre prestadores de serviço. Este direito, ao simplificar e fomentar a transmissão de dados pessoais entre responsáveis pelo tratamento, contribui para esses intentos[929].

No número 1 do artigo 20.º encontram-se as duas *faculdades* do titular dos dados ao abrigo da portabilidade: (i) a de receber dados pessoais num formato estruturado, de uso corrente e de leitura automática e (ii) a de transmitir esses dados a outro responsável pelo tratamento sem que este o possa impedir.

Quanto à sua relação com outros direitos, numa primeira análise este direito confunde-se com o de acesso[930]. Mas olhando com mais detalhes emergem, pelo menos, três diferenças: em primeiro lugar, segundo as alíneas a) e b) do número 1 do artigo 20º, a portabilidade encontra-se *condicionada* aos tratamentos que se baseiam no consentimento ou num con-

[926] Gabriela Zanfir, "The right to data portability in the context of the EU data protection reform", *International Data Privacy Law*, 2, 3 (2012): 3.

[927] Graça Canto Moniz, "Direitos do titular dos dados: o direito à portabilidade", *Anuário da Proteção de Dados Pessoais*, Cedis (2018): 23.

[928] Paul De Hert e Vagelis Papakonstantinou, "The new General Data Protection Regulation: Still a sound system for the protection of individuals?", *Computer Law & Security Review*, 32 (2016): 189.

[929] A Comissão Europeia cita as dificuldade de transmitir dados pessoais entre aplicações e serviços e refere que tal é um obstáculo à competitividade, v. Commission Staff Working Paper, "Impact Assessment Accompanying the document Regulation of the European Parliament and of the Council on the protection of individuals with regard to the processing of personal data and on the free movement of such data (General Data Protection Regulation)", 25 de janeiro de 2012, 28.

[930] E na proposta do Parlamento para o RGPD os dois direitos encontravam-se fundidos no artigo 15.º, v. Canto Moniz, "Direitos", 25.

trato e que sejam realizados por meios automatizados; em segundo lugar, o número 2 do artigo 20.º prevê casos de transmissão direta entre responsáveis pelo tratamento "sempre que tal seja tecnicamente possível"[931]. Nestas situações pode suceder que o titular nem sequer teve acesso aos dados pessoais. Assim, o que se pretende com a portabilidade é mais do que um acesso: é dar ao titular dos dados o controlo efetivo sobre a sua reutilização. Por exemplo, mais do que aceder à sua lista de músicas num serviço de *streaming*, o titular pretende trocar de prestador e usar a mesma lista. Além do acesso, poder-se-ia pensar que o efeito da portabilidade equivale a um apagamento. Porém, o número 3 do artigo 20.º esclarece que o exercício da portabilidade não prejudica a faculdade de pedir o apagamento dos seus dados nos termos do artigo 17.º.

Em terceiro lugar, o direito de acesso abrange, por força do número 1 do artigo 15.º, os dados pessoais que digam respeito ao titular dos dados. Mas a redação do direito de portabilidade é mais exigente. No número 1 do artigo 20.º são referidos os dados "que lhe [ao titular] digam respeito" e, além disso, que este "tenha fornecido". O G29 identifica duas categorias de dados que cabem ali[932]: (i) os dados ativa e conscientemente transmitidos pelo titular e (ii) os dados "observados", isto é, fornecidos pelo titular por via da sua utilização do serviço, plataforma ou aparelho. Na primeira categoria cabem ficheiros descarregados, atualizações de estados, fotografias, etc., e na segunda categoria cabem o histórico de pesquisas, os dados de tráfego, os dados de localização e dados em bruto como o batimento cardíaco registado num aparelho de *fitness*. Ficam assim excluídos do âmbito deste direito os dados *inferidos* e *derivados*, gerados pelo responsável pelo tratamento com base nos dados fornecidos pelo titular. Aqui cabe o perfil de saúde ou de crédito do titular, um processo de recomendação ou de categorização do utilizador ou resultados algorítmicos[933]. Contudo, a doutrina tem apontado

[931] O considerando 68 esclarece que o responsável pelo tratamento não está obrigado a "adotar ou manter sistemas de tratamento que sejam tecnicamente compatíveis".

[932] G29, "Orientações sobre o direito à portabilidade", 7.

[933] No caso das "casas inteligentes", a doutrina entende que o titular dos dados pode requerer os dados sobre os movimentos de ocupação da casa detetados por um termóstato inteligente mas não o horário algoritmicamente determinado para aquecer a casa, v. Lachlan Urquhart, Neelima Sailaja e Derek Mcauley, "Realising the right to data portability for the domestic Internet of things", *Personal and Ubiquitous Computing Economis* (London: Springer, 2017): 53.

as dificuldades desta distinção sobretudo em relação a modelos de negócios que dependem dos dados fornecidos pelo titular[934].

b) Formalidades

Quanto às formalidades relacionadas com o exercício deste direito, aplica-se o disposto no regime geral do artigo 12.º, em especial no n.º 1, no que diz respeito à comunicação com o titular quando este faz um pedido de retificação, no n.º 2 em relação aos meios para facilitar o exercício deste direito e nos números 3 e 4 quanto aos prazos.

Além disto, do artigo 20.º podemos retirar algumas conclusões. Em primeiro lugar, segundo o número 2, feito o pedido do titular dos dados, poderá ou não ocorrer a transmissão direta entre os responsáveis pelo tratamento. O considerado 68 clarifica que não há uma obrigação de adotar ou manter sistemas que operacionalizem essa transmissão, mas se a transmissão direta não for possível por força de entraves técnicos o titular dos dados deve ser informado[935]. Em segundo lugar, o número 1 do artigo 20.º refere que os dados devem ser fornecidos "num formato estruturado, de uso corrente e de leitura automática". Estes elementos são requisitos mínimos da interoperabilidade[936] desejada para o formato usado pelo responsável para fornecer os dados ao titular. Naturalmente que o RGPD não prevê especificações técnicas sobre esse formato e a sua adequação deve ser avaliada caso a caso tendo em conta, por exemplo, as boas práticas num determinado setor ou indústria. Se essas boas práticas não existirem recomendam-se formatos comumente usados como XML, JSON, CVS, entre outros[937].

c) Limites

Os limites deste direito são *gerais* e *específicos*. Em relação aos limites *gerais* os aspetos relativos a pedidos excessivos ou infundados estão definidos no

[934] Barbar Auwermeulen, "How to atribute", 61 e 70.

[935] G29, "Orientações sobre o direito à portabilidade", 18.

[936] Conceito referido no considerando 68 e que é definido como "a capacidade de organizações díspares e diversas interagirem com vista à consecução de objetivos comuns com benefícios mútuos, definidos de comum acordo e implicando a partilha de informações e conhecimentos entre organizações, no âmbito dos processos administrativos a que dão apoio, mediante o intercâmbio de dados entre os respetivos sistemas TIC", v. G29, "Orientações sobre o direito à portabilidade", 19.

[937] G29, "Orientações sobre o direito à portabilidade", 21.

artigo 12.º, n.º 5 e as medidas legislativas restritivas são referidas nos artigos 23.º, 85.º, n.º 2 e 89.º, n.º 3 do RGPD. Por seu turno, os limites *específicos* resultam não só do que foi referido quanto às condições de aplicação do direito à portabilidade – fundamento de licitude, tipo de tratamento e de dados pessoais – mas importa também ter em conta o disposto nos números 3 (parte final) e 4 do artigo 20.º.

Da parte final do número 3 resulta que a portabilidade não se aplica "ao tratamento necessário para o exercício de funções de interesse público ou ao exercício da autoridade pública". Por seu turno, o número 4 prevê que o exercício da portabilidade "não prejudica os direitos e as liberdades de terceiros". Este limite é relevante em duas situações: (i) quando um conjunto de dados pessoais diz respeito a mais de um titular e (ii) quando o pedido do titular suscita riscos empresariais ou questões relacionadas com o segredo comercial, a propriedade intelectual ou o direito de autor. Sem prejuízo de se impor uma análise de cada caso[938], as autoridades de controlo invocam o considerando 63 para concluir que "essas considerações não deverão resultar na recusa da prestação de *todas* as informações ao titular dos dados" (itálico meu) e que o responsável deve "separar o trigo do joio" e transmitir os dados usando um método que acautele os direitos e interesses de terceiros[939].

d) Decisões de autoridades de controlo e tribunais

Este direito já foi visado em decisões de autoridades de controlo bem como em decisões de tribunais de Estados membros. Por exemplo, na Bélgica a autoridade de controlo aplicou uma coima de €10,000 a uma empresa de música por esta, entre outros aspetos, se recusar a transferir a página de fãs de um músico depois de este ter pedido a portabilidade[940]. Na Holanda, um tribunal distrital apreciou um caso que opôs a Uber a alguns dos seus motoristas. Além de questões relacionadas com o acesso (artigo 15.º), o tribunal interpretou a expressão "num formato estruturado, de uso corrente e de leitura automática" (artigo 20.º, n.º 1, alínea a)) tendo adiantado os formatos XML, JXON ou CSV e imposto que os dados fossem facilmente interpretados e a sua condição potenciasse ao máximo a portabilidade pelo

[938] Até porque poderão surgir questões relacionadas com a licitude e a finalidade do tratamento de dados de terceiros G29, "Orientações sobre o direito à portabilidade", 14.

[939] G29, "Orientações sobre o direito à portabilidade", 14 e 15.

[940] APD, Processo 02/2021, 12 de janeiro de 2021.

titular. Adicionalmente, o tribunal entendeu que dados como as queixas dos clientes ou os recibos não cabiam no âmbito do artigo 20.º porque não foram fornecidos pelo titular[941].

4.3. O direito de limitar

Nesta categoria cabem três direitos do titular analisados de seguida: o direito à limitação do tratamento em sentido estrito (4.3.1.), o direito de oposição (4.3.2.) e o direito de não estar sujeito a decisões individuais automatizadas (4.3.3.).

4.3.1. O direito à limitação do tratamento em sentido estrito

a) Enquadramento e faculdades

Na Diretiva 95/46/CE o titular dos dados dispunha do direito de bloquear os tratamentos[942]. O artigo 18.º do RGPD prevê uma faculdade semelhante: "o titular dos dados tem o direito de obter do responsável pelo tratamento a limitação do tratamento". O número 3 do artigo 4.º acrescenta que limitar o tratamento passa pela "inserção de uma marca nos dados pessoais conservados com o objetivo de limitar o seu tratamento no futuro". Nos termos do considerando 67, o responsável pelo tratamento pode socorrer-se de "métodos como a transferência temporária de determinados dados para outro sistema de tratamento, a indisponibilização do acesso a determinados dados pessoais por parte dos utilizadores ou a retirada temporária de um sítio web dos dados aí publicados. Nos ficheiros automatizados, as restrições ao tratamento deverão, em princípio, ser impostas por meios técnicos de modo a que os dados pessoais não sejam sujeitos a outras operações de tratamento e não possam ser alterados".

Esta faculdade de *restringir* temporariamente os tratamentos de dados pessoais pode assumir uma função cautelar útil enquanto o titular dos da-

[941] Acórdão do tribunal distrital de Amesterdão, Processo C/13/687315/HARK, 11 de março de 2021.

[942] Artigo 12.º, alínea b): "Os Estados-membros garantirão às pessoas em causa o direito de obterem do responsável pelo tratamento: b) consoante o caso, a rectificação, o apagamento ou o bloqueio dos dados cujo tratamento não cumpra o disposto na presente directiva, nomeadamente devido ao carácter incompleto ou inexacto desses dados.".

dos pondera o exercício de outros direitos[943]. No que diz respeito aos efeitos da limitação do tratamento, o número 2 do artigo 18.º prevê que todas as operações de tratamento, com exceção da conservação, só podem ocorrer em três situações: (i) com o consentimento do titular, (ii) para efeitos de declaração, exercício ou defesa de um direito ou (iii) por motivos ponderosos de interesse público da União ou de um Estado-Membro.

Há duas obrigações *avulsas* ou fora do catálogo do Capítulo IV do RGPD relacionadas com este direito. Em primeiro lugar, quando a limitação do tratamento for anulada, o número 3 do artigo 18.º prevê que o titular seja informado. Em segundo lugar, o artigo 19.º obriga o responsável a comunicar a cada destinatário a quem os dados pessoais tenham sido transmitidos qualquer limitação do tratamento, salvo se tal se revelar impossível ou implicar um esforço desproporcionado.

b) Formalidades

O número 3 do artigo 18.º refere que o titular que tiver obtido a limitação do tratamento é informado pelo responsável antes de ser anulada essa limitação. Além disto, aplica-se o disposto no regime geral do artigo 12.º, em especial no n.º 1, no que diz respeito à comunicação com o titular quando este faz um pedido de retificação, no n.º 2 em relação aos meios para facilitar o exercício deste direito e nos números 3 e 4 quanto aos prazos.

c) Limites

Os limites deste direito são *gerais* e *específicos*. Em relação aos limites *gerais*, recordo as questões relacionadas com pedidos excessivos ou infundados ao abrigo do artigo 12.º, n.º 5 e as medidas legislativas referidas nos artigos 23.º, 85.º, n.º 2 e 89.º, n.º 3. Por seu turno, os limites *específicos* decorrem, sobretudo, da necessidade de fundamentar o pedido do titular dos dados com base numa das quatro situações elencadas no número 1 do artigo 18.º. Na primeira situação da alínea a) o titular contesta a exatidão dos seus dados pessoais ao abrigo de um pedido de retificação e, para o efeito, é concedido ao responsável pelo tratamento um período para verificar a exatidão dos dados durante o qual se aplicam os efeitos da limitação do tratamento.

943 De Hert e Papakonstantinou, "The new General Data Protection Regulation", 189.

Na segunda situação da alínea b), verifica-se a ilicitude do tratamento e, ao invés de pedir o apagamento dos seus dados[944], o titular solicita a limitação da sua utilização. Na terceira hipótese da alínea c), o titular dos dados como que utiliza o responsável pelo tratamento para a custódia dos seus dados: este já não necessita de os tratar, mas o titular ainda precisa dos dados para efeitos de declaração, exercício ou defesa de um direito num processo judicial.

Por fim, na alínea d), a limitação do tratamento surge conjugada com o direito de oposição do artigo 21.º enquanto se ponderam os "motivos legítimos" do responsável à luz da posição do titular dos dados.

d) Decisões de autoridades de controlo e tribunais

Um tribunal administrativo alemão apreciou um pedido de retificação do registo civil de Kayseri de um cidadão originário da Turquia. O pedido, que foi atendido, passava pela correção da sua idade, que constava erradamente do seu passaporte. Entre vários aspetos discutidos na decisão, o tribunal entendeu que não se aplicava a alínea a) do número 1 do artigo 18.º por existir no direito nacional, na Lei Alemã dos Registos, uma exceção adotada ao abrigo do artigo 23.º, n.º 1, alínea c) e n.º 2 do RGPD[945].

A alínea c) do número 1 do artigo 18.º foi invocada num caso de um cliente que durante um processo de reclamação junto de uma loja exerceu, em conjunto com a limitação do tratamento, o direito de acesso a imagens de videovigilância invocando o número 1 do artigo 15.º. A autoridade de controlo entendeu que o responsável pelo tratamento não podia apagar as imagens enquanto o titular não tivesse a sua reclamação resolvida[946].

Por fim, a limitação do tratamento ao abrigo da alínea d) do número 1 do artigo 18.º, que depende do exercício do direito de oposição, foi apreciada pelo Supremo Tribunal Espanhol num caso cujo objeto era um pedido de apagamento de dados tratados formulado ao abrigo do artigo 17.º, n.º 1, alínea c) do RGPD[947].

[944] Artigo 17.º, n.º 1, alínea d) do RGPD.

[945] Acórdão do tribunal administrativo de Baden Wüttemberg, Processo 1S397/19, de 10 de março de 2020.

[946] NAIH, Processo 2020/2204/8, 22 de novembro de 2020.

[947] E bem, o direito de oposição está, nos termos do número 1 do artigo 21.º, limitado aos tratamentos de dados pessoais realizados com base nesses fundamentos.

4.3.2. O direito de oposição

a) Enquadramento e faculdades

Previsto, anteriormente, no artigo 14.º da Diretiva 95/46/CE[948], o direito de oposição, como o próprio nome sugere, confere ao titular dos dados a faculdade de se opor ao tratamento por motivos relacionados com a sua situação particular. Esta faculdade, enunciada no número 1 do artigo 21.º, pode ser exercida em quatro casos: (i) tratamentos realizados com base nas alíneas e)[949] ou f)[950] do número 1 do artigo 6.º; (ii) reutilização de dados pessoais nos termos do número 4 do artigo 6.º[951]; (iii) tratamentos para fins de comercialização direta; (iv) tratamentos para fins de investigação científica, histórica ou para fins estatísticos. Na doutrina, as duas primeiras situações são designadas "direito geral de oposição"[952].

[948] Onde se lê: "Os Estados-Membros reconhecerão à pessoa em causa o direito de: a) Pelo menos nos casos referidos nas alíneas e) e f) do artigo 7.º, se opor em qualquer altura, por razões preponderantes e legítimas relacionadas com a sua situação particular, a que os dados que lhe digam respeito sejam objeto de tratamento, salvo disposição em contrário do direito nacional. Em caso de oposição justificada, o tratamento efetuado pelo responsável deixa de poder incidir sobre esses dados".

[949] Tratamentos necessários ao exercício de funções de interesse público ou ao exercício da autoridade pública de que está investido o responsável pelo tratamento.

[950] Tratamentos necessários para efeitos dos interesses legítimos prosseguidos pelo responsável pelo tratamento ou por terceiros, exceto se prevalecerem os interesses ou direitos e liberdades fundamentais do titular que exijam a proteção dos dados pessoais, em especial se o titular for uma criança.

[951] Onde se pode ler: "Quando o tratamento para fins que não sejam aqueles para os quais os dados pessoais foram recolhidos não for realizado com base no consentimento do titular dos dados ou em disposições do direito da União ou dos Estados-Membros que constituam uma medida necessária e proporcionada numa sociedade democrática para salvaguardar os objetivos referidos no artigo 23.º, n.º 1, o responsável pelo tratamento, a fim de verificar se o tratamento para outros fins é compatível com a finalidade para a qual os dados pessoais foram inicialmente recolhidos, tem nomeadamente em conta: a) Qualquer ligação entre a finalidade para a qual os dados pessoais foram recolhidos e a finalidade do tratamento posterior; b) O contexto em que os dados pessoais foram recolhidos, em particular no que respeita à relação entre os titulares dos dados e o responsável pelo seu tratamento; c) A natureza dos dados pessoais, em especial se as categorias especiais de dados pessoais forem tratadas nos termos do artigo 9.º ou se os dados pessoais relacionados com condenações penais e infrações forem tratados nos termos do artigo 10.º; d) As eventuais consequências do tratamento posterior pretendido para os titulares dos dados; e) A existência de salvaguardas adequadas, que podem ser a cifragem ou a pseudonimização.".

[952] Menezes Cordeiro, *Direito da Proteção*, 300.

Em qualquer uma destas situações o tratamento de dados é lícito, mas entende-se que deve ser dada uma possibilidade ao titular de fazer chegar ao responsável pelo tratamento "motivos relacionados com a sua situação particular" que o levem a reconsiderar a necessidade do tratamento. O que se entende por "situação particular"[953] do titular foi aflorado pelo Comité a propósito do direito à supressão de ligações[954]. Pode envolver, por exemplo, um resultado de uma pesquisa num motor de busca que prejudica o titular quando concorre a um emprego ou que compromete a sua reputação na vida pessoal.

Os efeitos de um pedido de oposição não são homogéneos nas quatro situações. Nos dois primeiros casos, os efeitos podem ser *parciais*: recebido o pedido, o responsável deve, ainda que temporariamente, cessar o tratamento para avaliar a sua motivação. Comparando com a redação da Diretiva 95/46/CE, sublinha-se uma diferença importante: o titular já não tem de demonstrar "razões preponderantes e legítimas". Ou seja, o RGPD altera o ónus da prova conferindo uma "presunção a favor do titular" e obriga o responsável a apresentar "razões imperiosas e legítimas" para o tratamento ou a demonstrar a sua necessidade para "efeitos de declaração, exercício ou defesa de um direito num processo judicial"[955]. Em sentido próximo, no caso em que o tratamento prossegue fins relacionados com a investigação científica, histórica ou estatística, o pedido de oposição pode ser recusado se "o tratamento for necessário para a prossecução de atribuições de interesse público"[956]. Na terceira hipótese, de comercialização direta, o efeito da oposição é *total:* o número 3 do artigo 21.º prevê que "os dados pessoais deixam de ser tratados para esse fim".

O conceito de "comercialização direta" (na versão em inglês *direct marketing*) não se encontra definido no RGPD. A doutrina pergunta se a expressão abrange apenas comunicações comerciais ou também outro tipo de comunicações como, por exemplo, com conteúdo político ou religioso[957]. Na prática das autoridades de controlo a comunicação de um partido político foi sindicada, por exemplo em Espanha, em duas ocasiões, ao abrigo do número 1 do artigo 21.º, sem qualquer invocação do conceito de comer-

[953] Artigo 21.º, n.º 1 e 6 do RGPD.

[954] CEPD, "Diretrizes 5/2019", 10.

[955] Artigo 21.º, n.º 1 e CEPD, "Diretrizes 5/2019", 10.

[956] Artigo 21.º, n.º 6 do RGPD.

[957] Menezes Cordeiro, *Direito da Proteção,* 304.

cialização direta[958]. Nas orientações de outras autoridades de controlo a expressão é entendida em sentido amplo como "toda a comunicação (por qualquer meio) de qualquer material publicitário ou de marketing que é dirigido a um indivíduo em particular", abrangendo expressamente as campanhas de marketing de partidos políticos e de organizações sem fins lucrativos[959]. Sem prejuízo de reconhecer que é urgente esclarecer o âmbito desta expressão julgo que, à luz da sua razão de ser, a mesma deve incluir, pelo menos, as comunicações de publicidade de venda de bens ou serviços e de promoção dos objetivos e ideias de uma organização independentemente da sua natureza.

b) Formalidades

Quanto às formalidades relacionadas com o exercício deste direito, aplica-se o disposto no regime geral do artigo 12.º, em especial no n.º 1, no que diz respeito à comunicação com o titular quando este faz um pedido de retificação, no n.º 2 em relação aos meios para facilitar o exercício deste direito e nos números 3 e 4 quanto aos prazos. Além disto, o legislador apenas prevê especificidades para o exercício deste direito no contexto dos serviços da sociedade da informação: o número 5 do artigo 21.º dispõe que o titular pode exercer o seu direito por meios automatizados, utilizando especificações técnicas.

c) Limites

Os limites deste direito são *gerais* e *específicos*. Em relação aos limites *gerais*, vale aqui o que expliquei sobre pedidos excessivos ou infundados, de acordo com o artigo 12.º, n.º 5, e recordo também as medidas legislativas estipuladas nos artigos 23.º, 85.º, n.º 2 e 89.º, n.º 3 do RGPD.

Os limites *específicos* decorrem das condições impostas ao exercício da oposição em relação a tratamentos realizados com base em certos fundamentos de licitude, em casos de reutilização nos termos do artigo 21.º, n.º 1, ou quando os tratamentos prosseguem certas finalidades de acordo com o artigo 21.º, n.º 2 e 6 do RGPD.

[958] AEPD, Processo PS/0037/2019, 14 de fevereiro de 2020 e, da mesma autoridade, Processo PS/00340/2019, 4 de junho de 2020.

[959] Com atualizações depois da entrada em vigor do RGPD, v. ICO, "Direct marketing", 6 de março de 2018, 13.

d) Decisões de autoridades de controlo e de tribunais

Muitas das decisões de tribunais e de autoridades de controlo relacionadas com este direito dizem respeito também a pedidos de supressão formulados com base no artigo 17.º, n.º 1, alínea c) do RGPD. Por exemplo, na Holanda, um tribunal distrital rejeitou o pedido de supressão de um titular à Google porque os resultados de uma pesquisa indicavam informação negativa sobre o seu negócio. O tribunal entendeu que as ligações não deviam ser suprimidas porque, além de rigorosas, fazem parte de uma discussão com interesse público sobre o mercado de arrendamento[960].

Outro tipo de situações em que este direito é invocado dizem respeito ao envio de emails com conteúdo promocional. Veja-se a coima de €10,000 imposta pela autoridade da Bélgica à companhia nacional de comboios por esta enviar e-mails com conteúdo promocional da empresa sem garantir a possibilidade de o titular se opor. Neste caso, a autoridade entendeu que havia uma violação de várias disposições, entre as quais o artigo 12.º, n.º 2 e o artigo 21.º, n.º 2 e 4 do RGPD[961]. Outro caso semelhante aconteceu na Noruega, mas, além destas violações, o responsável pelo tratamento não respondeu ao titular no prazo de 30 dias previsto no número 3 do artigo 12.º[962].

4.3.3. O direito de não estar sujeito a decisões individuais automatizadas

a) Enquadramento e faculdades

Na Diretiva 95/46/CE o artigo 15.º regulava as "Decisões individuais automatizadas"[963]. O RGPD regula, no artigo 22.º, as "Decisões individuais

[960] Processo C/18/194754/HARJ19-64 e Processo C/18/197707/HARK20-22, 16 de novembro de 2020.

[961] APD, Processo 71/2022, 4 de maio de 2022.

[962] Datatilsynet, Processo 20/02319, 11 de novembro de 2021.

[963] O número 1 dispunha que "Os Estados-membros reconhecerão a qualquer pessoa o direito de não ficar sujeita a uma decisão que produza efeitos na sua esfera jurídica ou que a afecte de modo significativo, tomada exclusivamente com base num tratamento automatizado de dados destinado a avaliar determinados aspectos da sua personalidade, como por exemplo a sua capacidade profissional, o seu crédito, confiança de que é merecedora, comportamento.". O número 2 referia que "Os Estados-membros estabelecerão, sob reserva das restantes disposições da presente directiva, que uma pessoa pode ficar sujeita a uma decisão do tipo referido no n.º 1 se a mesma: a) For tomada no âmbito da celebração ou da execução

automatizadas, incluindo definição de perfis". O número 4 do artigo 4.º estabelece que a *definição de perfis* é "qualquer forma de tratamento automatizado de dados pessoais que consista em utilizar esses dados pessoais para avaliar certos aspetos pessoais de uma pessoa singular, nomeadamente para analisar ou prever aspetos relacionados com o seu desempenho profissional, a sua situação económica, saúde, preferências pessoais, interesses, fiabilidade, comportamento, localização ou deslocações".

A utilização deste tipo de perfis e a tomada de decisões de forma automatizada verificam-se em várias situações e com diferentes motivações[964]. Por exemplo, para garantia de coerência ou lealdade no processo de decisão tendo em conta a redução do erro humano, de discriminação ou de abuso de poder ou para melhorar a eficiência ou diminuir o risco de incumprimento.

Um dos pontos mais debatidos na doutrina a propósito deste artigo é a sua *natureza*[965]. Pergunta-se se esta disposição consagra um direito em sentido próprio ou uma obrigação que recai sobre o responsável pelo tratamento. A consequência prática é a de que, tratando-se de um direito, esta norma é aplicável apenas quando for invocada pelo titular dos dados. A letra da lei parece apontar nesse sentido com a utilização da expressão "direito" no número 1: "o titular dos dados tem o *direito* de não ficar sujeito a nenhuma decisão tomada exclusivamente com base no tratamento automatizado, incluindo a definição de perfis, que produza efeitos na sua esfera jurídica ou que o afete significativamente de forma similar" (itálico meu). Porém, não tem sido esse o entendimento dos tribunais nem da maioria das autoridades de controlo que interpretam a disposição como uma obrigação nega-

de um contrato, na condição de o pedido de celebração ou execução do contrato apresentado pela pessoa em causa ter sido satisfeito, ou de existirem medidas adequadas, tais como a possibilidade de apresentar o seu ponto de vista, que garantam a defesa dos seus interesses legítimos; ou b) For autorizada por uma lei que estabeleça medidas que garantam a defesa dos interesses legítimos da pessoa em causa.".

[964] G29, "Orientações sobre as decisões individuais automatizadas e a definição de perfis para efeitos do Regulamento (UE) 2016/679", 6 de fevereiro de 2018, 14.

[965] Lee Bygrave, "Machine Learning, Cognitive Sovereignty and Data Protection Rights with Respect to Automated Decisions" in *The Cambridge Handbook of Life Science, Information Technology and Human Rights*, eds. Ienca et al (Cambridge: Cambridge University Press, 2021); Luca Tosoni, "The right to object to automated individual decisions: resolving the ambiguity of Article 22 (1) of the General Data Protection Regulation", 11, n.º 2, *International Data Privacy Law* (2021): 145.

tiva, isto é, uma proibição de tomada de decisões com base exclusivamente no tratamento automatizado[966].

Esta proibição não é absoluta e depende da verificação de dois *pressupostos*: (i) o tipo de decisão e (ii) os seus efeitos. Em relação ao primeiro, exige-se que a *decisão seja exclusivamente automatizada*, o que significa a capacidade de tomar decisões através de meios tecnológicos e sem intervenção humana[967]. Por isso, se um ser humano examinar e ponderar outros fatores no processo decisório, esta proibição não se aplica[968]. Nem sempre é fácil fazer esta avaliação. Na data em que escrevo encontra-se pendente no TJUE um exemplo dessa dificuldade: saber se cabe nesta proibição a determinação automatizada de um valor de probabilidade relativo à capacidade do titular dos dados de pagar no futuro um crédito quando esse valor probabilístico é transmitido pelo responsável pelo tratamento a um terceiro e este se baseia essencialmente nesse valor para tomar uma decisão[969].

Em relação ao segundo ponto, a decisão tem de produzir efeitos na "esfera jurídica" do titular ou "afetá-lo significativamente de forma similar". O RGPD não define estes conceitos. O G29 entende que na primeira expressão cabem as decisões que afetem os direitos de alguém (e.g. liberdade de associação, direito de voto ou de acesso à justiça), o seu estatuto jurídico ou direitos no âmbito de um contrato (e.g. rescisão de um contrato, recusa ou atribuição de prestação social)[970]. Em relação à segunda expressão, o considerando 71 apresenta como exemplos a "recusa automática de um pedido de crédito por via eletrónica" ou "práticas de recrutamento eletrónico sem qualquer intervenção humana". Para o G29, cabem aqui também decisões que afetem o acesso de uma pessoa aos serviços de saúde, a uma oportunidade de emprego ou à educação e, em certos casos, decisões de apresentar publicidade personalizada com base na definição de perfis[971].

[966] Dando exemplo de duas decisões na Alemanha v. Lee Bygrave, "Article 22. Automated individual decision-making, including profiling", in *The EU General Data Protection Regulation: A Commentary*, eds. Christopher Kuner et al. (Oxford: Oxford University Press, 2021); pelas autoridades de controlo v. G29, "Orientações sobre as decisões individuais automatizadas", 21.

[967] G29, "Orientações sobre as decisões individuais", 8.

[968] *Idem*, 23.

[969] Processo C-634/21, 15 de outubro de 2021.

[970] G29, "Orientações sobre as decisões individuais", 23.

[971] *Idem*, 24.

Além disto, há três *exceções* a esta proibição referidas no número 2 do artigo 22.º: (alínea a)) a decisão é necessária para a execução ou a celebração de um contrato; (alínea b)) a decisão é autorizada pelo direito da União ou do Estado-Membro e (alínea c)) a decisão é baseada no consentimento explícito do titular dos dados. Sempre que se aplique uma das exceções das alíneas a) e c), o responsável pelo tratamento deve, de harmonia com o número 3 do artigo 22.º, adotar medidas para salvaguardar os direitos, liberdades e interesses do titular dos dados. Nos casos da alínea b) do número 2 do artigo 22.º, o direito da União ou do Estado-Membro deve incorporar as medidas de salvaguarda. Que medidas são essas? Além da prestação de informação, devem incluir, pelo menos, meios para o titular pedir intervenção humana, manifestar o seu ponto de vista e contestar a decisão[972]. Por conseguinte, parece que na realidade são estas as faculdades do titular dos dados, já que a prestação de informação se afigura mais como uma obrigação do que como uma faculdade do titular[973].

Em relação à prestação de informação, vale aqui o disposto nos artigos 13.º, n.º 2, alínea f)[974] e 14.º, n.º 2, alínea g)[975]. Assim, sempre que tome decisões automatizadas na aceção do artigo 22.º, n.º 1 o responsável pelo tratamento tem de (i) comunicar ao titular que toma esse tipo de decisões; (ii) fornecer informações úteis relativas à lógica subjacente e (iii) explicar a importância e as consequências previstas do tratamento[976]. Os princípios da lealdade e da transparência[977] podem ter aqui uma função essencial,

[972] O G29 recomenda outras medidas, como controlos de garantia da qualidade dos sistemas e dos algoritmos, garantias contratuais no caso de algoritmos de terceiros, medidas de minimização e de anonimização, painéis de exame ético, entre outras, v. G29, "Orientações sobre as decisões individuais", 37.

[973] Por isso remeto para o capítulo V relativo às Obrigações, em especial o ponto 5.8 sobre Obrigações avulsas.

[974] "A existência de decisões automatizadas, incluindo a definição de perfis, referida no artigo 22.º, n.os 1 e 4, e, pelo menos nesses casos, informações úteis relativas à lógica subjacente, bem como a importância e as consequências previstas de tal tratamento para o titular dos dados".

[975] "A existência de decisões automatizadas, incluindo a definição de perfis, referida no artigo 22.º, n.os 1 e 4, e, pelo menos nesses casos, informações úteis relativas à lógica subjacente, bem como a importância e as consequências previstas de tal tratamento para o titular dos dados".

[976] G29, "Orientações sobre as decisões individuais", 27.

[977] Artigo 5º, n.º 1, alínea a) do RGPD.

impondo a prestação de informações adicionais[978] e travando argumentações assentes na complexidade da tecnologia e do algoritmo em particular[979]. Mais do que fornecer explicações matemáticas complexas sobre o funcionamento dos algoritmos, pretende-se que ao titular seja fornecida informação relevante, como o tipo de dados usados no processo de definição de perfis ou de tomada de decisão, o motivo pelo qual esses dados são relevantes, o modo como é elaborado o perfil e o motivo pelo qual é relevante para a decisão automatizada, entre outros aspetos[980].

b) Formalidades

Quanto às formalidades relacionadas com o exercício deste direito, aplica-se o disposto no regime geral do artigo 12.º, em especial no n.º 1, no que diz respeito à comunicação com o titular quando este faz um pedido de retificação, no n.º 2 em relação aos meios para facilitar o exercício deste direito e nos números 3 e 4 quanto aos prazos.

Além disto, o artigo 22.º prevê algumas especificidades. Desde logo, o responsável pelo tratamento deve criar um meio que permita ao titular dos dados obter intervenção humana, manifestar o seu ponto de vista e contestar a decisão. Naturalmente que o titular dos dados só poderá exercer estes direitos se compreender como foi tomada a decisão, daí que sejam tão relevantes a transparência e a prestação de informação[981]. O legislador não especifica quem deve levar a cabo a revisão da decisão impulsionada pelo titular, mas esta deve, pelo menos, ser exaustiva e levada a cabo por alguém com autoridade e competência para alterar a decisão[982].

978 De acordo com o considerando 60 do RGPD "[o] responsável pelo tratamento deverá fornecer ao titular as informações adicionais necessárias para assegurar um tratamento equitativo e transparente tendo em conta as circunstâncias e o contexto específicos em que os dados pessoais foram tratados. O titular dos dados deverá também ser informado da definição de perfis e das consequências que daí advêm".

979 Aliás, o considerando 58 indica que a transparência é particularmente importante quando a "proliferação de operadores e a complexidade tecnológica das práticas tornam difícil que o titular dos dados saiba e compreenda se, por quem e para que fins os seus dados pessoais estão a ser recolhidos (...)".

980 G29, "Orientações sobre as decisões individuais", 35.

981 *Idem,* 30.

982 *Ibidem.*

c) Limites

Tal como nos outros direitos, há limites *gerais* e *especiais*. Em relação aos primeiros, vale o que referi sobre os pedidos infundados ou excessivos de acordo com o artigo 12.º, n.º 5 e sobre as medidas legislativas previstas nos artigos 23.º e 85.º, n.º 2 do RGPD.

Em relação aos limites *especiais*, decorrem, desde logo, da estrutura e natureza da norma do artigo 22.º. Com efeito, as faculdades de obter intervenção humana, manifestar o ponto de vista e contestar a decisão do responsável são reconhecidas ao titular só nos casos do número 2, alíneas a) e c) daquela disposição.

d) Decisões de autoridades de controlo e de tribunais

Além do caso que se encontra pendente no TJUE, há outras decisões judiciais e decisões de autoridades de controlo a propósito deste artigo. Na Holanda, houve dois casos decididos pelo Tribunal Distrital de Amsterdão sobre as plataformas da Ola Cabs e da Uber. Em ambos o tribunal entendeu que, com exceção de um sistema que aplicava penalizações no caso de viagens inválidas, não havia evidências suficientes para preencher os dois pressupostos de aplicação do número 1 do artigo 22.º[983]. Em Itália, a Deliveroo foi multada no valor de €2,500,000, entre outros aspetos, por não fornecer informação nos termos dos artigos 13.º e 22.º, n.º 3, por exemplo, sem explicar os métodos de recolha de dados pessoais relacionados com a geolocalização dos estafetas[984].

[983] Sobre estas decisões v. Bygrave, "Article 22", 100.

[984] Garante per la protezione dei dati personali, Processo 9685994, 22 de julho de 2021.

V. OBRIGAÇÕES

Este capítulo estuda as obrigações que conformam a liberdade dos utilizadores de dados pessoais na determinação dos tratamentos[985]. Assim, o tratamento de dados pessoais está sujeito a um conjunto de condições que visam incentivar uma governação *responsável* dos dados pessoais e uma "mudança de atitude" [986] na sua gestão[987]. A intervenção prévia da autoridade de controlo para sindicar a conformidade dos tratamentos é substituída por um controlo dos tratamentos descentralizado e delegado nos utilizadores de dados pessoais. Esta responsabilidade de autocontrolar os próprios tratamentos de dados pressupõe o respeito por princípios[988] e obrigações que forçam as organizações a repensar a sua governança interna (*corporate governance*)[989].

Deste modo, o RGPD estabelece, no Capítulo IV, um elenco de obrigações para responsáveis pelo tratamento e subcontratantes, que são estuda-

[985] Entre outros, Sousa Pinheiro, *Privacy e proteção*, 477 e ss.

[986] Álvarez, "La responsabilidad", 293.

[987] Daí quem invoque um "efeito legitimador" dos tratamentos de dados pessoais por via do cumprimento destas condições (Orla Lynskey, *The Foundations*, 35) e, por seu turno, quem enfatize que não há uma proibição de tratar dados pessoais (Winfried Veil, "DS-GVO: Risikobasierter Ansatz statt rigidez Verbotsprinzip – Eine erste Bestandsaufnahme", *Zeitschrift fur Datenschutz*, 5, n.º 8, (2015): 347 e ss.). As expressões são do G29, "Parecer 3/2010", 5, 6 e 16.

[988] Capítulo II.

[989] Elif Cortez, "Corporate Governance and Data Protection Risk in the US and the EU", *Transatlantic Technology Law Forum Working Papers*, 46, (April 2021).

das neste capítulo. Além das obrigações que ali se encontram – gestão adequada dos riscos (artigo 24.º), proteção de dados desde a conceção e por defeito (artigo 25.º), obrigações em relação a terceiros ao responsável pelo tratamento (artigos 26.º, 28.º e 31.º), registo das atividades de tratamento (artigo 30.º), segurança dos tratamentos (artigo 32.º), prevenção e reação a violações de dados pessoais (artigos 33.º e 34.º), avaliação de impacto e consulta prévia (artigos 35.º e 36.º) – há outras obrigações *avulsas* ou relacionadas com a transparência[990] (artigos 12.º, 13.º e 14.º), com direitos do titular dos dados (artigo 19.º e 22.º), com a designação de um representante (artigo 27.º) ou a obrigação de garantir a continuidade da proteção no caso de transferências de dados pessoais (artigos 44.º e ss.).

Uma das novidades do RGPD é a imposição de obrigações diretamente a subcontratantes como, por exemplo, a conservação de um registo (artigo 30.º, n.º 2), a adoção de medidas relativas à segurança dos tratamentos (artigo 32.º) ou as regras em matéria de transferências de dados pessoais (artigo 44.º e ss.), entre outras[991].

Estas obrigações não se aplicam, de forma cega, a *todos* os responsáveis pelo tratamento e a *todos* os subcontratantes[992]. Há, desde logo, diferentes níveis de responsabilidade[993] no sentido em que há obrigações *gerais* que se aplicam em qualquer circunstância, como a de fazer uma "gestão adequada dos riscos"[994] decorrentes do tratamento ou a obrigação de proteger os dados desde a conceção e por defeito[995], e obrigações *especiais*, como a notificação e a comunicação de uma violação de dados[996], a realização de uma avaliação de impacto[997] e a consulta prévia[998] ou a designação de um encarregado da proteção de dados[999], que são desencadeadas por certas cir-

[990] Capítulo V sobre as Obrigações, em especial ponto 5.8. sobre Obrigações avulsas.

[991] "Orientações 07/2020", 35.

[992] Por uma questão de simplificação didática, este capítulo, por defeito, centra-se nas obrigações do responsável pelo tratamento, sem prejuízo de menções ocasionais mas essenciais às obrigações do subcontratante.

[993] Álvarez, "La responsabilidad", 288 e G29, "Statement on the role", 3.

[994] É a designação do G29 quando se refere ao artigo 24.º, v. G29, "Orientações relativas à Avaliação", 7.

[995] Artigo 25.º do RGPD.

[996] Artigos 33.º e 34.º do RGPD.

[997] Artigo 35.º do RGPD.

[998] Artigo 36.º do RGPD.

[999] Artigo 37.º do RGPD.

cunstâncias ou beneficiam de exceções como, por exemplo, a ocorrência de uma violação, o grau de risco ou as categorias de dados pessoais tratados[1000]. Em especial, o grau de risco como nivelador da responsabilidade e o próprio legislador distinguem entre o *risco* em geral, mencionado nas obrigações dos artigos 24.º a 31.º do RGPD, e o *elevado risco,* referido nos artigos subsequentes, 34.º, 35.º e 36.º daquele diploma[1001]. Por seu turno, a dimensão da organização poderá, em casos limitados, conformar a obrigação de criar um registo das atividades de tratamento, como aliás esclareceu o G29, invocando o considerando 13 do RGPD[1002].

Como se vê, mais do que a dimensão das organizações, a graduação do risco tem consequências que não são de ignorar[1003]. Assim, a quota de responsabilidade de cada responsável pelo tratamento não cabe toda na mesma bitola: a diversidade, a inconstância e o policentrismo do risco dos tratamentos de dados *in casu* inviabilizam a sua redução a um denominador comum, quer quanto aos limites, quer quanto aos critérios de imputação de responsabilidade. De resto, o papel do risco na proteção de dados pessoais procura incutir *proporcionalidade* no cumprimento das obrigações[1004]. Por conseguinte, estas são necessariamente adaptadas à situação e circunstâncias de cada caso[1005].

Por outro lado, como já sugeri, creio que algumas destas obrigações exemplificam a disrupção do Direito diagnosticada por Roger Brownsword a propósito do conceito de *Direito 3.0* e que explica a crescente sinergia entre a tecnologia e as normas jurídicas[1006]. Isto é visível, por exemplo, na

[1000] G29, "Parecer 3/2010", 14. Na doutrina, discutindo a *natureza* destas obrigações (de meios ou de resultados), v. Alsenoy, *Data Protection Law,* 69 e Jasmontaite et al., "Data Protection by Design", 6 e Gabriela Zanfir, "Tracing the Right to be forgotten in the short history of data protection law: The 'New Clothes' of an Old Right", in *Reforming European Data Protection Law,* Serge Gutwirth et al. (eds.) (London: Springer, 2013), 227.

[1001] Jasmontaite et al., "Data Protection by Design", 13.

[1002] Artigo 30.º, n.º 5 do RGPD e G29, "Working Party 29 Position Paper on the derogations from the obligation to maintain records of processing activities pursuant to Article 30 (5) GDPR", 19 de abril de 2018. O considerando 13 *in fine* incentiva os Estados-Membros e as autoridades de controlo a "tomar em consideração as necessidades específicas das micro, pequenas e medias empresas no âmbito de aplicação do presente regulamento".

[1003] Grafenstein, *The Principle,* 80 e Veil, "DS-GVO", 351 e 352.

[1004] "Statement on the", 2 e ss.

[1005] "Parecer 3/2010", 21.

[1006] Brownsword, *Law 3.0,* 34.

referência a "medidas técnicas e organizativas" em várias das obrigações estudadas e nos critérios que orientam a escolha dessas medidas[1007].

Neste capítulo, começo por apresentar a obrigação de gestão adequada dos riscos (5.1.) para depois me focar na proteção de dados desde a conceção e por defeito (5.2.). Seguem-se as obrigações do responsável pelo tratamento em relação a terceiro (5.3.), de elaborar e manter atualizado o registo das atividades de tratamento (5.4.), de garantir a segurança dos dados pessoais (5.5) e de realizar avaliações de impacto e consultas prévias (5.6). Termino com a obrigação de designar um encarregado de proteção de dados (5.7) e com as obrigações avulsas ou fora do catálogo do Capítulo IV (5.8.).

5.1. Gestão adequada dos riscos

A obrigação prevista no artigo 24.º foi qualificada pelo Comité como *geral*[1008] e pela doutrina como *principal*[1009]. Independentemente dessa qualificação, tal obrigação deve ser entendida à luz da arquitetura normativa decorrente do princípio da responsabilidade[1010] e instigada pelo G29[1011]. Em 2010, esta entidade enunciava três questões em torno deste princípio: (i) quais as medidas que concretizam a sua aplicação, (i) como proporcionar e adaptar as medidas a circunstâncias específicas e (ii) quais as consequências desta nova abordagem[1012].

As duas últimas questões foram já apreciadas. Resta agora olhar, primeiro, para as "medidas" com caráter obrigacional que concretizam a aplicação do princípio da responsabilidade e que são a "caixa de ferramentas" do responsável pelo tratamento[1013] (5.1.1.); em segundo lugar, apresento os critérios que orientam a escolha dessas medidas (5.1.2.) e, por fim, exemplifico as obrigações com decisões de autoridades de controlo (5.1.3.).

1007 Capítulo V relativo às Obrigações.

1008 "Orientações relativas à Avaliação", 7.

1009 Menezes Cordeiro, *Comentário,* 336.

1010 Aliás, a epígrafe do artigo 24.º é "Responsabilidade do responsável pelo tratamento".

1011 Capítulo II relativo aos princípios e, além disso, v. G29, "Orientações relativas à Avaliação", 7.

1012 *Idem,* 12.

1013 "Parecer 3/2010", 13.

5.1.1. Medidas a adotar, sua revisão e atualização

De acordo com o número 1 do artigo 24.º, esta obrigação passa pela adoção de "medidas técnicas e organizativas que forem adequadas para assegurar e poder comprovar que o tratamento é realizado em conformidade com o presente regulamento", acrescentando ainda que as medidas sejam "revistas e atualizadas consoante as necessidades". Portanto, em bom rigor, são duas obrigações: (i) adoção de medidas técnicas e organizativas e (ii) a sua revisão e atualização[1014]. Além disso, o número 2 acrescenta que "caso sejam proporcionadas em relação às atividades de tratamento", estas medidas devem incluir "a aplicação de políticas adequadas em matéria de proteção de dados". A última disposição do artigo 24.º aponta uma via para o responsável demonstrar o cumprimento das suas obrigações através de códigos de conduta e procedimentos de certificação[1015].

A premissa de que se partiu é a de que só quando o responsável pelo tratamento adapta as suas práticas internas, através de medidas *concretas*, é que a proteção do titular pode "passar da teoria à prática"[1016]. Daí que o G29 qualifique estas obrigações como *gerais* na medida em que impõem uma "gestão adequada dos riscos" decorrentes de todos os tratamentos: "por forma a gerir os riscos para os direitos e liberdades das pessoas singulares, os riscos têm de ser identificados, analisados, estimados, avaliados, tratados (p. ex. atenuados) e revistos regularmente" [1017].

Mas, afinal, que medidas são estas? Respeitando a ideia de neutralidade tecnológica[1018], não há uma lista pré-definida[1019] e a expressão "medidas técnicas e organizativas" deve ser "entendida num sentido amplo como qualquer método ou meio que um responsável pelo tratamento pode aplicar"[1020].

[1014] Sousa Pinheiro, *Comentário*, 396.

[1015] Respetivamente artigos 40.º e 42.º do RGPD.

[1016] "Parecer 3/2010", 3, 4 e 20.

[1017] "Orientações relativas à Avaliação", 7. Contudo, há doutrina que vê no número 1 do artigo 24.º um dever *principal*, v. Menezes Cordeiro, *Comentário*, 235.

[1018] No considerando 15 do RGPD lê-se que "a fim de evitar o risco sério de ser contornada a proteção das pessoas singulares, esta deverá ser neutra em termos tecnológicos e deverá ser independente das técnicas utilizadas".

[1019] Expressão que se encontra em várias disposições do RGPD, desde considerandos (29,71,78,81, 156) a artigos (4.º, n.º 5, 5.º, n.º 1, alíneas e) e f), 24.º, n.º 1, 25.º, n.º 1 e 2, 28.º, n.º 1 e 3, alínea e) e 4, 30.º, n.º 1, alínea g) e n.º 2, alínea d), 32.º, n.º 1, 83.º, n.º 2, d) e 89.º, n.º 1).

[1020] "Orientações 4/2019", 6.

O considerando 78 aponta exemplos como "a pseudonimização de dados pessoais o mais cedo possível (...) a possibilidade de o titular dos dados controlar o tratamento de dados e a possibilidade de o responsável pelo tratamento criar e melhorar medidas de segurança". Como medidas organizativas, o CEPD sugere a adoção de políticas internas, formação atualizada sobre tecnologia e segurança ou políticas de gestão e governação da segurança informática[1021]. Pensando, por exemplo, no caso da videovigilância, o responsável pelo tratamento deve definir um responsável pela gestão e operação do sistema de videovigilância, a utilização proibida[1022], quem deve fazer formação e quando, quem tem acesso e em que termos à gravação de vídeo e para quê, procedimentos que devem ser seguidos quando partes externas solicitam a gravação e a gestão de incidentes e procedimentos de recuperação[1023].

Por outro lado, há um conjunto de *standards* e de recomendações que podem, na prática, ajudar os responsáveis pelo tratamento a implementar estas medidas como, por exemplo, a série ISO27000 sobre sistemas de gestão da segurança da informação[1024]. Não há, portanto, um leque limitado de medidas e, além disso, uma medida pode ser ao mesmo tempo técnica *e* organizativa. Por exemplo, a pseudonimização[1025] tem de ser tecnicamente implementada nos suportes informáticos, mas também implica medidas organizacionais como os controlos e direitos de acesso aos dados.

5.1.2. Critérios a considerar na escolha das medidas

Um Hospital Central não vai, em princípio, adotar as mesmas medidas que uma Universidade ou um pequeno contabilista. A geometria variável[1026]

[1021] *Idem*, 9.

[1022] Por exemplo, tendo em atenção legislação nacional vigente e regulamentos setoriais, onde e quando a vigilância é permitida e onde e quando o não é ou a utilização de câmaras ocultas e de gravação de áudio para além da gravação de vídeo, v. CEPD, "Diretrizes 3/2019", 33.

[1023] *Idem*, 33 e 34.

[1024] "Orientações 4/2019", 7.

[1025] Esta leitura está alinhada com a definição de pseudonimização do artigo 4.º, n.º 5 do RGPD: "o tratamento de dados pessoais de forma que deixem de poder ser atribuídos a um titular de dados específico sem recorrer a informações suplementares, desde que essas informações suplementares sejam mantidas separadamente e sujeitas a medidas técnicas e organizativas para assegurar que os dados pessoais não possam ser atribuídos a uma pessoa singular identificada ou identificável".

[1026] O CEPD usa a expressão "moduláveis" nas suas "Orientações 4/2019", 7, nota de rodapé 6.

destas obrigações é visível nos critérios enunciados no número 1 do artigo 24.º e que orientam a escolha das medidas a adotar: "a natureza, o âmbito, o contexto e as finalidades do tratamento dos dados" e "os riscos para os direitos e liberdades das pessoas singulares". O primeiro critério, que é usado noutras disposições[1027], diz respeito a caraterísticas específicas e ao contexto do tratamento e o segundo diz respeito às suas possíveis consequências.

Começando pelo primeiro critério, a natureza do *tratamento não se confunde com a natureza dos dados*[1028]*:* a primeira reporta-se, apenas, às "caraterísticas inerentes ao tratamento"[1029] e ao tipo de operações executadas[1030]. Isto é, exige uma análise, por exemplo, do recurso a meios (não) automatizados, da definição (ou não) de perfis, dos vários intervenientes (por exemplo, prestadores de serviços de nuvem), da realização de agregação de dados e da geografia onde o tratamento ocorre (por exemplo, fora ou dentro da União)[1031]. De seguida, o âmbito do tratamento diz respeito à sua "dimensão" e "alcance"[1032], cabendo aqui, desde logo, a *quantidade* de dados tratados[1033]. Este critério é particularmente relevante pelas suas consequências: por exemplo, o tratamento em larga escala de categorias especiais de dados obriga à realização de uma avaliação de impacto[1034]. Mas, reconhecendo a ambiguidade desta expressão e a sua proximidade com o *contexto do tratamento,* alguns autores sugerem que o âmbito obriga o responsável pelo tratamento a olhar de forma holística para as operações tendo em conta o ambiente global no qual decorrem[1035]. O G29 parece restringir o *contexto*

[1027] Vejam-se os artigos 32.º, n.º 2 (segurança dos tratamentos) e 35.º, n.º 1 (avaliação de impacto), onde a expressão usada é a mesma: "natureza, âmbito, contexto e finalidades".

[1028] Ou tipo de dados pessoais, cabendo aqui as categorias especiais (artigo 9.º) ou os dados relativos a condenações e infrações penais (artigo 10.º). Porém, alguma doutrina não parecem fazer esta distinção, v. Menezes Cordeiro, *Comentário,* 236: "cabe também na natureza do tratamento, mas apenas de forma indireta, a consideração da natureza dos dados, designadamente se os sensíveis dos artigos 9.º/1 e 10.º ou altamente pessoais".

[1029] "Orientações 4/2019", 9.

[1030] "Orientações 07/2020", 40.

[1031] No mesmo sentido, Lina Jasmontaite, Irene Kamara, Gabriela Zanfir-Fortuna e Stefano Leucci, "Data Protection by Design and by Default", in *European Data Proection Law,* 2 (2018): 12.

[1032] "Orientações 4/2019", 9.

[1033] Jasmontaite et al., "Data Protection by Design", 12 e G29, "Orientações sobre a notificação", 33.

[1034] Artigo 35.º, n.º 3, alínea b) do RGPD.

[1035] Jasmontaite et al., "Data Protection by Design", 12.

"às circunstâncias do tratamento que podem influenciar as expetativas do titular"[1036]. Porém, na prática, parece-me mais prudente fazer uma leitura conjunta destes três elementos – natureza, âmbito e contexto – dado o seu caráter contextual e a complementaridade[1037]. Por fim, o quarto elemento é a *finalidade,* que tem que ver com os objetivos do tratamento[1038].

O segundo critério, "os riscos para os direitos e liberdades das pessoas singulares", pressupõe a necessidade de estes serem "identificados, analisados, estimados, avaliados, tratados (p. ex. atenuados) e revistos regularmente"[1039]. Além do já referido sobre os considerandos 75 e 76[1040], vale a pena sublinhar que a expressão "direitos e liberdades" deve ser interpretada de forma ampla de modo a ter em conta o direito ao respeito pela vida privada e o direito à proteção de dados pessoais, mas também outros direitos que possam ser afetados pelo tratamento de dados[1041].

5.1.3. Exemplos de decisões de autoridades de controlo

Atendendo ao caráter geral desta obrigação, não faltam deliberações de autoridades de controlo sobre a sua aplicação. Por exemplo, na Bélgica, a autoridade recorreu a esta norma para sancionar uma escola que tinha em vigor políticas sobre a utilização do e-mail, nomeadamente da função "BCC", mas que não eram aplicadas na prática[1042].

Em várias decisões, esta disposição surge aplicada lado a lado com a obrigação de segurança dos tratamentos[1043]. Em França, a CNIL sancionou o Ministério da Administração Interna pelos tratamentos de dados pessoais realizados por um sistema de radares com base em falhas de segurança (artigo 32.º) e violações da proteção de dados desde a conceção e por defeito (artigo 25.º) e também com base no artigo 24.º do RGPD[1044]. Na Dina-

[1036] *Ibidem.*

[1037] Nesse sentido, citando o G29, v. Jasmontaite et al., "Data Protection by Design", 12.

[1038] Capítulo II relativo aos princípios, em especial o ponto 2.2.

[1039] G29, "Orientações relativas à Avaliação", 4 de outubro de 2017, 7.

[1040] Volto a tratar deste assunto a propósito da obrigação de proteção de dados desde a conceção e por defeito e da obrigação de realizar avaliações de impacto, v. Capítulo V, em especial os pontos 5.2 e 5.6.

[1041] "Statement on the role", 4.

[1042] APD, Processo DOS-2020-00608, 13 de janeiro de 2021.

[1043] Artigo 32.º do RGPD.

[1044] CNIL, Deliberação MEDI-2019-027, 4 de dezembro de 2019.

marca, a autoridade invocou esta disposição juntamente com o artigo 32.º num caso que envolveu dados pessoais dos colaboradores disponíveis na *dark web* na sequência de uma intrusão informática. Em particular, a autoridade entendeu que o responsável não foi capaz de demonstrar a implementação de medidas adequadas por ter apagado os ficheiros de *log* ficando sem elementos para demonstrar os contornos exatos da intrusão[1045]. Ainda, numa decisão da autoridade de controlo da Irlanda sobre 12 violações de dados pessoais ocorridas na Meta, esta obrigação foi invocada, além do artigo 32.º e de outras disposições[1046].

5.2. Proteção de dados desde a conceção e por defeito

Estas duas obrigações encontram-se, respetivamente, nos números 1 e 2 do artigo 25.º do RGPD. Ambas estão intimamente relacionadas com o princípio da responsabilidade, previsto no artigo 5.º, n.º 2 do RGPD, mas também com outros princípios, como o da limitação da finalidade[1047], limitação da conservação[1048] e minimização de dados pessoais[1049], este último expressamente referido no número 1 do artigo 25.º[1050] e, indiretamente, no número 2 desta disposição[1051]. Tal como as obrigações anteriormente estudadas, o *destinatário* destas obrigações é o responsável pelo tratamento.

Nas páginas que se seguem começo por analisar brevemente a evolução da proteção de dados desde a conceção e por defeito, uma construção doutrinal agora incorporada pelo legislador no RGPD (5.2.1.), depois sigo para os detalhes dos vários elementos da proteção de dados desde a conceção (5.2.2.) e por defeito (5.2.3.) e, por fim, termino com exemplos de decisões de autoridades de controlo (5.2.4.).

1045 Datalilsynet, Processo 2020-441-6990, 13 de outubro de 2021.

1046 DPC, "Data Protection Commission announces decision in Meta (Facebook) inquiry", 15 de março de 2022, acesso a 29 de julho de 2022, https://www.dataprotection.ie/en/news-media/press-releases/data-protection-commission-announces-decision-meta-facebook-inquiry

1047 Artigo 5.º, n.º 1, alínea b) do RGPD.

1048 Artigo 5.º, n.º 1, alínea e) do RGPD.

1049 Artigo 5.º, n.º 1, alínea c) do RGPD.

1050 Como se verá, o número 1 refere a aplicação de medidas técnicas e organizativas "destinadas a aplicar com eficácia os princípios da proteção de dados pessoais, tais como a minimização (...)".

1051 Na parte em que se lê "Essa obrigação aplica-se à quantidade de dados pessoais recolhidos, à extensão do seu tratamento, ao seu prazo de conservação e à sua acessibilidade".

5.2.1. De construção doutrinal a obrigação

A origem doutrinal da proposta normativa do artigo 25.º do RGPD é normalmente atribuída a Ann Cavoukin, que desenvolveu o conceito de privacidade desde a conceção (*Privacy by Design*)[1052] de pendor ético e com a vocação de orientar políticas públicas[1053]. Era possível encontrar na Diretiva 95/46/CE[1054] alguns vestígios dessa ideia no considerando 46, no artigo 17.º, n.º 1[1055] e no princípio da minimização[1056]. Porém, estas disposições não eram suficientes para garantir que a proteção dos dados pessoais fosse eficazmente incutida nos processos organizacionais, nas plataformas e sistemas tecnológicos[1057]. A sugestão inicial foi introduzir um "princípio da proteção da privacidade desde a conceção (*privacy by design*), de modo a assegurar que as garantias em matéria de proteção de dados são tomadas em consideração desde a fase de planeamento dos procedimentos e dos sistemas de tratamento"[1058]. A solução legislativa final exigiu um esforço significativo de compromisso político, o que implicou, por exemplo, estabelecer uma obrigação e não um princípio mas excluir do seu âmbito subjetivo atores com papel relevante nos tratamentos[1059].

Olhando para a letra da lei, esta é uma obrigação que tem como *destinatários* os responsáveis pelo tratamento[1060], independentemente do volume,

[1052] "Privacy by Design. The 7 Foundational Principles. Implementation and Mapping of Fair Information Practices", 2011, acesso no dia 29 de julho de 2020, https://iab.org/wp-content/IAB-uploads/2011/03/fred_carter.pdf.

[1053] Esta descrição é de Mireille Hildebrandt e Laura Tielemans, "Data Protection by Design and technology neutral law", *Computer Law & Security Review*, 29 (2013): 509.

[1054] "The Future of Privacy", 13 e Jasmontaite et al., "Data Protection by Design", 2.

[1055] No considerando 46 lê-se que "Considerando que a proteção dos direitos e liberdades das pessoas em causa relativamente ao tratamento de dados pessoais exige que sejam tomadas medidas técnicas e organizacionais adequadas tanto aquando da concepção do sistema de tratamento como da realização do próprio tratamento (...)" e o artigo 17.º n.º 1 dispunha que o responsável pelo tratamento "deve pôr em prática medidas técnicas e organizativas adequadas para proteger os dados pessoais contra a destruição acidental ou ilícita, a perda acidental, a alteração, a difusão ou acesso não autorizados (...)".

[1056] Menezes Cordeiro, *Comentário*, 239.

[1057] "The Future of Privacy", 12.

[1058] Comissão Europeia, "Proteção da privacidade", 7.

[1059] Como, por exemplo, prestadores e fabricantes de serviços de *hardware* e *software*, v. Jasmontaite et al., "Data Protection by Design", 3. Em defesa de uma abordagem legal mais forte para o desenho de tecnologias, v. Hartzog, *Privacy's Blueprint*, 20.

[1060] Apesar dos apelos durante o procedimento legislativo para a estender a subcontratantes, v. Jasmontaite et al., "Data Protection by Design", 6.

da complexidade do tratamento e da dimensão da organização[1061]. Na prática, a conceção de produtos e de serviços tenderá a ir ao encontro das necessidades dos responsáveis e, além disso, o alinhamento dos subcontratantes com esta obrigação pode ser uma vantagem competitiva tendo em conta as exigências do artigo 28.º do RGPD[1062]. Seja como for, o esforço de compromisso durante o processo legislativo e alguns elementos do artigo 25.º estão na base de algumas vozes críticas que reduzem esta obrigação a uma compilação de "princípios vagos"[1063].

Na prática, como se pode ler nos números 1, 2, e 3, esta obrigação, tal como a do artigo 24.º, também se traduz na aplicação de "medidas técnicas e organizativas". Pode também ser utilizada como elemento para demonstrar o seu cumprimento num procedimento de certificação aprovado nos termos do artigo 42.º[1064]. Há, portanto, uma proximidade e até complementaridade entre o artigo 24.º e o artigo 25.º, havendo mesmo autores que deles extraem, em conjunto com o artigo 32.º, *o* dever principal do responsável pelo tratamento[1065]. Outro indicador de proximidade entre estas disposições é a abordagem com base no risco e os critérios a considerar na escolha das medidas técnicas e organizativas[1066].

Genericamente, como o próprio nome sugere, a proteção de dados desde a conceção e por defeito tem que ver com o *timing* de adoção das medidas de proteção. A opção regulatória do RGPD não se coaduna com medidas "de última hora" ou com meros cuidados paliativos. Assim, pensando num sistema de videovigilância, no momento da *escolha* das soluções técnicas, o responsável pelo tratamento deve privilegiar sistemas que permitam mascarar ou codificar áreas que não sejam pertinentes para a vigilância, ou a

[1061] "Orientações 4/2019", 4 e 6.

[1062] *Idem,* 32; Jasmontaite et al., "Data Protection by Design", 18 e Menezes Cordeiro, *Comentário* 240.

[1063] Lee Bygrave, "Data Protection by Design and by Default: Deciphering the EU's Legislative Requirements", *Oslo Law Review,* 4, 2 (2017): 105 e Michael Veale, Reuben Binns e Jef Ausloos, "When data protection by design and data subject rights clash", *International Data Privacy Law,* (2018): 105.

[1064] Não obstante, mesmo quando existe uma certificação nos termos do artigo 42.º, o responsável continua a ter de acompanhar e monitorizar os elementos estudados de seguida, v. CEPD, "Orientações 4/2019", 31.

[1065] Menezes Cordeiro, *Comentário,* 235.

[1066] O número 1 do artigo 25.º refere "a natureza, o âmbito, o contexto e as finalidades do tratamento e "os riscos decorrentes do tratamento".

remoção de imagens de terceiros, aquando da transmissão das gravações aos titulares dos dados. Deverá também evitar soluções com funções desnecessárias, como movimentação ilimitada das câmaras, capacidade de *zoom*, transmissão de rádio, análise e gravações de áudio[1067].

5.2.2. Elementos da proteção de dados desde a conceção

A proteção de dados desde a conceção foi já descrita como "um novo tipo de conceito legal"[1068] que é composto por quatro elementos essenciais: (a) a adoção de medidas técnicas e organizativas (b) para implementar, de forma eficaz, os princípios da proteção de dados pessoais e proteger os direitos dos titulares (c) segundo uma lógica de risco orientada por critérios concretos, (d) num momento específico no tempo.

a) Medidas técnicas e organizativas

O artigo 25.º, n.º 1, impõe sobre o responsável pelo tratamento a obrigação de adotar medidas técnicas e organizativas adequadas. São estas medidas que vão reduzir os "riscos decorrentes do tratamento para os direitos e liberdades das pessoas singulares", pelo que a sua adequação deve ser medida, sobretudo, em função desse efeito[1069].

No número 1 do artigo 25.º é dado apenas um exemplo de uma medida adequada: a pseudonimização. Um estudo da ENISA apresenta medidas especificamente desenhadas tendo em vista a proteção de dados desde a conceção[1070]. O CEPD também dá alguns exemplos: (i) armazenar os dados pessoais num formato estruturado e comumente legível por máquinas; (ii) permitir aos titulares dos dados intervir no tratamento; (iii) fornecer informações sobre a conservação de dados; (iv) ter sistemas de deteção de programas maliciosos; (v) dar formação aos funcionários sobre 'ciber-higiene'; (vi) estabelecer sistemas de gestão da segurança da informação e da privacidade, obrigando contratualmente os fornecedores a aplicar práticas específicas de minimização dos dados, entre outras[1071]. Igualmente

1067 "Diretrizes 3/2019", 129. O Comité recomenda que as "funções incluídas mas não necessárias devem ser desativadas".

1068 Hildebrandt e Tielemans, "Data Protection by Design", 509.

1069 *Ibidem* e Jasmontaite et al., "Data Protection by Design", 6.

1070 ENISA, "Privacy and Data Protection by Design – from privacy to engineering", 2014.

1071 "Orientações 4/2019", 6 e 7.

relevantes neste domínio são os *standards* previstos na ISO/IEC 29100:2011, especificamente pensada para o desenho, desenvolvimento, teste, manutenção de sistemas tecnológicos ou serviços que exigem controlos de privacidade[1072].

b) Implementação dos princípios e proteção de direitos

O número 1 do artigo 25.º dispõe que as medidas adotadas se destinam "a aplicar com eficácia os princípios da proteção de dados (...) e a incluir as garantias necessárias no tratamento, de uma forma que este cumpra os requisitos do presente regulamento e proteja os direitos dos titulares". Esta é uma formulação complicada para veicular uma ideia simples: as medidas escolhidas devem garantir a conformidade com o RGPD[1073]. Ou, dito de outro modo, o "peso" do RGPD foi colocado nos "ombros" do artigo 25.º, n.º1[1074]. As medidas a implementar devem ser concebidas tendo em vista os princípios do artigo 5.º, o exercício dos direitos dos titulares e os requisitos do RGPD em geral: "é essencial que o responsável pelo tratamento compreenda o significado dos *princípios* e dos *direitos* enquanto base da proteção oferecida pelo RGPD, especificamente a obrigação de PDdCD"[1075].

Da letra da lei decorre um requisito de *eficácia*. Esta exigência depende do contexto do tratamento e da avaliação de determinados elementos que devem ser tidos em conta aquando da definição dos meios do tratamento[1076] e impõe ao responsável capacidade de demonstração através de evidências e documentação relativas às medidas aplicadas, em especial de indicadores de desempenho (*key performance indicators*)[1077]. O TJUE tem atribuído um

[1072] Jasmontaite et al., "Data Protection by Design", 9.

[1073] *Idem*, 8.

[1074] O considerando 78 reforça esta ideia ao dispor genericamente que "A defesa dos direitos e liberdades das pessoas singulares relativamente ao tratamento dos seus dados pessoais exige a adoção de medidas técnicas e organizativas adequadas, a fim de assegurar o cumprimento dos requisitos do presente regulamento" e que "Para poder comprovar a conformidade com o presente regulamento, o responsável pelo tratamento deverá adotar orientações internas e aplicar medidas que respeitem, em especial, os princípios da proteção de dados desde a conceção e da proteção de dados por defeito".

[1075] "Orientações 4/2019", 7. Nestas orientações, a partir da página 15, encontram-se vários exemplos sobre como operacionalizar a proteção de dados desde a conceção para cada um dos princípios.

[1076] Estes elementos são estudados na alínea c) deste ponto.

[1077] Como explica o Comité, um indicador desta natureza "é um valor mensurável escolhido pelo responsável pelo tratamento que demonstra a eficácia com que o responsável pelo tra-

peso significativo à *eficácia*. Sempre que é chamado a interpretar o regime europeu de proteção de dados pessoais, opta por interpretações amplas tendo em vista uma "proteção *eficaz* e completa dos titulares dos dados de molde a assegurar o pleno efeito da UE em matéria de proteção de dados, evitar lacunas e impedir um eventual contorno das regras, não diminuindo, simultaneamente, a função do subcontratante"[1078] (itálico meu).

c) Critérios a considerar na escolha das medidas

Os critérios referidos no número 1 do artigo 25.º que devem ser tidos em conta na escolha das medidas a adotar são: as técnicas mais avançadas, os custos de aplicação das medidas, a natureza, o âmbito, o contexto e as finalidades e os riscos decorrentes do tratamento.

O primeiro critério, as *técnicas mais avançadas*, também é mencionado no artigo 32.º do RGPD e não existe apenas no domínio da proteção de dados[1079]. Além disso, a sua interpretação tem influência jurisprudencial[1080]. Assim, as medidas escolhidas devem, desde logo, ter em conta os progressos da tecnologia disponível no mercado[1081]. Isto significa que os responsáveis pelo tratamento devem estar atualizados e avaliar regular e continuamente as medidas adotadas[1082]. De resto, este critério não serve apenas para guiar a escolha de medidas técnicas, mas também das medidas organizativas que,

tamento cumpre o seu objetivo de proteção de dados. Os ICD podem ser *quantitativos*, como a percentagem de falsos positivos ou falsos negativos, a redução de reclamações e a redução do tempo de resposta quando os titulares dos dados exercem os seus direitos, ou *qualitativos*, como avaliações de desempenho, a utilização de grelhas de classificação ou as avaliações de peritos".

1078 "Orientações 07/2020", 10 e Acórdão *Google Spain*, C-131/12, 13 de maio de 2014, n.º 34, Acórdão *Wirtschaftsakademie*, C-210/16, 5 de junho de 2018, n.º 28 e Acórdão *Fashion ID*, C-40/17, 29 de julho de 2019, n.º 66.

1079 Existe em domínios como a proteção do ambiente e na segurança dos produtos, v. "Orientações 4/2019", 8.

1080 O Comité destaca uma decisão de 1978 proferida pelo Tribunal Constitucional Federal alemão no processo *Kalkar* para servir de base a "uma metodologia para a definição objetiva do conceito". Segundo esta decisão, o nível tecnológico das "técnicas mais avançadas" é identificado tendo por base a "investigação e os conhecimentos científicos existentes" e "as regras tecnológicas geralmente aceites" mais estabelecidas no mercado, v. "Orientações 4/2019", 8.

1081 Jasmontaite et al., "Data Protection by Design", 11.

1082 "Orientações 4/2019", 8 e 9.

aliás, podem comprometer a eficácia das primeiras[1083]. Por fim, podem ser úteis no processo de escolha as boas práticas, códigos de conduta, certificações e outras fontes de *soft law*.

Os *custos* de aplicação das medidas devem ser entendidos em sentido amplo, incluindo todos os recursos, seja em matéria de tempo ou de recursos humanos[1084]. O RGPD não exige que os responsáveis gastem uma percentagem pré-definida do seu orçamento em medidas "adequadas". Aplica-se uma lógica de proporcionalidade que impõe uma avaliação de todas as medidas ao dispor do responsável, mas, de forma clara, entende-se que "o custo da aplicação é um fator a considerar para aplicar a proteção de dados desde a conceção e não um motivo para não a aplicar"[1085]. Alguns autores sugerem que o investimento ronde pelo menos 37% das perdas expectáveis na sequência de uma violação de dados[1086] enquanto outros recomendam o critério do *bonus pater familias*[1087].

Mais uma vez, a *natureza, âmbito, contexto e finalidades* do tratamento aparecem como critério determinante para a adoção de medidas técnicas e organizativas. Como o CEPD referiu, "estes fatores devem ser interpretados de forma coerente com o seu papel noutras disposições do RGPD"[1088], pelo que remeto para o que já foi escrito atrás.

Por fim, tal como noutras normas[1089], o legislador optou por uma abordagem baseada no risco como critério para determinar a escolha das medidas técnicas e organizativas mais adequadas. Mais uma vez surge a necessidade de avaliar, de forma sistemática e exaustiva, os riscos dos tratamentos, determinar a sua probabilidade e gravidade de modo a aplicar medidas para atenuar esses riscos[1090]. Adiante, a propósito da obrigação de realizar uma

[1083] *Idem*, 9.

[1084] *Ibidem*.

[1085] *Ibidem*.

[1086] Lawrence Gordon, Martin Loeb e Lei Zhou, "Investing in Cybersecurity: Insights from the Gordon-Loeb Model", *Journal of Information Security*, 7, 2, (2016): 49.

[1087] Menezes Cordeiro, *Comentário*, 241.

[1088] *Ibidem*.

[1089] Ponto 5.1. sobre gestão adequada dos riscos.

[1090] "Orientações 4/2019", 11: "por exemplo, um responsável pelo tratamento avalia os riscos específicos inerentes à ausência de consentimento livremente dado, o que constitui uma violação do princípio da licitude, no decurso do tratamento de dados pessoais de crianças e jovens com menos de 18 anos enquanto grupo vulnerável, num caso em que não existe outro

avaliação de impacto nos termos do artigo 35.º do RGPD, volto a tratar a forma de avaliar risco no domínio da proteção de dados pessoais[1091].

d) Elemento temporal

Este elemento reflete a abordagem preventiva dos riscos do tratamento de dados para o titular. Dele decorre uma "consideração precoce"[1092] da posição do titular dos dados pessoais em relação ao tratamento sem prejuízo dos eventuais benefícios para o responsável pelo tratamento[1093]. Por isso, como se lê no número 1 do artigo 25.º, as medidas técnicas e organizativas devem ser aplicadas: (i) no momento de definição dos meios de tratamento e (ii) no momento do próprio tratamento.

A consideração precoce da posição do titular deve, portanto, ocorrer num momento inicial que corresponde ao período durante o qual o responsável está a decidir como vai realizar o tratamento, a forma que vai assumir e os mecanismos usados na sua execução, incluindo o período de aquisição e de implementação do *software, hardware* e dos serviços de tratamento de dados[1094]. Com efeito, neste contexto, os "meios de tratamento" abrangem elementos do tratamento gerais e específicos como a arquitetura, os protocolos, a disposição, a imagem[1095] e todas as fases de conceção de tratamentos como "adjudicação de contratos, concursos, externalização, desenvolvimento, apoio, manutenção, ensaios, conservação, apagamento, etc."[1096].

Mas, além daquele momento inicial, o número 1 do artigo 25.º refere que as medidas se aplicam "no momento do próprio tratamento". Portanto, esta obrigação também impõe uma aplicação continuada das medidas, a par das técnicas mais avançadas e do risco, que devem ser monitorizados constantemente. De facto, a natureza, o âmbito e o contexto das operações

fundamento jurídico, e aplica medidas adequadas para abordagem e atenuar eficazmente os riscos inerentes a este grupo de titulares de dados identificados".

1091 Sublinhando que as orientações sobre o artigo 35.º do RGPD podem ser úteis para a avaliação dos riscos nas outras disposições v. "Orientações 4/2019", 10.

1092 "Orientações 4/2019", 11.

1093 *Ibidem,* salientando que "do ponto de vista da relação custo-benefício, também é do interesse dos responsáveis pelo tratamento avaliar a PDdCD o mais rapidamente possível, uma vez que poderá ser difícil e dispendioso introduzir posteriormente alterações nos planos já elaborados e nas operações de tratamento já concebidas".

1094 No caso, por exemplo, de uma subcontratação.

1095 *Ibidem.*

1096 "Orientações 4/2019", 15.

de tratamento, bem como o risco, podem mudar ao longo do tratamento, o que significa que o responsável pelo tratamento deve realizar revisões e avaliações regulares da eficácia das medidas e garantias adotadas[1097]. Esta lógica de revisão de medidas aplica-se também aos tratamentos de dados realizados por subcontratantes, de modo a garantir uma proteção contínua dos tratamentos de dados externalizados.

Em síntese, da conjugação destes elementos temporais resulta que esta obrigação se aplica a *todo* o ciclo de vida dos dados[1098].

5.2.3. Elementos da proteção de dados por defeito

Em muitas ocasiões do nosso dia-a-dia, prestadores de serviços e outros agentes tomam decisões e fazem escolhas que afetam consumidores, utilizadores e cidadãos. Essas entidades são designadas *arquitetos de escolhas* (*choice architects*)[1099]. É neste contexto que, na formulação original da doutrina, a proteção de dados por defeito aparece como um dos princípios da privacidade desde a conceção (*privacy by desgin*) com o objetivo de modular as escolhas daqueles arquitetos. Entendia-se que era importante garantir a proteção ativa dos titulares mesmo quando estes não tomam nenhuma medida nesse sentido[1100].

O artigo 25.º do RGPD autonomiza no número 2 a proteção de dados por defeito sem prejuízo de se reconhecer a sua *complementaridade* com a proteção de dados desde a conceção[1101]. Ou seja, a proteção de dados por defeito pressupõe e depende da proteção de dados desde a conceção[1102].

[1097] *Ibidem.*

[1098] Jasmontaite et al., "Data Protection by Design", 14.

[1099] Cass Sunstein, "Deciding by Default", 162, 1, *University of Pennsylvania Law Review* (2013): 5.

[1100] De certo modo o regulador atua ele próprio como arquiteto da escolha, v. Jasmontaite et al., "Data Protection by Design", 17. Ver também Ann Cavoukin, "Privacy by design. Take the Challenge", *Information and privacy commissioner of Ontario,* 2009.

[1101] Na doutrina Bygrave defende que a proteção de dados por defeito é uma extensão da obrigação de proteger os dados desde a conceção (Lee Bygrave, "Data Protection By Design") e, antes da entrada em vigor do RGPD, Costa e Poullet atribuíam mais relevo à proteção de dados por defeito por entenderem que deve ser a principal garantia de controlo dos titulares sobre os seus dados (Luiz Costa e Yves Poullet, "Privacy and the regulation of 2012", *Computer Law & Security Review,* 28, 3 (2012): 254).

[1102] "Opinião 1/2015 sobre a utilização de drones", 14: "a aplicação de medidas de proteção de dados por defeito pressupõe que em momento anterior o princípio da proteção de dados

Recentemente, respondendo a algumas dúvidas de interpretação destes dois conceitos[1103], o CEPD esclareceu que a expressão "por defeito" é uma importação das ciências informáticas que engloba as "escolhas relativas aos valores de configuração ou às opções de tratamento que são estabelecidos ou estipulados num sistema de tratamento, tais como uma aplicação de *software*, serviço ou dispositivo, ou um procedimento de tratamento manual que afeta a quantidade de dados recolhidos, a amplitude do tratamento, o período de conservação e a sua acessibilidade"[1104]. Por exemplo, quando cria uma pasta numa plataforma partilhada, o responsável pelo tratamento deve escolher *quem* tem acesso *a quê* e *porquê*, isto é, fazer a atribuição de direitos de acesso a pessoal com diferentes funções e com demonstradas necessidades nesse acesso.

Estas escolhas são orientadas, sobretudo, pelo princípio da minimização para garantir que só são tratados os dados pessoais necessários para cada finalidade específica. Assim, a adoção de medidas técnicas e organizativas tem em vista a implementação de uma *obrigação de minimização* composta, pelo menos, por dois elementos: i) a *quantidade* e o *tipo* de dados tratados (*minimização dos dados*) e (ii) a *extensão dos tratamentos* (*minimização dos tratamentos*)[1105].

Antes de analisar cada um destes elementos devo referir dois aspetos em relação a esta obrigação. Em primeiro lugar, o artigo 25.º, n.º 2 *in fine* impõe uma especificação quando os dados forem disponibilizados a um número indeterminado de pessoas singulares. Pretende-se que o responsável dê, por defeito, "ao titular dos dados a possibilidade de intervir antes de publicar ou disponibilizar, de qualquer outra forma, dados pessoais sobre o titular dos dados a um número indeterminado de pessoas singulares"[1106].

Em segundo lugar, na doutrina, tem-se discutido o valor acrescentado da proteção de dados por defeito[1107]. Por um lado, há quem o rejeite com base na ideia de que a *verdadeira* autodeterminação do titular fica limitada

desde a conceção foi respeitado pelo fabricantes e operadores". Na doutrina v. Jasmontaite et al., "Data Protection by Design", 16.

1103 Jasmontaite et al., "Data Protection by Design", 16 e as referências bibliográficas aí referidas.

1104 "Orientações 4/2019", 12.

1105 *Idem*, 13.

1106 *Ibidem*.

1107 Sigo de perto Jasmontaite et al., "Data Protection by Design", 20.

quando uma escolha – mesmo que em benefício dos seus direitos – é feita no seu lugar; há também quem rejeite o valor deste conceito com base num argumento económico à luz dos custos da sua aplicação e do impacto nos modelos e oportunidades de negócio. Por outro lado, há quem defenda a proteção de dados por defeito referindo genericamente a natureza jusfundamental do direito à proteção de dados pessoais e o seu importante lugar no Direito da União Europeia. Sem prejuízo do interesse académico desta discussão, a verdade é que a mesma teve lugar antes do RGPD pelo que o seu impacto, na prática, é bastante limitado.

5.2.3.1. *Minimização dos dados*

A *quantidade* de dados pessoais diz respeito ao volume, como aos diferentes tipos e categorias e ao nível de pormenor dos dados pessoais recolhidos. Desde logo, o responsável pelo tratamento deve avaliar qual o *volume* de dados de que precisa. Por exemplo, os dados recolhidos pelas aplicações de rastreio de contactos (*contact tracing*) não devem incluir informações como o estado civil, mensagens, registos de chamadas, entre outros[1108]. Ou, a propósito de um sistema de videovigilância, será necessário que funcione apenas durante a noite e fora do horário normal de trabalho? Num outro exemplo, a propósito dos assistentes de voz virtuais, o responsável pelo tratamento deverá questionar a necessidade de guardar todos os registos de voz ou todas as transcrições ou ainda verificar se a finalidade exige a conservação dos dados de voz depois de ter sido guardada a transcrição[1109]. A relação com o titular, nomeadamente o tipo e a duração, pode fazer a diferença neste campo. Por exemplo, no caso de prestadores de serviços online, para efeitos de segurança e de autenticação, não é necessário pedir o número de telemóvel para o envio de um código quando tal pode ser feito por outra via (e-mail) ou quando o prestador já recolheu o número de telemóvel do titular quando este subscreveu os seus serviços[1110].

Além disso, o responsável deve analisar que *tipo* e que *categorias* de dados a finalidade lhe impõe que trate. Por exemplo, no ecossistema dos veículos

[1108] "Diretrizes 4/2020 sobre a utilização de dados de localização e meios de rastreio de contactos no contexto do surto COVID-19", 21 de abril de 2020, 10.
[1109] "Orientações 02/2021", 28.
[1110] "Guidelines 3/2022", 15.

conectados, os dados de localização só são recolhidos se tal for absolutamente necessário para a finalidade do tratamento[1111]. E, pensando nas categorias especiais de dados, qual a razão de recolher dados relativos à orientação sexual do condutor?

Pensando agora no grau de *pormenor* dos dados pessoais, no caso de um sistema de videovigilância o responsável poderá, consoante a finalidade, parametrizar o sistema para não recolher imagens pormenorizadas[1112]. Em geral, ao avaliar o tipo de dados recolhidos, poderá ser útil verificar qual o grau de identificação da pessoa que o tratamento requer, pois a anonimização e a pseudonimização são formas de implementar o princípio da minimização[1113]. Um exemplo recente é o das aplicações de rastreio de contactos que podem funcionar sem a identificação direta de indivíduos[1114].

Por fim, em determinados contextos, como a investigação científica, a redução do *número de titulares de dados* (por exemplo, da população estudada ou do número de participantes) pode também contribuir para minimizar os dados pessoais[1115].

5.2.3.2. *Extensão dos tratamentos*

Este segundo elemento está mais relacionado com: (i) a quantidade e o âmbito das *operações de tratamento*, em particular com o número, tipo e frequência das operações de tratamento e em especial com a conservação e com o acesso aos dados[1116]; e (ii) com os *sistemas* ou *meios de tratamento* dos dados e *funções de apoio*[1117]. Por exemplo, em ecossistemas complexos, como o dos veículos conectados, o desenho dos sistemas deve reduzir os riscos do tratamento em nuvem ("tratamento local de dados") de modo a limitar o acesso de terceiros e garantir que o titular controla os dados tratados no

[1111] O mesmo vale para as aplicações de rastreio de contactos cujo funcionamento não exige o rastreio da localização de utilizadores individuais, devendo ser utilizados dados de proximidade, v. "Diretrizes 4/2020", 8.

[1112] "Diretrizes 3/2019", 17.

[1113] "Orientações 4/2019", 23.

[1114] "Diretrizes 4/2020", 8.

[1115] Agencia española de protección de datos, "Guía de Privacidad desde el Diseño", outubro de 2019, 18.

[1116] Conforme resulta do artigo 4.º, n.º 2, do RGPD, as operações de tratamento podem ser variadas.

[1117] "Orientações 02/2021", 28.

veículo[1118]. No caso dos sistemas de videovigilância, pode ser necessário utilizar soluções de caixa negra que apaguem as gravações automaticamente após um certo prazo de conservação, só sendo consultadas caso ocorra um incidente. Noutros casos, em que a finalidade da videovigilância não é a preservação de provas, poderá não ser necessário gravar mas apenas fazer um controlo em tempo real[1119]. Assim se vê como é importante para o responsável pelo tratamento determinar previamente que caraterísticas e parâmetros dos sistemas de tratamento e respetivas funções de apoio são mais apropriadas[1120].

No caso das aplicações de rastreio de contactos, os servidores usados para o rastreio só podem recolher o histórico de contactos ou os identificadores pseudonimizados de utilizadores diagnosticados como infetados no seguimento de uma avaliação das autoridades de saúde ou de uma ação voluntária do utilizador[1121]. Por outro lado, a discussão que antecedeu a adoção daquelas aplicações incluiu a escolha da abordagem para a sua implementação, entre a descentralização e a centralização. Embora ambas fossem opções viáveis, a solução descentralizada foi considerada mais adequada à luz do princípio da minimização[1122]. Ou ainda, pensando na Internet das Coisas, os criadores de aplicações não devem aceder aos dados em bruto sempre que a finalidade do tratamento possa ser alcançada através do tratamento de dados agregados[1123]. Enfim, em geral, limitar os acessos aos dados pessoais nas diferentes fases do tratamento é um exemplo de redução da extensão dos tratamentos[1124].

O *prazo* de conservação é determinado pela finalidade do tratamento, pelo que "qualquer conservação deve ser objetivamente justificável na medida do necessário"[1125]. Esta imposição, diretamente relacionada com o princípio da limitação da conservação[1126], tem como consequência a implementação

[1118] "Diretrizes 01/2020", 21.
[1119] "Diretrizes 3/2019", 11.
[1120] "Orientações 4/2019", 23.
[1121] "Diretrizes 4/2020", 10
[1122] *Ibidem.*
[1123] "Parecer 8/2014", 26.
[1124] Agencia española de protección de datos, "Adecuación al RGPD de tratamentos que incorporan Inteligencia Artificial. Una introducción", fevereiro 2020, 39.
[1125] "Orientações 4/2019", 14.
[1126] Artigo 5.º, n.º 1, alínea e) do RGPD.

de mecanismos de apagamento ou anonimização integrados no tratamento de modo a garantir que quando os dados deixam de ser necessários, por defeito, devem ser apagados ou anonimizados[1127].

5.2.4. Exemplos de decisões de autoridades de controlo

Na Bélgica, a autoridade de controlo investigou um caso que envolveu a partilha de dados pessoais de uma criança por uma autoridade pública à sua mãe. Sucede que essa partilha devia ter sido acompanhada de medidas técnicas e organizativas, nomeadamente da prestação de informação ao pai[1128]. Em Espanha, uma Câmara Municipal foi visada num caso por criar um grupo de WhatsApp que dava a cada participante visibilidade sobre os nomes, número de telefone e fotos de perfil dos outros participantes, em violação dos artigos 13.º e 25.º, n.º 1, do RGPD[1129].

Num caso que envolveu uma companhia de seguros a autoridade Dinamarquesa suportou a sua análise nos artigos 25.º, n.º 1 e 32.º, n.º 1 do RGPD. Aquela companhia desenvolveu e disponibilizou aos seus clientes um portal para o acesso aos seus documentos, mas uma falha sistemática tornava visíveis os documentos de testemunhas em processo de reclamação e de outros intervenientes. A autoridade de controlo entendeu que, além de falhas nos processos de autorização e dos testes insuficientes para descobrir essas falhas, o desenvolvimento do portal não foi concebido tendo em atenção a proteção dos dados pessoais[1130].

Em Itália, a Enel Energia foi sancionada, entre outros aspetos, por não ter atuado de forma eficaz e consistente a propósito dos contactos promocionais que estavam a ser realizados em seu nome[1131]. Por fim, na Grécia, a autoridade de controlo apreciou um caso que envolveu várias violações ao RGPD, tendo o artigo 25.º, n.º 1, do RGPD sido usado para justificar a necessidade de tratar dados anonimizados para fins estatísticos[1132].

1127 "Orientações 4/2019", 14.
1128 APD, Processo DOS-2019-05270, de 22 de abril de 2021.
1129 Autoritat Catalana de Protecció de Datos, Processo 28/2021, 13 de setembro de 2021.
1130 Datatilsynet, Processo 2021-441-10244, 12 de julho de 2022.
1131 Garante per la protezione dei dati personali, Processo 9735672, 19 de janeiro de 2022.
1132 HDPA, 4/2022, 27 de janeiro de 2022.

5.3. Obrigações em relação a terceiros

As figuras dos responsáveis conjuntos e do subcontratante são estudadas no capítulo dos Atores[1133]. De seguida explico as obrigações em relação a *terceiros* do responsável pelo tratamento consagradas nos artigos 26.º (os terceiros são outros responsáveis pelo tratamento), 28.º (os terceiros são os subcontratantes) e 31.º (os terceiros são as autoridades de controlo) do RGPD. Essas obrigações estabelecem o que tem de fazer o responsável pelo tratamento quando trata os dados pessoais *em conjunto* com outro responsável (5.3.1.), e/ou quando recorre a um *subcontratante* para os tratar por sua conta (5.3.2.). Por fim, termino com a obrigação de cooperação com a autoridade de controlo (5.3.3.).

5.3.1. Responsabilidade conjunta

Numa situação em que existam dois ou mais responsáveis conjuntos, o número 1 artigo do 26.º impõe que estes determinem "por acordo entre si e de modo transparente as respetivas responsabilidades pelo cumprimento do presente regulamento, nomeadamente no que diz respeito ao exercício dos direitos do titular dos dados e aos respetivos deveres de fornecer as informações referidas nos artigos 13.º e 14.º, a menos e na medida em que as suas responsabilidades respetivas sejam determinadas pelo direito da União ou do Estado-Membro a que estejam sujeitos". Por fim, aquela disposição acrescenta que este acordo "pode designar um ponto de contacto para os titulares dos dados". O número 2 do artigo 26.º especifica que o acordo celebrado entre responsáveis "reflete devidamente as funções e relações respetivas dos responsáveis conjuntos em relação aos titulares" e acrescenta que "a essência do acordo é disponibilizada ao titular dos dados". Por fim, o número 3 prevê que "o titular dos dados pode exercer os direitos que lhe confere o presente regulamento em relação a cada um dos responsáveis pelo tratamento".

Da letra da lei decorre uma preocupação evidente com o titular dos dados e os seus direitos. A *ratio* destas normas é protegê-lo em situações de tratamentos complexos, pouco transparentes e que implicam o envolvimento de vários intervenientes. Pretende-se "evitar que a proteção de

[1133] Capítulo III.

dados pessoais seja reduzida ou que um conflito negativo de competências resulte em lacunas em que algumas obrigações não são cumpridas por nenhuma das partes envolvidas no tratamento"[1134]. Daí que seja tão importante a definição clara e transparente de quem faz o quê nestas situações, ou seja, que *tarefas* cada um dos responsáveis vai executar.

Começo por tratar essas obrigações e tarefas (5.3.1.1.) e só depois analiso os requisitos do acordo que deve ser celebrado para repartir as responsabilidades (5.3.1.2.). Por fim, apresento decisões de autoridades de controlo (5.3.1.3.).

5.3.1.1. *A repartição de responsabilidades*

Há dois critérios que orientam a repartição das tarefas entre responsáveis: (i) as circunstâncias factuais que suportam os tratamentos de dados pessoais e (ii) o posicionamento de cada uma das partes para, de forma eficaz, cumprir as obrigações[1135]. Por exemplo, num caso em que não há acesso aos dados pessoais por parte de um dos responsáveis será difícil que este cumpra obrigações que pressupõem esse acesso. Por outro lado, se apenas um dos responsáveis comunica com os titulares, então esse responsável está mais bem posicionado para os informar e, eventualmente, para responder aos seus pedidos[1136].

Além disto, casos haverá em que as responsabilidades são determinadas pelo direito da União ou de um dos Estados-Membros[1137]. Por fim, há casos em que não é possível repartir certas obrigações: se os responsáveis conjuntos recorrem a sistemas partilhados de tratamento de dados ambos devem assegurar, por exemplo, o princípio da limitação das finalidades e aplicar medidas de segurança nos sistemas partilhados[1138].

Na prática, há vários fatores que dificultam esta repartição de tarefas entre responsáveis. Desde logo, a mesma pode ser complicada (e, por vezes, artificial) em situações de desequilíbrio de poder. Nestes casos, o Comité reconhece que "ocorrem situações em que a influência de um responsável

[1134] "Orientações 07/2020 sobre os conceitos de responsável pelo tratamento e subcontratante no RGPD", 7 de julho de 2021, 50.

[1135] *Idem*, 50.

[1136] *Idem*, 53.

[1137] *Idem*, 50.

[1138] *Idem*, 52.

conjunto pelo tratamento e a sua influência factual dificultam a conclusão de um acordo", mas tal não pode desembocar numa desresponsabilização total[1139]. Acresce ainda que o alargamento do conceito de responsabilidade conjunta operado pela jurisprudência do TJUE tem levado a doutrina a criticar este regime, sobretudo quando uma das partes é uma pessoa singular[1140]. Nestes casos, importa recordar que o tribunal reconhece que a "existência de responsabilidade conjunta não se traduz necessariamente em responsabilidade equivalente dos vários operadores envolvidos no tratamento de dados pessoais"[1141]. Ou seja, as obrigações não têm de ser repartidas equitativamente[1142].

5.3.1.2. *O acordo a celebrar*

A repartição de responsabilidades deve ser vertida num acordo[1143]. A sua *forma* não é especificada no artigo 26.º, mas entende-se que, pelo menos, o acordo seja escrito tendo por duas razões (i) o princípio da responsabilidade, em particular a componente da demonstração (ii) e a partilha da sua essência com o titular[1144].

Encontram-se naquela disposição outros aspetos que devem ser sublinhados. Em primeiro lugar, o acordo deve refletir de forma rigorosa a realidade subjacente ao tratamento[1145]. Isto significa, na prática, um esforço de identificação do ciclo de vida dos dados pessoais. Em segundo lugar, a essência do acordo tem de ser disponibilizada ao titular o que deve incluir, pelo menos, os elementos das informações dos artigos 13.º e 14.º do RGPD, especificar qual das partes é responsável pela prestação dessas informações e quem é o ponto de contacto do titular[1146]. O RGPD não clarifica como é que a essência do acordo é fornecida ao titular, pelo que cabe aos responsáveis

[1139] *Idem*, 50.

[1140] Capítulo III ponto 3.2.

[1141] Acórdão *Wirtschaftsakademie*, C-210/16, 5 de junho de 2018, n.º 43.

[1142] "Orientações 07/2020", 52.

[1143] Na data em que escrevo está pendente no TJUE um caso que será útil para compreender melhor o alcance deste acordo, v. Processo C-683/21, 12 de novembro de 2021.

[1144] Artigos 5.º, n.º 2 e 26.º, n.º 2 do RGPD.

[1145] Como foi referido *supra* cada tarefa deve ser atribuída à parte que está mais bem posicionada para, de forma eficaz, assegurar o cumprimento das obrigações.

[1146] "Orientações 07/2020", 54.

conjuntos determinar esse aspeto sem prejuízo do cumprimento das regras aplicáveis à comunicação com o titular, em especial a transparência[1147].

Em terceiro lugar, as cláusulas do acordo especificadas no artigo 26.º dizem respeito apenas à distribuição de responsabilidades em relação ao exercício de direitos do titular e à prestação de informação nos termos do artigo 13.º e 14.º do RGPD. Porém, os responsáveis conjuntos têm de garantir que o tratamento realizado em conjunto cumpre outras disposições do RGPD. Por exemplo, a aplicação dos princípios do artigo 5.º e eventualmente as limitações da utilização de dados pessoais para outra finalidade por qualquer um dos responsáveis conjuntos[1148], a garantia de licitude do tratamento conforme o artigo 6.º, o recurso a um subcontratante nos termos do artigo 28.º, a aplicação de medidas de segurança em conformidade com o artigo 32.º, a distribuição de funções e de tarefas específicas para os casos de violações de dados de acordo com os artigos 33.º e 34.º[1149], a realização de avaliações de impacto e eventualmente de uma consulta prévia segundo os artigos 35.º e 36.º[1150], bem como o respeito pelo regime das

[1147] O Comité sugere que seja fornecido juntamente com as informações previstas nos artigos 13.º e 14.º, na política de privacidade ou mediante pedido dirigido ao encarregado da proteção de dados, se existente, ou ao ponto de contacto que possa ter sido designado, v. CEPD, "Orientações 07/2020"54. Sobre o princípio da transparência, capítulo II, ponto 2.1.3.

[1148] O CEPD esclarece dois pontos importantes sobre a licitude e finalidade: (i) "ambos os responsáveis pelo tratamento têm um dever de garantir que ambos dispõem de uma base jurídica para o tratamento" e (ii) "embora o RGPD não impeça os responsáveis conjuntos pelo tratamento de usarem diferentes bases jurídicas para diferentes operações de tratamento que realizam, recomenda-se usar, sempre que possível, a mesma base jurídica para uma finalidade específica", v. "Orientações 07/2020", 51.

[1149] "O GT29 recomenda que os acordos contratuais entre responsáveis conjuntos incluam disposições que determinem que responsável pelo tratamento assumirá a liderança ou será responsável pelo cumprimento de notificação de violação do RGPD", v. G29, "Orientações sobre a notificação de uma violação de dados pessoais ao abrigo do Regulamento (UE) 2016/679", 6 de fevereiro de 2018, 14.

[1150] Para o G29, "Quando a operação de tratamento envolve responsáveis conjuntos pelo tratamento, estes devem definir pormenorizadamente as respetivas obrigações. A sua AIPD deve definir qual das partes é responsável pelas várias medidas concebidas para dar resposta aos riscos e proteger os direitos e as liberdades dos titulares dos dados. Cada responsável pelo tratamento de dados deve exprimir as suas necessidades e partilhar informações úteis sem comprometer segredos (p. ex.: proteção de segredos comerciais, propriedade intelectual, informações empresariais confidenciais) ou revelar vulnerabilidades", v. "Orientações relativas à Avaliação", 9.

transferências do Capítulo V do RGPD[1151]. Particularmente relevante é a definição de procedimentos de comunicação entre responsáveis e com a autoridade de controlo, sem prejuízo de que esta poderá contactar qualquer uma das partes no exercício dos seus poderes previstos no artigo 58.º do RGPD[1152]. O número 1 do artigo 26.º refere ainda, sem caráter obrigatório, a possibilidade de ser designado um ponto de contacto para os titulares que, se existir, pode ser o encarregado de proteção de dados, o representante na União (quando os responsáveis não estão estabelecidos na União Europeia) ou qualquer outro ponto de contacto[1153].

Como referi, os termos deste acordo não vinculam o titular dos dados no exercício dos seus direitos. O número 3 do artigo 26.º prevê a possibilidade de o titular exercer os seus direitos em relação a cada um dos responsáveis conjuntos *independentemente* do acordo. Esta possibilidade será particularmente útil, por exemplo, quando os responsáveis conjuntos estão estabelecidos em Estados-Membros diferentes, podendo o titular escolher o responsável que lhe for mais conveniente tendo em conta a sua residência ou local de trabalho[1154]. Por conseguinte, a existência de mecanismos de comunicação entre os responsáveis conjuntos é particularmente relevante para garantir uma gestão eficaz dos pedidos dos titulares.

5.3.1.3. *Exemplos de decisões de autoridades de controlo*

Em França, num caso que envolveu aspetos relacionados com a utilização de *cookies*, o consentimento e a prestação de informação, discutiu-se também a qualificação da relação entre a Google LLC e a Google Ireland Ltd. A autoridade francesa entendeu que havia responsabilidade conjunta em relação ao acesso e colocação de *cookies* no terminal do motor de busca usado em França. Em relação à empresa irlandesa da Google, a CNIL sublinhou o seu papel no desenvolvimento e na supervisão das políticas internas que orientam a conceção dos produtos, na definição de parâmetros dos tratamentos, das regras de proteção de dados e nas verificações que antecedem

[1151] "Orientações 07/2020", 51.

[1152] *Idem*, 55.

[1153] A doutrina avança com outros exemplos de aspetos a incluir no acordo como a finalidade e o fundamento de licitude do tratamento, o tipo de dados tratados, o prazo de conservação e duração do tratamento, entre outros, v. Sousa Pinheiro, *Comentário*, 412.

[1154] "Orientações 07/2020", 55.

o lançamento de produtos novos. No que respeita à Google LLC, a autoridade francesa entendeu que, apesar do argumento da Google de que esta seria subcontratante, o seu envolvimento nas operações de tratamento vai muito além do mero cumprimento de instruções da Google Ireland. Em particular, destacou-se o envolvimento da empresa americana no desenho da tecnologia das *cookies* usadas nos terminais dos utilizadores europeus[1155].

Na Irlanda, a autoridade de controlo pronunciou-se sobre as operações de tratamento realizadas por uma agência de classificação de créditos (ICB)[1156]. Esta entidade é responsável pelo tratamento dos dados de uma base contendo informação sobre o desempenho de contratos de crédito celebrados entre instituições financeiras e devedores. Estas instituições, todos os meses, fornecem à ICB os dados sobre esse desempenho. Para avaliar se a ICB tinha ou não violado a obrigação do artigo 26.º, n.º 1, a autoridade teve de se pronunciar sobre a sua relação com as instituições financeiras. Analisando, primeiro, as finalidades dos tratamentos em causa, além dos elementos do acordo celebrado entre a agência e as instituições financeiras[1157], entendeu que havia finalidades em comum porque as instituições financeiras enviam os dados mensalmente para que a ICB os trate em seu benefício. Em segundo lugar, a autoridade irlandesa recorre a um manual com especificações técnicas sobre a base de dados para concluir, com base nessa evidência, que os elementos essenciais do tratamento são determinados apenas pela ICB. Assim, afasta a hipótese de responsabilidade conjunta, a violação do artigo 26.º, n.º 1, e entende que a transmissão de dados entre os dois atores é uma transmissão entre responsáveis pelo tratamento autónomos.

5.3.2. Subcontratação

A relação de subcontratação é a que se estabelece entre responsável pelo tratamento e subcontratante, duas figuras estudadas no capítulo dos Atores[1158]. Esta relação é regulada pelo artigo 28.º do RGPD que estabelece

1155 CNIL, Processo SAN-2020-012, 10 de dezembro de 2020.

1156 DPC, Processo IN-19-7-2, 23 de março de 2021.

1157 O acordo continha uma cláusula referindo que "(...) todos os dados e informações recebidas pelas instituições financeiras e enviadas pela ICB só podem ser usadas para a avaliação de crédito e para manutenção da conta" (tradução minha).

1158 Capítulo III.

duas obrigações: (i) o recurso apenas a "subcontratantes que apresentem garantias suficientes de execução de medidas técnicas e organizativas adequadas" (artigo 28.º, n.º 1) e (ii) a obrigação de regular a relação "por contrato ou outro ato normativo (artigo 28.º, n.º 3). Estas imposições são estudadas de seguida, começando pela escolha do subcontratante (5.3.2.1.) e depois para a celebração de um acordo ou outro ato normativo (5.3.2.2.). Por fim, apresento alguns casos em que estas disposições foram violadas e analisadas por autoridades de controlo (5.3.2.3.).

A subcontratação é regulada com detalhe de modo a garantir que a externalização do tratamento de dados pelo responsável não é uma forma de escapar ao regime da proteção de dados. Ou seja, a externalização das operações de tratamento não deve ser um fator de atenuação do princípio da responsabilidade[1159].

5.3.2.1. *Escolha do subcontratante*

O considerando 81 elenca exemplos das "garantias suficientes", referidas no artigo 28.º, n.º 1 do RGPD, que devem orientar a escolha do subcontratante: (i) conhecimentos especializados, (ii) fiabilidade e recursos quanto à execução de medidas técnicas e organizativas que cumpram os requisitos do RGPD, nomeadamente no que se refere à segurança do tratamento. O mesmo considerando repete o disposto no número 5 do artigo 28.º: "O facto de o subcontratante cumprir um código de conduta aprovado ou um procedimento de certificação aprovado poderá ser utilizado como elemento para demonstrar o cumprimento das obrigações do responsável pelo tratamento.".

Por consequência, o responsável pelo tratamento está obrigado a avaliar a suficiência das garantias apresentadas pelo subcontratante, devendo guardar evidências que lho permitam demonstrar[1160]. Naturalmente, tal exige a troca de documentação, de forma transparente, como, por exemplo, políticas de privacidade, registo das atividades de tratamento, política de gestão de acessos ou de segurança, relatórios de auditorias, certificações internacionais reconhecidas como a série ISO 27000 e *ratings* em matéria de segurança. Contudo, não há uma lista fechada de documentos ou de ações que

[1159] Considerando que o número 1 do artigo 28.º é "uma extensão das obrigações previstas nos artigos 24.º, n.º 1 e 25.º, n.º 1 do RGPD", v. Sousa Pinheiro, *Comentário*, 419.
[1160] "Orientações 07/2020", 35.

configuram "garantias suficientes". Na verdade, exige-se também aqui uma avaliação dos riscos: as garantias serão suficientes consoante, novamente, a natureza, o âmbito e as finalidades do tratamento, bem como os riscos para os direitos e liberdades das pessoas[1161]. Além disto, a reputação do subcontratante no mercado poderá também ser tida em conta.

Por fim, esta obrigação é contínua, exigindo uma monitorização permanente do responsável pelo tratamento que deve, em intervalos pré-definidos, verificar as garantias do subcontratante, inclusive através de auditorias e inspeções se for apropriado[1162].

5.3.2.2. *Regulação por acordo ou por outro ato normativo*

O artigo 26.º, que regula a responsabilidade conjunta, recorre à expressão "acordo", mas no número 3 do artigo 28.º o legislador optou por exigir a celebração de um "contrato ou outro ato normativo"[1163]. Além disto, foi também mais específico em relação ao *conteúdo* deste documento e às *obrigações* do subcontratante que dele devem constar.

Quanto ao *conteúdo*, o número 3 do artigo 28.º dispõe que o contrato estabelece "o objeto e a duração do tratamento, a natureza e finalidade do tratamento, o tipo de dados pessoais e as categorias dos titulares dos dados e as obrigações e direitos do responsável pelo tratamento". Os elementos natureza e finalidade foram apreciados noutra sede[1164], o *objeto* do tratamento é entendido em sentido amplo, mas deve ser suficientemente específico para que se perceba qual é o principal objeto do tratamento (por exemplo, registos de videovigilância de visitantes de uma prisão)[1165]. A *duração* do tratamento refere-se ao período de tempo do tratamento ou aos critérios usados para o determinar, pelo que não corresponde necessariamente à vigência do acordo[1166]. Por fim, devem ser incluídos o *tipo* de dados pessoais, aspeto que também carece de especificação e não de uma menção genérica

[1161] *Ibidem.*

[1162] Artigo 28.º, n.º 3, alínea h) do RGPD e "Orientações 07/2020", 36.

[1163] Uma parte da doutrina portuguesa entende que a expressão remete para "atos legislativos e regulamentares" (Sousa Pinheiro, *Comentário,* 155) e outra dá conta da estranheza da expressão (Menezes Cordeiro, *Comentário,* 255).

[1164] Ponto 5.1. Pensando no caso de videovigilância, aqui se incluem operações como a filmagem, a gravação, o arquivo de imagens e, como finalidade, deteção de entrada ilegal.

[1165] "Orientações 07/2020", 40.

[1166] *Ibidem.*

(por exemplo, imagens de vídeo de pessoas à medida que entram e saem da instalação por oposição a uma menção apenas a categorias especiais de dados), as *categorias* de titular de dados (por exemplo, visitantes, colaboradores, estafetas) e as *obrigações* e *direitos* do responsável pelo tratamento (por exemplo, realização de inspeções e vistorias)[1167].

As várias alíneas daquele número especificam as *obrigações* que vinculam os subcontratantes e que dizem respeito às instruções do responsável pelo tratamento (alínea a))[1168], à confidencialidade e segurança dos tratamentos (alíneas b) e c)), às condições de contratação de outro subcontratante desenvolvidas nos números 2 e 4 do artigo 28.º (alínea d)), à colaboração e assistência ao responsável (alíneas e), f) e h)), ao apagamento ou devolução dos dados findo o tratamento (alínea g)).

Há outros elementos que podem ser incluídos no contrato "dependendo do contexto e dos riscos do tratamento" ou de outros requisitos[1169]. Por exemplo, a parte final do artigo 28.º, n.º 3, dispõe que "o subcontratante informa imediatamente o responsável pelo tratamento se, no seu entender, alguma instrução violar o presente regulamento ou outras disposições do direito da União ou dos Estados-Membros em matéria de proteção de dados". Ora, o Comité recomenda que o contrato estabeleça um procedimento para gerir as consequências de uma informação deste tipo como, por exemplo, uma cláusula sobre a denúncia do contrato se o responsável pelo tratamento insistir na instrução[1170]. Em geral, exige-se que o contrato não seja uma mera reprodução do RGPD[1171], devendo incluir especificidades do tratamento e das medidas de proteção dos dados. Isto é, deve ser redigido tendo em conta (i) as tarefas e responsabilidades específicas do subcontratante no contexto do tratamento e (ii) o risco em relação aos direitos e liberdades do titular"[1172].

1167 *Ibidem.*

1168 O artigo 29.º do RGPD dispõe também que "O subcontratante ou qualquer pessoa que, agindo sob a autoridade do responsável pelo tratamento ou do subcontratante, tenha acesso a dados pessoais, não procede ao tratamento desses dados exceto por instruções do responsável pelo tratamento, salvo se a tal for obrigado por força do direito da União ou dos Estados-Membros".

1169 "Orientações 07/2020", 40.

1170 *Idem,* 47.

1171 *Idem,* 39.

1172 Considerando 81.

No que diz respeito à *forma*, o número 9 do artigo 28.º exige que o contrato ou outro ato normativo sejam "feitos por escrito, incluindo em formato eletrónico".

Por fim, os números 6 a 8 do artigo 28.º preveem a possibilidade de recurso a cláusulas contratuais-tipo aprovadas pela Comissão[1173] ou pelas autoridades de controlo[1174].

5.3.2.3. *Exemplos de decisões de autoridades de controlo*[1175]

Na Dinamarca[1176], num caso que envolveu uma entidade pública e a utilização de serviços da Google, os artigos 24.º e 28.º, n.º 1, foram, entre outras disposições, invocados pela autoridade de controlo para concluir que não foi demonstrado que os tratamentos respeitavam o RGPD. De facto, a própria entidade pública expressou dúvidas quanto à capacidade da Google para cumprir as suas obrigações contratuais em matéria de tratamento de dados para fins de marketing. Perante esta confissão, a autoridade dinamarquesa entendeu existir uma violação da obrigação de recorrer apenas a subcontratantes que forneçam "garantias suficientes".

Já na Polónia, a autoridade de controlo impôs a um responsável pelo tratamento uma coima de €1,000,000 e ao subcontratante uma coima de €53,000, por questões relacionadas com a gestão de uma violação de dados pessoais e com a adoção de medidas de segurança. Também nestasede foram invocados os artigos 24.º, 28.º, n.º 1, n.º 3, alíneas c) e f) e 32.º do RGPD[1177].

Num caso que envolveu o incumprimento do artigo 28.º em vários dos seus números, a autoridade de controlo italiana sancionou em €40.000 um prestador de aplicações que atuou como subcontratante em nome de um grupo de hospitais, por violar os números 2 e 4 daquele artigo, mas que também era responsável por delegar o tratamento de dados a um prestador

[1173] Artigos 28.º, n.º 7, do RGPD e Decisão de Execução (UE) 2021/915 da Comissão de 4 de junho de 2021 relativa às cláusulas contratuais-tipo entre os responsáveis pelo tratamento de dados pessoais e os subcontratantes nos termos do artigo 28.º, n.º 7 do Regulamento (UE) 2016/679 do Parlamento Europeu e do Conselho e do artigo 29.º, n.º 7, do Regulamento (UE) 2018/1725 do Parlamento Europeu e do Conselho.

[1174] Artigo 28.º, n.º 8, do RGPD.

[1175] À data em que escrevo não tenho conhecimento de decisões de autoridades de controlo que implicassem o artigo 26.º, por isso não incluí essa rubrica anteriormente.

[1176] Datatilsynet, Processo 2020-431-0061, 14 de julho de 2022.

[1177] UODO, Processo DKN.5130.2215.2020, 28 de fevereiro de 2022.

de serviços online, tendo nessa condição violado os números 1 e 3 daquele mesmo artigo[1178].

Em França a CNIL aplicou uma coima de €180.000 à SIMPLAY porque, entre outros aspetos, os vários contratos celebrados com os subcontratantes não continham todas as cláusulas obrigatórias do número 3 do artigo 28.º do RGPD[1179].

5.3.3. Cooperação com a autoridade de controlo

Esta obrigação, consagrada no artigo 31.º do RGPD, tem como destinatários principais o responsável pelo tratamento e o subcontratante e, ainda, destinatários eventuais no caso de existirem representantes no território da União.

De seguida, começo por estabelecer o âmbito e limites desta obrigação (5.3.3.1.) e termino com exemplos de decisões de autoridades de controlo (5.3.3.2.).

5.3.3.1. *Âmbito e limites*

O artigo 31.º do RGPD dispõe que "[o] responsável pelo tratamento e o subcontratante e, sendo caso disso, os seus representantes cooperam com a autoridade de controlo, a pedido desta, na prossecução das suas atribuições". Os encarregados de proteção de dados também devem cooperar com a autoridade de controlo por força da alínea d) do número 1 do artigo 39.º do RGPD.

Uma obrigação semelhante existe noutros domínios, como no direito da concorrência. A este propósito, a jurisprudência do TJUE tem incidido sobre o direito à não incriminação ou direito de guardar silêncio. Um ponto prévio clarificado recentemente pelo tribunal é o de que "o direito ao silêncio não pode justificar a falta de cooperação com as autoridades competentes, como uma recusa em se apresentar a uma audição prevista por estas ou manobras dilatórias destinadas a adiar a sua realização"[1180]. A obrigação de cooperação não viola o direito de defesa ou o direito a um processo equitativo pois "nada impede o destinatário de um pedido de informações de demonstrar, mais tarde no quadro do procedimento administrativo ou num

[1178] Garante per la protezione dei dati personali, Processo 9768387, 7 de abril de 2022.

[1179] CNIL, Processo SAN-2021-020, 28 de dezembro de 2021.

[1180] Acórdão Comissione Nazionale, C-481/19, 2 de fevereiro de 2021, n.º 41.

processo perante o juiz, que os factos constantes das suas respostas ou os documentos transmitidos têm um significado diferente daquele que lhes deu a Comissão (...)"[1181]. Naquele domínio a obrigação de cooperação, nomeadamente quando existem pedidos de entrega de documentos e de resposta a inquéritos, devem ser seguidos, mas o mesmo já não vale em relação a respostas que impliquem o reconhecimento de que existiu uma infração. Com efeito, este entendimento sugere que pedidos das autoridades que sejam suscetíveis de obrigar as organizações a *confessar* a sua participação em infrações descartam esta obrigação de cooperação. Como refere a doutrina, a fronteira é pouco clara[1182].

5.3.3.2. *Exemplos de decisões de autoridades de controlo*

Os casos mais frequentes de aplicação de sanções em relação a esta obrigação prendem-se com a ausência *total* de cooperação. Foi assim no Chipre[1183], na Polónia[1184] e, em Espanha, a AEPD sancionou uma operadora de telecomunicações por se ter recusado a colaborar com uma inspeção. Esta falta de colaboração verificou-se repetidamente, num pedido de informações que foi enviado pela autoridade à operadora e posteriormente reiterado. A autoridade considerou que a operadora agiu "com gravíssima falta de diligência", não havendo justificação em eventuais incidentes com os pedidos de informação, que sempre foram aceites, e foi inclusive pedida – e concedida – a extensão de um dos prazos[1185].

Em Itália, um caso envolveu um prestador de serviços de energia que só forneceu informação à autoridade na sequência de um terceiro pedido, além de ter fornecido respostas ambíguas e pouco detalhadas[1186].

5.4. Registo das atividades de tratamento

A conservação e atualização de um registo de atividades de tratamento é uma obrigação prevista no artigo 30.º do RGPD, que se destina tanto a res-

1181 Acórdão *Carbon*, C-301/04, 29 de junho de 2006, n.º 406.

1182 Menezes Cordeiro, *Comentário*, 266.

1183 Comissário para a Proteção de Dados Pessoais, Processo 1.17.001.007.270, 22 de setembro de 2021.

1184 UODO, Processo DKE.561.16.2021, 1 de dezembro de 2021.

1185 AEPD, Processo PS/00365/2019, 4 de novembro de 2020.

1186 Garante per la protezione dei dati personali, Processo 9735672, 19 de janeiro de 2022.

ponsáveis pelo tratamento (n.º 1) como a subcontratantes (n.º 2). De seguida explico a origem e função do registo (5.4.1.), os seus elementos e a sua forma (5.4.2.), apresento as exceções aplicáveis a esta obrigação (5.4.3.) e, por fim, dou nota de exemplos de decisões de autoridades de controlo (5.4.4.).

5.4.1. Origem e função

Para explicar esta obrigação é importante ter presente a mudança de paradigma operada pelo fim do controlo prévio dos tratamentos de dados pessoais. A Diretiva 95/46/CE previa nos artigos 18.º e 19.º uma obrigação de notificar a autoridade de controlo cujo conteúdo coincide em grande medida com o que se encontra previsto no número 1 do artigo 30.º. Como nota a doutrina, o RGPD inverte esta lógica: o registo cabe ao responsável pelo tratamento ou subcontratante (n.os 1 e 2) para disponibilizar à autoridade de controlo em caso de pedido (n.º 4)[1187].

Além de ser uma obrigação, este registo tem uma dupla *função:* (i) internamente, pode ser uma ferramenta útil para estruturar e dar visibilidade aos tratamentos de dados pessoais, eventualmente até facilitando o exercício da avaliação dos riscos decorrentes do artigo 24.º do RGPD[1188]; (ii) externamente, o número 4 do artigo 30.º prevê a sua disponibilização à autoridade de controlo.

5.4.2. Elementos e forma

O número 1 do artigo 30.º é dirigido ao responsável pelo tratamento ou, se existir, ao seu representante. O registo deve incluir um conjunto de elementos ali elencados que podem ser *essenciais* ou *não essenciais*. Entre os primeiros, encontram-se o nome e contactos do responsável e, se existirem, de responsáveis conjuntos, de representantes e do encarregado da proteção de dados (alínea a)), as finalidades do tratamento (alínea b)), a descrição das

[1187] Menezes Cordeiro, *Comentário,* 261.

[1188] Nesse sentido vai a opinião do G29 para quem o registo é um suporte útil para analisar as implicações do tratamento de dados pessoais, ao facilitar a avaliação das circunstâncias de facto dos riscos do tratamento e a identificação e implementação de medidas técnicas e organizativas, ambas componentes essenciais do princípio da responsabilidade, v. G29, "Position paper on the derogations from the obligation to maintain records of processing activities pursuante to Article 30 (5) GDPR", 19 de abril de 2018.

categorias de titulares de dados e das categorias de dados pessoais (alínea c)), as categorias de destinatários a quem os dados pessoais foram ou serão divulgados (alínea d)), informação relativa às transferências de dados pessoais quando estas sejam realizadas (alínea e)). Os elementos *não essenciais,* isto é, elementos a incluir "se possível", são os prazos para o apagamento e uma descrição geral das medidas técnicas e organizativas no domínio da segurança (alíneas f) e g)). Entre estes elementos não há nenhuma referência expressa ao *fundamento* dos tratamentos, havendo uma parte dos autores que defende que este elemento é essencial[1189].

A obrigação que recai sobre subcontratantes é semelhante, mas, pela natureza e papel daquele, sofre alguns ajustamentos. Ou seja, o subcontratante ou, se existir, o seu representante, deve conservar e atualizar "um registo de todas as categorias de atividades de tratamento realizadas em nome de um responsável pelo tratamento". Assim, do registo devem constar: (i) elementos *essenciais,* como o nome e contactos do subcontratante ou subcontratantes e de cada responsável pelo tratamento em nome do qual aquele atua e, sendo caso disso, do representante do responsável pelo tratamento ou do subcontratante e do encarregado de proteção de dados (alínea a)), as categorias de tratamentos de dados pessoais efetuados em nome de cada responsável pelo tratamento (alínea b)), informação relativa às transferências de dados pessoais quando estas sejam realizadas (alínea c)); (ii) e um elemento *não essencial,* a incluir "se possível", que é uma descrição geral das medidas técnicas e organizativas no domínio da segurança (alínea d)).

Em relação à *forma* deste registo o legislador estipula, no número 3 do artigo 30.º, que seja "por escrito, incluindo em formato eletrónico". Algumas autoridades de controlo disponibilizam modelos simplificados de registo[1190].

5.4.3. Exceções

O número 5 do artigo 30.º concretiza o considerando 13 que, na parte final, dispõe que "(...) as instituições e os órgãos da União, e os Estados-Membros

[1189] Menezes Cordeiro, *Comentário,* 261 e nota de rodapé 16.

[1190] Em Portugal, no seu site, a CNPD disponibiliza um modelo, acesso a 2 de agosto de 2020, https://www.cnpd.pt/organizacoes/obrigacoes/registo-de-atividades-de-tratamento/

e as suas autoridades de controlo, são incentivados a tomar em consideração as necessidades específicas das micro, pequenas e médias empresas no âmbito da aplicação do presente regulamento".

Por isso, excluem-se do âmbito de aplicação da obrigação em estudo "empresas ou organizações com menos de 250 trabalhadores, a menos que o tratamento seja suscetível de implicar um risco para os direitos e liberdades do titular, não seja ocasional ou abranja categorias especiais de dados a que se refere o artigo 9.º, n.º 1, ou dados pessoais relativos a condenações penais e infrações referido no artigo 10.º"[1191].

A redação desta norma gerou tanta incerteza que, em 2018, o G29 tomou uma posição para clarificar as dúvidas[1192]. Em primeiro lugar, refere que há pelo menos três tipos de tratamento aos quais esta exceção não se aplica: tratamentos que comportem riscos, tratamentos não ocasionais[1193] ou tratamentos de categorias especiais de dados e de dados relativos a condenações e infrações penais. Portanto, basta ocorrer uma destas situações para que vigore a obrigação de conservar e atualizar um registo de atividades de tratamento. Em segundo lugar, clarificou-se que nesses casos, se a organização tiver menos de 250 trabalhadores, terá *apenas* de conservar e atualizar o registo desses tratamentos[1194].

5.4.4. Exemplos de decisões de autoridades de controlo

Muitas das decisões das autoridades dizem respeito à completude do registo. Na Bélgica, entre junho e março de 2021, um aeroporto monitorizou a temperatura dos passageiros através de camaras térmicas. O procedimento seguido pelo aeroporto, no caso o responsável pelo tratamento, foi apreciado pela autoridade de controlo e sancionado com uma coima de €100,000 porque, entre outros aspetos, o registo de atividades de tratamento não estava completo, tendo em conta que as categorias dos destinatários dos dados não eram mencionadas[1195].

[1191] A doutrina sublinha que as empresas abrangidas por esta exceção "serão em número residual", v. Sousa Pinheiro, *Comentário*, 447.

[1192] "Position paper on the derogations", 2.

[1193] Esta expressão diz respeito a tratamentos que não são regulares e que ocorrem fora do regular funcionamento ou atividade do responsável pelo tratamento ou do subcontratante, v. "Position paper on the derogations", 2.

[1194] "Position paper on the derogations", 2.

[1195] APD, Processo 47/2022, 4 de abril de 2022.

Num processo de 2019, a autoridade de controlo da Polónia aplicou uma coima a uma entidade local por violar o RGPD, incluindo várias alíneas do número 1 do artigo 30.º, por não incluir no registo atividades relacionadas com a publicação de informação online, os destinatários dos dados pessoais e o prazo de apagamento. Esta coima foi desafiada na jurisprudência polaca, mas confirmada por um tribunal administrativo de Varsóvia[1196].

No caso que envolveu a Deliveroo em Itália, a autoridade de controlo aplicou uma coima de €2,500,000, entre outras coisas, porque o registo das atividades de tratamento estava incompleto pois carecia de uma descrição geral das medidas de segurança. Referia apenas e genericamente uma "política de segurança", sem especificar um documento ou medidas efetivamente adotadas. Além disso, a autoridade também sublinhou que o registo da Deliveroo não tinha datas, nem de adoção nem de atualizações, algo que não decorre diretamente do artigo 30.º mas do artigo 5.º, n.º 2 do RGPD[1197].

5.5. Segurança dos dados pessoais

A secção 2 do Capítulo IV tem como epígrafe "Segurança dos dados pessoais" e deve ser lida em sintonia com o princípio da integridade e confidencialidade do artigo 5.º, n.º 1, alínea f) do RGPD[1198]. Esta segurança é garantida através de uma obrigação de *prevenir* violações de dados pessoais, regulada no artigo 32.º, e de duas obrigações de *reagir* no caso de uma violação, enunciadas nos artigos 33.º e 34.ºdo RGPD. Assim, o elemento fundamental de qualquer estratégia em matéria de segurança dos dados é "conseguir, sempre que possível, prevenir uma violação e, quando esta aconteça, dar uma resposta em termo útil"[1199]. Nesse processo, a figura do encarregado de proteção de dados desempenha um papel fundamental na sensibilização e aconselhamento à prevenção ou mesmo no momento de gestão de uma violação de dados pessoais através das suas funções de aconselhamento e de controlo da conformidade, bem como durante a investigação subsequente por parte da autoridade de controlo[1200].

[1196] Acórdão do Tribunal Provincial de Varsóvia, Processo II AS/Wa2826/19, 26 de agosto de 2020.

[1197] Garante per la protezione dei dati personali, Processo 9685994, 22 de julho de 2021.

[1198] Capítulo II, ponto 2.6.

[1199] "Orientações sobre a notificação", 7.

[1200] *Idem*, 30.

Estas obrigações, que existem noutros instrumentos jurídicos[1201], distinguem-se nos seguintes termos: a obrigação de prevenir, do artigo 32.º, é *geral* no sentido em que se aplica em qualquer circunstância; já a maioria das obrigações dos artigos 33.º e 34.º são *especiais* porque a sua aplicação depende da ocorrência de uma violação de dados pessoais, exige a avaliação dos respetivos riscos e porque estão sujeitas a exceções. Diferentemente, julgo que a obrigação do número 5 do artigo 33.º é *geral,* pois obriga o responsável pelo tratamento a documentar "*quaisquer* violações de dados pessoais, compreendendo os factos relacionados com as mesmas, os respetivos efeitos e a medida de reparação adotada" (itálico meu).

Como referido, os destinatários destas obrigações são os responsáveis pelo tratamento, mas o legislador dirige-se também aos subcontratantes nos artigos 32.º e 33.º, reconhecendo o papel essencial destes atores quando ocorre uma violação de dados pessoais. De resto, noto que além de concretizações do princípio da responsabilidade[1202], estas obrigação relacionam-se com outros princípios, como o da lealdade e transparência[1203] e, como referi, o da integridade e confidencialidade[1204].

Nas próximas páginas começo por explorar o conceito de violação de dados pessoais (5.5.1.), depois analiso a obrigação de prevenir (5.5.2.) e de reagir a essas violações (5.5.3.). Sigo com uma breve explicação do exercício de avaliação dos riscos que precede estas obrigações (5.5.4.) e da obrigação de manter um registo (5.5.5.). Termino com exemplos de decisões de autoridades de controlo (5.5.6.)

5.5.1. A definição de violação de dados pessoais

Não há, no RGPD, qualquer definição de segurança. Na maioria dos casos a segurança inclui uma componente de segurança *física* e outra de segurança *digital* ou dos *dados*[1205]. A primeira componente implica a proteção e

[1201] Regulamento (UE) n.º 910/2014, relativo à identificação eletrónica e aos serviços de confiança para as transações eletrónicas no mercado interno; Diretiva (UE) 2016/1148, relativa a medidas destinadas a garantir um elevado nível comum de segurança das redes e da informação em toda a União, entre outros.

[1202] Artigo 5.º, n.º 2 do RGPD. No mesmo sentido, Menezes Cordeiro, *Comentário,* 273.

[1203] Artigo 5.º, n.º 1, alínea a) do RGPD.

[1204] Artigo 5.º, n.º 1, alínea f) do RGPD.

[1205] Segurança dos *dados* é a expressão usada nas "Diretrizes 3/2019", 31.

resiliência contra interferências intencionais e não intencionais no funcionamento das componentes físicas de um sistema[1206]. Pensando na videovigilância, protegem-se os equipamentos contra furtos, vandalismo, catástrofes naturais, catástrofes de origem humana e danos acidentais (picos de corrente, temperaturas elevadas ou derrame de bebidas). A segunda componente, digital, diz respeito à confidencialidade, integridade e disponibilidade[1207]. Voltando ao exemplo da videovigilância, esta componente diz respeito à proteção da transmissão de imagens com canais de comunicação seguros, utilização de soluções de *hardware* e *software* como *firewalls,* antivírus ou sistemas de deteção de intrusões contra ciberataques, entre outros[1208].

O artigo 4.º, n.º 12, define *violação de dados pessoais* como "uma violação da segurança que provoque, de modo acidental ou ilícito, a destruição, a perda, a alteração, a divulgação ou o acesso, não autorizados, a dados pessoais transmitidos, conservados ou sujeitos a qualquer outro tipo de tratamento". Trata-se de um incidente de segurança, interno ou externo, que pressupõe uma *afetação dos dados pessoais* que pode assumir variações: os dados deixam de existir ou deixam de existir num formato que seja útil para o responsável; os dados foram danificados no sentido de alterados, corrompidos, incompletos; ou, ainda, os dados pessoais existem mas o responsável perdeu o controlo ou o acesso a eles ou já não os tem em sua posse[1209]. Esta afetação decorre, em princípio, de um tratamento não autorizado que pode ser acidental ou ilícito.

Três princípios são normalmente usados para categorizar as diferentes violações de dados pessoais: (i) violação de *confidencialidade,* que ocorre quando há uma divulgação ou acesso acidental ou não autorizado a dados pessoais; (ii) violação de *integridade,* que implica uma alteração acidental ou não autorizada dos dados pessoais; (iii) e, por fim, *violação da disponibilidade,* quando existe perda de acesso ou destruição acidental ou não autorizada de dados pessoais[1210]. Na prática, apurar a existência de (i) e de (ii) pode

1206 Incluindo aqui questões relacionadas com o acesso, v. *Ibidem.*

1207 Capítulo II, ponto 2.6.

1208 "Diretrizes 3/2019", 31.

1209 Para o Comité os incidentes de segurança não se limitam a "modelos de ameaça em que é efetuado um ataque a uma organização por parte de uma fonte externa, mas inclui incidentes decorrentes do tratamento interno que violam os princípios de segurança", G29, "Orientações sobre a notificação", 7.

1210 *Idem,* 8.

ser uma tarefa fácil, mas nem sempre assim é para as violações de disponibilidade (iii) que tanto podem acontecer quando os dados forem apagados acidentalmente e o responsável não os consegue restaurar, como podem ainda acontecer quando há uma interrupção significativa do serviço normal de uma organização (por exemplo, falha de energia)[1211].

5.5.2. Prevenir violações de dados pessoais

Por comparação com o artigo 17.º e com o considerando 46 da Diretiva 95/46/CE[1212], dirigidos apenas a responsáveis pelo tratamento, o número 1 do artigo 32.º opera um alargamento desta obrigação. Agora, responsáveis pelo tratamento *e* subcontratantes devem aplicar "medidas técnicas e organizativas para assegurar um nível de segurança adequado ao risco". O legislador elenca os seguintes exemplos: (i) pseudonimização e cifragem (alínea a)); (ii) capacidade de assegurar a confidencialidade, integridade, disponibilidade e resiliência permanentes dos sistemas e dos serviços de tratamento (alínea b)); (iii) capacidade de restabelecer a disponibilidade e o acesso aos dados pessoais de forma atempada no caso de um incidente físico ou técnico (alínea c)) e (iv) implementar um processo para testar, apreciar e avaliar regularmente a eficácia das medidas técnicas e organizativas para garantir a segurança do tratamento (alínea d)).

O número 1 do artigo 32.º, bem como o considerando 83, estabelecem que a escolha das medidas deve ter em atenção fatores que já devem ser familiares: as técnicas mais avançadas, os custos de aplicação das medidas, a natureza, o âmbito, o contexto e as finalidades do tratamento e, ainda, os riscos de probabilidade e gravidade variável para os direitos e liberdades das pessoas singulares. A maior parte destes elementos foi estudada a pro-

[1211] *Ibidem.*

[1212] O número 1 dispunha que "Os Estados-membros estabelecerão que o responsável pelo tratamento deve pôr em prática medidas técnicas e organizativas adequadas para proteger os dados pessoais contra a destruição acidental ou ilícita, a perda acidental, a alteração, a difusão ou acesso não autorizado, nomeadamente quando o tratamento implicar a sua transmissão por rede, e contra qualquer outra forma de tratamento ilícito. Estas medidas devem assegurar, atendendo aos conhecimentos técnicos disponíveis e aos custos resultantes da sua aplicação, um nível de segurança adequado em relação aos riscos que o tratamento apresenta e à natureza dos dados a proteger".

pósito de outras obrigações[1213] ou dos princípios,[1214] mas há alguns aspetos da redação do artigo 32.º que carecem de clarificação.

Em primeiro lugar, em relação à pseudonimização e à cifragem, a primeira está definida no artigo 4.º, n.º 5, como "o tratamento de dados pessoais de forma que deixem de poder ser atribuídos a um titular de dados específico sem recorrer a informações suplementares, desde que essas informações suplementares sejam mantidas separadamente e sujeitas a medidas técnicas e organizativas para assegurar que os dados pessoais não possam ser atribuídos a uma pessoa singular identificada ou identificável". A segunda, a cifragem, não tem definição no RGPD, mas também não se confunde com a pseudonimização. O G29 explicou que a cifragem se destina a "fornecer a confidencialidade de um canal de comunicação entre as partes identificadas (seres humanos, dispositivos ou partes de *hardware*/programas informáticos), a fim de evitar a escuta não autorizada ou a divulgação não intencional"[1215]. A cifragem é recomendada, por exemplo, como medida de minimização dos riscos no tratamento de dados biométricos, em especial quando o acesso aos modelos que são construídos com dados extraídos de uma imagem digital não pode ser evitado[1216].

Em segundo lugar, o considerando 49 é útil para operacionalizar esta obrigação que, na sua execução, pode implicar o tratamento de dados pessoais e, por isso, suscitar questões de licitude. Para resolver este problema, o considerando prevê que o tratamento de dados pessoais, para assegurar a segurança de uma rede ou de um sistema informático, isto é, a sua capacidade de resistir, com um dado nível de confiança, a eventos acidentais ou ações maliciosas ou ilícitas que comprometam a disponibilidade, a autenticidade, a integridade e a confidencialidade dos dados pessoais conservados ou transmitidos, bem como a segurança dos serviços conexos, é realizado no interesse legítimo do responsável pelo tratamento. Este fundamento de licitude será assim usado sempre que o tratamento a realizar vise impedir o acesso não autorizado a redes de comunicações eletrónicas e a distribuição de códigos maliciosos e pôr termo a ataques de 'negação de serviço' e a danos causados aos sistemas de comunicações informáticas e eletrónicas.

[1213] Capítulo V.
[1214] Capítulo II.
[1215] *Idem*, 32.
[1216] "Diretrizes 3/2019", 21 e 22.

Em terceiro lugar, além do que foi referido sobre o conceito de segurança[1217], mais uma vez a série ISO 27000, em particular a ISO 27001, estabelece um conjunto de controlos para um sistema de gestão de segurança de informação[1218] com medidas técnicas e organizativas para o responsável assegurar a confidencialidade, integridade, disponibilidade e resiliência permanentes dos sistemas e dos serviços de tratamento (alínea b)) e para garantir a sua capacidade de restabelecer a disponibilidade e o acesso aos dados pessoais no caso de um incidente (alínea c)). No que diz respeito ao processo para testar, apreciar e avaliar regularmente a eficácia das medidas técnicas e organizativas (alínea d)) o mesmo poderá ser feito, por exemplo, através de auditorias internas ou externas, incluindo *pen testing*. Igualmente relevantes são as medidas técnicas e organizativas adotadas para garantir a deteção, resposta e comunicação de uma violação de dados em tempo útil. O G29 destaca algumas, como informar e formar as pessoas responsáveis pela gestão de incidentes, o processo de avaliação dos riscos, mecanismos para conter e reparar a violação e documentação atualizada sobre a violação[1219].

Em quarto lugar, alguns Estados-Membros emitiram orientações específicas como, em Portugal, as orientações técnicas para a Administração Pública em matéria de segurança das redes e sistemas de informação[1220]. Adicionalmente, existem normas internacionais e especificações técnicas setoriais, por exemplo, sobre segurança física de sistemas multimédia[1221].

Em quinto lugar, o número 2 do artigo 32.º acrescenta uma especificidade à avaliação do nível de segurança que deve incluir, naturalmente, os riscos apresentados pelo tratamento, mas recomenda-se particular atenção a dois elementos: (i) a destruição, perda e alteração acidentais ou ilícitas e (ii) a divulgação ou ao acesso não autorizados, de dados pessoais transmitidos, conservados ou sujeitos a qualquer outro tipo de tratamento. A ENISA[1222] tem vindo a desenvolver uma metodologia que pode ajudar as organizações nesta avaliação e que assenta em quatro etapas:

(i) identificação dos tratamentos e do seu contexto;

[1217] Capítulo II, ponto 2.6.

[1218] No mesmo sentido, Sousa Pinheiro, *Comentário*, 449.

[1219] "Orientações sobre a notificação", 12.

[1220] Resolução do Conselho de Ministros n.º 41/2018, de 28 de março.

[1221] "Diretrizes 3/2019", 33.

[1222] ENISA, *Handbook on Security of Personal Data Processing*, dezembro de 2017.

(ii) avaliação do seu impacto;
(iii) definição das possíveis ameaças e da sua probabilidade; e
(iv) avaliação do impacto dessas ameaças.

As duas primeiras etapas estão essencialmente centradas nos tratamentos de dados em si mesmos e as duas últimas nas ameaças propriamente ditas. Assim, nas primeiras, identificam-se operações de tratamento, tipos de dados, finalidades do tratamento, categorias de titulares e destinatários dos dados. Em concreto para a segunda etapa, a ENISA sugere uma grelha de impacto que vai de baixo (irritação, tempo perdido a introduzir informação) até muito elevado (incapacidade de trabalhar, morte, problemas físicos e psicológicos)[1223]. Pensando no exemplo de um sistema de videovigilância, esta fase é particularmente relevante porque o responsável pelo tratamento tem de proteger todas as componentes do sistema e todos os dados pessoais nas várias etapas, ou seja, durante a conservação (dados em repouso), a transmissão (dados em trânsito) e o tratamento (dados em utilização). Por isso é tão relevante a articulação com o subcontratante para combinar as medidas a implementar[1224]. As duas últimas etapas, focadas nas ameaças, implicam uma avaliação do ambiente onde decorre o tratamento (interno ou externo), os recursos usados, o procedimento seguido, as partes envolvidas, o setor ou indústria e respetiva exposição, a definição da probabilidade do nível de ameaça e a qualificação do risco que pode ser baixo (se o impacto e a probabilidade o forem) ou elevado (se o impacto e a probabilidade o forem)[1225].

Por fim, o número 3 refere os códigos de conduta e os procedimentos de certificação como elementos que podem ser utilizados "para demonstrar o cumprimento das obrigações". O próprio Comité, ao abrigo das suas atribuições previstas no artigo 70.º, nº 1, alínea e), emitiu diretrizes em matéria de segurança sobre algumas soluções tecnológicas, como no caso das aplicações de *contact tracing*[1226].

[1223] *Idem*, 11.
[1224] "Diretrizes 3/2019", 33.
[1225] ENISA, *Handbook*, 12 a 16.
[1226] "Diretrizes 4/2020", 18.

5.5.3. Reagir a violações de dados pessoais: notificar e comunicar

Os artigos 33.º e 34.º do RGPD estabelecem obrigações que se aplicam quando ocorre uma violação de dados pessoais. Sem prejuízo de outras diferenças adiante estudadas, na primeira hipótese a violação é notificada à autoridade de controlo (5.5.3.1.) e, na segunda, é comunicada ao titular dos dados (5.5.3.2.).

Por isso, não basta prevenir violações de dados pessoais. Exige-se uma postura proativa de resposta quando ocorrem violações, que abranja (i) o apuramento imediato da sua ocorrência e (ii) uma ponderação sobre a aplicação (ou não) das obrigações de notificar e comunicar[1227].

5.5.3.1. *Notificar a autoridade de controlo*

Depois de identificar a ocorrência de uma violação de dados pessoais, o número 1 do artigo 33.º do RGPD prevê que o responsável pelo tratamento "notifica desse facto a autoridade de controlo competente nos termos do artigo 55.º, sem demora injustificada e, sempre que possível, até 72 horas após ter tido conhecimento da mesma, a menos que a violação de dados não seja suscetível de resultar num risco para os direitos e liberdades das pessoas singulares. Se a notificação à autoridade não for transmitida no prazo de 72 horas, é acompanhada dos motivos do atraso". Já o subcontratante não interage diretamente com a autoridade de controlo e, nos termos do número 2 daquele artigo, "notifica o responsável pelo tratamento sem demora injustificada após ter conhecimento de uma violação de dados pessoais".

Esta notificação, que se compreende à luz dos princípios da lealdade, transparência e responsabilidade[1228], tem entre os seus objetivos a limitação dos danos para o titular dos dados que, como se lê no considerando 85, podem ser "físicos, materiais ou imateriais". Pretende-se conter esses danos e, se possível, recuperar os dados pessoais ao mesmo tempo que há monitorização desse processo por uma autoridade de controlo[1229].

Há vários aspetos na redação destes artigos que merecem esclarecimentos. Em primeiro lugar, *como* e *quando* é que se *toma conhecimento* de uma violação de dados pessoais? O G29 sugere o critério do "grau razoável de

[1227] Referindo o considerando 87 do RGPD, v. G29, "Orientações sobre a notificação", 7.

[1228] Artigo 5.º, n.º 1, alínea a) e n.º 2 do RGPD.

[1229] "Orientações sobre a notificação", 16.

certeza" que depende das "circunstâncias" da violação. Este critério não se esgota necessariamente no momento da mera deteção ou informação da violação[1230] e pode incluir uma investigação inicial para reunir detalhes[1231]. Durante esta investigação, que deve ser curta, os processos internos para detetar e fazer face a uma violação de dados são fundamentais, em especial medidas organizativas como planos de resposta a incidentes e medidas técnicas, como análise de *logs* e outras que permitam definir alertas através da correção de dados de registo. Igualmente útil pode ser uma avaliação de risco que tenha sido previamente realizada[1232]. Esta curta investigação permitirá a recolha de evidências e provas que consolidam a tomada de conhecimento da violação que despoleta a contagem do prazo de 72 horas para notificar a autoridade de controlo[1233]. O legislador reconhece a possibilidade de, em certos casos, existirem notificações atrasadas, sem prejuízo da necessidade de motivar o atraso como decorre do número 1 do artigo 33.º *in fine*[1234]. Será esse o caso de um responsável alvo de várias violações de confidencialidade, num curto período de tempo, e que afetem muitos titulares de dados ou se, no decurso da investigação, forem detetados outros incidentes[1235].

Em segundo lugar, como se depreende, esta obrigação pressupõe a necessidade de, internamente, responder a qualquer alerta inicial, avaliar e apurar se uma violação aconteceu[1236]. Como referi, a figura do encarregado de proteção de dados pode ter aqui um papel importante, mas também são relevantes ouro tipo de medidas, como, por exemplo, planos de resposta a incidentes.

Em terceiro lugar, a existência e o papel de terceiros, em particular nos casos de responsabilidade conjunta ou de subcontratação, são outros aspetos a considerar quando há violações de dados pessoais. Na primeira hipótese, o artigo 26.º não o refere expressamente, mas o acordo de res-

[1230] Por terceiros ou até quando o próprio deteta o incidente através de medidas de prevenção.

[1231] "Orientações sobre a notificação", 12.

[1232] *Ibidem.*

[1233] Para a contagem dos prazos, v. Regulamento n.º 1182/71 do Conselho, de 3 de junho de 1971, relativo à determinação das regras aplicáveis aos prazos, às datas e aos termos.

[1234] "Se a notificação à autoridade de controlo não for transmitida no prazo de 72 horas, é acompanhada dos motivos do atraso".

[1235] "Orientações sobre a notificação", 17.

[1236] *Idem,* 13.

ponsabilidade conjunta pode especificar quem lidera e tem responsabilidade pelo cumprimento das obrigações dos artigos 33.º e 34.º do RGPD[1237]. Na segunda hipótese, da subcontratação, recordo que a alínea f) do número 3 do artigo 28.º do RGPD prevê que o subcontratante preste "assistência ao responsável pelo tratamento no sentido de assegurar o cumprimento das obrigações previstas nos artigos 32.º a 36.º, tendo em conta a natureza do tratamento e a informação ao dispor do subcontratante". Por outro lado, o número 2 do artigo 33.º refere a obrigação do subcontratante de notificar o responsável. O G29 entende que "o subcontratante só necessita de apurar a ocorrência de uma violação e notificá-la ao responsável pelo tratamento"[1238], cabendo a este as diligências necessárias para investigar a violação e avaliar os riscos envolvidos. Nestes casos, tendo em conta o prazo de 72 horas que recai sobre o responsável, é essencial que o subcontratante notifique imediatamente o responsável e, eventualmente, forneça por fases informação sobre a violação à medida que vai apurando pormenores. Uma vez que o RGPD não prevê um prazo para o subcontratante notificar a violação, o contrato de subcontratação é fundamental e pode incluir "requisitos de notificação precoce por parte do subcontratante"[1239].

Em quarto lugar, o número 3 do artigo 33.º delimita o conteúdo mínimo da notificação: (i) a natureza da violação dos dados pessoais; (ii) o nome e os contactos do encarregado da proteção de dados ou de outro ponto de contacto; (iii) as consequências prováveis da violação e (iv) as medidas adotadas ou propostas para a gerir. O G29 sugere a inclusão dos "tipos de titulares de dados", como titulares de dados vulneráveis ou clientes, bem como dos "tipos de dados pessoais", como registos de saúde ou escolares, dados financeiros ou bancários, números de passaportes, dados de localização, entre outros[1240].

Quanto ao *grau de detalhe* da notificação, entende-se que não havendo informações exatas "é mais importante atenuar os efeitos adversos da violação do que fornecer números precisos", por isso "tal não deve ser um obstáculo à notificação (...)"[1241]. O número 4 do artigo 33.º esclarece que a notificação

1237 Considerando 79 e "Orientações sobre a notificação", 14.

1238 *Ibidem.*

1239 *Ibidem.*

1240 *Idem*, 15.

1241 *Ibidem.*

por fases pode ser uma solução nestes casos: "[c]aso, e na medida em que não seja possível fornecer todas as informações ao mesmo tempo, estas podem ser fornecidas por fases, sem demora injustificada". Esta abordagem faseada existe já noutros regimes, como na Diretiva relativa à privacidade e às comunicações eletrónicas[1242] e no Regulamento que a concretiza[1243].

Por fim, nem sempre é exigida a notificação à autoridade de controlo. O número 1 do artigo 33.º é claro ao excluir desta obrigação as violações que "não sejam suscetíveis de resultar num risco para os direitos e liberdades das pessoas singulares". Além do que já foi referido sobre o risco[1244], uma vez que a comunicação ao titular também está dependente de uma avaliação do risco – neste caso *elevado* – tratarei deste assunto de forma autónoma (8.5.4.).

5.5.3.2. *Comunicar ao titular dos dados*

Em certos casos o responsável pelo tratamento tem a obrigação de comunicar ao titular dos dados pessoais a violação de dados pessoais. O número 1 do artigo 34.º refere que tal deverá ocorrer "sem demora injustificada", mas apenas "quando a violação dos dados pessoais for suscetível de implicar um elevado risco para os direitos e liberdades das pessoas singulares".

Esta obrigação está relacionada com os princípios da lealdade, transparência e responsabilidade[1245], mas a componente da lealdade ganha aqui peso. Esta comunicação visa permitir que o titular dos dados, uma vez informado, tome precauções para se proteger como, por exemplo, a redefinição de palavras-passe no caso de credenciais de acesso capturadas[1246]. Também aqui poderá ser relevante a cooperação com a autoridade de controlo e com outras autoridades competentes que, como se lê no considerando 86, podem fornecer orientações.

[1242] Directiva 2002/58/CE do Parlamento Europeu e do Conselho, de 12 de julho de 2002, relativa ao tratamento de dados pessoais e à proteção da privacidade no setor das comunicações eletrónicas (Directiva relativa à privacidade e às comunicações eletrónicas).

[1243] Regulamento (EU) n.º 611/2013 de 24 de junho de 2013, relativo às medidas aplicáveis à notificação da violação de dados pessoais em conformidade com a Diretiva 2002/58/CE do Parlamento Europeu e do Conselho relativa à privacidade e às comunicações eletrónicas.

[1244] Capítulo I, 1.2.2.4.

[1245] Artigo 5.º, n.º 1, alínea a) e n.º 2 do RGPD.

[1246] Considerando 86 e "Orientações sobre a notificação", 22.

O número 2 do artigo 34.º prevê algumas formalidades desta comunicação, exigindo "linguagem clara e simples"[1247]. Sugere-se que não seja feita uma comunicação no contexto da prestação de outras informações, ou seja, esta comunicação deve ser específica e autónoma por uma questão de clareza e transparência[1248]. A linguagem deve ser apropriada de modo a que o titular compreenda a informação que está a receber, em especial a natureza da violação e as medidas que pode tomar para se proteger. Em caso de dúvida, o considerando 86 estabelece que o responsável pelo tratamento consulte a autoridade de controlo para obter aconselhamento[1249]. Por outro lado, há que ter em consideração que a divulgação precoce de informações pode dificultar investigações policiais e, por isso, justificar atrasos na comunicação aos titulares[1250].

Quanto às informações a prestar, remete-se para as alíneas b), c) e d) do número 3 do artigo 33.º: (i) nome e contactos do encarregado da proteção de dados ou de outro ponto de contacto; (ii) descrição das consequências prováveis da violação e (iii) das medidas adotadas ou propostas para reparar a violação[1251].

No número 3 do artigo 34.º encontram-se três *exceções* à obrigação de comunicar a violação de dados pessoais ao titular: (i) o responsável pelo tratamento aplicou medidas de proteção "que tornem os dados pessoais incompreensíveis para qualquer pessoa não autorizada a aceder a esses dados" (alínea a)); (ii) o responsável tomou medidas que afetam a concretização do risco (alínea b)) e, ainda, (iii) quando a comunicação "implicar um esforço desproporcionado" (alínea c)). A título de exemplo, o G29 refere a encriptação de ponta ou a codificação em relação à primeira hipótese e, em

[1247] Esta expressão aparece noutros artigos, como no do consentimento (artigo 7.º, n.º 2) e no relativo à transparência das informações, das comunicações e das regras para exercício dos direitos dos titulares dos dados (artigo 12.º, n.º 1).

[1248] "Orientações sobre a notificação", 23.

[1249] *Idem*, 23.

[1250] Nesse sentido, o considerando 88 refere os "legítimos interesses das autoridades de polícia nos casos em que a divulgação precoce de informações possa dificultar necessariamente a investigação das circunstâncias da violação de dados pessoais". No mesmo sentido, v. "Orientações sobre a notificação", 23.

[1251] O considerando 86 refere ainda que "[a] comunicação deverá descrever a natureza da violação de dados pessoais e dirigir recomendações à pessoa singular em causa para atenuar potenciais efeitos adversos".

relação à segunda hipótese, apresenta a situação em que o acesso aos dados pessoais já não é possível para o infrator[1252]. Em relação à última exceção, remeto para a leitura feita a propósito do artigo 14.º, n.º 5, alínea b) do RGPD[1253]. O G29 exemplifica com o caso de os dados de contacto dos titulares se terem perdido por força da violação de dados[1254]. Porém, comprovado o esforço desproporcionado[1255], a parte final da alínea c) do número 3 do artigo 34.º prevê que seja feita uma "comunicação pública ou tomada uma medida semelhante através da qual os titulares dos dados são informados de forma igualmente eficaz".

5.5.4. Avaliar o risco e risco elevado

A avaliação do risco neste domínio tem, essencialmente, duas funções interligadas. Em primeiro lugar, é um passo prévio da notificação à autoridade de controlo e da comunicação ao titular dos dados. Por isso, quando toma conhecimento da violação, o responsável deverá contê-la e avaliar o risco para aferir se está vinculado a cumprir com alguma das obrigações referidas. Em segundo lugar, a segunda função é conhecer a *probabilidade* e *gravidade* do impacto da violação sobre o titular dos dados[1256].

O elemento que justifica a notificação à autoridade *e* a comunicação ao titular é o "elevado risco" para os direitos e liberdades dos titulares. Este risco existe quando a violação causar danos físicos, materiais ou imateriais como, por exemplo, a discriminação, o roubo ou usurpação de identidade, perdas financeiras, danos para a reputação ou desvantagens económicas ou sociais significativas[1257]. Estes danos são suscetíveis de ocorrer[1258], por exemplo,

[1252] "Orientações sobre a notificação", 20 e 24.

[1253] Esta disposição prevê uma exceção à prestação de informação quando os dados pessoais não são recolhidos junto do titular, recorrendo também ali à expressão "esforço desproporcionado".

[1254] "Orientações sobre a notificação", 24.

[1255] Não esquecer que do princípio da responsabilidade, previsto no artigo 5.º, n.º 2, do RGPD, decorre a necessidade de comprovar o preenchimento de uma ou mais destas condições.

[1256] "Orientações sobre a notificação", 24.

[1257] Considerando 85 do RGPD.

[1258] "Orientações sobre a notificação", 25.

quando a violação envolve categorias especiais de dados[1259] ou dados relativos a condenações e infrações penais[1260].

Além do referido nos considerandos 75 e 76 do RGPD[1261], importa distinguir a avaliação que se exige quando acontece uma violação de dados pessoais da avaliação de impacto (ou AIPD) prevista no artigo 35.º do RGPD[1262]. A segunda é mais ampla, pois "tem em conta os riscos do tratamento de dados a ser realizado conforme planeado" *e* "os riscos em caso de violação". Por outro lado, a perspetiva é diferente uma vez que a AIPD incide sobre uma violação potencial, um "evento hipotético", enquanto que a avaliação do risco na sequência de uma violação de dados incide sobre um evento real que já ocorreu. Distinguem-se ainda se olharmos com mais atenção para os critérios a ter em conta na avaliação dos riscos provocados pela violação de dados[1263]. Estes critérios incluem, desde logo, o tipo de violação, a natureza, sensibilidade e volume dos dados pessoais, a facilidade de identificação de pessoas singulares, a gravidade das consequências para estas, caraterísticas especiais das pessoas singulares e do responsável pelo tratamento, número de pessoas afetadas, entre outros elementos. Também neste processo de avaliação pode ser útil recorrer à metodologia proposta pela ENISA[1264].

5.5.5. Manter um registo das violações

A obrigação que se encontra no artigo 33.º, n.º 5, do RGPD está relacionada com o princípio da responsabilidade[1265] e com a alteração de modelo regulatório já várias vezes referida[1266]. Este registo deve incluir todas as violações, isto é, mesmo as não notificadas à autoridade e as não comunicadas ao titular, e, por uma questão de economia, pode constar de uma parte do

1259 Artigo 9.º do RGPD.
1260 Artigo 10.º do RGPD.
1261 E que já foi discutido v. Capítulo II, 1.2.2.4.
1262 Estudada mais à frente, v. Capítulo V, 5.6.
1263 "Orientações sobre a notificação", 25.
1264 ENISA, *Recommendations for a methodology of the assessment of severity of personal data breaches*, 20 de dezembro de 2013.
1265 Artigo 5.º, n.º 2, do RGPD.
1266 Capítulo II, ponto 2.7 e Capítulo V, em especial 5.1.

registo de atividades de tratamento referido no artigo 30.º não se exigindo um registo separado[1267].

Em relação ao *conteúdo* deste registo, o mesmo deve incluir: (i) informações relativas à violação, como as suas causas; (ii) quais os dados pessoais afetados; (iii) os efeitos e consequências da violação e (iv) as medidas de reparação adotadas pelo responsável pelo tratamento[1268]. Recomenda-se ainda que neste documento fique registada a fundamentação das decisões relacionadas com a violação de dados, em particular a avaliação do risco e as motivações que levaram (ou não) a notificar e/ou comunicar[1269]. O parecer do encarregado de proteção de dados pode ser pedido em relação à estrutura, elaboração e gestão do registo da violação[1270].

Por fim, se o registo contém dados pessoais, o mesmo exige o respeito pelas regras e princípios aplicáveis a qualquer tratamento, nomeadamente o respeito pelo princípio da limitação da conservação e da licitude[1271].

5.5.6. Exemplos de decisões de autoridades de controlo

Em várias ocasiões as autoridades de controlo apreciaram casos relacionados com a segurança dos dados pessoais. Começando pelo artigo 32.º, n.º 1, em especial a alínea b) do RGPD, em Espanha a autoridade de controlo aplicou uma coima de €132,000 por violação daquelas disposições conjugadas com o artigo 5.º, n.º 1, alínea f)[1272]. Neste caso, uma mulher recebeu, por e-mail, mais do que uma vez, documentação contendo informação sobre testes clínicos de pessoas com as quais nunca teve qualquer relação e que lhe foi enviada por uma companhia de seguros. Sempre que isto acontecia a mulher reportava o incidente à companhia de seguros, que reencaminhava as suas queixas para vários departamentos da companhia. Como a questão não se resolveu, apresentou uma reclamação à autoridade

1267 "Orientações sobre a notificação", 28.

1268 *Ibidem.*

1269 O considerando 85 dispõe que o responsável deverá notificar "a menos que seja capaz de *demonstrar* em conformidade com o princípio da responsabilidade, que essa violação não é suscetível de implicar um risco para os direitos e liberdades das pessoas singulares (itálico meu)".

1270 "Orientações sobre a notificação", 30.

1271 *Idem*, 29.

1272 Onde se estabelece o princípio da integridade e confidencialidade. Sobre este princípio v. Capítulo II, ponto 2.7.

espanhola, que concluiu existir um problema estrutural na companhia de seguros pela ausência de medidas técnicas e organizativas como exige o artigo 32.º do RGPD. Além disso, estando em causa categorias especiais de dados, a violação devia ter sido notificada à autoridade nos termos do artigo 33.º do RGPD[1273].

Na Noruega uma criança de 12 anos notificou o *helpdesk* de uma escola de que tinha encontrado *online* uma pasta com ficheiros com nomes de utilizadores e palavras-chave dos sistemas informáticos (administrativos e plataformas de *e-learning*) da escola, além de outros dados pessoais. A escola ignorou. Algum tempo depois, utilizando essa informação, a criança entrou nos sistemas da escola e enviou mensagens a várias pessoas. A autoridade norueguesa tomou conhecimento do caso, entretanto divulgado pela comunicação social, iniciou uma investigação e concluiu que a escola não tinha implementado medidas técnicas e organizativas, em especial autenticação com duplo fator, uma medida que tinha sido sugerida pela própria autoridade numa campanha de sensibilização no setor da educação que decorreu em 2013-2014. As normas que serviram para fundamentar a argumentação foram os artigos 5.º, n.º 1, alínea f) e 32.º, n.º 1, alíneas a) e b) do RGPD[1274].

Em Portugal, em 2018, a CNPD sancionou um hospital por conceder acesso alargado a dados de pacientes, inclusive dados do Registo de Saúde Eletrónico. Além disso, durante a investigação foram detetadas outras falhas, como a discrepância entre os perfis de acesso aos sistemas e o número efetivo de médicos que trabalhava à época no hospital ou, ainda, o facto de os médicos terem acesso sem restrições a todos os ficheiros de todos os pacientes, independentemente da sua especialização. A autoridade de controlo identificou, entre outros aspetos, incumprimento dos artigos 5.º, n.º 1, alínea f) e 32.º, n.º 1, alíneas c) e d) do RGPD[1275].

Na Finlândia, uma clínica de psicoterapia sofreu duas violações de dados pessoais, em novembro de 2018 e em março de 2019, quando registos de pacientes foram acedidos por piratas informáticos. Durante a investigação a autoridade de controlo concluiu que a clínica tinha tomado conhecimento, pelo menos, do ataque de 2019, mas só a notificou em setembro de 2020.

[1273] AEPD, Processo PS/00080/2022, 13 de julho de 2022.

[1274] Datatilsynet, Processo 18/02140, 19 de março de 2019.

[1275] CNPD, Deliberação n.º 984/2018, 9 de outubro de 2018.

Neste caso, entendeu que tinham sido violados os artigos 5.º, n.º 1, alínea f), 32.º, n.º 1 e 2, 33.º, n.º 1 e 34.º, n.º 1 do RGPD. A coima aplicada foi de €608,000[1276].

5.6. Avaliação de impacto sobre a proteção de dados (AIPD) e consulta prévia

A secção 3 do Capítulo IV tem como epígrafe "Avaliação de impacto sobre a proteção de dados e consulta prévia", dispondo o artigo 35.º sobre a primeira e o artigo 36.º sobre a segunda. Em relação à primeira disposição, o seu destinatário principal é o responsável pelo tratamento, com a exceção dos números 4[1277], 5[1278] e 6[1279], que são dirigidos à autoridade de controlo. O mesmo vale para a consulta prévia, exceto em relação aos números 4[1280] e 5[1281] do artigo 36.º, que dizem respeito aos Estados-Membros, e ao número 2, cujo destinatário é a autoridade de controlo[1282].

1276 Tietosuojavaltuutetun toimisto, Processo nº 1150/161/2021, 16 de dezembro de 2021.

1277 "A autoridade de controlo elabora e torna pública uma lista dos tipos de operações de tratamento sujeitos ao requisito de avaliação de impacto sobre a proteção de dados por força do n.º 1. A autoridade de controlo comunica essas listas ao Comité referido no artigo 68.º".

1278 "A autoridade de controlo pode também elaborar e tornar pública uma lista dos tipos de operações de tratamento em relação aos quais não é obrigatória uma análise de impacto sobre a proteção de dados. A autoridade de controlo comunica essas listas ao Comité".

1279 "Antes de adotar as listas a que se referem os n.os 4 e 5, a autoridade de controlo competente aplica o procedimento de controlo de coerência referido no artigo 63.º sempre que essas listas enunciem atividades de tratamento relacionadas com a oferta de bens ou serviços a titulares de dados ou com o controlo do seu comportamento em diversos Estados-Membros, ou possam afetar substancialmente a livre circulação de dados pessoais na União".

1280 "Os Estados-Membros consultam a autoridade de controlo durante a preparação de uma proposta de medida legislativa a adotar por um parlamento nacional ou de uma medida regulamentar baseada nessa medida legislativa, que esteja relacionada com o tratamento de dados.".

1281 "Não obstante o n.º 1, o direito dos Estados-Membros pode exigir que os responsáveis pelo tratamento consultem a autoridade de controlo e dela obtenham uma autorização prévia em relação ao tratamento por um responsável no exercício de uma missão de interesse público, incluindo o tratamento por motivos de proteção social e de saúde pública".

1282 "Sempre que considerar que o tratamento previsto referido no n.º 1 violaria o disposto no presente regulamento, nomeadamente, se o responsável pelo tratamento não tiver identificado ou atenuado suficientemente os riscos, a autoridade de controlo, no prazo máximo de oito semanas a contar da receção do pedido de consulta, dá orientações, por escrito, ao responsável pelo tratamento e, se o houver, ao subcontratante e pode recorrer a todos os seus poderes referidos no artigo 58.º. Esse prazo pode ser prorrogado até seis semanas,

As duas obrigações estão relacionadas entre si na medida em que a consulta prévia surge na sequência de uma avaliação de impacto. Por outro lado, ambas refletem a alteração no modelo regulatório da Diretiva 95/46/CE para o RGPD, plasmada no princípio da responsabilidade[1283], aprofundam a obrigação de realizar uma "gestão adequada dos riscos"[1284] quando estes forem "elevados" e, ainda, atribuem um papel meramente eventual nessa gestão, através da consulta prévia, à autoridade de controlo. Adicionalmente, as duas obrigações são *especiais* no sentido em não é obrigatório realizar uma avaliação de impacto para todas as operações de tratamento e, por conseguinte, tal tem impacto nos casos de consulta prévia.

Nas páginas que se seguem começo por apreciar a avaliação de impacto sobre a proteção de dados (5.6.1.), em particular os casos em que é obrigatória (5.6.1.1.), o seu âmbito, momento e conteúdo (5.6.1.2.), a metodologia a usar (5.6.1.3.) e os intervenientes (5.6.1.4.). Depois apresento a figura da consulta prévia (5.6.2.) e termino com exemplos de decisões de autoridades de controlo (5.6.3.).

5.6.1. Avaliação de impacto sobre a proteção de dados pessoais

Uma AIPD é "um processo concebido para descrever o tratamento, avaliar a necessidade e proporcionalidade desse tratamento e ajudar a gerir os riscos para os direitos e liberdades das pessoas singulares decorrentes do tratamento dos dados pessoais avaliando-os e determinando as medidas necessárias para fazer face a esses riscos"[1285]. O considerando 84 refere que os resultados desta avaliação devem ser ponderados na determinação das medidas a adotar para comprovar que o tratamento de dados pessoais está em conformidade com o RGPD. Como se vê, este é um processo fundamental no quadro do princípio da responsabilidade, tanto para *assegurar* como para *demonstrar* a conformidade[1286]. De harmonia com a proteção de dados desde

tendo em conta a complexidade do tratamento previsto. A autoridade de controlo informa da prorrogação o responsável pelo tratamento ou, se o houver, o subcontratante no prazo de um mês a contar da data de receção do pedido de consulta, juntamente com os motivos do atraso. Esses prazos podem ser suspensos até que a autoridade de controlo tenha obtido as informações que tenha solicitado para efeitos da consulta.".

1283 Artigo 5.º, n.º 2, do RGPD.

1284 Capítulo V, ponto 5.1..

1285 "Orientações relativas à Avaliação", 4.

1286 *Ibidem.*

a conceção e por defeito, é também um mecanismo de apoio no processo de decisão da realização de tratamentos de dados[1287].

Esta avaliação distingue-se, por um lado, da avaliação que deve ser realizada no quadro da obrigação de fazer uma "gestão adequada dos riscos" decorrentes do tratamento[1288] e, por outro, da avaliação de risco que o responsável pelo tratamento realiza na sequência de uma violação de dados pessoais. Aliás, daquela primeira obrigação nasce a necessidade de avaliar de forma *contínua* os riscos de modo a que o responsável pelo tratamento identifique quando um certo tipo de tratamento impõe a realização de uma AIPD, isto é, "é suscetível de implicar um *elevado risco* para os direitos e liberdades das pessoas singulares"[1289] (itálicos meus). Quanto à diferença entre a AIPD e a avaliação do risco em matéria de segurança, foi já tratada[1290].

5.6.1.1. *Obrigatoriedade*

A AIPD é obrigatória, por força do número 1 do artigo 35.º, quando o tratamento for "suscetível de implicar um elevado risco para os direitos e liberdades das pessoas singulares". O legislador especifica apenas dois indicadores desse "elevado risco": (i) a utilização de novas tecnologias; (ii) e a natureza, âmbito, contexto e finalidades. O considerando 89 refere também os tratamentos que pertencem "a um novo tipo" e não foram antecedidos por uma avaliação de impacto e, por seu turno, o considerando 91 refere "operações de tratamento em grande escala que visem o tratamento de uma grande quantidade de dados pessoais a nível regional, nacional ou supranacional, possam afetar um número considerável de titulares de dados e sejam suscetíveis de implicar um elevado risco, por exemplo, em razão da sua sensibilidade, nas quais, em conformidade com o nível de conhecimentos tecnológicos alcançado, seja utilizada em grande escala uma nova tecnologia, bem como a outras operações de tratamento que impliquem um elevado risco para os direitos e liberdades dos titulares, em especial quando tais operações dificultem aos titulares o exercício dos seus direitos".

Além disto, o número 3 do artigo 35.º prevê situações em que a AIPD é obrigatória e, se restarem dúvidas, o G29 recomenda o critério *in dubio*

1287 "Orientações relativas à Avaliação", 17.

1288 *Idem*, 7.

1289 Artigo 35.º, n.º 1, do RGPD e "Orientações relativas à Avaliação", 7.

1290 Capítulo V, ponto 5.5.

pro AIPD dada a sua utilidade prática[1291]. Na primeira situação cabem avaliações sistemáticas e completas de aspetos pessoais relacionados com pessoas singulares[1292]; a segunda abrange os tratamentos em grande escala de certos tipos de dados pessoais[1293]; e a terceira aplica-se à monitorização de zonas acessíveis ao público em grande escala[1294].

Contudo, estas situações não são um elenco taxativo ou um catálogo fechado[1295], devendo ainda ter-se em conta a lista da autoridade de controlo[1296] e os nove critérios avançados pelo G29[1297]:

i. Avaliação ou classificação de aspetos relacionados com o desempenho profissional, situação económica, saúde, preferências ou interesses pessoais, fiabilidade ou comportamento, localização ou deslocações do titular dos dados[1298];

1291 "Orientações relativas à Avaliação", 9.

1292 Artigo 35.º, n.º 3, alínea a): "Avaliação sistemática e completa dos aspetos pessoais relacionados com pessoas singulares, baseada no tratamento automatizado, incluindo a definição de perfis, sendo com base nela adotadas decisões que produzem efeitos jurídicos relativamente à pessoa singular ou que a afetem significativamente de forma similar". E o considerando 71 é também útil aqui: "em particular análises ou previsões de aspetos que digam respeito ao desempenho no trabalho, à situação económica, à saúde, às preferências ou interesses pessoais, à fiabilidade ou comportamento e à localização ou às deslocações das pessoas, a fim de definir ou fazer uso de perfis".

1293 Artigo 35.º, n.º 3, alínea b): "Operações de tratamento em grande escala de categorias especiais de dados a que se refere o artigo 9.º, n.º 1, ou de dados pessoais relacionados com condenações penais e infrações a que se refere o artigo 10.º". Aqui também o considerando 75 é útil: "quando forem tratados dados pessoais que revelem a origem racial ou étnica, as opiniões políticas, as convicções religiosas ou filosóficas e a filiação sindical, bem como dados genéticos ou dados relativos à saúde ou à vida sexual ou a condenações penais e infrações ou medidas de segurança conexas".

1294 Artigo 35.º, n.º 3, alínea c): "Controlo sistemático de zonas acessíveis ao público em grande escala". Por zona acessível ao público entende-se qualquer local aberto a qualquer membro do público, por exemplo, uma praça, um centro comercial, uma rua, um mercado, uma estação de comboios ou uma biblioteca pública, v. "Orientações relativas à Avaliação", 11.

1295 O número 3 do artigo 35.º expressamente refere "nomeadamente em caso de".

1296 Em Portugal a CNPD aprovou o Regulamento n.º 1/2018 relativo à lista de tratamentos de dados pessoais sujeitos a prévia Avaliação de Impacto sobre a Proteção de Dados.

1297 "Orientações relativas à Avaliação", 12.

1298 O G29 apresenta vários exemplos como o desenvolvimento de perfis comportamentais ou publicitários baseados na navegação online ou o controlo dos clientes realizado por um banco através de uma base de dados de combate ao branqueamento de capitais.

ii. Decisões automatizadas que produzam efeitos jurídicos ou afetem significativamente de modo similar[1299];
iii. Controlo sistemático[1300];
iv. Dados sensíveis ou de natureza altamente pessoal[1301];
v. Dados tratados em grande escala[1302];
vi. Correspondências ou combinações de conjuntos de dados[1303];
vii. Dados relativos a titulares de dados vulneráveis;
viii. Utilização de soluções inovadoras ou aplicação de novas soluções tecnológicas ou organizacionais[1304];
ix. Quando o tratamento impede os titulares de dados de exercer um direito ou de utilizar um serviço ou contrato[1305].

Dando-se por preenchidos dois destes critérios a AIPD é obrigatória. Nesta apreciação o número 2 do artigo 35.º refere que, existindo, o encarregado de proteção de dados deve emitir parecer. Além disto, o responsável pelo tratamento deve justificar e documentar as razões que o levam a não realizar uma AIPD, em especial se uma operação de tratamento corresponder aos casos mencionados[1306].

1299 Inspirado na alínea a) do número 3 do artigo 35.º, o exemplo dado é o de um tratamento que possa implicar a exclusão ou a discriminação.

1300 O G29 alarga a previsão da alínea c) do número 3 do artigo 35.º a tratamentos utilizados para observar, monitorizar ou controlar os titulares de dados, incluindo dados recolhidos através de redes.

1301 Cabem aqui as categorias especiais de dados (artigo 9.º), os dados relativos a condenações e infrações penais e "categorias que aumentam os possíveis riscos para os direitos e as liberdades dos indivíduos", por exemplo, porque "estão associados a atividades privadas e familiares" ou porque "afetam o exercício de um direito fundamental", v. "Orientações relativas à Avaliação", 11.

1302 Construindo sobre o que dispõe o considerando 91, o G29 entende que os seguintes fatores devem ser tidos em conta para apreciar se o tratamento é "em grande escala": número de titulares, volume de dados e/ou diversidade de dados a tratar, duração da atividade de tratamento ou a sua pertinência e a dimensão geográfica da atividade de tratamento, v. "Orientações relativas à Avaliação", 11 e 12.

1303 O que se pretende é proteger as expetativas razoáveis do titular em situações como as de tratamentos realizados por diferentes responsáveis ou com finalidades diferentes.

1304 Referindo os considerandos 89, 91 e o artigo 35.º, n.º 1, os exemplos dados são a utilização de impressão digital e o reconhecimento facial.

1305 Por exemplo, quando um banco seleciona os seus clientes a partir de uma base de dados de referências de crédito para decidir se lhes atribui ou não um empréstimo.

1306 "Orientações relativas à Avaliação", 14.

5.6.1.2. *Âmbito, momento, conteúdo*

O *âmbito* deste processo encontra-se delimitado no número 1 do artigo 35.º: "um conjunto de operações de tratamento que apresente riscos elevados semelhantes, pode ser analisado numa única avaliação". O considerando 92 dispõe que "em certas circunstâncias pode ser razoável e económico alargar a avaliação de impacto sobre a proteção de dados para além de um projeto único, por exemplo se as autoridades ou organismos pretenderem criar uma aplicação ou uma plataforma de tratamento comum, ou se vários responsáveis pelo tratamento planearem criar uma aplicação ou um ambiente de tratamento comum em todo um setor ou segmento profissional, ou uma atividade horizontal amplamente utilizada". Por conseguinte, uma AIPD pode incidir: (i) sobre uma operação de tratamento; (ii) sobre um conjunto de operações; (iii) ou sobre um produto tecnológico, podendo neste caso ser realizada pelo responsável pelo tratamento que o vai implementar ou pelo fornecedor ou fabricante[1307].

O *momento* de realização da avaliação reflete a ideia de proteção de dados desde a conceção e por defeito: deve ser realizada antes de iniciar o tratamento, sem prejuízo da sua atualização durante todo o ciclo de vida dos dados[1308].

Por último, em relação ao *conteúdo*, o número 7 do artigo 35.º elenca os elementos mínimos que devem constar de uma AIPD: (i) descrição dos tratamentos, da finalidade e, existindo, dos interesses legítimos; (ii) a avaliação da necessidade e proporcionalidade do tratamento e dos riscos para os titulares; (iii) e, por fim, as medidas previstas para mitigar esses riscos. Os códigos de conduta referidos no artigo 40.º do RGPD podem ser um recurso útil nesta avaliação[1309].

5.6.1.3. *Metodologia*

Apesar de definir o conteúdo mínimo de uma AIPD, o RGPD não estipula uma metodologia a seguir. O considerando 90 parece ter-se inspirado em

[1307] *Idem*, 8 e 9.

[1308] Artigo 35.º, n.º 1 e 10 e considerandos 90 e 93 do RGPD. "A realização de uma AIPD é um processo contínuo e não um exercício que acontece uma única vez", v. "Orientações relativas à Avaliação", 17.

[1309] Artigo 35.º, n.º 8, do RGPD.

normas internacionais de gestão do risco, como a ISO 31000, ao enunciar vários elementos em comum com esta. O G29 sugere que, pelo menos, o contexto seja estabelecido através da análise da natureza, âmbito e finalidade do tratamento, os riscos sejam avaliados à luz da sua probabilidade e gravidade e sejam encontradas medidas para os atenuar[1310]. Também não existe uma listagem das medidas a adotar, variando consoante o contexto e os riscos específicos dos tratamentos, podendo ser medidas como a cifragem, a gestão de chaves, controlo de acesso, políticas internas, entre outras[1311].

Os códigos de conduta (artigo 40.º) e certificações (artigo 42.º) podem ser úteis, mas também o são as metodologias e modelos publicados por autoridades de controlo, como a espanhola[1312] e a francesa[1313] ou alguns modelos setoriais[1314].

5.6.1.4. *Intervenientes*

Como referido, cabe ao responsável pelo tratamento realizar esta avaliação sem prejuízo de delegar a tarefa numa pessoa dentro ou fora da organização. Aliás, este é um aspeto importantíssimo no que respeita a medidas organizativas: identificar quem, em concreto, realiza estas avaliações, como se processa a troca de informações internamente e quais os papéis de colaboradores e departamentos da organização, como o diretor de segurança, o departamento legal e outros[1315]. Também referi que o encarregado de proteção de dados dá o seu parecer e, segundo o artigo 39.º, n.º 1, alínea c)[1316], pode controlar a AIPD.

Em relação a outros intervenientes, são de relevar os casos de responsabilidade conjunta e de subcontratação. No primeiro, o artigo 26.º não é explícito, mas o acordo celebrado entre as partes pode incluir quem lidera

[1310] "Orientações relativas à Avaliação", 20.

[1311] *Idem*, 22.

[1312] AEPD, *Guía para uma Evaluación de Impacto em la Protección de Datos Personales*, 2014.

[1313] CNIL, *Privacy Impact Assessment (PIA)*, 2015.

[1314] "Parecer 07/2013 sobre o modelo de avaliação de impacto em matéria de proteção de dados para as redes inteligentes e os sistemas de contadores inteligentes, 10 de outubro de 2014.

[1315] "Orientações relativas à Avaliação", 18.

[1316] Uma das suas funções é prestar "aconselhamento, quando tal lhe for solicitado, no que respeita à avaliação de impacto sobre a proteção de dados e controla a sua realização nos termos do artigo 35.º".

o processo e de que forma se desenrola a comunicação e colaboração entre os responsáveis conjuntos. No segundo caso, o subcontratante deve auxiliar o responsável pelo tratamento na realização de uma AIPD como, aliás, decorre do artigo 28.º, n.º 3, alínea f) do RGPD[1317].

Por fim, o número 9 do artigo 35.º prevê, "se for adequado", a inclusão da "opinião dos titulares de dados ou dos seus representantes"[1318]. Quanto a esta hipótese não há um meio específico de incluir estas posições, mas é claro que o consentimento para o tratamento não pode ser considerado como uma forma de pedir a opinião do titular. O G29 recomenda que se o responsável pelo tratamento decidir de forma diferente da opinião do titular, deverá documentar o que o motivou[1319].

5.6.2. Consulta prévia

A Diretiva 95/46/CE já incluía um procedimento de controlo prévio, no artigo 20.º, mas a filosofia do RGPD é outra[1320]: esta consulta é um controlo prévio que depende de uma avaliação de impacto realizada pelo responsável pelo tratamento e não pela autoridade de controlo. Por comparação com aquela Diretiva, o artigo 36.º do RGPD procedeu a uma delimitação e reorganização dos mecanismos de controlo prévio[1321].

Assim, se a avaliação realizada pelo responsável "indicar que o tratamento resultaria num elevado risco na ausência das medidas tomadas pelo responsável pelo tratamento para atenuar o risco", o mesmo deve, nos termos do número 1 do artigo 36.º do RGPD, consultar a autoridade de controlo *antes* de realizar o tratamento. Ou seja, o responsável pelo tratamento deve consultar a autoridade quando não for capaz de dar uma resposta aos riscos identificados, isto é, os riscos residuais permanecem elevados[1322]. Nesta situação cabem casos em que o titular sofre consequências que pode não ser capaz de ultrapassar (como uma ameaça para a sua vida,

[1317] Onde se lê que o subcontratante "Presta assistência ao responsável pelo tratamento no sentido de assegurar o cumprimento das obrigações previstas nos artigos 32.º a 36.º, tendo em conta a natureza do tratamento e a informação ao dispor do subcontratante".

[1318] O G29 recomenda que o responsável documente porque razão não solicitou a opinião ao titular dos dados, "Orientações relativas à Avaliação", 17.

[1319] *Ibidem*, 17.

[1320] Menezes Cordeiro, *Comentário*, 286.

[1321] Sousa Pinheiro, *Comentário*, 466.

[1322] "Orientações relativas à Avaliação", 22.

um despedimento ou um prejuízo financeiro) e/ou casos em que é óbvio que o risco se vai concretizar se, por exemplo, o responsável não consegue reduzir o número de pessoas com acesso aos dados ou quando uma vulnerabilidade não tem solução[1323].

O número 5 do artigo 36.º refere ainda que "o direito dos Estados-Membros pode exigir que os responsáveis pelo tratamento consultem a autoridade de controlo e dela obtenham uma autorização prévia em relação ao tratamento por um responsável no exercício de uma missão de interesse público, incluindo o tratamento por motivos de proteção social e de saúde pública".

Quanto ao *conteúdo* da comunicação à autoridade de controlo em sede de consulta prévia, o número 3 do artigo 36.º refere que deve incluir: (i) a repartição de responsabilidade entre os vários intervenientes; (ii) as finalidades e os meios do tratamento; (iii) as medidas e garantias para proteger os direitos e liberdades do titular; (iv) os contactos do encarregado e (v) a própria AIPD.

Por fim, o número 6 do artigo 36.º do RGPD regula a intervenção da autoridade de controlo, impondo-lhe, inclusive, prazos de resposta que podem ser prorrogados. O que ali se encontra descrito não prejudica o exercício pela autoridade dos demais poderes que lhe competem nos termos do artigo 58.º do RGPD.

5.6.3. Exemplos de decisões de autoridades de controlo

Na Dinamarca, a autoridade de controlo apreciou um caso que envolveu uma entidade pública e a utilização do *Google Chromebooks* e outros serviços do mesmo prestador em escolas primárias. Além de problemas relacionados com a falta de consentimento dos encarregados de educação e da ausência de prestação de informação, a autoridade dinamarquesa entendeu que devia ser realizada uma avaliação de impacto e recomendou-o ao responsável pelo tratamento[1324].

Num caso já referido, um aeroporto implementou um esquema de medição de temperaturas através de câmaras térmicas. Apesar de ter sido realizada uma avaliação de impacto, a autoridade belga entendeu que a mesma

[1323] *Ibidem.*

[1324] Datatilsynet, Processo 2020-431-0061, 10 de setembro de 2021.

carecia de informação, como o fundamento ou os riscos do tratamento. Aquela autoridade descartou ainda o facto de não se conhecer o número de potenciais passageiros e, portanto, não ser possível densificar a escala do tratamento à data de realização da AIPD. Entre outras normas, foram violados os artigos 35.º, n.º 1, n.º 3 e n.º 7, alínea b) do RGPD[1325].

Na Áustria, uma empresa responsável pela gestão de pontes decidiu instalar um sistema de vídeo em algumas pontes para monitorizar e detetar danos causados por veículos com peso excessivo. Foi realizada uma AIPD e, entre outros aspetos, considerou-se que existia um elevado risco, sobretudo porque a empresa não estava certa de cumprir com as exigências do artigo 13.º do RGPD no que diz respeito às formas usadas para prestar informação aos titulares de dados. Essas formas incluíam sinalética e, num segundo momento, a leitura de um *QR code* permitia acesso a informação detalhada. Consultada a autoridade de controlo ao abrigo do artigo 36.º, n.º 1, do RGPD, a mesma entendeu que os riscos estavam suficientemente mitigados com as medidas propostas pela empresa responsável pelo tratamento[1326].

5.7. Encarregado de proteção de dados

A secção 4 do Capítulo IV tem como epígrafe "Encarregado da proteção de dados", estabelecendo no artigo 37.º as regras aplicáveis à sua designação, no artigo 38º a sua posição e no artigo 39.º as suas funções. Esta figura foi estudada no âmbito dos atores[1327], pelo que agora me centro nas imposições para o responsável pelo tratamento e subcontratante, ambos destinatários das disposições estudadas.

Começo por analisar a obrigação de designar um encarregado de proteção de dados (5.7.1.), seguindo-se a apreciação de outras obrigações relacionadas com este ator (5.7.2.) e, por fim, exemplos de decisões de autoridades de controlo (5.7.3.).

5.7.1. A obrigação de designar

Começando pela obrigação de *designar*, o número 1 do artigo 37.º do RGPD prevê três situações. A primeira, relacionada com a *natureza jurídica* de

[1325] APD, Processo 48/2022, 4 de abril de 2022.

[1326] DSB, Processo DSB-D485.007/2021-0.024.862, de 7 de junho de 2021.

[1327] É particularmente relevante relacionar esta figura com o princípio da responsabilidade, ver capítulo II, ponto 2.7.

quem trata dados pessoais, aplica-se quando "o tratamento for efetuado por uma autoridade ou um organismo público, excetuando os tribunais no exercício da função jurisdicional" (alínea a). O artigo 12.º da Lei n.º 58/2019, que executa em Portugal o RGPD, elenca, no número 1, o que se entende por "entidades públicas": Estado, regiões autónomas, autarquias locais e entidades supranacionais, entidades administrativas independentes e Banco de Portugal, institutos públicos, empresas do setor empresarial do Estado e dos setores empresariais regionais e locais e associações públicas. A razão de ser da designação obrigatória para entidades públicas encontra-se no *ius imperii* das atividades de tratamento de dados pessoais por elas realizadas e que reforça a necessidade de proteger o titular dos dados[1328].

As outras duas situações pressupõem uma apreciação do *risco* das "atividades principais do responsável pelo tratamento ou do subcontratante" que ou "consistam em operações de tratamento que, devido à sua natureza, âmbito e/ou finalidade, exijam um controlo regular e sistemático dos titulares dos dados em grande escala"[1329] (alínea b) ou "consistam em operações de tratamento em grande escala de categorias especiais de dados nos termos do artigo 9.º e de dados pessoais relacionados com condenações penais e infrações a que se refere o artigo 10.º" (alínea c))[1330]. No caso de se descartar a aplicação de qualquer uma destas hipóteses, deve ficar documentada a apreciação interna realizada[1331].

A aplicação das alíneas b) e c) pressupõe, desde logo, a identificação do que são as "atividades principais". O considerando 97 concretiza que estas atividades dizem respeito às "atividades primárias e não estão relacionadas com o tratamento de dados pessoais como atividade auxiliar". O G29 acrescenta que estas atividades são "as operações essenciais necessárias para al-

[1328] Menezes Cordeiro, *Comentário*, 291.

[1329] Além do considerando 24 do RGPD, o G29 entende que cabem aqui atividades como exploração de uma rede de telecomunicações, prestação de serviços de telecomunicações, atividades de promoção comercial baseadas em dados, definição de perfis, localização através de aplicações móveis, entre outras, v. "Orientações sobre os encarregados", 11.

[1330] Nos termos do art. 9.º do RGPD, as categorias especiais de dados abrangem os dados que revelem a origem racial ou étnica, as opiniões políticas, as convicções religiosas ou filosóficas ou a filiação sindical, bem como o tratamento de dados genéticos, dados biométricos para identificar uma pessoa de forma inequívoca, dados relativos à saúde ou dados relativos à vida sexual ou orientação sexual de uma pessoa.

[1331] "Orientações sobre os encarregados", 6.

cançar objetivos do responsável pelo tratamento ou do subcontratante"[1332]. Em sentido próximo, a doutrina refere que "a atividade principal é indissociável da atividade de tratamento de dados pessoais", apresentando como exemplo "uma empresa de segurança privada que exerce a vigilância de um conjunto de centros comerciais privados. Embora a vigilância seja a atividade principal da empresa, a mesma está indissociavelmente ligada ao tratamento de dados pessoais"[1333]. Em qualquer caso, o *modelo de negócio* da organização será um elemento a ter em conta para avaliar o lugar que as atividades de tratamento de dados pessoais ocupam[1334].

Em segundo lugar, as duas alíneas partilham a menção comum aos tratamentos "em grande escala". O legislador não apresenta um número pré-definido de operações de tratamento ou de titulares de dados que preencham este conceito. O considerando 91 enuncia três critérios: (i) o geográfico ou do alcance do tratamento, isto é, cabem aqui as "operações de tratamento (...) que visem o tratamento de uma grande quantidade de dados pessoais a nível regional, nacional ou supranacional"; (ii) o número de titulares de dados, isto é, são tratamentos que "possam afetar um número considerável de titulares de dados"; e (iii) o risco, ou seja, são tratamentos que "sejam suscetíveis de implicar um elevado risco". Desenvolvendo, o G29 sugere quatro critérios para avaliar a escala dos tratamentos: (i) o número de titulares afetados; (ii) o volume de dados e/ou o alcance dos diferentes elementos de dados tratados; (iii) a duração ou permanência da atividade de tratamento; (iv) e o seu âmbito geográfico[1335]. A doutrina apresenta alguns exemplos: "o tratamento de dados de viagem das pessoas que utilizam o sistema de transportes públicos de uma cidade (p. ex., através de passes de viagem), o tratamento de dados (conteúdo, tráfego, localização) por operadoras telefónicas ou por fornecedores de serviços de internet, o tratamento de dados de clientes no exercício normal das atividades de uma companhia de seguros ou de um banco ou o tratamento de dados de doentes no exercício normal das atividades de um hospital"[1336].

1332 *Idem*, 8.

1333 Sousa Pinheiro, *Comentário*, 470.

1334 Menezes Cordeiro, *Comentário*, 291.

1335 "Orientações sobre os encarregados", 9.

1336 Sousa Pinheiro, *Comentário*, 472.

5.7.2. Outras obrigações

O número 2 do artigo 35.º regula a intervenção do encarregado de proteção de dados no processo de realização de uma avaliação de impacto[1337]. Contudo, a obrigatoriedade de requerer o seu parecer não significa que a sua fundamentação e conclusões sejam vinculativas para o responsável[1338].

O artigo 37.º, no número 7, prevê uma obrigação que deve ser lida à luz dos princípios da lealdade e da transparência[1339]: a de publicar "os contactos do encarregado da proteção de dados" e de os comunicar "à autoridade de controlo". A primeira procura facilitar o acesso dos titulares ao encarregado de proteção de dados, pelo que os seus contactos devem incluir informações (como um endereço de correio eletrónico ou um número de telefone) que permitam o contacto fácil sem que tal implique, necessariamente, a publicação do nome do encarregado[1340]. A segunda obrigação, que em Portugal é feita *online* no sítio da CNPD, compreende-se à luz das alíneas d) e e) do número 1 do artigo 39.º que referem, respetivamente, que o encarregado coopera com a autoridade de controlo e é o seu ponto de contacto.

Além destas duas obrigações, o artigo 38.º do RGPD prevê imposições relacionadas especificamente com a *posição* do encarregado. Assim, desde a conceção e por defeito[1341], este deve estar em condições de controlar a conformidade dos tratamentos de dados pessoais. Além disto, o número 1 do artigo 38.º estabelece que o responsável pelo tratamento e o subcontratante "asseguram que o encarregado da proteção de dados seja envolvido, de forma adequada e em tempo útil, a todas as questões relacionadas com a proteção de dados pessoais", o que será relevante em geral mas sobretudo em caso de violação de dados pessoais ou de outro tipo de incidente[1342]. De resto, exemplificando o relevo desta função, é recomendado que o encarregado participe nas reuniões dos quadros de gestão médios e superiores[1343]. Já o

[1337] "Ao efetuar uma avaliação de impacto sobre a proteção de dados, o responsável pelo tratamento solicita o parecer do encarregado da proteção de dados, nos casos em que este tenha sido designado".

[1338] Sousa Pinheiro, *Comentário*, 460.

[1339] Artigo 5º, n.º 1, alínea a), do RGPD.

[1340] "Orientações sobre os encarregados", 15 e Sousa Pinheiro, *Comentário*, 473. Não obstante, a publicação do nome é considerada uma boa prática.

[1341] Artigo 25.º do RGPD.

[1342] Sousa Pinheiro, *Comentário*, 475.

[1343] "Orientações sobre os encarregados", 16.

número 2 dispõe que o responsável pelo tratamento e o subcontratante o apoiam "no exercício das funções a que se refere o artigo 39.º, fornecendo-lhe os recursos necessários ao desempenho dessas funções e à manutenção dos seus conhecimentos, bem como dando-lhe acesso aos dados pessoais e às operações de tratamento".

O número 3 do artigo 38.º, à luz do considerando 97, concretiza a exigência de independência desta figura, pois tanto o responsável como o subcontratante "asseguram" que o encarregado "não recebe instruções relativamente ao exercício das suas funções", que "não pode ser destituído nem penalizado pelo responsável pelo tratamento ou pelo subcontratante pelo facto de exercer as suas funções". Naturalmente que esta restrição à destituição conhece limites. O encarregado pode ser destituído se aconselhar erradamente em matérias de proteção de dados pessoais ou se praticar atos que, nos termos legais, podem levar à cessação do contrato de trabalho ou da prestação de serviços[1344]. Por exemplo, roubo, assédio ou outras faltas graves[1345].

Por fim, o número 6 do artigo 38.º regula os conflitos de interesses, cabendo ao responsável pelo tratamento ou subcontratante assegurar que as funções do encarregado "não resultam num conflito de interesses"[1346]. Esta disposição é importante sobretudo quando o encarregado é interno. Como a própria norma reconhece, o encarregado "pode exercer outras funções e atribuições" desde que sobre ele não recaia a tarefa de determinar as finalidades e os meios do tratamento como, tipicamente, o cargo de diretor de *marketing* ou de recursos humanos[1347].

5.7.3. Exemplos de decisões de autoridades de controlo

Já foram sancionadas algumas organizações por violação do artigo 37.º, n.º 1 do RGPD. No caso da alínea b), uma empresa de segurança privada que tratava dados no contexto de um sistema de videovigilância foi multada no valor de €50.000 por não ter designado um encarregado[1348] e, no Luxemburgo, a autoridade de controlo entendeu que uma empresa que

[1344] Sousa Pinheiro, *Comentário*, 476.

[1345] "Orientações sobre os encarregados", 18.

[1346] Capítulo III.

[1347] Estes são exemplos do G29, que adverte para a necessidade de se apreciar caso a caso, v. "Orientações sobre os encarregados", 19.

[1348] AEPD, Procedimiento n.º PS/00251/2020, 29 de outubro de 2020.

oferecia um programa de fidelização não estava abrangida por esta alínea pois não existia um "controlo regular e sistemático" dos titulares[1349].

Sobre a obrigação de publicar os detalhes de contacto do encarregado, na Bélgica, a autoridade de controlo considerou que esse contacto deve ser direto para o encarregado e não através de vários departamentos da organização uma vez que tal pode ser um fator de dissuasão dos titulares de dados[1350].

Numa investigação à Universidade de Varsóvia, a autoridade polaca considerou que o encarregado de proteção de dados não foi suficientemente envolvido num processo interno, em particular na aquisição e implementação de um sistema informático usado para o recrutamento, pelo que, entre outras normas, foi violado o artigo 38.º, n.º 1, do RGPD[1351]. No Luxemburgo, a autoridade de controlo investigou um responsável pelo tratamento que não estabelecia nas suas políticas e procedimentos os termos da participação do encarregado, nomeadamente em comités executivos, projetos de coordenação, equipas de lançamento de novos produtos ou comités de segurança e, por outro lado, tendo em conta o risco dos tratamentos, destacou o facto de a equipa do encarregado não ter alocado um recurso a tempo inteiro[1352].

5.8. Obrigações avulsas

Resta analisar as obrigações que não estão elencadas no Capítulo IV do RGPD, em especial as que resultam da transparência (5.8.1.) e, por fim, a obrigação de garantir a continuidade da proteção do titular no caso de transferência de dados pessoais segundo as regras do Capítulo V (5.8.2.).

Faço já uma brevíssima menção aos artigos 19.º e 22.º, ambos tratados com mais detalhes no capítulo sobre direitos dos titulares[1353]. A primeira norma prevê uma obrigação avulsa de notificar os destinatários dos dados pessoais quando estes tenham sido objeto de retificação, apagamento ou o tratamento tenha sido limitado e a segunda consagra uma proibição de tomar decisões exclusivamente automatizadas.

[1349] CNPDL, Délibération n.º 42FR/2021, 27 de outubro de 2021.
[1350] APD, Processo 73/2020, 13 de outubro de 2020.
[1351] UODO, Processo ZSOSS.421.25.2019, 7 de setembro de 2020.
[1352] CNPD, Deliberação n.º 36FR/2021, 2 de novembro de 2021.
[1353] Capítulo IV.

5.8.1. Transparência

O artigo 12.º encontra-se inserido no Capítulo III cuja epígrafe é "Direitos do titular dos dados". Contudo, do mesmo resulta um conjunto de comandos dirigidos ao responsável pelo tratamento, que delimitam a sua autonomia e organização interna e que não dependem de uma invocação ativa pelo titular[1354]. Por essa razão entendo que devem ser analisados no quadro das obrigações e não no dos direitos do titular[1355]. O próprio Comité tem este entendimento[1356].

Assim, a *transparência* faz recair sobre os responsáveis pelo tratamento três obrigações: (i) prestar informações aos titulares dos dados nos termos dos artigos 12.º, n.º 1, 13.º e 14.º do RGPD (5.8.1.1.); (ii) comunicar com os titulares dos dados respeitando o padrão de qualidade imposto pelo artigo 12.º, n.º 1, do RGPD (5.8.1.2.); (iii) facilitar o exercício dos direitos do titular (5.8.1.3.).

Estas três obrigações visam reforçar a posição que o titular dos dados ocupa na sua relação com o responsável pelo tratamento, em particular o controlo sobre os seus dados, capacitando-o para reivindicar os seus direitos e munindo-o de meios para o responsabilizar[1357].

5.8.1.1. *Prestação de informação*

O número 1 do artigo 12.º refere que o responsável pelo tratamento "toma as medidas adequadas para fornecer ao titular as informações a que se referem os artigos 13.º e 14.º". Essas duas disposições elencam as informações que devem ser fornecidas ao titular dos dados quando estes forem recolhidos junto do titular (artigo 13.º) e quando forem obtidos a partir de outra fonte (artigo 14.º).

No primeiro caso incluem-se situações em que o titular, de forma consciente, fornece os seus dados, por exemplo, através de uma ficha de inscrição, mas também se incluem ali situações em que é o responsável pelo

[1354] Parece ser este o critério usado pelo G29 para delimitar a figura dos direitos do titular dos dados como resulta das suas "Orientações sobre as decisões individuais automatizadas e a definição de perfis para efeitos do Regulamento (UE) 2016/679", 3 de outubro de 2017, 21.

[1355] Em sentido próximo v. Menezes Cordeiro, *Direito da Proteção*, 336.

[1356] "Orientações relativas à transparência", 30.

[1357] Recordo o que referi sobre o princípio da participação do titular dos dados no capítulo sobre os Direitos do Titular v. Capítulo IV.

tratamento que observa o titular, por exemplo, através de dispositivos, programas informáticos ou outro tipo de sensores muito comuns nas tendências de "computação vestível", do "Eu quantificado" e da "automação residencial"[1358]. Já no segundo caso, do artigo 14.º, cabem cenários em que o responsável pelo tratamento obteve os dados junto de terceiros, sejam outros responsáveis pelo tratamento, fontes disponíveis publicamente ou outros titulares[1359]. Por exemplo, quando a autoridade tributária obtém informação sobre os salários dos trabalhadores junto dos seus empregadores ou quando um paciente fornece a um profissional da área médica informações sobre uma doença genética que outros familiares têm ou outros dados pessoais desses familiares.

a) Elementos a informar

Há uma repetição em várias alíneas dos artigos 13.º e 14.º dos elementos que devem ser informados ao titular: (i) a identidade e os contactos do responsável pelo tratamento e, existindo, do seu representante[1360]; (ii) os contactos do encarregado de proteção de dados, se esta figura existir[1361]; (iii) as finalidade e o fundamento jurídico do tratamento[1362]; (iv) os interesses legítimos prosseguidos pelo responsável pelo tratamento ou por terceiros[1363]; (v) os destinatários ou categorias de destinatários dos dados pessoais[1364]; (vi) as informações sobre a transferência para países terceiros[1365]; (vii) o período de

1358 São as expressões usadas pelo G29 no "Parecer 8/2014", 6.

1359 "Orientações relativas à transparência", 17.

1360 Artigos 13.º, n.º 1, al. a) e 14.º, n.º 1, al. a) do RGPD.

1361 Artigos 13.º, n.º 1, al. b) e 14.º, n.º 1, al. b) do RGPD.

1362 Artigos 13.º, n.º 1, al. c) e 14.º, nº 1, al. c) do RGPD.

1363 Artigos 13.º, n.º 1, al. d) e 14.º, n.º 2, al. b) do RGPD. O interesse específico em causa deve ser identificado, mas não é obrigatório fornecer ao titular informações sobre o teste de ponderação ou sobre o critério usado para equilibrar os interesses em conflito. Porém, o G29 recomenda que, pelo menos, as informações prestadas devem "deixar claro que estes [titulares] podem obter informações sobre o critério do equilíbrio caso as solicitem", v. "Orientações relativas à transparência", 43.

1364 Artigos 13.º, n.º 1, al. e) e 14.º, n.º 1, al. e) do RGPD. O termo destinatário está definido no artigo 4.º, n.º 9, e no considerando 31 do RGPD, devendo incluir responsáveis conjuntos e subcontratantes, v. "Orientações relativas à transparência", 44. Além disto, recorde-se o que foi dito anteriormente sobre o princípio da lealdade v. Capítulo II, ponto 2.1.2.

1365 Artigos 13.º, n.º 1, al. f) e 14.º, n.º 1, al. f) do RGPD. Deve ser especificado o artigo do RGPD que fundamenta a transferência e o mecanismo usado (por exemplo, decisão de adequação ou cláusulas contratuais).

conservação ou, se não for possível, os critérios usados para determinar esse período[1366]; (viii) os direitos do titular dos dados[1367]; (ix) o direito a retirar o consentimento quando este for o fundamento[1368]; (x) o direito de apresentar reclamação a uma autoridade de controlo[1369]; (xi) e, por fim, a existência de decisões automatizadas e, se aplicável, informações úteis sobre a lógica subjacente bem como a importância e as consequências do tratamento[1370].

Entre os elementos a informar apenas quando os dados pessoais são recolhidos diretamente junto do titular (artigo 13.º) encontra-se só um caso, previsto no número 2, alínea e), quando a comunicação de dados pessoais constitui ou não uma obrigação legal ou contratual, ou um requisito necessário para celebrar um contrato, bem como se o titular está obrigado a fornecer os dados pessoais e as eventuais consequências de não os fornecer[1371]. Cabe aqui, por exemplo, o caso em que o titular fornece dados ao empregador atual ou potencial em cumprimento de uma obrigação contratual.

Por seu turno, as categorias dos dados pessoais tratados[1372] e a sua origem são obrigatórias apenas nos casos de aplicação do artigo 14.º, respetivamente, número 1, alínea d), e número 2, alínea f), do RGPD. De sublinhar que, neste último caso, a fonte específica dos dados deve ser fornecida, mas, se tal não for possível[1373], o titular deve, pelo menos, ser informado da natu-

[1366] Artigos 13.º, n.º 2, al. a) e 14.º, n.º 2, al. a) do RGPD. Não é suficiente dizer, de forma genérica, que os dados pessoais serão conservados o tempo necessário para a prossecução das finalidades do tratamento, "Orientações relativas à transparência", 45.

[1367] Artigos 13.º, n.º 2, al. b) e 14.º, n.º 2, al. c) do RGPD. O G29 destaca a importância de se chamar explicitamente a atenção do titular dos dados para o direito de se opor ao tratamento, devendo este direito ser apresentado de forma clara e separada de quaisquer outras informações, v. "Orientações relativas à transparência", 46.

[1368] Artigos 13.º, n.º 2, al. c) e 14.º, n.º 2, al. d) do RGPD. Deve-se incluir informação sobre a forma como o consentimento pode ser retirado, algo que deve ser tão fácil para o titular dos dados como dar o consentimento, "Orientações relativas à transparência", 46.

[1369] Artigos 13.º, n.º 2, al. d) e 14.º, n.º 2, al. e) do RGPD.

[1370] Artigos 13.º, n.º 2, al. f) e 14.º, n.º 2, al. g) do RGPD.

[1371] O G29 refere que "os formulários em linha devem identificar claramente quais são os campos obrigatórios, e quais não são, e explicar quais serão as consequências de não preencher os campos obrigatórios", v. "Orientações relativas à transparência", 47.

[1372] Estas informações são exigidas quando se aplique o artigo 14.º porque os dados pessoais não foram obtidos junto do titular dos dados que, portanto, não tem conhecimento de quais foram as categorias dos seus dados pessoais que o responsável pelo tratamento obteve, v "Orientações relativas à transparência", 43.

[1373] Mais adiante, alínea d), este ponto será estudado a propósito das exceções à obrigatoriedade de prestar informações.

reza das fontes (públicas ou privadas) e dos tipos de organização, indústria ou setor[1374].

b) Momento da prestação de informação

Quanto ao *momento* da prestação de informação, o artigo 13.º, n.º 1, é claro, ao dispor que as informações devem ser facultadas "aquando da recolha". Já o artigo 14.º distingue três situações: (i) a regra do prazo-limite de um mês, no número 3 da alínea a); (ii) quando os dados forem usados para fins de comunicação com o titular, a alínea b) do número três impõe a comunicação "no momento da primeira comunicação ao titular"; (iii) e quando estiver prevista a divulgação dos dados a um destinatário, a alínea c) do número três refere "o mais tardar aquando da primeira divulgação". Em qualquer caso, o princípio da lealdade, enunciado na alínea a) do número 1 do artigo 5.º, e as expetativas razoáveis do titular devem ser tidos em conta quando o responsável pelo tratamento decide o momento em que comunica as informações.

As *modificações* às informações prestadas também carecem de comunicação ao titular dos dados, em especial a alteração da finalidade do tratamento, da identidade do responsável pelo tratamento, da forma como o titular dos dados pode exercer os seus direitos. Nos demais casos, o responsável deve avaliar se a alteração é suficientemente relevante para ser comunicada ao titular tendo em conta o impacto da alteração (por exemplo, no exercício dos seus direitos) e a expetativa do titular (por exemplo, quão inesperada ou surpreendente a alteração é para o titular)[1375]. Também aqui vale a pena sublinhar o princípio da lealdade e, em especial, o método usado para cativar a atenção do titular para estas modificações.

c) Formato e suporte

Quanto ao *formato* e *suporte* das informações a prestar, além do que já foi dito, cabe sublinhar que as informações devem ser autonomizadas de outras informações como termos e condições[1376]. Por outro lado, atendendo ao volume de informações que é necessário fornecer ao titular dos dados, os responsáveis podem adotar uma *abordagem estruturada* (*layered approach*),

[1374] "Orientações relativas à transparência", 47.

[1375] *Idem*, 19.

[1376] *Idem*, 21.

isto é, separando dois níveis de informação: no primeiro nível, cabem as informações mais relevantes para o titular, e, no segundo nível, outro tipo de informações.

As informações de primeiro nível incluem a identidade do responsável pelo tratamento, a finalidade do tratamento, uma descrição dos direitos do titular dos dados e outras informações a respeito do tratamento com maior impacto no titular dos dados e que o possam surpreender. Por exemplo, em relação à videovigilância, as informações mais importantes devem ser apresentadas no sinal de aviso e os detalhes adicionais podem ser fornecidos por outros meios, como uma ficha informativa disponível num local ou balcão central (uma receção)[1377]. Já no caso dos veículos conectados, sugere-se que o titular seja informado de todos os destinatários da informação no primeiro nível[1378].

Ferramentas de visualização, em especial ícones normalizados, procedimentos de certificação, selos e marcas relativos à proteção de dados podem também ser usados. O considerando 60 e o artigo 12.º, n.º 7, do RGPD, sugerem a prestação de informação em articulação com ícones normalizados segundo uma abordagem estruturada e com vários níveis. Um exemplo comum são os sinais de aviso da existência de sistemas de videovigilância ou, num domínio mais recente, uma luz no interior de um veículo inteligente que acende sempre que dados sobre a condução são recolhidos[1379]. A vantagem destes ícones é que, potencialmente, reduz a necessidade de apresentar por escrito grandes quantidades de informação. De notar que a garantia de eficácia destas ferramentas para veicular as informações dos artigos 13.º e 14.º do RGPD está dependente da *normalização* dos símbolos/imagens, cabendo à Comissão Europeia ou ao CEPD o desenvolvimento de um código de ícones que, na data em que escrevo, ainda não existe[1380].

[1377] "Diretrizes 3/2019", 27.

[1378] "Diretrizes 01/2020", 24.

[1379] *Idem,* 24.

[1380] Segundo o artigo 12.º, n.º 8, do RGPD, a Comissão pode adotar atos delegados (artigo 92.º) para determinar quais as informações a fornecer por meio dos ícones e as informações aplicáveis ao fornecimento de ícones normalizados. O considerando 166, aplicável aos atos delegados da Comissão em geral, tem caráter instrutivo, dispondo que a Comissão deve proceder a consultas adequadas ao longo dos seus trabalhos preparatórios, incluindo a nível de peritos. Por outro lado, o CEPD também desempenha um papel consultivo no que toca à normalização de ícones. Com efeito, o artigo 70.º, n.º 1, alínea r), refere que o CEPD deve, por iniciativa própria ou a pedido da Comissão, dar parecer àquela sobre os ícones.

Além destes ícones, o artigo 42.º e o considerando 100 do RGPD regulam os procedimentos de certificação, selos e marcas de proteção de dados para auxiliar à comprovação da conformidade com o RGPD.

d) Exceções

A nível nacional, os Estados-Membros podem legislar, em conformidade com o artigo 23.º do RGPD, limitações ao disposto nos artigos 12.º a 14.º. É o caso do artigo 14.º, nº 3, da Lei n.º 59/2019, que estabelece limitações à prestação de algumas informações, nomeadamente para evitar prejuízo para investigações, inquéritos ou processos judiciais[1381]. Além disto, ao nível do RGPD, os artigos 13.º e 14.º consagram exceções à obrigação de prestar informações.

O número 4 do artigo 13.º estabelece uma exceção "quando e na medida em que o titular dos dados já tiver conhecimento das informações". A aplicação desta exceção deve ser acompanhada, por um lado, de meios para demonstrar *quais, quando* e *como* foram fornecidas as informações, bem como da inexistência de alterações. Por outro lado, a expressão "na medida em que" reforça o imperativo de garantir que o titular recebeu a totalidade das informações mencionadas no artigo 13.º nos casos em que tenham sido fornecidas apenas determinadas categorias de informação[1382].

O número 5 do artigo 14.º prevê a mesma situação, na alínea a), isto é, quando o titular já tem conhecimento das informações. Mas além desta exceção há outras nas alíneas b), c) e d). Começando pela alínea b), esta decompõe-se em vários conceitos indeterminados[1383]: *impossibilidade, esforço desproporcionado* e *impacto* nos objetivos do tratamento. Em qualquer uma das três hipóteses, o princípio da responsabilidade (artigo 5.º, n.º 2, do RGPD) coloca sobre o responsável pelo tratamento o ónus da documentação e demonstração, mas há especificidades em relação a cada uma delas que vale a pena sinalizar.

Nos casos de *impossibilidade*, o responsável tem de demonstrar exatamente os fatores que o impedem de fornecer as informações[1384]. No caso

[1381] Este diploma aprova as regras relativas ao tratamento de dados pessoais para efeitos de prevenção, deteção, investigação ou repressão de infrações penais ou de execução de sanções penais, transpondo a Diretiva (UE) 2016/680 do Parlamento Europeu e do Conselho, de 27 de abril de 2016.

[1382] "Orientações relativas à transparência", 32.

[1383] *Idem*, 33.

[1384] *Idem*, 34.

específico de não ser possível informar sobre a origem dos dados por se ter recorrido a várias fontes, o considerando 61 esclarece que devem na mesma ser fornecidas "informações genéricas". Por isso, não é de estranhar que o G29 entenda que "existirão muito poucas situações em que um responsável pelo tratamento consiga demonstrar que é efetivamente impossível fornecer as informações aos titulares dos dados"[1385]. De todo o modo, o legislador refere expressamente a possibilidade de aplicação desta exceção a tratamentos para fins de arquivo de interesse público, para fins de investigação científica/histórica ou para fins estatísticos, recomendando que o responsável avalie o impacto no titular dos dados se este não receber a informação e aplicar as medidas adequadas para proteger os interesses e direitos do titular. Entre essas medidas, está a divulgação da informação ao público, seja colocando a informação *online* ou publicando-a num jornal, a realização de uma avaliação de impacto, a minimização dos dados e do prazo de conservação, a pseudonimização e, em geral, a adoção de medidas de segurança[1386].

Os tratamentos para aqueles fins também são especificamente referidos pelo legislador para a aplicação da exceção de *esforço desproporcionado*. E, também em comum com a exceção anterior, as autoridades de controlo sublinham a restrição da sua aplicação "rotineiramente"[1387]. O considerando 62 complementa a previsão da alínea b) do artigo estudado elencando os critérios que devem ser tidos em conta: o número de titulares de dados, a antiguidade dos dados e as garantias que tenham sido adotadas. Esta exceção aplica-se, por exemplo, a um projeto de investigação sobre as ramificações genealógicas de 20000 pessoas com base em dados pessoais recolhidos há 50 anos e que não contém dados de contacto. Além daqueles critérios, o responsável deve comparar o esforço em fornecer a informação com o impacto e os efeitos no titular se este não a receber e aplicar as medidas adequadas para proteger o titular.

Já a invocação da exceção do *impacto* da prestação da informação nos objetivos do tratamento exige um efeito radical de tal modo que aqueles objetivos seriam anulados. Neste caso cabe, por exemplo, a desobrigação de comunicar ao titular de dados comunicações entre entidades financeiras

1385 *Idem*, 33.

1386 "Orientações relativas à transparência", 36.

1387 *Idem*, 35.

sobre atividades suspeitas para o cumprimento de legislação relativa ao combate ao branqueamento de capitais[1388].

Resta analisar as alíneas c) e d) do número 5 do artigo 14.º, que excecionam a obrigação de prestar informações, respetivamente, quando a obtenção ou divulgação de dados pessoais está expressamente prevista no direito e quando recai sobre o responsável pelo tratamento uma obrigação de sigilo profissional. No caso da alínea c), há requisitos adicionais, como a exigência de que o direito seja da União ou do Estado-Membro: que (i) estipule "medidas adequadas para proteger os legítimos interesses do titular" e (ii) mencione o responsável pelo tratamento para que este demonstre de que forma o direito em causa lhe é aplicável e aos tratamentos (obtenção ou divulgação) em causa[1389]. Voltando ao exemplo referido *supra*, quando a autoridade tributária recolhe dados sobre os salários dos trabalhadores junto da entidade patronal, estando essa obrigação prevista no direito nacional, a prestação de informação nos termos do artigo 14.º não é obrigatória.

A última exceção prevista na alínea d) do número 5 do artigo 14.º do RGPD impõe que o responsável pelo tratamento demonstre como e qual a obrigação de sigilo profissional que se lhe aplica. Recordando o exemplo da paciente que fornece informação a um médico sobre a doença genética dos seus familiares, caso o médico lhe fornecesse a informação mencionada no artigo 14.º estaria a violar a obrigação de sigilo profissional que tem com a paciente.

e) Responsabilidade conjunta

Havendo apenas um responsável pelo tratamento, caber-lhe-á prestar as informações previstas nos artigos 13.º e 14.º do RGPD. Mas no caso de responsáveis conjuntos, o artigo 26.º, n.º 1 dispõe que aqueles determinem as respetivas responsabilidades pelo cumprimento das obrigações previstas naquele diploma, em especial no que diz respeito ao exercício dos direitos do titular dos dados e aos respetivos deveres de fornecer as informações nos termos dos artigos 13.º e 14.º do RGPD. Já o número 2 do artigo 26.º estipula que a essência do acordo seja disponibilizada ao titular.

O RGPD não clarifica como é que a essência do acordo é fornecida ao titular pelo que cabe aos responsáveis conjuntos determinar esse aspeto sem

[1388] *Idem*, 37.
[1389] *Idem*, 38.

prejuízo do cumprimento das regras aplicáveis à comunicação com o titular, em especial a transparência e a lealdade[1390].

Parece evidente que o número 2 do artigo 26.º sugere que os responsáveis pelo tratamento tomem medidas para garantir que o titular tenha conhecimento da repartição de responsabilidades. Por conseguinte, o conteúdo do acordo deve estipular, de forma clara, informações sobre o tratamento com explicações, sempre que tal for adequado, das várias fases e intervenientes do tratamento. Por outro lado, nada impede que os responsáveis acordem que apenas um ficará incumbido de fornecer as informações iniciais aos titulares de dados. Mas as informações a fornecer ao titular devem fazer parte integrante do acordo conjunto, por exemplo, num apêndice[1391].

5.8.1.2. *Comunicação com o titular dos dados*

A comunicação com o titular dos dados pode ir além da mera prestação de informação nos termos estudados até aqui. É importantíssima, por exemplo, quando o responsável pelo tratamento recebe um pedido de um titular dos dados ou quando comunica uma violação de dados pessoais.

Em primeiro lugar, esta comunicação deve pautar-se pelo padrão de *qualidade* descrito no ponto sobre o princípio da transparência, em relação aos atributos, linguagem, forma de comunicar e gratuitidade[1392].

Em segundo lugar, levando o número 1 do artigo 12.º do RGPD à letra, a comunicação com o titular dos dados parece limitar-se a questões relacionadas com os *direitos do titular* e com a *comunicação* ao titular no caso de violação de dados. Porém, tem-se entendido que aquele padrão de qualidade se impõe noutras etapas do ciclo de vida do tratamento, como quando ocorram alterações ao próprio tratamento, à identidade do responsável pelo tratamento ou às informações prestadas nos termos do artigo 13.º e 14.º do RGPD[1393]. O considerando 39 refere a comunicação de informações para alertar os titulares para riscos, regras e garantias do tratamento de

[1390] O Comité sugere que seja fornecido juntamente com as informações previstas nos artigos 13.º e 14.º, na política de privacidade ou mediante pedido dirigido ao encarregado da proteção de dados, se existente, ou ao ponto de contacto que possa ter sido designado, v. CEPD, "Orientações 07/2020", 54.

[1391] *Idem*, 32.

[1392] Capítulo II, 2.1.3.

[1393] "Orientações relativas à transparência", 6 e 19.

dados. Entre esses casos, está a sugestão do G29 quanto à publicação, não obrigatória, de uma avaliação de impacto ou de parte dela como forma de fomentar a confiança e demonstrar a transparência e a responsabilidade[1394].

Portanto, além dos casos em que o RGPD expressamente prevê a comunicação com o titular dos dados, haverá outros momentos em que cabe ao responsável pelo tratamento avaliar a necessidade dessa comunicação[1395]. Nesses casos, além do princípio da lealdade e das expetativas do titular, o responsável pelo tratamento deverá ponderar outros fatores como, por exemplo, a natureza, a finalidade, o âmbito do tratamento e a posição do titular dos dados.

Mas, além da comunicação com o titular dos dados, a transparência deve ser assegurada em relação a *outros atores* como, por exemplo, na relação entre o cliente do serviço de computação em nuvem e o prestador desses serviços. Como explica o G29: "o cliente de serviços de computação em nuvem só pode avaliar a licitude do tratamento de dados pessoais no âmbito da computação em nuvem se o prestador de serviços o informar de todas as questões relevantes"[1396]. Neste cenário, o cliente será, em princípio[1397], o responsável pelo tratamento e o prestador de serviços de computação em nuvem o subcontratante. Por conseguinte, o primeiro está vinculado a celebrar um contrato de subcontratação nos termos do artigo 28.º daquele diploma. A transparência assume particular relevo para a celebração deste contrato porquanto o cliente dos serviços de computação em nuvem deve ser informado, por exemplo, de todos os subcontratantes envolvidos na

[1394] "Orientações relativas à Avaliação de Impacto", 5.

[1395] O considerando 39 aponta nesse sentido ao referir: "O princípio da transparência exige que as informações ou comunicações relacionadas com o tratamento desses dados pessoais sejam de fácil acesso e compreensão, e formuladas numa linguagem clara e simples" e que "As pessoas singulares a quem os dados dizem respeito deverão ser alertadas para os riscos, regras, garantias e direitos associados ao tratamento dos dados pessoais e para os meios de que dispõem para exercer os seus direitos relativamente a esse tratamento". No mesmo sentido, v. "Guidelines 3/2022", 9.

[1396] "Parecer 05/2012 relativo a computação em nuvem", 1 de julho de 2012, 13.

[1397] Pode haver casos em que o prestador de serviços de computação em nuvem atua como responsável pelo tratamento, v. "Parecer 05/2012", 24. Na Holanda, o Governo realizou avaliações de impacto a algumas ferramentas do Microsoft 365 e conclui que, em relação a certos tratamentos de dados, há responsabilidade conjunta entre o cliente e o prestador do serviço, v. "DPIA Office 365 ProPlus Versio 1905 (junho 2019). Data protection impact assessment on the processing of diagnostic data", 22 de julho de 2019, 57.

prestação do serviço, bem como da localização dos centros de dados em que os dados pessoais possam ser tratados[1398].

A transparência pode impor-se também por força da *complexidade* dos tratamentos de dados como, por exemplo, nos processos de anonimização dos dados tratados pelas aplicações de rastreio de contacto. Neste caso o CEPD recomendou que a metodologia de anonimização fosse transparente[1399]. Além disto, a necessidade de garantir transparência pode resultar da *natureza* do serviço prestado. Por exemplo, muitos utilizadores de serviços em linha alegadamente gratuitos não estão cientes da monitorização e análise que está a ser feita com base no tratamento dos seus dados pessoais de modo a criar valor para o prestador do serviço, pelo que não estão capacitados para exercer os seus direitos[1400].

Ainda, a transparência é particularmente relevante quando o responsável pelo tratamento recorre ao interesse legítimo[1401]. Como veremos, o G29 recomenda que o responsável pelo tratamento explique ao titular "as razões pelas quais considera que sobre os seus interesses não prevalecem os interesses ou os direitos e liberdades fundamentais das pessoas em causa, e lhes expliquem igualmente que garantias acionaram para proteger os dados pessoais"[1402].

5.8.1.3. *Meios para o exercício dos direitos e prazos de resposta*

a) Meios para o exercício dos direitos

O artigo 12.º, no número 2, prevê que o responsável pelo tratamento "facilita o exercício dos direitos do titular dos dados" e acrescenta que não poderá evitar dar seguimento ao pedido do titular exceto se "demonstrar que não está em condições" de o identificar. Com efeito, o artigo 11.º prevê situações em que o tratamento não exige identificação do titular. Nestes casos, o número 2 deste artigo estabelece que o responsável pelo tratamento (i) tem de demonstrar "que não está em condições de identificar o titular", (ii) devendo, ainda, "informá-lo, se possível, desse facto". Ora, se o respon-

[1398] *Idem*, 13.
[1399] "Diretrizes 4/2020", 7.
[1400] "Parecer 06/2014", 70.
[1401] "Diretrizes 8/2020", 20.
[1402] "Parecer 06/2014", 68 e 69.

sável não consegue identificar o titular, será difícil dar seguimento a um pedido, por exemplo, de apagamento. Por isso, a parte final do número 2 do artigo 11.º dispõe a não aplicação das regras relativas aos direitos previstos nos artigos 15.º a 20.º exceto se o titular fornecer informação que permita a sua identificação.

Além disto, o considerando 59 do RGPD sublinha dois aspetos importantes: (i) a previsão de regras para facilitar o exercício pelo titular; (ii) e, além disso, exige que o responsável pelo tratamento forneça meios para que os pedidos sejam apresentados por via eletrónica, em especial quando os dados sejam também tratados por essa via. Contudo, nada é referido sobre o tipo de meios ou modalidades a disponibilizar, ou seja, formulários eletrónicos, carta, correio eletrónico, um ponto de contacto dedicado, etc.

Em geral, a *organização interna* do responsável pelo tratamento neste campo, nomeadamente quem recebe os pedidos, quantas pessoas e que departamentos os analisam, é determinada pelo artigo 24.º. Ou seja, as medidas, técnicas e organizativas, adotadas para gerir os pedidos do titular, devem seguir os critérios ali estabelecidos[1403].

Além disto, julgo que há pelo menos quatro fatores a ter em conta no processo de definição desses meios: (i) o imperativo da proteção de dados desde a conceção e por defeito do artigo 25.º, que tem em vista a proteção dos direitos dos titulares dos dados; (ii) o contexto, a natureza da relação e das interações entre o titular dos dados e o responsável pelo tratamento[1404]; (iii) a eficácia e efetividade das ferramentas e meios disponibilizados ao titular; (iv) aspetos relacionados com o tratamento como, por exemplo, a quantidade e a complexidade dos tratamentos[1405].

O primeiro fator resulta da letra da lei, mas o segundo e quarto fatores estão relacionados com o princípio da lealdade[1406]. Pensando no exemplo dos assistentes de voz virtuais, os seus criadores devem garantir que o titular pode exercer os direitos através de comandos vocais. Isto decorre do facto de o principal meio de interação entre o titular e o responsável pelo tratamento ser a voz. Em relação ao terceiro fator, que decorre da exigência de eficácia que está no cerne do conceito de proteção de dados desde a

[1403] "Guidelines 1/2022", 19.

[1404] "Orientações relativas à transparência", 31.

[1405] "Guidelines 1/2022", 40.

[1406] Artigo 5.º, n.º 1, alínea a) do RGPD.

conceção, uma das formas de o executar é através de ferramentas de autosserviço como, por exemplo, sistemas de gestão de perfil. Estes sistemas permitem ao utilizador, a todo o tempo, configurar as suas preferências e, em geral, gerir a forma como os seus dados são tratados[1407]. Desta ideia de eficácia decorre também a necessidade de disponibilizar os meios para o exercício dos direitos do início ao fim da utilização do serviço ou plataforma, incluindo quando o utilizador decide abandoná-la e o responsável pelo tratamento não apagou os dados.

b) Prazos de resposta

Além da obrigação de facilitar o exercício dos direitos do titular, os números 3, 4 e 5 estipulam outras imposições ao responsável, nomeadamente em matéria de prazos de resposta e de gratuitidade do exercício dos direitos do titular.

Um aspeto que poderá atrasar a resposta ao titular é a sua identificação. O número 6 do artigo 12.º, que deve ser lido em articulação com o artigo 11.º já referido, dispõe que "quando o responsável pelo tratamento tiver dúvidas razoáveis quanto à identidade da pessoa singular que apresenta o pedido (...) pode solicitar que lhe sejam fornecidas informações adicionais que forem necessárias para confirmar a identidade do titular dos dados".

5.8.1.4. *Exemplos de decisões de autoridades de controlo*

Há vários exemplos de decisões de autoridades de controlo neste domínio. Em Espanha, a autoridade de controlo aplicou uma coima de €300,000 por violação dos artigos 12.º e 5.º, nº 1, alínea c) do RGPD porque o responsável pelo tratamento não tinha um processo adequado para o titular exercer os seus direitos. Em particular, o processo adotado exigia que o titular dos dados fornecesse informação sobre a sua identidade, que só deveria ser pedida em caso de dúvida razoável sobre a mesma, como decorre do número 6 do artigo 12.º[1408]. Um outro caso relacionado com a verificação da identidade do titular ocorreu na Holanda e justificou uma coima de €525,000. O responsável pelo tratamento exigia o *upload* de uma cópia de um cartão de identificação mesmo antes da submissão do pedido do titular. A autori-

[1407] "Orientações 02/2021", 37.

[1408] AEPD, Processo PS/00003/2021, 25 de fevereiro de 2022.

dade de controlo entendeu que o responsável pelo tratamento não poderia condicionar o exercício de um direito com este requisito e, além disso, defendeu que o princípio da minimização impõe uma primeira verificação da identidade do titular com base na informação que o responsável já trata daquela pessoa[1409].

Na Finlândia, a autoridade de controlo aplicou uma coima de €85,000 ao identificar deficiências num processo de exercício de direitos dos titulares demasiado complexo e oneroso para estes. Entre outros aspetos, o responsável pelo tratamento exigia que o titular imprimisse, preenchesse, assinasse e enviasse um papel para o apagamento dos seus dados pessoais[1410].

Há também algumas decisões que sancionam a violação dos prazos estabelecidos no número 3 do artigo 12.º como, por exemplo, na Hungria, num caso de acesso a dados tratados por um Hospital[1411], ou na Dinamarca, envolvendo uma autoridade pública e um pedido de apagamento[1412].

5.8.2. Transferências de dados pessoais

O regime das transferências de dados pessoais encontra-se no Capítulo V do RGPD e não no Capítulo específico das obrigações, ou seja, a secção 1 do Capítulo IV. Uma transferência de dados pessoais é uma operação específica de tratamento que não tem definição no RGPD. O CEPD entendeu que são três os critérios cumulativos que qualificam esta operação: (i) a sujeição do responsável pelo tratamento ou subcontratante ao RGPD por força do artigo 3.º; (ii) esse responsável ou subcontratante, enquanto "exportador", disponibiliza por transmissão ou por qualquer outro meio os dados pessoais a outro responsável ou subcontratante, o "importador"; (iii) importador esse que está num país terceiro ou é uma organização internacional, independentemente de estar ou não sujeito ao âmbito de aplicação do RGPD por força do artigo 3.º[1413].

[1409] Na data em que escrevo está pendente o recurso desta decisão da AP, Processo 5879/969, 14 de janeiro de 2022.

[1410] Tietosuojavaltuutetun toimisto, Processo 6097/161/21, 5 de julho de 2022.

[1411] NAIH, Processo 2019/5112/15, 18 de novembro de 2019.

[1412] Datatilsynet, Processo 2019-32-0988, 10 de fevereiro de 2021.

[1413] "Guidelines 05/2021 on the interplay between the application of Article 3 and the provisions on international transfers as per Chapter V of the GDPR", 18 de novembro de 2020, 4.

Estas operações estão sujeitas a uma dupla proteção: (i) devem observar não só o princípio da licitude previsto no artigo 5.º, n.º 1, alínea a) e o artigo 6.º do RGPD (ii) como, ainda, o responsável pelo tratamento e o subcontratante devem respeitar as condições previstas nos artigos 44.º e seguintes do RGPD.

Por isso, sobre o exportador de dados pessoais recai a obrigação de "assegurar que não é comprometido o nível de proteção das pessoas singulares" garantido no RGPD[1414]. Ou seja, há uma obrigação de garantir a *continuidade da proteção*. O que explica esta espécie de *controlo de fronteira*? Duas razões relacionadas entre si: (i) evitar que seja possível contornar a proteção garantida pela legislação europeia de proteção de dados pessoais pelo facto de os dados serem transferidos para *safe heaven's*, isto é, jurisdições onde não vigora o nível de proteção do titular garantido pelo RGPD; (ii) o tempo – sobretudo depois das revelações Snowden – tornou evidentes os riscos acrescidos deste tipo de operações[1415].

Em 2010 a Comissão Europeia constatava a insatisfação com o regime das transferências previsto na Diretiva 95/46/CE: "muitas organizações consideram que os mecanismos atuais não são totalmente satisfatórios, pelo que devem ser revistos e racionalizados, de forma a tornar as transferências mais simples e menos pesadas"[1416]. Dois anos mais tarde, a Comissão descreveu o contexto de globalização – no qual os dados são transferidos sem atenção às fronteiras, virtuais e geográficas, são conservados em servidores instalados em vários países e cada vez mais empresas oferecem serviços de computação em nuvem que permitem a consulta e a conservação remota – e repetiu o imperativo de flexibilizar os "mecanismos de transferência de dados para países terceiros"[1417].

Porém, esta intenção reformista não alterou a estrutura do regime das transferências que continua, no RGPD, idêntico ao da Diretiva 95/46/CE pelos menos em duas componentes essenciais:

(i) a combinação entre uma abordagem regulatória *geográfica* (*geographical approach*), focada no destino dos dados, e uma abordagem

[1414] É o que se lê na parte final do artigo 44.º do RGPD.

[1415] Graça Canto Moniz, *A extraterritorialidade do regime geral de proteção de dados pessoais da União Europeia: manifestações e limites* (Lisboa: Petrony, 2022).

[1416] Comissão Europeia, "Uma abordagem global da proteção de dados pessoais na União Europeia", 4 de novembro de 2010, 4.

[1417] Comissão Europeia, "Proteção da privacidade", 12.

organizacional (*organizationally-based approach*), focada nas medidas adotadas pelas organizações envolvidas na transferência, o exportador e o importador dos dados[1418]; e

(ii) um "teste" com dois momentos: primeiro, as demais regras do RGPD, como, por exemplo, a exigência de um fundamento de licitude do artigo 5.º ou as imposições do regime de subcontratação do artigo 26.º, e, em segundo lugar, as normas do Capítulo V devem ser respeitadas[1419].

Começo por elencar os três tipos de *fundamentos* para as transferências (5.8.2.1.) seguindo-se uma breve apreciação sobre o artigo 48.º sobre transferências ou divulgações não autorizadas pelo Direito da União Europeia (5.8.2.2.) e, por fim, termino com a saga *Schrems*, dando nota das duas decisões do TJUE reconhecidas através desse nome (5.8.2.3.).

5.8.2.1. *Fundamentos das transferências*

Entre estes fundamentos encontram-se: (i) a decisão de adequação (artigo 45.º do RGPD, tratado no ponto 5.8.2.1.1.); (ii) as garantias adequadas (artigos 46.º e 47.º do RGPD, apresentadas no ponto 5.8.2.1.2); (iii) e as derrogações para situações específicas (artigo 49.º do RGPD, analisadas no ponto 5.8.2.1.3.).

5.8.2.1.1. *Decisão de adequação*

O primeiro fundamento está previsto no número 1 do artigo 45.º e é um reflexo da abordagem regulatória geográfica. Assim, assenta numa avaliação sobre a adequação do nível de proteção do destino dos dados pessoais, seja um país terceiro à União (um território ou um ou mais setores específicos desse país) ou uma organização internacional. Estes destinos estão, à partida, excluídos dos efeitos uniformizadores do RGPD por isso, para garantir a continuidade da proteção do titular, há que avaliar o grau de proteção que

[1418] Christopher Kuner, "Extraterritoriality and regulation of international data transfers in EU data protection law", *International Data Privacy Law,* 5, 4 (2015): 245 e, do mesmo autor, *Transborder,* 121.

[1419] G29, "Guidelines on Article 49 of Regulation 2016/679", 6 de fevereiro de 2018, 3.

lhe é conferida no destino[1420]. Como se vê, esta abordagem pressupõe uma apreciação *ex ante* da transferência. A quem compete essa tarefa, quais os seus trâmites e como se mede essa adequação?

Procurando garantir "efeitos no conjunto da União"[1421], o legislador atribui competência exclusiva à Comissão Europeia nesta tarefa de avaliar e decidir sobre a adequação da proteção no destino dos dados pessoais. Havendo uma decisão da Comissão, as transferências podem realizar-se sem controlo prévio da autoridade de controlo[1422]. Esta solução parece excluir *in limine* a possibilidade de o exportador autoavaliar, por si só, a adequação do destino como existia, por exemplo, no Reino Unido, durante a vigência da Diretiva 95/46/CE[1423].

O procedimento que antecede as decisões de adequação corre os termos do "procedimento de comité", de harmonia com a leitura conjugada dos artigos 45.º, n.º 5 e 93.º do RGPD, desenvolvidos no Regulamento 182/2011[1424]. O artigo 45.º, n.º 5, clarifica a *natureza* da decisão de adequação: sendo o RGPD um "ato de base" ou "primário", atribuindo à Comissão competências de execução, tal decisão, de entre as categorias de atos de execução consagradas no direito originário, assume a forma de ato de *implementação* (art. 291.º do TFUE) distinto do ato de *delegação* (art. 290.º do TFUE)[1425].

Uma novidade do RGPD é a supervisão da eficácia e da validade das decisões de adequação, prevendo-se um procedimento de avaliação periódica, em consulta com o país terceiro ou com a organização internacional[1426]. Sempre que a informação disponível revelar que o destino deixou de assegurar a proteção adequada, a Comissão pode revogar, alterar ou suspender a decisão de adequação, devendo iniciar consultas com a outra parte, com vista a corrigir a situação que deu origem à alteração das circunstâncias[1427].

[1420] Kuner, *Transborder*, 64; Hon, *Data Localization*, 57.

[1421] Considerando 103 do RGPD.

[1422] *Ibidem*.

[1423] Hon, *Data Localization*, 153.

[1424] Trata-se do Regulamento que estabelece as regras e os princípios gerais relativos aos mecanismos de controlo pelos Estados-Membros do exercício das competências de execução pela Comissão, de 16 de fevereiro de 2011.

[1425] G29, "Adequacy Referential", 6 de fevereiro de 2018 e considerandos 1 e 2 do Regulamento 182/2011.

[1426] Artigo 45.º, n.º 3 e 4 e considerando 106 do RGPD.

[1427] Artigo 45.º, n.º 5 e 6 do RGPD.

O artigo 45.º, n.º 2 especifica os critérios que orientam a avaliação da Comissão. Exige-se um exame abrangente e exaustivo que inclui, *inter alia,* as regras materiais de proteção de dados pessoais vigentes no país terceiro, o Estado de direito, o respeito pelos direitos humanos e liberdades fundamentais", legislação "pertinente", "geral e setorial", "nomeadamente em matéria de segurança pública, defesa, segurança nacional e direito penal, e respeitante ao acesso das autoridades públicas a dados pessoais", "jurisprudência", "os direitos do titular dos dados", "vias de recurso administrativo e judicial"[1428], a existência de autoridades de controlo independentes[1429] e os "compromissos internacionais assumidos pelo país terceiro ou pela organização internacional em causa". Destaco a importância da Convenção n.º 108 do Conselho da Europa cuja adesão, pelo país terceiro, terá um impacto favorável à adoção de uma decisão de adequação da Comissão[1430].

5.8.2.1.2. *Garantias adequadas*

Na ausência de uma decisão de adequação, o utilizador de dados pessoais deve adotar medidas para colmatar a insuficiência do nível de proteção de dados pessoais no destino[1431]. Para alguns autores, esta solução ao dispor do exportador distingue-se da decisão de adequação tendo em conta a sua lógica organizacional (*organizationally-based approach*), focada nas medidas adotadas pelas organizações envolvidas na transferência, o exportador e o importador[1432]. Em boa verdade, como se verá, a saga *Schrems*[1433] veio praticamente anular a diferença entre a abordagem geográfica e a abordagem organizacional e, por outro lado, o considerando 108 sugere que as medidas devem ser pensadas para colmatar as falhas de proteção no destino dos dados o que, naturalmente, pressupõe uma apreciação prévia sobre a mesma.

Mas o exportador e o importador não podem escolher as medidas que bem entenderem. O artigo 46.º, sob a epígrafe "garantias adequadas", elenca-as, sendo que este leque de opções é mais alargado quando comparado

[1428] Como, aliás, decorre do artigo 47.º da Carta dos Direitos Fundamentais da UE.

[1429] Um elemento essencial do direito fundamental à proteção de dados pessoais, conforme dispõe o artigo 8.º da Carta dos Direitos Fundamentais da UE.

[1430] Considerando 105 do RGPD.

[1431] Considerando 108 do RGPD.

[1432] Kuner, *Transborder,* 71 e Hon, *Data Localization,* 190.

[1433] Explicada no ponto 5.8.2.3.

com a Diretiva 95/46/CE. Tal poderá ser um reflexo do esforço legislativo de flexibilizar as imposições relativas às transferências[1434]. Segundo o considerando 108, o escopo do artigo 46.º é o de "assegurar o cumprimento dos requisitos relativos à proteção de dados e o respeito pelos direitos dos titulares dos dados adequados ao tratamento no território da UE, incluindo a existência de *direitos do titular dos dados* e de *medidas jurídicas corretivas eficazes*, como o direito de recurso administrativo e judicial e de exigir uma indemnização, *quer no território da União, quer num país terceiro*" (itálicos meus).

Em termos gerais, é possível agrupar o elenco de garantias do artigo 46.º em três categorias: (i) na primeira cabem as garantias destinadas a autoridades e organismos públicos, sejam instrumentos juridicamente vinculativos e com força executiva entre autoridades e organismos públicos (artigo 46.º, n.º 2, alínea a)) ou disposições a inserir nos acordos administrativos celebrados entre aquelas entidades e que contemplem os direitos efetivos e oponíveis dos titulares dos dados (artigo 46.º, n.º 3, alínea b)); (ii) na segunda categoria incluem-se as soluções de natureza contratual, sejam cláusulas-tipo (artigo 46.º, n.º 2, alíneas c) e d)) ou cláusulas contratuais não tipificadas (artigo 46.º, n.º 3, alíneas a)) e, por fim, (iii) na terceira categoria, cabem os códigos de conduta, os procedimentos de certificação e as regras vinculativas aplicáveis às empresas. Esta terceira categoria reflete uma novidade do RGPD: a absorção da "autorregulação publicamente regulada" no campo das transferências. Assim, a sua *natureza* não corresponde a uma forma "pura" de autorregulação, mas antes a uma "autorregulação publicamente regulada" que exige uma intervenção pública a atestar a conformidade[1435]. Tendo em conta o seu caráter inovador, estas últimas garantias merecem esclarecimentos adicionais.

a) As regras vinculativas aplicáveis às empresas (RVAE)

As RVAE são uma manifestação da flexibilidade que a realidade do comércio internacional impôs, por isso são descritas como uma "abordagem pragmática" às transferências de dados pessoais[1436]. O G29 sublinha as vantagens desta solução e, em especial, a sua *adaptabilidade* às especificidades e ativi-

[1434] Rolf Weber, "Transborder data transfers: concepts, regulatory approach and new legislative initiatives" *International Data Privacy Law*, 3, 2 (2013): 128.

[1435] Hon, *Data Localization*, 212.

[1436] Weber, "Transborder", 128 e Kuner, "The European Commission's", 10.

dades de tratamento[1437]. Este é um fator de aproximação com os códigos de conduta e os procedimentos de certificação: procuram superar o nível de abstração do Regulamento adaptando-o às especificidades de um determinado setor e à dimensão do utilizador dos dados pessoais[1438].

Estas regras nasceram de uma interpretação extensiva do conceito de "garantias suficientes" previsto no artigo 26.º, n.º 2 da Diretiva 95/46/CE[1439]. Este exercício foi impulsionado pela constatação das autoridades de controlo de que a dimensão e a natureza das atividades de muitos operadores económicos exigem uma estratégia *global* de proteção de dados pessoais. Por conseguinte, entre 2003 e 2015, o G29, em diálogo com alguns desses operadores, desenvolveu um modelo de regras internas para as transferências de dados pessoais[1440]. Nestes casos, se a transferência fosse fundamen-

[1437] "Documento explicativo", 13.

[1438] Artigos 40.º, n.º 1 e 42.º, n.º 1 do RGPD.

[1439] "Sem prejuízo do n.º 1, um Estado-membro pode autorizar uma transferência ou um conjunto de transferências de dados pessoais para um país terceiro que não assegura um nível de proteção adequado na acepção do n.º 2 do artigo 25.º, desde que o responsável pelo tratamento apresente garantias suficientes de proteção da vida privada e dos direitos e liberdades fundamentais das pessoas, assim como do exercício dos respectivos direitos; essas garantias podem, designadamente, resultar de cláusulas contratuais adequadas".

[1440] G29, "Explanatory Document on the Processor Binding Corporate Rules", 19 de abril de 2013 e revisto a 22 de maio de 2015, p. 4; "Working Document on Transfers of personal data to third countries: Applying Article 26 (2) of the EU Data Protection Directive to Binding Corporate Rules for International Data Transfers", 3 de junho de 2003; "Model Checklist Application for approval of Binding Corporate Rules", 25 de novembro de 2004; "Working Document Setting Forth a Co-Operation procedure for issuing Common Opinions on Adequate Safeguards Resulting From 'Binding Corporate Rules'", 14 de abril de 2005; "Working Document Establishing a Model Checklist Application for Approval of Binding Corporate Rules", 14 de abril de 2005; "Recommendation 1/2007 on the Standard Application for Approval of Binding Corporate Rules for the Transfer of Personal Data", 10 de janeiro de 2007; "Working Document setting up a table with the elements and principles to be found in Binding Corporate Rules", 24 de junho de 2008; "Working Document setting up a framework for the structure of Binding Corporate Rules", 24 de junho de 2008; "Working Document on Frequently Asked Questions (FAQs) related to Binding Corporate Rules", 24 de junho de 2008; "Recommendation 1/2012 on the Standard Application form for Approval of Binding Corporate Rules for the Transfer of Personal Data for Processing Activities", 17 de setembro de 2012; "Working Document 02/2012 setting up a table with the elements and principles to be found in Processor Binding Corporate Rules", 6 de junho de 2012; "Opinion 02/2014 on 'Referential for requirements for Binding Corporate Rules submitted to national data protection authorities in the EU and Cross Border Privacy Rules submitted to APEC CBPR Accountability Agents", 27 de fevereiro de 2014; "Working Doc-

tada num contrato, tal exigia um complexo e oneroso processo de conclusão de múltiplos contratos.

Quanto à sua *natureza,* as RVAE são códigos de boas práticas internas, decantados das regras materiais e dos mecanismos processuais contidos no RGPD e sujeitos a um controlo *ex ante* pela autoridade de controlo[1441]. Este controlo não deve ser confundido com uma autorização prévia de cada transferência, pois é, sobretudo, um controlo de conformidade das RVAE, em si mesmas, com as exigências da lei.

Os *pressupostos* e o *conteúdo* das RVAE são estabelecidos no artigo 47.º, n.º 1 e 2 e a sua aprovação corre termos segundo o procedimento de controlo de coerência previsto no artigo 63.º do RGPD. O nível de detalhe das RVAE deve ser suficiente para permitir às autoridades de controlo avaliar se as garantias nelas previstas são ou não adequadas[1442].

Estas regras distinguem-se das demais garantias adequadas pela especificidade dos seus *destinatários*: entidades que compõem um "grupo empresarial" ou um "grupo de empresas envolvidas numa atividade económica conjunta" (artigos 47.º, nº 1, a) e 4.º, n.º 19[1443]). As RVAE devem prever que uma das entidades que compõe o grupo – a sede na UE ou um dos membros do grupo ali situado com responsabilidades de proteção de dados delegadas – aceite as consequências da violação das regras, incluindo a possibilidade de ressarcir o titular dos dados[1444].

Como se vê, o efeito útil deste fundamento para as transferências de dados pessoais é o de transformar a entidade multinacional num *safe heaven* organizacional no seio do qual os dados pessoais circulem internamente. Qualquer transferência de uma entidade pertencente ao grupo para um

ument setting up a table with the elements and principles to be found in Binding Corporate Rules", 27 de novembro de 2017.

1441 Artigo 47.º do RGPD e G29, "Documento explicativo", 21.

1442 Devem, por exemplo, incluir uma descrição detalhada das atividades económicas desenvolvidas por cada uma das entidades do grupo, v. G29, "Working Document. Transfers", 14.

1443 Este artigo define "grupo empresarial" como "um grupo composto pela empresa que exerce o controlo e pelas empresas controladas".

1444 Como decorre da interpretação do G29 do artigo 47.º, n.º 2, alínea f), do RGPD, v. G29, "Working Document setting up", 8 e "Working Document Setting Forth a Co-Operation Procedure for the approval of 'Binding Corporate Rules' for controllers and processors under the GDPR", 11 de abril de 2018. Um aspeto importante para a responsabilização da entidade situada na UE é a parte final da alínea f), delimitando a exoneração da responsabilidade "mediante prova de que o facto que causou o dano não é imputável à referida entidade".

destinatário externo é possível com base, por exemplo, na adoção de cláusulas contratuais-tipo ou de uma solução contratual *ad hoc* celebrada com o importador dos dados pessoais[1445].

A lista de grupos que recorre às RVAE é extensa: Airbus, *American Express*, AXA, BMW, BP, *Citigroup*, eBay, HP *Enterprise*, *Intel Corporation*, *Mastercard*, *Motorola*, *Siemens*, *Société Générale*, *Total*, entre outras[1446].

b) Os códigos de conduta e os procedimentos de certificação

Estes fundamentos para as transferências decorrem do artigo 46.º, n.º 2, alíneas e) ("[u]m código de conduta, aprovado nos termos do artigo 40.º, acompanhado de compromissos vinculativos e com força executiva assumidos pelos responsáveis pelo tratamento ou pelos subcontratantes no país terceiro no sentido de aplicarem as garantias adequadas, nomeadamente no que respeita aos direitos dos titulares dos dados") e f) ("um procedimento de certificação, aprovado nos termos do artigo 42.º, acompanhado de compromissos vinculativos e com força executiva assumidos pelos responsáveis pelo tratamento ou pelos subcontratantes no país terceiro no sentido de aplicarem as garantias adequadas, nomeadamente no que respeita aos direitos dos titulares dos dados").

Os artigos 40.º, n.º 3 e 42.º, n.º 2, explicam o *modus operandi* destes instrumentos. Para os códigos de conduta, a primeira norma dispõe que, além de responsáveis pelo tratamento ou subcontratantes sujeitos ao RGPD, "também os responsáveis pelo tratamento ou subcontratantes que não estão sujeitos ao presente regulamento por força do artigo 3.º podem cumprir códigos de conduta (...) de modo a fornecer garantias apropriadas no quadro das transferências dos dados pessoais (...). Os responsáveis pelo tratamento ou os subcontratantes assumem compromissos vinculativos e com força executiva, por meio de instrumentos contratuais ou de outros instrumentos juridicamente vinculativos, no sentido de aplicar as garantias apropriadas, inclusivamente em relação aos direitos do titular dos dados".

[1445] G29, "Working Document. Transfers of personal data to third countries: Applying Article 26 (2) of the EU Data Protection Directive to Binding", 9. O G29 alerta para o facto de que, no caso da Decisão de 2001 e de 2010, tratando-se de categorias especiais de dados pessoais, a transferência ulterior exige o consentimento inequívoco do titular dos dados.

[1446] A lista completa está disponível em https://ec.europa.eu/info/strategy/justice-and-fundamental-rights/data-protection/data-transfers-outside-eu/binding-corporate-rules_en#listofcompanies, consultada no dia 30 de julho de 2022.

Em sentido semelhante, o artigo 42.º, n.º 2, estabelece que "os procedimentos de certificação em matéria de proteção de dados, bem como selos ou marcas (...) também podem ser estabelecidos para efeitos de comprovação da existência de garantias adequadas fornecidas por responsáveis pelo tratamento ou por subcontratantes que não estão sujeitos ao presente regulamento por força do artigo 3.º no quadro das transferências de dados pessoais (...). Os responsáveis pelo tratamento ou os subcontratantes assumem compromissos vinculativos e com força executiva, por meio de instrumentos contratuais ou de outros instrumentos juridicamente vinculativos, no sentido de aplicar as garantias adequadas, inclusivamente em relação aos direitos dos titulares dos dados".

O que importa salientar é que, em ambos os casos, não basta, por exemplo, que um responsável pelo tratamento respeite um código de conduta: o legislador exige ainda a adoção de "compromissos vinculativos e com força executiva, por meio de instrumentos contratuais ou de outros instrumentos juridicamente vinculativos".

5.8.2.1.3. *Derrogações para situações específicas*

Durante as negociações do RGPD alguns Estados sugeriram o reconhecimento de que, na realidade, as "derrogações" sempre foram o principal fundamento das transferências[1447]. Contudo, esta sugestão não singrou. Elencadas no artigo 49.º, estas derrogações valem apenas para "situações específicas".

Há pelo menos dois limites à aplicação destas derrogações: (i) o artigo 49.º deve ser lido à luz do artigo 44.º na parte em que refere que "todas as disposições do presente capítulo são aplicadas de forma a assegurar que não é comprometido o nível de proteção das pessoas singulares garantido pelo presente regulamento"[1448]; (ii) tem-se entendido que estas derrogações devem ser interpretadas de forma "bastante restritiva" e sujeitas a um teste de necessidade da própria transferência[1449]. Assim, tanto o G29[1450]

[1447] Conselho da UE, "Preparation of a general approach", doc. n.º 9788/15, 11 de junho de 2015, nota de rodapé 480.

[1448] "Primeiras orientações", 2 e "Guidelines on article 49", 3 e ss.

[1449] *Ibidem.*

[1450] "Parecer 01/2012", 24 e ss.

como a SEPD[1451] sugerem que a utilização de derrogações seja válida apenas para transferências *ocasionais*, de natureza não massiva ou estrutural.

A alteração mais significativa do RGPD em sede de derrogações prende-se com a introdução de restrições ao uso do consentimento, estabelecidas na alínea a) do número 1 do artigo 49.º que, além de "explícito", é acompanhado de um direito à informação dos possíveis riscos da transferência por falta de decisão de adequação e de garantias adequadas[1452]. Igual relevo assume a alínea d), que viabiliza transferências por "importantes razões de interesse público" exemplificadas no considerando 112: "intercâmbio internacional de dados entre autoridades de concorrência, administrações fiscais ou aduaneiras, entre autoridades de supervisão financeira, entre serviços competentes em matéria de segurança social ou de saúde pública". Esta disposição foi criticada pela SEPD por ser excessivamente ampla[1453].

Além do contrato (previsto, em diferentes formatos, nas alíneas b) e c) do número 1 do artigo 49.º), da declaração, exercício ou defesa de um direito num processo judicial (alínea e) do número 1 do artigo 49.º), da proteção de interesses vitais (alínea f) do número 1 do artigo 49.º) e da existência de um registo (alínea g) do número 1 do artigo 49.º), o número 1 *in fine* prevê uma derrogação, com respeito por algumas condições[1454], quando a transferência "for necessária para efeitos dos interesses legítimos visados pelo responsável pelo seu tratamento". Esta possibilidade, ao dar alguma margem de manobra ao exportador, assemelha-se ao sistema de autoavaliação vigente no Reino Unido ao abrigo da Diretiva 95/46/CE

[1451] SEPD, "Opinion of the European Data Protection Supervisor on the Data Protection Reform Package", 7 de março de 2012, 37.

[1452] Artigo 49.º, n.º 1, al. a) do RGPD. As condições gerais aplicáveis ao consentimento decorrem dos artigos 4.º, n.º 11 e 7.º do RGPD e em G29, "Guidelines on Consent under Regulation 2016/679", 28 de novembro de 2017 e "Guidelines on article 49", 6.

[1453] "Opinion of the European", 37.

[1454] Entre essas condições contam-se as seguintes: (i) a transferência não pode basear-se no disposto no artigo 45.º ou 46.º; (ii) não é aplicável nenhuma das derrogações previstas para as situações específicas a que se refere o artigo 49.º, n.º 1; (iii) a transferência não é repetitiva e apenas diz respeito a um número muito limitado de titulares; (iv) os interesses legítimos do responsável não se sobrepõem aos interesses ou direitos e liberdades do titular; (v) o responsável pelo tratamento ponderou todas as circunstâncias relativas à transferência e adotou medidas adequadas para proteger o titular.

como mecanismo para flexibilizar as transferências[1455]. Contudo, dadas as condições referidas, a sua aplicação prática será residual.

5.8.2.2. *Transferências ou divulgações não autorizadas pelo direito da UE*

O artigo 48.º do RGPD tem como epígrafe "Transferências ou divulgações não autorizadas pelo direito da União". De seguida, apresento a origem e o fundamento desta norma (5.8.2.2.1.), seguindo-se uma breve incursão pelas revelações de Edward Snowden que estão relacionadas com essa origem (5.8.2.2.2.) e que são também importantes para compreender a saga *Schrems* (5.8.2.3.).

5.8.2.2.1. *A origem e o fundamento do artigo 48.º do RGPD*

O artigo 48.º do RGPD prevê que, como regra geral, o legislador não *reconhece* ou *executa* "decisões judiciais" ou "decisões administrativas de um país terceiro" enquanto fundamentos ou condições de licitude das transferências. Tal pode acontecer se, por exemplo, o tribunal de um país terceiro decidir obrigar um responsável pelo tratamento abrangido pelo RGPD a transferir dados pessoais para aquele país estrangeiro. A única exceção verifica-se quando as decisões judiciais ou administrativas tiverem por base um acordo internacional, como um acordo de assistência judiciária mútua, em vigor entre o país terceiro em causa e a União ou um dos Estados-Membros. O considerando 115 acrescenta que: "[a]lguns países terceiros aprovam leis, regulamentos e outros atos normativos destinados a regular diretamente as atividades de tratamento pelas pessoas singulares e coletivas sob a jurisdição dos Estados-Membros. Pode ser o caso de sentenças de órgãos jurisdicionais ou de decisões de autoridades administrativas de países terceiros que exijam que o responsável pelo tratamento ou subcontratante transfira ou divulgue dados pessoais sem fundamento em nenhum acordo internacional, como seja um acordo de assistência judiciária mútua, em vigor entre o país terceiro em causa e a União ou um dos Estados-Membros. Em virtude da sua aplicabilidade extraterritorial, essas leis, regulamentos e outros atos norma-

[1455] Comissão Europeia, "Proposta de regulamento do Parlamento Europeu e do Conselho relativa à proteção das pessoas singulares no que diz respeito ao tratamento de dados pessoais e à livre circulação desses dados", 25 de janeiro de 2012, anexo 5, p. 102; Hon, *Data Localization*, 215; Weber, "Transborder", 129.

tivos podem violar o direito internacional e obstar à realização do objetivo de proteção das pessoas singulares, assegurado pela União Europeia pelo presente regulamento. As transferências só deverão ser autorizadas quando estejam preenchidas as condições estabelecidas pelo presente regulamento para as transferências para países terceiros. Pode ser esse o caso, nomeadamente, sempre que a divulgação for necessária por um motivo importante de interesse público, reconhecido pelo direito da União ou dos Estados-Membros ao qual o responsável pelo tratamento está sujeito".

a) Origem

A *origem* desta norma encontrar-se-á numa sugestão do G29 para que o RGPD conferisse maior relevo aos "tratados de auxílio judiciário mútuo (MLAT)" e a outros acordos internacionais sobre pedidos estrangeiros que solicitam ao utilizador de dados pessoais a divulgação ou a transferência de dados pessoais da UE para o país terceiro[1456].

Olhando para a história legislativa do artigo 48.º, na exposição de motivos do Parlamento Europeu refere-se que esta norma pretende regular os pedidos de acesso a dados pessoais armazenados e tratados na UE, apresentados por autoridades públicas ou tribunais de países terceiros, por este ser um assunto que ganhou "importância com o crescimento da computação em nuvem"[1457].

b) Fundamento

O *fundamento* do artigo 48.º do RGPD é o Regulamento (CE) n.º 2271/96 do Conselho, de 22 de novembro de 1996, relativo à proteção contra os efeitos da aplicação extraterritorial de legislação adotada por um país terceiro e das medidas nela baseadas ou dela resultantes[1458]. Assim, este artigo aproxima-se de uma disposição *bloqueante,* isto é, trava os efeitos do direito estrangeiro ao não reconhecer ou executar decisões judiciais ou decisões de autoridades administrativas de países terceiros[1459]. Coincidindo com os problemas susci-

[1456] G29, "Parecer 1/2012 sobre as propostas de reforma em matéria de proteção de dados", 23 de março de 2012, 23, "Guidelines on Article 49", 5 e "Parecer 05/2012", 28.

[1457] Parlamento Europeu, "Exposição de Motivos", 22 de novembro de 2013, 211 e ss., http://www.europarl.europa.eu/sides/getDoc.do?pubRef=-//EP//NONSGML+REPORT+A7-2013-0402+0+DOC+PDF+V0//PT, último acesso no dia 2 de julho de 2022.

[1458] G29, "Parecer 05/2012", 28.

[1459] Graça Canto Moniz, *A extraterritorialidade do regime geral de proteção de dados pessoais da União Europeia: manifestações e limites* (Lisboa: Petrony, 2022).

tados no pós- Snowden[1460], esta norma tem um significado *político*, próximo de uma espécie de *protesto* da UE em relação à "aplicabilidade extraterritorial" das "leis, regulamentos e atos normativos" que implementam programas de vigilância. Este foi um dos caminhos escolhidos pela UE para dar nota da sua posição sobre este assunto à opinião pública mundial e contrariar uma postura de inação ou silêncio que poderia ser interpretada como aquiescência[1461]. Com efeito, esta norma reflete o entendimento de que o direito estrangeiro potencialmente atentatório dos direitos fundamentais, sejam decisões administrativas ou sentenças judiciais, requer para produzir efeitos na UE, um reconhecimento oficial e uma integração formal na ordem jurídica da mesma, por exemplo, através de um acordo internacional[1462].

As críticas a esta solução são várias. Em primeiro lugar, na prática, o artigo 48.º pode colocar os operadores económicos transnacionais diante de um conflito quando são visados por uma decisão de um tribunal estrangeiro: ou violam o RGPD (cumprindo a decisão) ou o direito do país terceiro (cumprindo o RGPD)[1463]. Em segundo lugar, além deste desafio, a doutrina tem apontado as imprecisões deste artigo como, por exemplo, a distinção textual e sem critério claro entre "divulgação" e "transferência"[1464]. Sem prejuízo dos esclarecimentos que a prática e o tempo venham a acrescentar, o seu campo de aplicação respeita, pelo menos, à hipótese colocada pelos programas de vigilância dos países terceiros e que é analisada com mais detalhe de seguida.

5.8.2.2.2. *As revelações de Edward Snowden*

a) Enquadramento

O artigo 48.º merece ser lido à luz de um acontecimento melindroso que marcou o procedimento legislativo do RGPD: as revelações de Edward Snowden, em 2013, sobre os programas de vigilância dos EUA[1465].

[1460] "Working Document on", 51; Hon, *Data Localization*, 314.

[1461] Bignami e Resta, "Transatlantic", 266.

[1462] "Parecer 06/2014", 30.

[1463] David Kessler, Jamie Novak e Sumera Khan, "The potential impact of article 48 of the General Data Protection Regulation on Cross Border Discovery From the United States", *The Sedona Conference Journal*, 17, 2 (2016): 586 e Hon, *Data Localization*, 314.

[1464] Kessler, Novak e Khan, "The potential impact", 586 e Hon, *Data Localization*, 314.

[1465] Na comunicação social, v. Barton Gellman e Laura Poitras, "U.S., British intelligence mining data from nine U.S. Internet companies in broad secret programs", *Washington Post*, 7

Na sequência de uma reunião do Comité dos Representantes Permanentes (Coreper[1466]), foi instituído um grupo de trabalho, que contou com a colaboração dos EUA, para apurar a veracidade das revelações[1467]. As conclusões desta investigação serviram de suporte a várias reações das instituições da UE, designadamente da Comissão Europeia[1468], do Parlamento Europeu[1469] e do G29[1470].

Em primeiro lugar, o grupo de trabalho concluiu que nos EUA vigora legislação que implementa programas de "recolha de informação em grande escala" e que suporta "a vigilância generalizada das comunicações privadas dos cidadãos, das empresas ou dos dirigentes políticos [estrangeiros]"[1471]. Entre esses diplomas contam-se a secção 702 do *Foreign Intelligence Surveillance Act of 1978* (FISA), a Secção 215 do *USA Patriot Act of 2001* e a *Executive Order 1233*[1472]. O problema principal destes programas é o seu *alcance*: sendo geridos por um país terceiro, visam pessoas singulares (e coletivas) estrangeiras em "grande escala", de forma "indiscriminada" e para além do que é

de junho de 2013; Ewen MacAskill, Glenn Greenwald, "NSA PRISM Program taps in to user data of Apple, Google and others", *The Guardian*, 7 de junho de 2013; Glenn Greenwald, Ewen MacAskill, Laura Poitras, "Edward Snowden: the whistleblower behind the NSA surveillance revelations", *The Guardian*, 9 de junho de 2013. Na doutrina, v. Hijmans, *The European Union*, 499 e Kessler, Novak e Khan, "The potential impact", 584.

[1466] O Coreper constitui, simultaneamente, uma instância de diálogo e de controlo político, sendo o responsável pelo exame prévio dos processos que figuram na ordem de trabalhos do Conselho.

[1467] "Report on the Findings by the EU Co-chairs of the ad hoc EU-US Working Group on Data Protection", 27 novembro de 2013, acesso a 17 de Agosto de 2022 em http://ec.europa.eu/justice/data-protection/files/report-findings-of-the-ad-hoc-eu-us-working-group-on-data-protection.pdf.

[1468] Comissão Europeia, "Restabelecer a confiança nos fluxos de dados entre a UE e os EUA", 27 de novembro de 2013 e "Sobre o funcionamento do sistema 'porto seguro' na perspetiva dos cidadãos da UE e das empresas estabelecidas na UE", 27 de novembro de 2013.

[1469] Resolução do Parlamento Europeu, de 12 de março de 2014, sobre o programa de vigilância da Agência Nacional de Segurança dos EUA (NSA), os organismos de vigilância em diversos Estados-Membros e o seu impacto nos direitos fundamentais dos cidadãos da UE e na cooperação transatlântica no domínio da justiça e dos assuntos internos.

[1470] "Parecer 04/2014 sobre a vigilância de comunicações eletrónicas para efeitos de informações e segurança nacional", 10 de abril de 2014 e G29, "Working Document on surveillance of electronic communications for intelligence and national security purposes", 5 de dezembro de 2014, 2.

[1471] Comissão Europeia, "Restabelecer a confiança", 3.

[1472] "Report on the Findings", ponto 5.

"estritamente necessário e proporcionado numa sociedade democrática" à luz da CEDH[1473].

Em segundo lugar, foi evidenciada a posição de vulnerabilidade dos cidadãos estrangeiros vigiados que não beneficiam dos mesmos direitos e garantias, administrativas e judiciais, que os cidadãos norte-americanos[1474]. Esta negação de garantias a estrangeiros desencadeou um debate sobre a vigilância sem restrições de *estrangeiros*, localizados no *estrangeiro*, e a possível violação de obrigações de Direito Internacional Público, designadamente do Pacto Internacional de Direitos Civis e Políticos[1475]. É assim que tem origem a discussão sobre os limites à vigilância *extraterritorial*[1476] ou *transnacional*[1477] e a hipótese de violação extraterritorial de direitos fundamentais[1478].

[1473] "Parecer 04/2014", 2 e "Working Document on surveillance", 45. Desenvolvendo os dois tipos de vigilância que este diploma viabiliza – "PRISM collection" e "Upstream collection" – Francesca Bignami e Giorgio Resta, "Transatlantic Privacy Regulation: Conflict and Cooperation", *Law and Contemporary Problems*, 78, 4 (2015): 248.

[1474] "Restabelecer a confiança", 4; "Report on the Findings", pontos 2 e 5; "Parecer 04/2014", 8 e 9; Bowden, "The US Surveillance", 10.

[1475] Bignami e Resta, "Transatlantic", 254 e bibliografia ali enunciada.

[1476] Por oposição à vigilância doméstica, distinção que consta da Resolução da ONU 68/167 de janeiro de 2014 citada pelo G29, "Working Document on", 12. Defendendo que os programas de vigilância "extraterritorial" dos EUA são ilegais ao abrigo do Direito Internacional Público, v. Anne Peters, "Privacy, *Rechtsstaatlichkeit,* and legal limits on extraterritorial surveillance", in *Privacy and Power. A Transatlantic Dialogue in the Shadow of the NSA-Affair,* ed. Russell Miller, (Cambridge: Cambridge University Press, 2017), 145; Alec Walen, "Fourth Amendment Rights for Nonresident Aliens", in *Privacy and Power. A Transatlantic Dialogue in the Shadow of the NSA-Affair,* ed. Russell Miller, (Cambridge: Cambridge University Press, 2017), 282; Ian Brown *et alii,* "Toward Multilateral Standards for Foreign Surveillance Reform", in *Privacy and Power. A Transatlantic Dialogue in the Shadow of the NSA-Affair,* ed. Russell Miller, (Cambridge: Cambridge University Press, 2017), 462; Stephen Schulhofer, "A Transatlantic Privacy Pact?: A Skeptical View", in *Surveillance, Privacy and Trans-Atlantic Relations,* ed. David Cole *et alii,* (Oxford: Hart Publishing, 2017), 193. Como sintetiza David Lindsay: "a controvérsia em torno dos fluxos de dados transatlânticos deve ser compreendida no contexto mais amplo das obrigações do Estado em relação aos direitos dos indivíduos situados fora do seu território", v. "The Role of Proportionality in Assessing Trans-Atlantic Personal Data Flows", in *Trans-Atlantic Data Privacy Relations As a Challenge for Democracy,* ed. Dan Svantesson e Dariusz Kloza (Cambridge: Intersentia, 2017), 51.

[1477] Ira Rubinstein *et alii,* "Systematic government access to personal data: a comparative analysis", *International Data Privacy Law,* 4, 2 (2014): 118.

[1478] Frank La Rue, "Report of the Special Rapporteur on the Promotion and Protection of the Right to Freedom of Expression", 17 de abril de 2013, 64, acesso em 17 de Agosto de 2022 em https://www.ohchr.org/EN/Issues/FreedomOpinion/Pages/Annual.aspx.

Em terceiro lugar, concluiu-se que os destinatários das decisões das autoridades americanas são empresas privadas, nomeadamente, que prestam serviços *online* e de telecomunicações, com estabelecimentos nos EUA e na UE. Como resumiu a Comissão Europeia, os programas norte-americanos suportam-se na ligação entre a vigilância do Estado e o tratamento de dados pessoais pelo setor privado[1479]. Nessa medida, a vulnerabilidade dos operadores transnacionais quando confrontados com os pedidos de autoridades de países terceiros, os seus dilemas e reputação, foram aspetos sublinhados[1480].

b) A aplicação do artigo 48.º

O artigo 48.º tem sido lido neste contexto, o que lhe valeu a designação de "cláusula Anti-FISA", a abreviatura do *Foreign Intelligence Surveillance Act of 1978* [1481]. Um dos casos de aplicação desta norma será, por exemplo, se uma decisão do FISC ou *Foreign Intelligence Surveillance Court* ou dos serviços de informações dos EUA compelir um responsável pelo tratamento com estabelecimentos nos dois lados do Atlântico a facultar o *acesso direto* a dados pessoais armazenados no território da UE[1482]. Outra possibilidade é se essas decisões impuserem uma transferência dos dados para os EUA, como comprovam relatos da *Microsoft* e da *Google*[1483]. A doutrina designa estas práticas como "recolhas transnacionais de dados pessoais", enquadrando-as no quadro da jurisdição de execução extraterritorial por constituírem atos materiais (de "extração" dos dados pessoais) levados a cabo no território de um país terceiro e que, enquanto tal, exigem o consentimento daquele[1484].

Naturalmente que esta disposição não trava, sem mais, o alcance dos programas de vigilância, mas é um *sinal político* de contestação à aliança entre a vigilância estadual estrangeira e o setor privado que tem sido

[1479] Comissão Europeia, "Restabelecer a confiança", 3 e 4.

[1480] G29, "Parecer 04/2014", 8.

[1481] Bowden, "The US Surveillance", 29 e Hon, *Data Localization*, 313.

[1482] Este sistema, de acesso direto, é designado sistema de "extração" (*push*) por permitir que os dados pessoais sejam selecionados e transferidos pelas empresas privadas para as autoridades dos EUA, por contraponto a um sistema de "exportação" (*pull*) por meio do qual os dados são selecionados e transferidos pelas próprias autoridades dos EUA, sem qualquer intermediação e filtro, v. Bignami e Resta, "Transatlantic", 251.

[1483] Hon, *Data Localization*, 117.

[1484] Ian Brown e Douwe Korff, "Foreign Surveillance: law and practice in a global digital environment", *European Human Rights Law Review*, 3 (2014): 243 e 245.

designada *dataveillance* ou *data surveillance*[1485]. O legislador não ignora os interesses de segurança dos EUA nem a relevância dos fluxos de dados para a cooperação em matéria de aplicação da lei[1486]. O que se censura é o *método*[1487] unilateral escolhido pelos EUA em detrimento daquele que é o mais apropriado: a cooperação internacional[1488]. O unilateralismo contraria os compromissos assumidos pelos EUA em acordos internacionais e, sugerem alguns, constitui uma violação do princípio da boa fé vigente no DIP[1489].

O Relator Especial da ONU para a liberdade de opinião e de expressão recomenda que, por um lado, os Estados limitem os pedidos de acesso a dados pessoais tratados pelo setor privado apenas a situações de último recurso, depois de exauridas técnicas menos intrusivas, respeitando o princípio da proporcionalidade e, por outro lado, devem privilegiar os canais formais de cooperação com os outros Estados, tais como os *Mutual Legal Assistance Treaties* ou outros acordos setoriais[1490].

5.8.2.3. *A saga Schrems*

As revelações de Edward Snowden provocaram várias reações. Por exemplo, em 2014 o G29 lançou a seguinte questão: "em que medida é que o amplamente reconhecido direito fundamental à proteção de dados pessoais se continua a aplicar (efetivamente) nos dias de hoje, quando os dados pessoais são tão facilmente acessíveis pelo Estado?"[1491].

Uma resposta a esta questão viria um ano mais tarde, com a decisão do Tribunal de Justiça da UE que ficou conhecida como o caso *Schrems* (5.8.2.3.2.) e com os desenvolvimentos que se lhe seguiram numa segunda decisão em 2020 (5.8.2.3.3.). Porém, antes, explico o contexto pré-*Schrems* (5.8.2.3.1.).

1485 G29, "Working Document on", 45, "Parecer 04/2014", 16 e Capítulo 2, a propósito da reação do TJUE a esta tendência.

1486 Este ponto é frisado pela Comissão Europeia, elencando os vários acordos celebrados entre a UE ou os Estados-Membros e os EUA para esse fim, v. Comissão Europeia, "Restabelecer a confiança", 2.

1487 Bignami e Resta, "Transatlantic", 256.

1488 Comissão Europeia, "Restabelecer a confiança", 9.

1489 Bignami e Resta, "Transatlantic", 256. Nesse sentido, "Letter from EU Vice-President Viviane Reding to U.S. Attorney General Eric Holder", 10 de junho de 2013, 2.

1490 La Rue, "Report of the Special Rapporteur", 21.

1491 "Working Document on surveillance", 10.

5.8.2.3.1. *O contexto pré-Schrems*

Esta saga começa com uma "quebra de confiança"[1492] nas relações transatlânticas, desencadeada pelas revelações de Edward Snowden. Esta quebra viria a ser fatal para a "adequação" dos EUA que a Comissão Europeia havia constatado numa decisão de adequação[1493]. Designada "porto seguro" (*Safe Harbour*), esta decisão implementava um mecanismo de autocertificação para os importadores de dados pessoais estabelecidos nos EUA, mas desde o seu nascimento que foi objeto de críticas[1494].

Depois de investigadas as revelações de Snowden, as instituições da UE reagiram, destacando-se as comunicações da Comissão Europeia reconhecendo que "os programas norte-americanos de recolha de informações em grande escala (...) afetam os direitos fundamentais" e acrescentando que "a vigilância generalizada das comunicações privadas dos cidadãos, das empresas ou dos dirigentes políticos é inaceitável"[1495]. Além disto, particularmente relevante, a Comissão reconheceu que o mecanismo do "porto seguro" funcionava como "um canal para transferir dados pessoais dos cidadãos da UE para os EUA pelas empresas que estão obrigadas a fornecer dados aos serviços de informações norte-americanos no âmbito dos programas de recolha de informações dos EUA", o que pode "comprometer o direito fundamental à proteção dos dados pessoais"[1496]. Numa outra Comunicação, a Comissão Europeia reforçou esta ideia de que o "porto seguro", na prática, alimentava programas de "grande envergadura" das autoridades americanas que implicavam o tratamento de dados pessoais oriundos da UE, para além do estritamente necessário e proporcional em relação aos imperativos de proteção da segurança nacional[1497].

Igualmente relevante foi o já referido grupo de trabalho criado para apurar os factos mediatizados por Snowden, a resolução do Parlamento

[1492] "Restabelecer a confiança", 2.

[1493] Decisão da Comissão Europeia, de 26 de julho de 2000, nos termos da Diretiva 95/46, relativa ao nível de proteção assegurado pelos princípios de "porto seguro" e pelas respetivas questões mais frequentes (FAQ) emitidos pelo Department of Commerce dos Estados Unidos da América (Decisão 2000/520/CE).

[1494] Domingos Farinho, "(Un)Safe Harbour: Comentário à decisão do TJUE C-362/14 e suas consequências legais", *Forum da Proteção de Dados*, 2 (2016): 109.

[1495] "Restabelecer a confiança", 3.

[1496] *Idem*, 8.

[1497] Comissão Europeia, "Sobre o funcionamento", 19.

Europeu e o parecer do G29. Mas as reações vieram também da sociedade civil, em particular de um jovem austríaco chamado Max Schrems.

5.8.2.3.2. *O caso Schrems I*

Em junho de 2013, Max Schrems apresentou uma queixa à autoridade de controlo Irlandesa (Data Protection Commissioner ou "DPC") contra a Facebook Ireland ("FI"), invocando a ilicitude das transferências realizadas para os servidores da Facebook EUA ("FEUA"), situados nos EUA. Estas transferências eram realizadas com base no "porto seguro" e, portanto, na Decisão 2000/520.

Invocando as revelações de Snowden, o jovem austríaco argumentou que o direito e a prática em vigor nos EUA não preenchiam o requisito do nível de proteção adequada. Diante da recusa da DPC de instruir a sua queixa, Schrems recorreu para o Supremo Tribunal Irlandês que, a 18 de junho de 2014, suspendeu a instância para inquirir o TJUE sobre a validade dos fundamentos da recusa da DPC. A questão principal era saber se a autoridade de controlo estava vinculada, em termos absolutos, pela constatação de "adequação" da Comissão, consagrada na Decisão 2000/520, ou se podia proceder à investigação sobre a matéria[1498]. A dúvida suscitada àquela instância circunscreveu-se ao âmbito dos poderes do DPC *vis-à-vis* os poderes da Comissão. Contudo, o TJUE foi bem além deste aspeto.

Em primeiro lugar, o TJUE sustentou que, dada a sua independência e a vinculação à Carta dos Direitos Fundamentais da UE, as autoridades de controlo devem examinar queixas relacionadas com a adequação da proteção de um país terceiro reconhecida numa decisão de adequação.

Em segundo lugar, aquela instância invalidou a Decisão 2000/520 e, de uma forma diplomática e indireta, determinou a inadequação dos EUA para efeitos do regime das transferências. *Diplomática* porque o tribunal nunca o afirma expressamente e *indireta* porque o objeto da sua apreciação é, por um lado, a compatibilidade do direito primário da UE com a Decisão 2000/520 (e não a ordem jurídica dos EUA) e, por outro, "operações de tratamento de dados" (as transferências) que ocorrem no território da UE[1499]. Mas porque razão os EUA não foram considerados como sendo um

[1498] Acórdão *Schrems I*, C-362/14, 6 de outubro de 2015, n.º 36.

[1499] Kuner, "Reality and", 892 e Martin Scheinin, "Towards evidence-based discussion on surveillance: A Rejoinder to Richard A. Epstein", *European Constitutional Law Review*, 12 (2016): 344.

país adequado? A argumentação que está na base deste caso acolhe, em grande parte, as conclusões do Advogado-Geral alicerçadas nesta questão central: o enquadramento legal das transferências de dados pessoais da Facebook Ireland para a Facebook USA não pode ignorar a possibilidade de existir acesso generalizado das agências de segurança dos EUA aos dados armazenados pela Facebook USA[1500].

Assim, em extrema síntese[1501], a expressão "nível de proteção adequado" deve ser interpretada no sentido de que exige que o país terceiro assegure efetivamente um nível de proteção das liberdades e direitos fundamentais "substancialmente equivalente" *(essentially equivalent)* ao conferido dentro da UE[1502]. Ora esse nível de proteção não se coaduna com a situação diagnosticada por Snowden, pelo que não é sustentável constatar que o direito e a prática dos EUA respeitam os direitos fundamentais dos vigiados.

Até porque, analisando a Decisão 2000/520, em especial os artigos 1.º[1503] e 3.º[1504], o tribunal, tal como o Advogado-Geral[1505], considerou que este

[1500] Conclusões do Advogado-Geral, 23 de setembro de 2015, n.º 53.

[1501] Graça Canto Moniz, *A extraterritorialidade do regime geral de proteção de dados pessoais da União Europeia: manifestações e limites* (Lisboa: Petrony, 2022).

[1502] Acórdão *Schrems I*, C-362/14, 6 de outubro de 2015, n.os 73 e 74.

[1503] "1. Nos termos do n.º 2 do artigo 25.º da Diretiva 95/46/CE, para efeitos de todas as atividades abrangidas pelo âmbito da diretiva, considerase que os 'princípios da privacidade em porto seguro' (a seguir denominados 'os princípios') que figuram no anexo I da presente decisão (...) asseguram um nível adequado de proteção dos dados pessoais transferidos a partir da Comunidade Europeia para organizações estabelecidas nos Estados Unidos da América (...) 2. No que respeita a cada transferência de dados:
a) A organização destinatária dos dados comprometerseá clara e publicamente a cumprir os princípios aplicados em conformidade com as FAQ; e b) A referida organização fica sujeita aos poderes legais dos entes públicos administrativos norteamericanos referidos no anexo VII da presente decisão, com competência para investigar denúncias, tomar medidas contra práticas desleais e enganosas, assim como proceder à reparação de [danos sofridos por] pessoas singulares, independentemente do seu país de residência ou da sua nacionalidade, sempre que se verificar incumprimento dos princípios segundo as orientações das FAQ. 3. Considerase que a organização que declarar a sua adesão aos princípios aplicados em conformidade com as FAQ cumpre o disposto no n.º 2, a partir da data em que comunicar ao Department of Commerce dos EUA ou ao seu representante, a divulgação do compromisso referido na alínea a) do n.º 2, bem como a identidade da entidade pública a que se refere a alínea b) do n.º 2."

[1504] "1.Sem prejuízo da competência para tomar medidas que garantam o cumprimento das disposições nacionais adotadas por força de outras disposições além das previstas no artigo 25.º da Diretiva 95/46/CE, as autoridades competentes dos EstadosMembros podem exercer as suas competências para suspender a transferência de dados para uma organização

instrumento jurídico não remediava a desadequação *estrutural* do ordenamento jurídico dos EUA. Pelo contrário, aquela decisão abria uma "via verde" às pretensões dos EUA de vigiar estrangeiros por três ordens de razões: (i) do seu âmbito de aplicação estavam excluídas as autoridades públicas americanas[1506]; (ii) consagrava, de forma imprecisa, o primado da segurança nacional, interesse público ou cumprimento da lei sobre os princípios do porto seguro e estabelecia um conjunto de derrogações que viabilizam ingerências injustificadas aos direitos fundamentais dos titulares[1507]; (iii) e, por fim, a Decisão 2000/520 não salvaguardava a exposição dos titulares dos dados a estas ingerências[1508].

que tenha declarado a sua adesão aos princípios aplicados em conformidade com as FAQ, se isso se verificar necessário à proteção das pessoas no que diz respeito ao tratamento dos seus dados pessoais, nos casos seguintes: a) A entidade pública administrativa norteamericana referida no anexo VII da presente decisão, ou um mecanismo de recurso independente, nos termos da alínea a) do princípio de aplicação que figura no anexo I da presente decisão, determinou que a organização violou os princípios em conformidade com as FAQ; ou b) Existem fortes probabilidades para supor que os princípios não estão a ser respeitados. Há indícios de que o mecanismo de aplicação em causa não toma ou não tomará as medidas adequadas na altura necessária para resolver o caso em questão, que a continuação da transferência dos dados pode causar graves prejuízos às pessoas em causa e que as entidades competentes nos EstadosMembros envidaram esforços razoáveis, dadas as circunstâncias, para facultar à organização em causa a informação e oportunidade necessárias para responder. A suspensão cessará assim que o respeito dos princípios aplicados em conformidade com as FAQ estiver assegurado e a autoridade competente em questão na Comunidade Europeia seja disso informada. 2. Os EstadosMembros devem informar imediatamente a Comissão da adoção de medidas nos termos do n.º 1. 3. Os Estados-Membros e a Comissão devem ainda manterse mutuamente informados relativamente aos casos em que os organismos responsáveis pelo cumprimento dos princípios aplicados em conformidade com as FAQ nos Estados Unidos da América não garantam esse mesmo cumprimento. 4. Se a informação recolhida nos termos dos n.ºs 1 a 3 demonstrar que os organismos responsáveis pelo cumprimento dos princípios em conformidade com as FAQ nos Estados Unidos da América não desempenham eficazmente as suas funções, a Comissão deve informar o Department of Commerce norte-americano e, se necessário, apresentar um projeto de medidas, de acordo com o procedimento estabelecido no artigo 31.º da diretiva, para revogar ou suspender a presente decisão ou limitar o seu âmbito."

[1505] Conclusões do Advogado Geral, 23 de setembro de 2015, n.º 159.

[1506] Acórdão *Schrems I*, C-362/14, 6 de outubro de 2015, n.º 82 e "Working Document on surveillance", 38.

[1507] Acórdão *Schrems I*, C-362/14, 6 de outubro de 2015, n.os 87 e 88.

[1508] Acórdão *Schrems I*, C-362/14, 6 de outubro de 2015, n.os 84 a 89.

O tribunal sustentou-se nas Comunicações da Comissão Europeia, de 2013, sobre os programas de vigilância dos EUA, para caraterizar as ingerências aos direitos fundamentais como desproporcionais e atentatórias do conteúdo essencial do direito fundamental ao respeito pela vida privada e do direito fundamental a uma proteção jurisdicional efetiva, tal como resulta dos artigos 7.º e 47.º da CDFUE[1509].

Toda a análise em torno da adequação dos EUA parece estribar-se numa comparação entre o direito e as práticas da UE e o direito e as práticas daquele país: uma vez que é impossível à União, como atesta o caso *Digital Rights Ireland*[1510], adotar disposições legislativas que, em violação da CDFUE e da CEDH[1511], prevejam uma vigilância em larga escala e não dirigida, sem garantias para os vigiados, *a fortiori*, não se pode considerar que um país terceiro assegura um "nível de proteção adequado" quando legislação interna autoriza esse tipo de vigilância. Assim se compreende que o artigo 45.º, n.º 2, alínea a), do RGPD, inclua expressamente, entre a avaliação da legislação vigente no país terceiro, a "matéria de segurança pública, segurança nacional e direito penal, e respeitante ao acesso das autoridades públicas a dados pessoais".

Enfim, o que esta instância clarificou é que um país terceiro só é adequado se respeitar um determinado esquema de proteção das pessoas singulares em matéria de ingerências aos direitos fundamentais para efeitos de vigilância. De modo a clarificar esse quadro jurídico, o G29 elencou quatro "garantias essenciais" que preenchem esse esquema, decantando-as da jurisprudência do TJUE e do TEDH sobre vigilância do Estado"[1512]: "1) o tratamento deve-se basear em regras claras, precisas e acessíveis (fundamento legal); 2) exige-se a demonstração da necessidade e da proporcionalidade em relação aos objetivos prosseguidos; 3) impõem-se a sujeição do tratamento a supervisão independente; 4) exigem-se meios de recurso efetivos ao dispor dos indivíduos". É este o modelo para testar a adequação das práticas de vigilância extraterritorial, de países terceiros, e territorial, de um Estado-Membro.

[1509] Acórdão *Schrems I*, C-362/14, 6 de outubro de 2015, n.º 93 a 95.

[1510] Acórdão *Digital Rights Ireland*, C-293/12, 8 de abril de 2014.

[1511] Citada no Acórdão *Digital Rights Ireland*, C-293/12, 8 de abril de 2014, n.º 35, 47, 54, entre outros.

[1512] G29, "Working Document 01/2016 on the justification of interferences with the fundamental rights to privacy and data protection through surveillance measures when transferring personal data (European Essential Guarantees)", 13 de abril de 2016.

5.8.2.3.3. *O caso Schrems II*

Dado o impacto da decisão *Schrems I* no comércio transatlântico[1513] e fazendo fé nas promessas dos EUA de reformar o direito e as práticas em vigor[1514], a Comissão Europeia adotou uma nova decisão, conhecida como "Escudo de Proteção" (*Privacy Shield*)[1515]. Porém, cedo se entendeu que este "escudo" era um mero paliativo, uma solução temporária, uma ficção política para sustentar o comércio transatlântico[1516]. Vários elementos suportavam esta hipótese: (i) a posição reprovadora da SEPD[1517] e do G29[1518]; (ii) a "chantagem" do G29 na sequência da primeira revisão do Escudo de Proteção, alertando que, caso os EUA e a Comissão não procurassem uma alternativa, iria acionar vias de recurso para suscitar a validade da nova deci-

[1513] Numa estimativa, sem um instrumento a regular estes fluxos de dados, o Produto Interno Bruto da Europa cairia 1,3% e a exportação de serviços para os EUA cerca de 6,7%, v. AmCham EU, "Adoption of the EU-US Privacy Shield Restores Trust to Transatlantic Data Flows", 2016, acesso a 17 de agosto de 2022 em https://www.amchameu.eu/sites/default/files/press_releases/press_-_adoption_of_the_eu-us_privacy_shield_restores_trust_to_transatlantic_data_flows.pdf.

[1514] Comissão Europeia, "Transferência transatlântica de dados: restaurar a confiança através de garantias sólidas", 29 de fevereiro de 2016, 17.

[1515] Decisão de execução da Comissão Europeia de 12 de julho de 2016, relativa ao nível de proteção assegurado pelo Escudo de Proteção da Privacidade UE-EUA, com fundamento na Diretiva 95/46/CE do Parlamento Europeu e do Conselho (Decisão 2016/1250/EU).

[1516] As análises doutrinais desta decisão são várias, *inter alia*, Kuner, "Reality and", 902; Lindsay, "The Role", 74; Gert Vermeulen, "The Paper Shield. On the degree of Protection of the EU-US Privacy Shield against Unnecessary or Disproportionate Data Collection by the US Intelligence and Law Enforcement Services", in *Trans-Atlantic Data Privacy Relations As a Challenge for Democracy*, ed. Dan Svantesson e Dariusz Kloza (Cambridge: Intersentia, 2017): 127; João Marques, "And [they] built a crooked h[arbour] – the Schrems ruling and what it means for the future of data transfers between the EU and US", *EU Law Journal*, 2, 2 (Junho, 2016): 54. Elencando os problemas do *Privacy Shield* v. Parlamento Europeu, "From Safe Harbour to Privacy Shield. Advances and shortcomings of the new EU-US data transfer rules", janeiro de 2017, 14, acesso no dia 18 de agosto de 2022 em http://www.europarl.europa.eu/RegData/etudes/IDAN/2017/595892/EPRS_IDA(2017)595892_EN.pdf,. A natureza temporária do *Privacy Shield* foi reconhecida pelo presidente da SEPD em "EU privacy watchdog: Privacy Shield should be temporary", 3 de agosto de 2017, acesso no dia 18 de agosto de 2022 em https://www.euractiv.com/section/data-protection/interview/eu-privacy-watchdog-privacy-shield-should-be-temporary/.

[1517] SEPD, "Opinion on the EU-U.S. Privacy Shield Draft Adequacy Decision. Opinion 4/2016", 30 de maio de 2016.

[1518] G29, "EU-U.S. Privacy Shield – First annual Joint Review", 28 de novembro de 2017.

são junto do TJUE[1519]; (iii) o "escudo" não passava no teste das quatro "garantias essenciais europeias", designadamente porque é notória a falta de clareza sobre certos programas de vigilância norte-americanos, o teste da proporcionalidade dificilmente é compatível com o alcance dos programas de vigilância de cidadãos estrangeiros ("massivos e indiscriminados"), a fiscalização ao abrigo, por exemplo, da *Executive Order 12333* é inexistente, e questionava-se a independência do *Ombudsperson* do Escudo de Proteção[1520].

Adicionalmente, a inadequação estrutural dos EUA causou um problema em cascata, contagiando os demais fundamentos das transferências, incluindo as cláusulas contratuais-tipo, o expediente mais usado pelos operadores económicos no pós-*Schrems* I[1521]. Foi esse o objeto do caso *Schrems II*, iniciado em 2015, centrado na validade do Escudo de Proteção e das cláusulas-tipo para as transferências realizadas pelo Facebook Ireland para os EUA[1522].

Em termos simples, Max Schrems defendeu que a questão central em relação à adequação dos EUA persistia: a vigência, *inter alia*, da *Executive Order 1233*, a inexistência de garantias para os cidadãos da UE e a ausência de controlo e fiscalização das atividades de vigilância[1523]. Em 16 de julho de 2020, o tribunal, por um lado, invalidou o Escudo de Proteção[1524] e, por outro, desenvolveu as circunstâncias nas quais as garantias adequadas, em especial as cláusulas contratuais-tipo, podem ser usadas para suportar transferências[1525].

Em relação ao Escudo de Proteção, o tribunal salientou que a legislação dos EUA, em particular a secção 702 da FISA e a *Executive Order 1233*,

[1519] "EU-U.S. Privacy", 4 onde se lê: "Se as preocupações do G29 não forem atendidas, os membros do G29 adotaram as ações apropriadas, incluindo colocar a decisão de adequação do escudo de proteção nos tribunais nacionais para suscitar um reenvio prejudicial para o TJ".

[1520] Lindsay, "The Role", 81; Vermeulen, "The Paper Shield", 127; Marques, "And [they] built", 70.

[1521] G29, "Working Document 01/2016", 3 e "Parecer 04/2014", 3. Na doutrina v. Kuner, "Reality and", 881; Hon, *Data Localization*, 166.

[1522] Acórdão *Schrems II*, C-311/18, 16 de julho de 2020.

[1523] A queixa apresentada por Max Schrems pode ser lida em http://www.europe-v-facebook.org/EN/Complaints/Model_Contracts/model_contracts.html, acesso no dia 17 de agosto de 2022.

[1524] Acórdão *Schrems II*, C-311/18, 16 de julho de 2020, n.º 201.

[1525] Acórdão *Schrems II*, C-311/18, 16 de julho de 2020, n.º 133.

não "correspondem aos requisitos mínimos inerentes no direito da União, ao princípio da proporcionalidade, pelo que não se pode considerar que os programas de vigilância baseados nessas disposições se limitem ao estritamente necessário" como é exigência do artigo 52.º, n.º 1, da Carta dos Direitos Fundamentais[1526]. Além disso, a respeito do *Ombudsperson* do Escudo de Proteção, o tribunal conclui que esta figura não oferece as garantias exigidas pelo artigo 47.º da Carta dos Direitos Fundamentais da UE[1527].

Em relação às cláusulas contratuais-tipo, para o TJUE, sempre que forem adotadas, exige-se ao exportador dos dados um cuidado adicional na medida em que "podem necessitar, em função da situação existente em determinado país terceiro, da adoção de medidas suplementares"[1528]. Posteriormente a esta decisão do tribunal, estas medidas suplementares foram concretizadas pelo CEPD, num documento com recomendações disponibilizado em novembro de 2020[1529]. De facto, estas recomendações, conjugadas com as duas decisões *Schrems,* sugerem que nem sempre basta adotar uma das garantias adequadas enunciadas no artigo 46.º, cabendo ao exportador dos dados monitorizar permanentemente as transferências e avaliar o risco das mesmas, em particular no que respeita "a um eventual acesso das autoridades públicas desse país terceiro aos dados pessoais assim transferidos"[1530]. Esta solução mais não é do que um reflexo da obrigação de gestão dos riscos do artigo 24.º do RGPD.

5.8.2.4. *Exemplos de decisões de autoridades de controlo*

Em Portugal, a CNPD investigou uma Universidade que, durante a pandemia da COVID-19, recorreu a uma ferramenta de *proctoring* para a realização de avaliação. Entre as várias questões suscitadas, uma delas prendia-se justamente com o facto de os dados serem transferidos para os EUA de forma ilícita. Com efeito, as transferências eram suportadas pelo Escudo de Proteção e pelas cláusulas contratuais-tipo sem qualquer consideração pelo

[1526] Acórdão *Schrems II,* C-311/18, 16 de julho de 2020, n.º 184 e 185.

[1527] Acórdão *Schrems II,* C-311/18, 16 de julho de 2020, n.º 197.

[1528] Acórdão *Schrems II,* C-311/18, 16 de julho de 2020, n.º 133.

[1529] CEPD, "Recomendações 01/2020 relativas às medidas complementares aos instrumentos de transferência para assegurar o cumprimento do nível de proteção dos dados pessoais da UE", 10 de novembro de 2020.

[1530] Acórdão *Schrems II,* C-311/18, 16 de julho de 2020, n.º 105.

disposto na decisão *Schrems II*. Em particular, não foram adotadas "medidas suplementares" a acompanhar as cláusulas contratuais-tipo[1531]. Também no nosso país, a autoridade de controlo analisou as operações de tratamento realizadas no contexto do Censos 2021 e concluiu que as mesmas implicavam transferências para os EUA e para outros países terceiros, tendo ordenado a sua suspensão. A CNPD entendeu que o subcontratante escolhido pelo Instituto Nacional de Estatística (INE) estava "diretamente sob a alçada da legislação dos EUA que lhe impõe a obrigação de conceder acesso em massa aos dados pessoais por si tratados", tendo também apontado que as cláusulas contratuais-tipo celebradas entre o INE e o subcontratante não eram suficientes à luz da jurisprudência *Schrems*[1532].

Já em França, a CNIL debruçou-se sobre as transferências de dados realizadas no contexto do Google Analytics, tendo concluído que, sendo a Google um "prestador de serviços de comunicação eletrónica", está abrangida pelos programas de vigilância norte-americanos, pelo que dificilmente quaisquer medidas contratuais, técnicas ou organizativas poderiam impedir o acesso indiscriminado pelas autoridades americanas a dados pessoais enviados no contexto daquele serviço. Particularmente interessante foi o facto de a autoridade francesa ter descartado o argumento da Google segundo o qual a pseudonimização era uma medida técnica de proteção dos dados exportados, uma vez que, para a CNIL, tal não impedia, de forma eficaz, o acesso das autoridades americanas[1533].

[1531] CNPD, Deliberação/2021/622, 11 de maio de 2021, n.º 60 a 62.

[1532] CNPD, Deliberação/2021/533, 27 de abril de 2021, em especial n.º 35 e ss.

[1533] CNIL, *Google Analytics*, 10 de fevereiro de 2022.

BIBLIOGRAFIA

a) Doutrina

Alves, Joel, *O Novo Modelo de Proteção de Dados Pessoais Europeu* (Almedina: Coimbra, 2021)

Alsenoy, Brendan, "Reconciling the (extra)territorial reach of the GDPR with public international law" in *Transatlantic tensions, EU surveillance, and big data*, ed. Gert Vermeulen e Eva Lievens (London: Maklu, 2018)

— *Data Protection Law in the EU: Roles, Responsibilities and Liability*, (London: Intersentia, 2019)

Alhadeff, Joseph, Alsenoy, Brendan van e Dumortier, Jos, "The Accountability Principle in Data Protection Regulation: Origin, Development and Future Directions", in *Managing Privacy through Accountability*, Daniel Guagnin et al (eds), (London: Palgrave Macmillan, 2012)

Álvarez, Luis, "La responsabilidad del responsable", in *Reglamento General De Protección De Datos. Hacia un nuevo modelo europeo de privacidad*, dir. José Piñar Mañas (Madrid: Reus, 2016)

Amado Gomes, Carla, *Risco e Modificação do Ato Autorizativo Concretizador de Deveres de Proteção do Ambiente*, (Coimbra: Coimbra Editora, 2007)

Aragão, Alexandra, "Princípio da precaução: manual de instruções", *Revista do Cedoua*, 2, 11 (2008)

— "Aplicação nacional do princípio da precaução", *Colóquios 2011-2012*, Associação dos Magistrados da Jurisdição Administrativa e Fiscal de Portugal, 2013

Asensio, Pedro, "Competencia y Derecho aplicable en el Reglamento General sobre Protección de Datos de la Unión", *Revista española de derecho Internacional*, 69, 1 (2017)

Allen, Hilary, "Regulatory Sanboxes", *George Washington Law Review*, 87 (2019)

Apolinário, Marisa, *O Estado Regulador: o novo papel do Estado* (Coimbra: Almedina, 2016)

Bergkamp, Lucas, "The Privacy Fallacy: Adverse Effects of Europe's Data Protection in an Information-Driven Economy, *Computer Law & Security Review*, 18, 1 (2002)

Bieker, Felix, *The Right to Data Protection: Individual and Structural Dimensions of Data Protection in EU Law*, (Dordrecht: Springer, 2022)

Biega, Asia, Potash, Peter, Daumé III, Hal, Diaz, Fernando e Finck, Michèle, "Operationalizing the Legal Principle of Data Minimization for Personalization", *Proceedings of the 43rd International ACM SIGIR Conference on Research and Development in Information Retrieval (SIGIR'20)* (July: 2020)

Bignami, Francesca e Resta, Giorgio, "Transatlantic Privacy Regulation: Conflict and Cooperation", *Law and Contemporary Problems*, 78, 4 (2015)

Bing, Jon, *Transnational Data Flows and the Scandinavian Data Protection Legislation*, Stockholm Institute for Scandinavian Law (1980)

Brkan, Maja, "Data Protection and European Private International Law", Robert Schuman Centre for Advanced Studies Research Paper Number 2015/40 (2015)

Brown, Ian *et alii*, "Toward Multilateral Standards for Foreign Surveillance Reform", in *Privacy and Power. A Transatlantic Dialogue in the Shadow of the NSA-Affair*, ed. Russell Miller, (Cambridge: Cambridge University Press, 2017)

Brown, Ian e Korff, Douwe, "Foreign Surveillance: law and practice in a global digital environment", *European Human Rights Law Review*, 3 (2014)

Brownsword, Roger, *Rights, Regulation and the Technological Revolution* (Oxford: Oxford University Press, 2008)

— *Law and Technologies of the Twenty-Century: Text and materials* (Cambridge: Cambridge University Press, 2012)

— *Law, Technology and Society. Re-imagining the regulatory environment*, (New York: Routledge, 2019)

— *Law 3.0. Rules, Regulation and Technology*, (New York: Routledge, 2021)

Bygrave, Lee, *Data Protection Law. Approaching Its Rationale, Logic and Limits* (The Hague: Wolters Kluwer, 2003)

— "Data Privacy Law and the Internet: Policy Challenges", in *Emerging Challenges in Privacy Law: Comparative Perspective*, eds. Norman Witzleb *et alii* (Cambridge: Cambridge University Press, 2014)

— "Data Protection By Design and By Default: Deciphering the EU's Legislative Requirements", *Oslo Law Review*, 4, 2 (2017)

— "Machine Learning, Cognitive Sovereignty and Data Protection Rights with Respect to Automated Decisions" in *The Cambridge Handbook of Life Science, Information Technology and Human Rights*, eds. Ienca et al (Cambridge: Cambridge University Press, 2021)

— "Article 22. Automated individual decision-making, including profiling", in *The EU General Data Protection Regulation: A Commentary*, eds. Christopher Kuner et al. (Oxford: Oxford University Press, 2021)

Calo, Ryan, "The Boundaries of Privacy Harm", *Indiana Law Journal*, 86 (2011)

Calvão, Filipa, "A proteção de dados pessoais na internet: desenvolvimentos recentes", *Revista de Direito Intelectual*, 2 (2015)

— "O modelo de supervisão de tratamento de dados pessoais na União Europeia: da atual Diretiva ao futuro Regulamento", *Forum da Proteção de Dados*, 1, (julho, 2015)

— *Direito da Proteção de Dados Pessoais* (Lisboa: Universidade Católica, 2018)

Canto Moniz, Graça, "Compreender o ativismo judicial do Tribunal de Justiça da União Europeia. A "Explicação" de Ronald Dworkin", *Themis*, XVIII, 32 (2017)

— "Direitos do titular dos dados: o direito à portabilidade", *Anuário da Proteção de Dados Pessoais*, Cedis (2018)

— "Finally: A Coherent Framework for the Extraterritorial Scope of EU Data Protection Law – The End of the Linguistic Conundrum of Article 3(2) of the GDPR", *UNIO-EU Law Journal*, 4, 8 (2018)

— "O caso Google vs. CNIL", Forum de Proteção de Dados, 6 (novembro, 2019)

Cardona, Maria Celeste, *Contributo para o conceito e a natureza das entidades administrativas independentes – As Autoridades Reguladoras* (Coimbra: Almedina, 2016)

Cardoso, José, *Autoridades Administrativas Independentes e Constituição* (Coimbra: Coimbra Editora, 2002)

Castro, Raquel, *Constituição, Lei e Regulação dos Media* (Coimbra: Almedina, 2016)

Cate, Fred, *et alii*, "The (Data Privacy) Law Hasn't Even Checked in When Technology Takes Off", *International Data Privacy Law*, 4, 3 (2014)

Colonna, Liane, *Legal Implications of Data Mining*, (London: Ragulka, 2016)

Collingridge, David, *The Social Control Technology* (Londres: Pinter, 1980)

Conca, Silvia De, "Between a Rock and a Hard Place: Owners of Smart Speakers and Joint Control", *SCRIPTed*, 17 (2020)

Cordeiro, António Barreto Menezes, "Dados pessoais: conceito, extensão e limites", Centro de Investigação de Direito Privado da FDUL, 2018

— "O tratamento de dados pessoais fundado em interesses legítimo", Revista de Direito e Tecnologia, 1, 1 (2019)

— *Direito da Proteção de Dados à Luz do RGPD e da Lei n.º 58/2019* (Coimbra: Almedina, 2020)

— *Comentário ao Regulamento Geral de Proteção de Dados e à Lei n.º 58/2019* (Coimbra: Almedina, 2021)

Cortez, Elif, "Corporate Governance and Data Protection Risk in the US and the EU", *Transatlantic Technology Law Forum Working Papers*, 46, (April 2021)

Costa, Luiz, "Privacy and the precautionary principle", *Computer Law & Security Review*, 28 (2012)

Costa, Luiz e Poullet, Yves, "Privacy and the regulation of 2012", *Computer Law & Security Review*, 28, 3 (2012)

Costa e Silva, Paula, "As autoridades administrativas independentes", *O Direito*, 138, III (2006): 558; Vital Moreira e Fernanda Maças, *Autoridades Reguladoras Independentes – Estudo e Projecto de Lei-Quadro* (Coimbra: Coimbra Editora, 2003)

Czerniawski, Michael, "Do We Need the 'Use of Equipment' as a factor for the territorial applicability of the EU Data Protection Regime?" in *Trans-Atlantic data privacy as a challenge for democracy* (Cambridge: Intersentia, 2017)

Ducuing, Charlotte e Schroers, Jessica, "The Recent Case Law of the CJEU on (Joint) Controllership: Have We Lost the Purpose of 'Purpose'?", *Computerrecht: Tijdschrift voo Informatica, Telecommunicatie en Recht*, 6 (2020)

Edwards, Lilian, Finck, Michèle, Veale, Michael e Zingales, Nicolo, "Data Subjects as data controllers: a Fashion(able) concept?", *Journal on internet regulation* (junho 2019)

Estadella-Yuste, Olga, "The Draft Directive of the European Community Regarding the Protection of Personal Data", *International and Comparative Law Quarterly*, 41, 4 (outubro, 1992)

Farinho, Domingos, "(Un)Safe Harbour: Comentário à decisão do TJUE C-362/14 e suas consequências legais", *Forum da Proteção de Dados*, 2 (2016)

Finck, Michèle, "Cowebs of Control: The Two Imaginations of the Data Controller in EU Law", *International Data Privacy Law*, 11 (2011)

Finck, Michèle e Pallas, Frank, "They who must not be identified – distinguishing personal from non-personal data under the GDPR", *International Data Privacy Law*, 10, n.º 1 (2020)

Frayssinet, Jean, "L'Union Européenne et la protection des données personnelles circulent sur l'Internet", in *L'Union Européenne et Internet*, dir. Annie Blandin-Obernesse (Paris: Éditions Apogée, 2001)

Fuster, Gloria, *The Emergence of Personal Data Protection as a Fundamental Right of the EU*, (Dordrecht: Springer, 2014)

Gayo, Miguel, "Aproximación basada en el riesgo, evaluación de impacto relative a la protección de datos personales y consulta previa a la autoridad de control", in *Reglamento General De Protección De Datos. Hacia un nuevo modelo europeo de privacidad*, dir. José Piñar Mañas (Madrid: Reus, 2016)

Gellert, Raphael, "Data protection: a risk regulation? Between the risk management of everything and the precautionary alternative", *International Data Privacy Law*, 5, 1 (2015)

— "We Have Always Managed Risks in Data Protection Law: Understanding the Similarities and Differences Between the Rights-Based and the Risk-based Approaches to Data Protection", *European Data Protection Law Journal*, 4 (2016)

Gellert, Raphael, "We Have Always Managed Risks in Data Protection Law: Understanding the Similarities and Differences Between the Rights-Based and the Risk-based Approaches to Data Protection", *European Data Protection Law*, 4 (2016)

Goldman, Eric, "Data Mining and Attention Consumption", in *Privacy and Technologies of Identity*, eds. Katherine Strandburg e Daniela Raicu (Dordrecht: Springer, 2005)

Gómez, Alberto, "Los códigos de conducta en el reglamento general de protección de datos", in *Reglamento General De Protección De Datos. Hacia un nuevo modelo europeo de privacidad*, dir. José Piñar Mañas (Madrid: Reus, 2016)

Gomann, Merlin, "The new territorial scope of EU data protection law: deconstructing a revolutionary achievement", *Common Market Law Review*, 54 (2017)

Gonçalves, Maria Eduarda, *Direito da Informação – Novos Direitos e Formas de Regulação na Sociedade da Informação* (Coimbra: Almedina, 2003)

— "The EU data protection reform and the challenges of big data: remaining uncertainties and ways forward", *Information & Communications Technology Law*, 26, 2 (2017)

Gonçalves, Pedro, *Entidades Privadas com Poderes Públicos* (Coimbra: Almedina, 2005)

— "Direito Administrativo da Regulação", *Regulação, Electricidade e Telecomunicações* (Coimbra: Coimbra Editora, 2008)

— "Regulação Administrativa e Contrato", *Estudos em Homenagem ao Prof. Doutor Sérvulo Correia*, II (Coimbra: Coimbra Editora, 2010)

Gordon, Lawrence, Loeb, Martin e Zhou, Lei, "Investing in Cybersecurity: Insights from the Gordon-Loeb Model", *Journal of Information Security*, 7, 2, (2016)

Grafenstein, Maximilian von, *The Principle of Purpose Limitation in Data Protection Law*, (Baden Baden: Nomos, 2017)

Grant, Hazel e Crowther, Hannah, "How Effective Are Fines in Enforcing Privacy?", in *Enforcing Privacy. Regulatory, Legal and Technological Approaches*, ed. David Wright e Paul De Hert, (London: Springer, 2016)

Hartzog, Woodrow, *Privacy's Blueprint. The Battle to Control the Design of New Technologies*, (Harvard: Harvard University Press, 2018)

Hert, Paul de, "The Right to Protection of Personal Data. Incapable of Autonomous Standing in the Basic EU Constituting Documents'", *Utrecht Journal of International and European Law*, 31 (2015)

Hert, Paul de e Czerniawski, Michael, "Expanding the European data protection scope beyond territory: Article 3 of the General Data Protection Regulation in its wider context", *International Data Privacy Law*, 6, 3 (2016)

Hert, Paul de e Papakonstantinou, Vagelis, "Google Spain: Addressing Critiques and Misunderstandings One Year Later", *Maastricht Journal of European and Comparative Law*, 22, 4 (2015)

— "The proposed Data Protection Regulation Replacing Directive 95/46/EC: A Sound System for the Protection of Individuals", *Computer Law & Security Review*, 28 (2012)

— Hert, Paul De e Papakonstantinou, Vagelis, "The new General Data Protection Regulation: Still a sound system for the protection of individuals?", *Computer Law & Security Review*, 32 (2016)

Hildebrandt, Mireille e Tielemans, Laura, "Data Protection by Design and technology neutral law", *Computer Law & Security Review*, 29 (2013)

Hijmans, Hielke, *The European Union as a Constitutional guardian of internet privacy and data protection. The Story of Art. 16.º TFUE* (Dordrecht: Springer, 2017)

Hon, Kuan, *Data Localization Laws and Policy. The EU data Protection International Transfers Restriction Through a Cloud Computing Lens* (London: Edward Elgar Publishing, 2017)

Hon, Kuan, Hörnle, Julia e Millard, Christopher, "Data Protection Jurisdiction and Cloud Computing – When are Cloud Users and Providers Subject to EU Data Protection Law? The Cloud of Unknowing, Part 3", *International Review of Law, Computers & Technology*, 26, 3 (2012)

Huttl, Tivadar, "The content of 'complete independence' contained in the Data Protection Directive", *International Data Privacy Law*, 2, 3 (2012)

Hood, Christopher, Rothstein, Henry e Baldwin, Robert, *The Governance of Risk: Understanding Risk Regulation Regimes* (Oxford: Oxford University Press, 2004)

Jasmontaite, Lina, Kamara, Irene, Zanfir-Fortuna, Gabriela e Leucci, Stefano, "Data Protection by Design and by Default", in *European Data Proection Law*, 2 (2018)

John, Leslie K., "Uninformed Consent", in *Customer Data + Privacy*, Harvard Business Review (2020)

Kamara, Irene, "Co-regulation in EU personal data protection: the case of technical standards and the privacy by design standardisation 'mandate'", *European Journal of Law and Technology*, 8, 1 (2017)

Kessler, David, Novak, Jamie e Khan, Sumera, "The potential impact of article 48 of the General Data Protection Regulation on Cross Border Discovery From the United States", *The Sedona Conference Journal*, 17, 2 (2016)

Kiss, Atilla e Szoke, Gergely, "Evolution or revolution? Steps forward to a new generation of data protection regulation", in *Reforming the European Data Protection Law,* eds. Serge Gutwirth *et alii* (Dordrecht: Springer, 2015)

Kohl, Utah, *Jurisdiction and the Internet. Regulatory Competence over Online Activity* (Cambridge: Cambridge University Press, 2007)

— "Jurisdiction in Cyberspace", *Research Handbook on International Law and Cyberspace,* eds. Nicholas Tsagourias e Russell Buchan (London: Edward Elgar Publishing, 2015)

Kuner, Christopher, *European Data Privacy Law & Online Business* (Oxford: Oxford University Press, 2003)

— *European Data Protection Law. Corporate Compliance and Regulation* (Oxford: Oxford University Press, 2007)

— "Data Protection Law and International Jurisdiction on the Internet (Part 1)", *International Journal of Law and Information Technology,* 18, 2 (2010)

— Kuner, Christopher, "Data Protection Law and International Jurisdiction on the Internet (Part 2)", *International Journal of Law and Information Technology,* 18, 3 (2010)

— "The European Commission's Proposed Data Protection Regulation: A Copernican Revolution in European Data Protection Law", *Bloomberg BNA Privacy and Security Law Report,* 6 de fevereiro de 2012

— *Transborder Data Flows and Data Privacy Law* (Oxford: Oxford University Press, 2013)

— "Risk Management in Data Protection", *International Data Privacy Law,* 5 (2015)

— "Extraterritoriality and regulation of international data transfers in EU data protection law", *International Data Privacy Law,* 5, 4 (2015)

— "The court of Justice of the EU Judgment on Data Protection and Internet Search Engines" in *Protecting Privacy in International and Procedural Law and By Data Protection (European and American Developments),* eds. Burkhard Hess e Cristina Mariottini, (Baden-Baden: Nomos, 2015)

— "Reality and Illusion in EU Data Transfer Regulation Post Schrems", *German Law Journal,* 18 (2017)

Lachaud, Eric, "The General Data Protection Regulation and the rise of certification as a regulatory instrument", *Computer Law & Security Review,* 34, 2 (2018)

Lindsay, David, "The Role of Proportionality in Assessing Trans-Atlantic Personal Data Flows", in *Trans-Atlantic Data Privacy Relations As a Challenge for Democracy,* ed. Dan Svantesson e Dariusz Kloza (Cambridge: Intersentia, 2017)

Lopes, Dulce, "Eficácia, Reconhecimento e Execução de Atos Administrativos Estrangeiros" (Tese, Faculdade de Direito da Universidade de Coimbra), 2018

Loureiro, João, "Da sociedade técnica de massas à sociedade de risco – Prevenção, precaução e tecnociência: algumas questões juspublicistas", *Estudos em homenagem ao Prof. Doutor Rogério Soares* (Coimbra: Coimbra Editora, 2001)

Lynskey, Orla, *The Foundations of EU Data Protection Law* (Oxford: Oxford University Press, 2015)

— "Delivering Data Protection: The Next Chapter", *German Law Journal,* 21 (2020)

Magriço, Manuel Aires, "A proteção de dados pessoais e a privacidade das crianças no ciberespaço", Fórum de Proteção de Dados, n.º 6 (novembro 2019)

Mahie, Rene, Hoboken, Joris van e Asghari, Hadi, "Responsibility for Data Protection in a Networled World – On the Question of the Controller, 'Effective and Complete Protection' and Its Application to Data Access Rights in Europe", *Journal of Intellectual Property, Information Technology and Electronic Commerce Law,* 10, n.º 1 (2019)

Maier, Bernhard, "How Has the Law Attempted to Tackle the Borderless Nature of the Internet?", *International Journal of Law and Information Technology,* 18, 2 (2010)

Mayer-Schonberger, Viktor, "Generational Development of Data Protection in Europe", in *Technology and Privacy: The New Landscape,* eds. Philip Agre e Marc Rotenberg (Massachussets: MIT Press, 1998)

Malgieri, Gianclaudio e Niklas, Jedzej, "Vulnerable data subjects", *Computer Law & Security Review,* n.º 37 (2020)

Marques, João, "And [they] built a crooked h[arbour] – the Schrems ruling and what it means for the future of data transfers between the EU and US", *EU Law Journal,* 2, 2 (Junho, 2016)

Mexía, Pablo, "La singular naturaleza jurídica del reglamento general de protección de datos de la UE. Sus efectos en acervo nacional sobre protección de datos", in *Reglamento General De Protección De Datos. Hacia um nuevo modelo europeo de privacidade,* dir. José Piñar Mañas (Madrid: Reus, 2016)

Mil, Jurriaan van e Quintais, João Pedro, "A Matter of (Joint) control? Virtual assistants and the general data protection regulation", *Computer Law & Security Review,* 25 (2022)

Millard, Christopher, Kuner, Christopher, Cate, Fred H., Lynskey, Orla, Loideain, Nora Ni, Svantesson, Dan, "At this rate, everyone will be a [joint] controller of personal data", *International Data Privacy Law,* 9, n.º 4, (2019)

Moerel, Lokke, "The long arm reach of EU data protection law: Does the Data Protection Directive apply to processing of personal data of EU citizens by websites worldwide?", *International Data Privacy Law,* 1, 1 (2011)

— "Export of the Rule of Law: Corporate Self-Regulation of Global Data Transfers", in *Law of the Future Series,* 1 (2012)

Morais, Carlos, "As Autoridades Administrativas independentes na Ordem Jurídica Portuguesa", *Revista da Ordem dos Advogados,* 61, 1 (2001)

Moreira, Teresa, *A Privacidade dos Trabalhadores* e as Novas Tecnologias de Informação e Comunicação: contributo para um estudo dos limites do poder de controlo eletrónico do empregador (Coimbra: Almedina, 2010)

Moreira, Vital, *Auto-Regulação Profissional e Administração Pública* (Coimbra: Almedina, 1997)

Morijn, John, "Balancing Fundamental Rights and common market freedoms in Union Law: Schmidberger and Omega in the light of the European Constitution", 12, 1, *European Law Journal* (2006)

Newman, Abraham, *Protectors of Privacy. Regulating Personal Data in the Global Economy* (Cornell: Cornell University Press, 2008)

Navarro, Susana, *La personalidade virtual del usuário de Internet* (Madrid: Tirant lo Blanch, 2015)

Newman, Abraham, *Protectors of Privacy. Regulating Personal Data in the Global Economy,* (Massachusetts: Cornell University Press, 2008)

Nissenbaum, Helen, "Respect for Context as a Benchmark", in *Social Dimensions of Privacy – Interdisciplinary Perspective,* eds. Beate Roessler e Dorothea Mokrosinka (Cambridge: Cambridge University Press, 2015

Ommeslaghe, Pierre van, "Le Droit Public Existe-t-il?", *Revue de la faculté de droit et de criminologie de l'ULB,* 33 (2006)

Otero, Paulo, *Legalidade e Administração Pública – O sentido da vinculação administrativa à juridicidade* (Coimbra: Almedina, 2003)

Paz Ferreira, Eduardo e Morais, Luís, "A Regulação sectorial da economia – introdução e perspetiva geral", in *Regulação em Portugal: Novos Tempos, Novo Modelo?,* ed. Eduardo Paz Ferreira *et alii* (Coimbra: Almedina, 2009)

Pereira Coutinho, Francisco, "A Independência da Comissão Nacional de Proteção de Dados", *Anuário da Proteção de Dados Pessoais* (CEDIS, 2020)

Pereira da Silva, Jorge, *Deveres* do Estado de Proteção de Direitos Fundamentais (Lisboa: Universidade Católica, 2015)

Peters, Anne, "Privacy, *Rechtsstaatlichkeit,* and legal limits on extraterritorial surveillance", in *Privacy and Power. A Transatlantic Dialogue in the Shadow of the NSA-Affair,* ed. Russell Miller, (Cambridge: Cambridge University Press, 2017)

Piñar Mañas, José, "Introducción. Hacia un nuevo modelo europeo de protección de datos", in *Reglamento General De Protección De Datos. Hacia un nuevo modelo europeo de privacidad,* dir. José Piñar Mañas (Madrid: Reus, 2016)

— "Transferencias de datos personales a terceros países e organizaciones internacionales", in *Reglamento General De Protección de Datos. Hacia um nuevo modelo europeo de privacidade,* ed. José Piñar Manas (Madrid: Reus, 2016)

Polcák, Radim e Svantesson, Dan, *Information Sovereignty. Data Privacy, Sovereign Powers and the Rule of Law* (Cheltenham: Edward Elgar, 2017)

Poullet, Yves, "Vers la confiance: vues de Bruxelles: um droit européen de l'Internet? Quelques considérations sur la spécificité de l'approche réglementaire européene du cyberspace" in *Le droit international de l'Internet,* org. Georges Chatillon (Bruxelles : Bruylant, 2002)

Purtova, Nadezhda, *Property Rights in Personal Data: A European Perspective* (The Hague: Kluwer Law International) 2011

Prata Roque, Miguel, *A Dimensão Transnacional do Direito Administrativo* (Lisboa: AAFDL, 2014)

Purtova, Nadezdha, "The Law of Everything: Broad Concept of Personal Data and the Future of EU Data Protection Law", *Law, Innovation and Technology,* 10, 1 (2018)

Ranchordas, Sofia, "Experimental Regulations and Regulatory Sanboxes: Law without Order?", University of Groningen Faculty of Law Research Paper No. 10/2021 (2021)

Reed, Chris, *Making Laws for Cyberspace* (Oxford: Oxford University Press, 2012)

Reidenberg, Joel, "E-Commerce and Trans-Atlantic Privacy", *Harvard Law Review,* 38 (2001)

Regan, Priscilla, *Legislating Privacy: Technology, Social Values, and Public Policy* (North Carolina: The University of North Carolina Press, 1995)

Richards, Neil, "The Dangers of Surveillance", *Harvard Law Review,* 126 (2013)

Rosello, Stephanie e Dewitte, Pierre, "Exploring the limits of joint control: the case of COVID-19 digital proximity tracing solutions", *Journal of Intellectual Property, Information Technology and E-Commerce Law,* n.º 12, (2021)

Rotenberg, Marc, "Fair Information Practices And The Architecture of Privacy (What Larry Doesn't Get)", *Stanford Technology Law Review,* 34 (2001)

Rubinstein, Ira *et alii,* "Systematic government access to personal data: a comparative analysis", *International Data Privacy Law,* 4, 2 (2014)

Samans, Richard e Nelson, Jane, *Sustainable Enterprise Value Creation* (London: Palgrave Macmillan, 2022).

Samuelson, Pamela, "Privacy as Intellectual Property", *SLR,* 52 (2000)

Sánchez, Carlos e Gayo, Miguel, "Certificación en protección de datos personales", in *Reglamento General De Protección De Datos. Hacia un nuevo modelo europeo de privacidad,* dir. José Piñar Mañas (Madrid: Reus, 2016)

Sarmento e Castro, Catarina, "A jurisprudência do Tribunal de Justiça da União Europeia, o Regulamento Geral sobre a proteção de dados pessoais e as novas perspetivas para o direito ao esquecimento na Europa", *Estudos em Homenagem ao Conselheiro Presidente Rui Moura Ramos*, 1 (2016)

— "40 anos de 'Utilização da Informática – o artigo 35.º da Constituição da República Portuguesa", e-Publica, 3, 3 (2016)

Schartum, Dag, "Intelligible Data Protection Legislation", *Oslo Law Review*, 4, 1 (2017)

Scheinin, Martin, "Towards evidence-based discussion on surveillance: A Rejoinder to Richard A. Epstein", *European Constitutional Law Review*, 12 (2016)

Schulhofer, Stephen, "A Transatlantic Privacy Pact?: A Skeptical View", in *Surveillance, Privacy and Trans-Atlantic Relations*, ed. David Cole *et alii*, (Oxford: Hart Publishing, 2017)

Schwartz, Paul e Solove, Daniel, *Information Privacy Law* (Aspen: Aspen Publisher, 2009)

Scott, Joanne, "The new EU 'Extraterritoriality'", *Common Market Law Review*, 51 (2014)

Sousa Pinheiro, Alexandre *Privacy e proteção de dados pessoais: a construção dogmática do direito à identidade informacional*, (Coimbra: Almedina, 2015)

— *Comentário ao Regulamento Geral de Proteção de Dados* (Coimbra: Almedina, 2018)

Sunstein, Cass, "Deciding by Default", 162, 1, *University of Pennsylvania Law Review* (2013)

Svantesson, Dan, *Extraterritoriality in Data Privacy Law* (Copenhagen: Ex Tuto, 2013)

— *"Extraterritoriality and targeting in EU data privacy law: the weak spot undermining the regulation", International Data Privacy Law, 5, 3 (2015)*

— *Solving the Internet Jurisdiction Puzzle* (Oxford: Oxford University Press, 2017)

— "Article 3", Commentary on the EU General Data Protection Regulation, ed. Lee Bygrave et alii, (Oxford: Oxford University Press, 2020)

Taylor, Mistale, "Permissions and prohibitions in data protection jurisprudence", Brussels privacy Hub Working Paper 3 (2016)

Thierer, Adam, "Privacy Law's Precautionary Principle Problem", *Maryland Law Review*, 66, 2 (2014)

Thomas-Sertillanges, Jean-Baptiste e Quillatre, Elisabeth, "Libre circulation des données à caractère personnel au sein du marché intérieur et de l'espace de Liberté Sécurité Justice: Vers une diversification des instruments de régulation", 400, *Petites Affiches* (2011)

Tosoni, Luca, "The right to object to automated individual decisions: resolving the ambiguity of Article 22 (1) of the General Data Protection Regulation", 11, n.º 2, *International Data Privacy Law* (2021)

Trimble, Marketa, "Advancing National Intellectual Property Policies in a Transnational Context", *Maryland Law Review*, 74 (2014)

— "Extraterritorial Enforcement of National Laws in Connection with Online Commercial Activity", in *Research Handbook of Electronic Commerce Law*, eds John Rothchild (London: Edward Elgar Publishing, 2015)

Urquhart, Lachlan, Sailaja, Neelima e Mcauley, Derek, "Realising the right to data portability for the domestic Internet of things", *Personal and Ubiquitous Computing Economis* (London: Springer, 2017)

Van Der Auwermeulen, Barbara, "How to attribute the right to data portability in Europe: A comparative analysis of legislations", *Computer Law & Security Review*, 33 (2017)

Veale, Michael, Binns, Reuben e Ausloos, Jef, "When data protection by design and data subject rights clash", *International Data Privacy Law*, (2018)

Verbiest, Thibault e Wéry, Etienne, *Le Droit de L'Internet et de la Société de l'Information* (Paris: Larcier, 2001)

Vermeulen, Gert, "The Paper Shield. On the degree of Protection of the EU-US Privacy Shield against Unnecessary or Disproportionate Data Collection by the US Intelligence and Law Enforcement Services", in *Trans-Atlantic Data Privacy Relations As a Challenge for Democracy*, ed. Dan Svantesson e Dariusz Kloza (Cambridge: Intersentia, 2017)

Vogel, David, *The Politics of Precaution. Regulating Health, Safety, and Environmental Risks in Europe and the United States* (Princeton: Princeton University Press, 2010)

Walen, Alec, "Fourth Amendment Rights for Nonresident Aliens", in *Privacy and Power. A Transatlantic Dialogue in the Shadow of the NSA-Affair*, ed. Russell Miller, (Cambridge: Cambridge University Press, 2017)

Weber, Rolf, "Transborder data transfers: concepts, regulatory approach and new legislative initiatives" *International Data Privacy Law*, 3, 2 (2013)

— "Transnational Data Privacy in the EU Digital Single Market", in *Trans-Atlantic data privacy as a challenge for democracy*, eds. Dan Svantesson e Dariusz Kloza (London: Intersentia, 2017)

Weitzenboeck, Emily, Lison, Pierre, Cyndecka, Malgorzata, Langford, Malcolm, "The GDPR and unstructured data: is anonymization possible?", *International Data Privacy Law*, 12, n.º 3 (2022)

Whitaker, Simon, "Consumer Law and the distinction between public law and private law", in *The Public Law/Private Law Divide – Une entente assez cordiale*, eds. Mark Freedland e Jean-Bernard Auby (Londres: Hart Publishing, 2006)

Wiener, Jonathan *et alii*, *The Reality of Precaution: Comparing Risk Regulation in the United States and Europe* (London: Routledge, 2010)

Winn, Jane, "Technical standards as data protection regulation", in *Reiventing Data Protection?* ed. Serge Gutwirth *et alii* (Dordrecht: Springer, 2009)
Yvanova, Yordanka, "Data Controller, Processor or a Joint Controller: Towards Reaching GDPR Compliance in the Data and Technology Driven World", in *Personal Data Protection and Legal Developments in the European Union*, ed. Maria Tzanou, (Oxford: IGI Global, 2020)
Zanfir, Gabriela, "The right to data portability in the context of the EU data protection reform", *International Data Privacy Law,* 2, 3 (2012)
— "Tracing the Right to be forgotten in the short history of data protection law: The 'New Clothes' of an Old Right", in *Reforming European Data Protection Law,* Serge Gutwirth et al. (eds.) (London: Springer, 2013)
— "Forgetting about consent. Why the focus should be on 'suitable safeguards' in data protection law", Working Paper (Maio: 2013)
Zeno-Zencovich, Vinzenzo, "Data Protection as a Central Issue of ECJ Policies: from digital rights ireland to data protection commissioner [Ireland]", *European Papers,* 1, 1 (April, 2016)

b) Jurisprudência do TJUE

2000-2010

Acórdão *Lindqvist,* C-101/01, 6 de novembro de 2003
Acórdão *Rundfunk,* C-465/00, 20 de maio de 2003
Acórdão *Lindqvist,* C-101/01, 6 de novembro de 2003
Acórdão *Carbon,* C-301/04, 29 de junho de 2006
Acórdão *Huber,* C-524/2006, 16 de dezembro de 2008
Acórdão *Promusicae,* C-275/06, 29 de janeiro de 2008
Acórdão *Rijkeboer,* C-553/07, 7 de maio de 2009
Acórdão *Hotel Alpenhof,* C-585/08 e C-144/09, 7 de dezembro de 2010
Acórdão *MA,* C-648/11, 6 de junho de 2013

2010-2020

Acórdão *Comissão Europeia v. Alemanha,* C-518/07, 9 de março de 2010
Acórdão *Muhlleitner,* C-190/11, 6 de setembro de 2012
Acórdão *Comissão Europeia v. Áustria,* C-614/10, 16 de outubro de 2012
Acórdão *Emrek,* C-218/12, 17 de outubro de 2013
Acórdão *Worten,* C-342/12, 30 de maio de 2013
Acórdão *Google Spain,* C-131/12, 25 de junho de 2013
Acórdão *MA,* C-648/11, 6 de junho de 2013
Acórdão *Digital Rights Ireland,* C-293/12, 8 de abril de 2014
Acórdão *Ryneš,* C-212/13, 11 de dezembro de 2014

Acórdão *Constantin Film*, C-314/12, 27 de março de 2014
Acórdão *Schrems I*, C-363/14, 6 de outubro de 2015
Acórdão *Schrems*, C-363/14, 6 de outubro de 2015
Acórdão, *Weltimmo*, C-230/14, 1 de outubro de 2015
Acórdão *Nowak*, C-434/16, 20 de dezembro de 2017
Acórdão *Puskar*, C-73/2016, 27 de setembro de 2017
Acórdão *Rigas satiksme*, C-13/16, 4 de maio de 2017
Acórdão *Wirtschaftsakademie*, C-210/16, 5 de junho de 2018
Acórdão *Testemunhas de Jeová*, C-25/17, 10 de julho de 2018
Acórdão *CNIL*, C-136/17, 24 de setembro de 2019
Acórdão *Fashion ID*, C-40/17, 29 de julho de 2019
Acórdão *GC and Others*, C-136/17, 24 de setembro de 2019
Acórdão *CNIL*, C-136/17, 24 de setembro de 2019
Acórdão *GC*, C-136/17, 24 de setembro de 2019

2020-
Acórdão *Schrems II*, C-311/18, 16 de julho de 2020
Acórdão *OT*, C-184/20, 1 de agosto de 2022
Acórdão *Digi*, C-77/21, 20 de outubro de 2022
Acórdão *Leistritz AG*, C-534/20, 22 de junho de 2022

ÍNDICE